collection *fugues*

Les années-lumière

Du même auteur

Romans

Les Années Lula, Flammarion, 1968 ; Seuil, « Points Roman », 1987 ;
Philippe Rey, 2024

La Voie de l'Amérique, Bourgois, 1970 ; 10/18, 1973

Fokouli, Stock, 1974

Coma, Bourgois, 1970 ; 10/18, 1975

Mille Aujourd'hui, Stock, 1972 ; Le Livre de Poche, 1976

Feu, Stock, 1977 ; Le Livre de Poche, 1978

Le Testament amoureux, Stock, 1981 ; Seuil, « Points Roman », 1984 ;
Philippe Rey, 2022

La Loi humaine, Seuil, 1983

Variations sur les jours et les nuits, Seuil, 1985

Le Portrait ovale, Gallimard, 1976

Le Canard du doute, Stock, 1979 ; Rombaldi, 1980 ; 10/18, 1988

Le 8e fléau, Julliard, 1989

L'Anti-portrait ovale, Deyrolle, 1991

Les Repentirs du peintre, Stock, 1993

La Nuit transfigurée, Seuil, 1986 ; Folio, 1993

Phénix, Gallimard, 1990 ; Actes Sud, 1994

La Folie Tintoretto, Stock, 1994

L'Énigme, Actes Sud, 1995. Nouvelle édition 2003

Fous d'échecs, Actes Sud, 1997

La Cité Potemkine ou les Géométries de Dieu, Actes Sud, 1998

Un fait divers esthétique, Actes Sud, 1999

Les Américanoïaques, Bourgois, 1970 ; 10/18, 1972 ;
La Mauvaise graine, 2000

Le Vol du feu, Actes Sud, 2000

L'Origine du monde : pour une ultime histoire de l'art à propos du « cas Bergamme », Actes Sud, 2000 et 2002

L'Amour en face, Actes Sud, 2002 ; J'ai lu, 2005

Le Magicien ou l'ultime voyage initiatique, Actes Sud, 2006

L'Éclipse, Actes Sud, 2003. Nouvelle édition 2007

Le Dresseur, Le cherche midi, 2009

La Traversée des Monts Noirs : en supplément au Rêve de d'Alembert,
Stock, 1992 ; Les Belles Lettres, 2011

Ultime amour, Les Belles Lettres, 2012

Suite en fin de volume

Serge Rezvani

Les années-lumière

roman

Philippe Rey

© 2024, Éditions Philippe Rey
7, rue Rougemont – 75009 Paris

www.philippe-rey.fr

Préface

J'ai eu le bonheur d'éprouver pendant cinquante ans l'exaltation quotidienne d'un amour qu'il m'a été impossible de « dire », et que j'ai tenté par l'« autour » de rendre concevable pour l'esprit d'autrui. Car je me dois d'en témoigner, puisque la vie peut vous assurer de sa beauté par vos sens et par la conscience de l'inconcevable, et donc de l'indicible. J'ai tenté de « dire » cet indicible par la peinture : en vain ! Alors, pour tenter de signifier au plus près mon amour pour *Elle*, par la musique doublée de poésie que l'on appelle chansons (et que je préférerais pour les meilleures nommer : *lieder*), j'ai cru avoir approché, transmis cet « indicible » que nous éprouvions et vivions Lula et moi. Je l'ai sans doute charmée. Toutes mes créations n'ont été qu'une continuelle tension de séduction envers cette femme qui s'est voulue mienne comme moi-même je fus exclusivement sien pendant cinquante ans. Mais il m'a semblé n'avoir rien arrêté par ces moyens qui m'ont échappé en passant de l'intime aux autres.

Alors, toujours pour la maintenir en séduction permanente, et je dois l'avouer, *jaloux* des écrivains qu'elle adulait, je suis entré en écriture. Espérant en saisir l'insaisissable par la maîtrise de ce moyen.

Puisque, au jour le jour, elle en fut séduite et a tant aimé me lire.

Aujourd'hui, des années après sa mort, *Les années-lumière* et *Les années Lula*, ces deux livres de séduction et surtout de témoignage ludique d'une vie et d'un amour particulièrement rares, reparaissent à un moment où sans doute la société des certitudes a été déstabilisée par la crise due au (ou à la) Covid, au point que nombreux sont ceux qui en désir de « se retrouver » ont éprouvé le besoin de fuir l'engorgement des villes pour une vie libre où d'autres valeurs que celles proposées par le surencadrement social pouvaient s'épanouir en création, en improvisation, en humour et en partage, alors que plus que jamais les forces de destruction se sont mises en marche, poussant la planète entière au bord du gouffre de l'inévitable extinction nucléaire.

À l'occasion de la reparution de ces deux livres j'ai souhaité ajouter cette lettre qu'un jeune révolutionnaire de l'époque, Régis Debré (lequel « payait » son engagement politique dans une cellule bolivienne), m'avait fait parvenir. Je souhaite l'ajouter à ces lignes pour sa juvénilité généreuse, et son actualité… et surtout son désir d'avenir.

Camiri 12/68

Cher Rezvani,

J'avais demandé à ma compagne de vous écrire pour vous dire toute la joie que m'avait apportée *Les années-lumière*, elle n'a pu le faire, cela m'est aujourd'hui possible. Votre bouquin a un effet libérateur, explosive incitation au bonheur, appel à une vie « meilleure », plus intense, toujours valable même pour ceux qui n'ont plus (ou pas encore) la possibilité d'y accéder. La vie de bohème, bien sûr, est une maladie bourgeoise. Mais le sens de la tendresse, du rire et de l'amertume qu'il y a aujourd'hui au fond du rire nous concernent tous, apprentis révolutionnaires compris. Quand je commence à tourner en rond et à manquer d'air, j'ouvre votre livre et c'est comme une fenêtre sur l'autre côté. L'angoisse s'en va tout de suite. Il est bon de savoir que cela existe !

L'image du bonheur est révolutionnaire, ne serait-ce que parce que seuls des gens physiquement heureux sont en état de transformer leur société et d'accepter tous les sacrifices. L'habit noir, la rancune, le faux col trop serré et le sérieux académique ne pourront jamais être du bon côté. En tournant ces vilaines bêtes, vous nous aiderez à les terrasser, d'abord en nous-mêmes. Condition évidemment pas suffisante, mais nécessaire.

Vive Lula !

Régis Debray

Son « vive Lula » annonçait mon livre suivant dédié à Lula, bien sûr! et à tous ceux qui désiraient inventer leur vie en sachant non pas ce qu'ils veulent vivre mais ce qu'ils ne veulent pas vivre, car pour ceux-là la vie est généreuse. Je le dis d'expérience, principalement par ces deux livres qui reparaissent aujourd'hui afin d'assurer les jeunes générations que l'Amour entre les esprits et les corps s'impose plus que jamais aujourd'hui comme la seule valeur digne du privilège d'être en vie.

Serge Rezvani
26 avril 2024

À Danièle

« Nous avions toujours habité ensemble, sous un soleil tropical, dans la Vallée du Gazon-Diapré. Jamais un pas sans guide n'avait pénétré jusqu'à ce vallon ; car il s'étendait au loin à travers une chaîne de gigantesques montagnes qui se dressaient et surplombaient tout autour, fermant à la lumière du soleil ses plus délicieux replis. Aucune route frayée ne sillonnait le voisinage, et, pour atteindre notre heureuse retraite, il fallait repousser le feuillage de milliers d'arbres forestiers et anéantir la gloire de milliers de fleurs parfumées. C'est ainsi que nous vivions tout à fait solitaires, ne connaissant rien du monde que cette vallée… »

EDGAR ALLAN POE, *Éléonora*

I

Les voyageurs, définitivement, retournèrent au néant. Plus rien ne restait de tous ces rires, du conte de fées merveilleux. L'eau bleue avait tout dissous. L'acide avait dévoré les fantômes. Le museau osseux se désagrégeait dans la nuit. Les vertèbres, les côtes, les filaments et les fanons tombaient lentement en poussière.

« Cyrus !
— Au revoir, monsieur !
— Au revoir, madame !
— Au revoir ! au revoir !
— Merci pour le charmant voyage ! »

Entre les jets de vapeur, des diables chargés de valises venaient à notre rencontre. Nous faisions de petits bonds pour les éviter. Mes yeux se fermaient, ma tête vide résonnait encore des cadences. Très loin au-dessous de moi, mes jambes s'agitaient. Je voyais mes genoux l'un après l'autre sortir de mon thorax et mes pieds disparaître et réapparaître sur le scintillement du quai de la gare. Mon père me tenait la main dans sa paume chaude. J'avançais plein de confiance.

« Cyrus ! Myrus ! Pyrus ! Papyrus ! Cyrus pas d'autobus ! pffffuit ! Taxi pour traverser Paris ! »

Le taxi nous déposa dans une rue noire. Mon père ouvrit un grand portail et m'entraîna dans une cour entourée de murs sombres. Je voyais confusément des blocs de pierre énormes entassés sans ordre. Nous zigzaguâmes entre ces amas. Au-dessus de nous, au-delà des murs immenses, je voyais le ciel, un petit carré minuscule piqué de quelques étoiles. Mon père avança sur la pointe des pieds jusqu'à une porte-fenêtre masquée de volets à lamelles. Très surexcité, il me chuchota de rester caché dehors, de ne pas bouger jusqu'à son signal.

« Quand papa fera "pffffuit", tu entres vite. Compris, Cyrus ? chut ! et tu fais "Bhou !" très fort, "Bhou", compris, Cyrus ? »

Il entrouvrit le volet.

« Pipa ! Pipa ! »

La pièce s'alluma aussitôt. Mon père fit un geste de la main vers moi pour que je reste tranquille et disparut. J'entendis des voix de femmes étonnées et mon père crier d'un ton geignard :

« Pipa ! Pipa ! Cyrus perdu. Cyrus sauvé. Cyrus pas retrouvé ! »

Tout à coup, il éclata de rire et je l'entendis faire « pffffuit ! ».

Le cœur battant, je m'avançai dans la lumière et je hurlai : « BHOU ! » Je restai sur le seuil, le souffle coupé, ébloui. La lumière ruisselait de partout, elle scintillait, m'aveuglait, arrivait de tous les côtés à la fois, réfléchie par une infinité de breloques de cristal, de miroirs, de biseaux, de facettes.

Mon père avait une véritable passion pour les jeux de lumière. Il bricolait sans arrêt des lustres, des appliques, des lampes. Il en pendait de partout. Tous ces cristaux biseautés, tous ces prismes cliquetaient dans les courants d'air faisant une petite musique joyeuse, tintaient à chaque métro, au moindre ébranlement.

Lentement mes yeux s'habituaient.

Dans un grand lit, deux femmes me souriaient. L'une était très mince avec des yeux immenses, fiévreux. Elle paraissait très jeune et ses cheveux longs et noirs étalaient leurs boucles qui débordaient de l'oreiller, accusant l'extrême pâleur de son visage. L'autre avait les mêmes yeux sombres mais elle était plus âgée que la première. Mon père se tordait de rire, écroulé au pied du lit. Il se roulait parmi les cachemires. Fou de joie, il jetait en l'air les coussins innombrables. De temps en temps, il relevait son visage, se frottait les yeux, me montrait du doigt et repartait dans sa folie de rire. Les deux femmes souriaient toujours. Dans l'encadrement de la porte, je ne bougeais pas, incapable de franchir le pas. À la fin, mon père, mimant l'extase, tomba à genoux sur le tapis. Il ouvrit les bras et cria: « Cyrus. » Je me précipitai, trop heureux d'échapper à la lumière. Il m'empoigna, me serra contre lui, m'enleva en l'air, me fit admirer par les deux femmes et me jeta sur le lit où je rebondis parmi les coussins. D'un même mouvement, elles s'assirent, tendirent leurs bras nus. L'une après l'autre elles me prirent le visage entre leurs paumes parfumées, se penchèrent et m'embrassèrent sur le front. Mon père sauta parmi nous dans le lit en désordre, son bras se posa sur mon épaule. Il prit la main de la plus jeune femme dont les boucles dansaient sous les cristaux.

« Voilà Pipa! nouvelle maman de Cyrus, et voilà Mama, maman de Pipa, grand-maman pour Cyrus! Pfffffuit! »

Ils occupaient un petit logement, au rez-de-chaussée d'une cour entourée d'immeubles aveugles. Un arbre chétif lançait ses branches vers le ciel. Cet arbre donnait un petit air de campagne à ce puits. Il fut toujours le rendez-vous des moineaux du quartier.

Les gens qui vivaient là étaient pour la plupart des réfugiés russes. Ils voisinaient dans des conditions lamentables, mais l'égalité de leurs médiocrités les rendait insouciants. Les rires et les pleurs attendris, les histoires joyeuses et surtout les extraordinaires pitreries de mon père entretenaient un climat optimiste et heureux dans le ciel de cette petite colonie.

Mon père disait la bonne aventure. Des femmes surtout venaient chez lui. À tout moment, il en arrivait. Certaines attendaient leur tour dans la cour parfois des heures et tournaient impatientes autour de l'arbre en fumant des cigarettes parfumées. Mon père se précipitait: salamalecs, courbettes, baisemains, galanteries d'émigré perdu, éperdu, sans avenir. Il faisait un vrai ballet, tapotant le renard, calculant d'avance combien il demanderait. À l'instinct, comme ça, les yeux fermés, au pif, il savait déjà tout, il avait tout vu, prévu le passé, le présent, l'avenir, l'avenir surtout, le lointain avenir, le très lointain avenir. Là alors il était incollable.

« Entrez! Entrez! »

Courbettes, salamalecs, ses pieds guêtrés de clair sautillaient, faisaient des entrechats, trois petits pas en arrière, deux petits pas à gauche, un petit saut à droite en souplesse, quatre en avant. Il entraînait sa proie vers son antre fumant: papier d'Arménie, encens, myrte, parfums d'église à deux sous.

« Entrez! Entrez! (courbettes, salamalecs) vous êtes amie de Mme Objolenska, asseyez-vous, prenez place, détendez, fermez paupières! »

Il bouclait la porte-fenêtre, rabattait brusquement une lourde tenture aux dessins compliqués. L'oiseau pris au piège avait un léger sursaut, parfois même un petit cri.

« Détendez-vous, détendez, amie Mme Objolenska! lecture facile, votre âme comme limpide ruisseau. »

Pipa et moi retenions nos souffles. Assis dans un minuscule cagibi attenant à la chambre, nous attendions pour respirer que la cliente parle.

« Maître! mon amie Mme Objolenska admiratrice de votre génie, de vos dons exceptionnels, votre miraculeuse voyance... »

L'oiseau roucoulait, commençait à battre des ailes. J'entendais le fauteuil qui craquait. L'encens et l'Arménie, l'Orient, l'Asie, le Turkestan s'envolaient en fumées sucrées, tournaient en lentes spirales. Mon père ne parlait pas, mon père se taisait, mon père prenait des temps, fascinateur.

Des caravanes perdues dans les déserts de sel avançaient, sortant du noir, balancement muet de nacelle. Partout le scintillement des cristaux écrasés par le pas lent, le lent pas des grands éléphants blancs. Sous la pleine lune tropicale, les digitales géantes lentement s'ouvraient parmi les folles orchidées carnivores. La valse lente des grands éléphants blancs commençait. Dans le réduit sans air, les mots venus de la chambre tremblaient cristallins, musicaux, détachés, suspendus à un fil. Pipa me tenait la main et de temps en temps me chuchotait : « Mon petit Cyrus, patience, ne bouge pas. Chut! c'est bientôt fini. » Les éléphants blancs et les éléphantes géantes lentement mâchonnaient des plantes, entremêlant leurs trompes sous la pleine lune tropicale. Balancement. Balancement. Balancement...

« Mme Objolenska m'a dit : "Tatiana! Tatiana! Tatiana! ma chérie, allez voir mon grand homme! je le préviendrai de votre visite." Maître! elle m'a encouragée à venir chercher vos conseils, car autour de moi la vie est un désert, un désert, désert vide jusqu'à l'horizon. Mon grand fils Vladimir n'est pas revenu de sa mission en Russie. La Russie... Ah! notre Sainte Russie! Ah! notre Russie, et Navachine assassiné. Notre Russie, quand nous sera-t-elle rendue? Maître! Maître! que dois-je faire?

— Fermez paupières! concentration, concentration. Vladimir! Vladimir!

— Tout se passe si bien, si miraculeusement avec l'aide de Dieu, mais les Rouges, maître? dites-moi, maître, les Rouges quand même, jusque dans le Bois de Boulogne envoient leurs assassins...

— Concentration! ouvrir les yeux, regardez, comptez doigts de ma main, Vladimir vivant! Neuf francs cinquante (baisemain). Au revoir, madame! » (salamalecs, courbettes, baisemain sur les doigts parfumés, bruit d'un billet déplié, un grand silence).

Parfois mon père entrait à toute vitesse dans le cagibi et Pipa fébrilement lui comptait la monnaie. Des pièces tintent. Rebaisemain, salamalecs, courbettes. Le ballet des guêtres claires aux petits boutons luisants reprenait : toc, toc, toc, trois petits pas en avant, courbettes, trois petits pas à droite, un entrechat à gauche, un petit saut, salamalecs, bruit de la porte qui s'ouvre, un fin courant d'air froid sur mes jambes nues. « Au revoir, madame ! » Bzim ! Mon père entrouvrait la porte du cagibi, embrassait Pipa, me faisait une grimace. On respirait tous un bon coup, et hop ! à la suivante !

« Maître ! Sonia Alexandrovna m'a dit : "Katioucha ! Katioucha ! Katioucha ma chérie, Katioucha ta vie est un désert." Maître, elle m'a conseillée... ma vie, désert infini... »

Et les plaintes sans fin, les lamentations reprenaient.

Parfois, les grands éléphants blancs ne venaient pas, la pleine lune tropicale ne se levait pas, les orchidées carnivores et les digitales refusaient de s'ouvrir. Je bougeais en soupirant, je m'ennuyais, je m'énervais sur ma chaise. Pipa qui me tenait la main, gentiment me chuchotait des paroles apaisantes. Je me blottissais contre elle et je lui disais à l'oreille : « Pipa ! Pipa ! Pipa ! Pipa ! » Litanie sans fin, et Pipa me caressait la joue lentement, lentement, lentement. Balancement. Balancement. Balancement...

Ma mère était morte en Pologne. Brouillant les pistes comme une bête malade, elle était partie par des détours immenses vers Varsovie pour y finir sa vie dans les bras de sa sœur.

Elle m'avait abandonné sur la Côte d'Azur à une personne charitable qui devait aller me cacher en Suisse afin d'égarer mon père qui voulait me reprendre avec lui. Elle m'avait dit adieu dans les jardins fleuris de la gare des cars, à Nice.

« Boris ! Moi mourir très bientôt. »

Je ne l'écoutais pas, distrait par les pièces qui brillaient dans le creux de ma main.

« Votre maman, Boris, va mourir bientôt, vous entendez ? disait la dame charitable qui devait m'emmener en Suisse.

— Jamais plus te revoir, Boris ? Boris ! » Ma mère me serrait sur son cœur.

« Boris adoré, toi regretter maman ? Boris ! »

Je ne répondais pas, comptant l'argent d'un petit porte-monnaie qu'elle venait de me donner.

« Là où je partir, Boris, argent inutile, toi regretter maman, Boris ? Boris embrasser maman ! plus fort, Boris, fort, fort. Adieu, Boris ! Boris, adieu ! »

J'avais à peine neuf ans, neuf années pendant lesquelles j'avais été déplacé sans arrêt de nourrice en nourrice, de nourrice en pension, de pension en pension, un mois ici, trois mois là, jamais plus au même endroit. Vie errante à l'image de celle de ma mère qui allait d'hôpital en hôpital. J'avais vécu avec elle par bribes, les quelques mois de répit que la maladie lui accordait entre chaque opération. Elle me parlait alors de mon père longuement, avec des accents sauvages, le maudissant jusque dans l'au-delà. Avec une obstination fixe, elle voulait à tout prix me transmettre cette haine, se sachant condamnée et tremblant de me voir tomber entre ses mains. Dans des élans furieux, elle me pressait, me pétrissait contre sa poitrine jusqu'à m'étouffer, me parlait de sa vie avec des accents désespérés. Elle me décrivait sa jeunesse extravagante : les courses en traîneau dans la neige, jeunes filles riant sous des monceaux de fourrures. Sa voix déraillait dans d'affreuses modulations, sorte de sanglots brisés par la colère qui sautaient de plusieurs tons par saccades nerveuses. Elle me décrivait les chasses au loup avec des gestes qui me faisaient peur, puis elle pleurait, pleurs silencieux et denses qui creusaient encore plus son visage. Ces pleurs me faisaient trembler.

Parfois elle hurlait, exaspérée, maudissant les entraves que la maladie imposait à son corps. Elle me dévoilait tout à coup des cicatrices fraîches, roses et terribles : trous épouvantables où des muscles entiers manquaient et sur lesquels la peau recousue faisait des bourrelets hideux.

Lorsqu'elle sortait de l'hôpital, toute raidie encore par ces longs jours d'immobilité, elle fondait comme un oiseau de proie sur la pension où elle m'avait laissé et m'enlevait de la basse-cour avec des cris de joie. Elle se précipitait chez elle et me déposait par terre toute frémissante d'amour. Son regard alors, si profond, si tragique, se posait sur moi. Elle me contemplait sans un mot, longuement, comme si elle avait voulu m'absorber. Je hurlais, épouvanté. Mes cris la faisaient s'envoler avec des gestes fous, tourner silencieusement entre les murs de la chambre et s'abattre sur moi dans un froissement de plumes noires. Maladroitement maternelle, elle me dévorait le nez, les yeux, la bouche, de baisers éperdus. Et moi je me défendais de toutes mes forces, essayant de dérober mes yeux, ma bouche, mon nez à ses baisers féroces comme des coups de bec. Et je criais : « Maman ! Maman ! Maman ! », appelant à mon secours quelque douce et saine surveillante aux bras potelés qui m'avait peut-être bercé dans cette pension où j'avais séjourné. Ma mère me poursuivait à quatre pattes pour rester à ma hauteur. Elle se traînait en geignant, ses plaies mises à vif. Elle riait, hystérique, lorsque ses doigts me frôlaient et ne saisissaient que mon fantôme.

« Bravo, Boris ! Bravo, Boris ! hi hi hi hi ! »

Rire terrible, pour tenter de transformer en jeux légers et aimables sa souffrance et mon effroi. Je me réfugiais sous le lit, entre les ressorts, comme un chaton sauvage. Je restais là des heures entières, retenant ma respiration, épiant. Les jambes de ma mère allaient et venaient nerveuses à travers la chambre. Tout à coup, elles s'arrêtaient, plus rien ne bougeait, puis lentement je voyais apparaître son visage à l'envers, immense au ras du plancher.

« Boris! Boris! où est Boris? coucou, Boris! »

Sa main maladroite avançait et se traînait de gauche à droite entre les ressorts, amassant des flocons de poussière blanchâtre. Et je criais :

« Boris pas là! Boris pas là! pas là! pas là! parti, parti, Boris parti! »

Le visage immense doucement se renversait, basculait sur le côté. La joue venait se poser par terre, les yeux se fermaient, le corps dans des craquements secs s'allongeait le long du lit à même le plancher, me barrant toute issue. Et ma mère parlait, parlait, parlait, me parlait, trébuchant sur les mots dans un mélange de russe, d'allemand et de polonais, hachis épouvantable. La source jaillissait par petites saccades molles, de ce trou humide au ras du sol : glouglou, hoquets, remous, tourbillonnements. Pendant qu'elle me fascinait, me saoulait de paroles, sa main avançait vers moi, lente et obstinée comme un reptile, gagnait du terrain. Un doigt raide tout seul pointé en avant me frôlait la joue de son ongle, caresse timide. Quelle tristesse!

Quelques semaines passaient. Cet épouvantail du malheur aux ossatures grinçantes, aux tendons raidis, à la démarche douloureuse inventait des souplesses et des douceurs. Avec une patience qui l'exaspérait, car le temps lui était compté, elle lançait autour de moi des fils fragiles qui ralentissaient mes mouvements, m'emprisonnaient, me ramenaient un peu plus chaque jour au piège de son ventre. Ce champ labouré, ravaudé, ce corps balafré de sabrures immenses avec ce coup de poing à la place du sein qui avait défoncé les côtes, ces recoins fangeux où poussaient des mousses dures, frisées et odorantes et aussi ce sein unique qui restait intact, accroché à la clavicule, son bouton que je m'amusais à mordiller, tout cela avait une chaleur qui me rassurait et me devenait indispensable à nouveau. Répits pendant lesquels la maladie rassemblait ses forces. Moments heureux. Ma mère devenait souriante, son regard se mouillait, le silex se faisait caressant, sa bouche flétrie se détendait, sa voix hésitante mollissait. Parfois même des chansons lui revenaient par bribes de son enfance. Mélopées de miel.

Puis tout à coup la corde tendue sur le vide se cassait, son visage redevenait fixe. Elle sortait alors d'une petite boîte un minuscule violon usé, tout noir et rétréci. Elle le coinçait sous son menton, fermait les yeux sur les velours humides et brusquement harponnait d'un geste saccadé une mélodie rauque et sauvage qu'elle jetait et secouait sur moi du bout de son archet. Elle hurlait par-dessus les stridences…

Des mots d'amour

Et sur des airs de romance, elle chantait

Les désespoirs des couples séparés.

Toutes les femmes avaient les yeux noirs,

Leurs tailles étaient souples,

Leurs lèvres, des fruits,
Entrouvertes sur des perles blanches,
Enchâssées dans du corail...

Et ma tête roulait parmi les ombres azurées de leurs paupières. Les tympans douloureux, traversés par un va-et-vient de fils raidis de collophane, je m'assoupissais.

Ma mère jouait de plus en plus vite, son bras sec plié à angle droit faisait des moulinets furieux. Des ressorts se détendaient brusquement et jaillissaient sous ses aisselles. Des roues dentées roulaient et bondissaient sur le plancher. Des aiguilles, des axes, des billes d'acier, toute sa mécanique pleuvait, s'échappant par les fentes mal recousues. Brusquement elle aspirait toute la longueur d'une gamme dans un dérapage effrayant, la triturait, la renvoyait, la rattrapait du bout de son archet, la relançait droit sur moi, la rattrapait in extremis et d'un geste brusque du poignet l'étripait dans un bruit d'os, la rejetant morte et flasque dans un coin sombre de la chambre.

« Boris ! Boris ! »

Elle s'arrêtait un moment pour souffler. Elle me racontait comment, fuyant à travers le chaos d'un bout à l'autre de la Russie, jeune clocharde, elle avait vu fusiller sur le quai d'une petite gare un faux mendiant trahi par ses mains trop soignées. Comme la frontière approchait, imprudemment il avait sorti une cigarette qu'il avait tapotée d'un geste machinal sur l'ongle de son pouce, geste aristocratique. Une femme qui l'observait s'était levée et avait ramené avec elle des soldats qui chantaient dans le couloir. Le train s'arrêta. Ce fut vite fait. Le train repartit et les wagons défilèrent lentement devant le cadavre. Les voyageurs, au fur et à mesure qu'ils passaient à sa hauteur, penchés aux fenêtres, crachaient sur ce petit tas recroquevillé, le recouvrant d'un linceul de bave.

« Ah! Boris, ma vie! »

Puis elle refermait les yeux, recoinçait son violon sous son menton et repartait dans ses transes. Son archet recommençait ses moulinets furieux. Elle s'acharnait dans un bruit de scie féroce, pendant des heures, transformant tout en bouillie. Elle jouait à des cadences de plus en plus extravagantes, soudée à son violon. Je me débattais, englué dans des épaisseurs tièdes, cherchant vainement de l'air. Mes mouvements désespérés déchiraient la soie des édredons. Des plumes partaient par volées, obscurcissant le ciel de la chambre, et retombaient autour de ma mère. Véritable automate, inconsciente, elle continuait à hacher l'air avec des gestes anguleux jusqu'à l'épuisement total.

Le lendemain matin, tout était immobile.

Les cigales reprenaient leurs lourdes saccades, secouant l'air régulièrement.

Au-dessus de nous, le village pétrifié dans la lumière blanche commençait à se déséquilibrer. Il penchait vers la vallée, menaçant à chaque instant de rouler. Je le voyais de mon lit par la fenêtre. Ses remparts écrasés par le poids des maisons avaient l'air de se fendiller et chaque matin, en me réveillant, il me semblait que ces fentes étaient un peu plus grandes. Les yeux mi-clos, je prenais des repères sur les cyprès noirs pendant que ma mère, assise sur le lit, encore à moitié endormie, bâillante, essayait une après l'autre les articulations de son corps.

« Boris, ma vie, tiens, Boris ! »

Elle me tendait son bras raide où la main pendait morte, les doigts crispés dans leur position de la veille. Je prenais un à un chaque doigt, le dépliant, le repliant, le dépliant, le repliant avec patience jusqu'à ce que le sang chaud revienne colorer les ongles. Lorsque les cinq doigts avaient repris une certaine élasticité, je faisais faire le même mouvement de va-et-vient à la main entière, réchauffant les tendons du poignet, puis remontant je saisissais le long avant-bras et je pompais accroché de tout mon poids. La machine avait des ratés, de brusques départs, des arrêts nets, des secousses douloureuses et, tout à coup, tout devenait facile, l'huile chaude se répandait et le bras de ma mère se dressait vertical, infini, sortait par la fenêtre ouverte dans l'air chaud et montait s'immobiliser au-dessus du village pétrifié. Les doigts pianotaient dans le bleu, frôlaient les maisons, de plus en plus légers. Puis la main redescendait, se posait sur ma tête dans mes cheveux bouclés et ma mère m'attirait contre elle débordante de son amour inquiétant.

Ce rite se répétait chaque matin. Jour après jour, ces images parfaitement identiques sont venues se décalquer l'une sur l'autre et s'imprimer d'un trait de plus en plus dur dans ma mémoire. Maisons sur maisons, village sur village, ciel sur ciel. Le soleil frappant chaque jour régulièrement sur les mêmes arêtes, les cyprès pointus devenant chaque jour plus pointus et plus noirs. Et toujours ce bras qui se déplie comme un compas et cette main par-dessus le village, immuable, pétrifié dans la lumière. Les saccades lourdes et étouffantes des cigales.

Souvent, des années plus tard, lorsque je me réveillais en sueur, angoissé d'être seul dans ce vaste dortoir où les lits-cages s'alignaient sous la lumière blême de la veilleuse, je revoyais ces images si nettes. Les veines battaient dans mes tempes de plus en plus fort. Le soleil frappait les arêtes vives et le bras vertical sortait par la fenêtre, libéré, télescopé dans le ciel bleu.

Autour de moi dans le dortoir, des soupirs, des mots sans suite, des bredouillements montaient dans l'air irrespirable. Des coudes, des genoux, des angles aigus tendaient les draps. Des doigts crispés comme des pattes d'oiseau tiraient sur les couvertures grises.

Je fermais les yeux et revoyais ma mère arpentant la chambre de son pas disgracieux. Elle me disait :

« Boris, ma vie ! ce matin maman mieux, maman guérir, maman moins malade, maman voir petit Boris grandir, grandir. Un jour, Boris devenir grand docteur et quand petit Boris grand docteur, lui sauver maman. Maman pas mourir, lui tuer cancer ! »

Et je voyais sortir lentement du corps de ma mère une longue lanière souple, mi-ver, mi-serpent, qui s'avançait vers moi. Et je criais :

« Non ! non ! non ! Boris gentil, Boris, lui pas tuer cancer, cancer gentil. Boris pas tuer, pas tuer, pas tuer ! »

La chose alors se retirait avec les mêmes mouvements lents. Ma mère penchait la tête et me regardait d'un air désolé :

« Alors, Boris pas vouloir tuer cancer ?... »

Et je répondais avec force :

« Non ! »

J'étais têtu et surtout bien décidé à ne prendre aucun risque. Et je criais :
« Boris trop petit ! »

Les mois passaient, ma mère reprenait des forces, ses bras découpaient des formes moins aiguës dans l'air. Autour d'elle, les choses semblaient s'arrondir, devenir plus aimables, plus douces. Le monde moins menaçant s'ouvrait sur des soirs tièdes et calmes. Les lucioles, l'odeur des fleurs d'oranger devenaient plus réelles. Le village suspendu, tranquille, s'allumait et des bruits réconfortants venaient jusqu'à nous. Ces soirées calmes apportaient la paix et le sursis aux tourments de ma mère.

Nous avions pris l'habitude de nous asseoir dans la pénombre parfumée, sur les pierres encore chaudes d'un petit mur devant la maison. Avec des gestes hésitants, timides, ma mère m'attirait contre elle et m'enveloppait dans un coin de son grand châle dont les longues franges pendaient autour de nous. Des chauves-souris nous frôlaient de leur vol flottant. Le ciel restait longtemps pâle au ras de la montagne, vers le couchant, et je les voyais avec une précision extraordinaire lorsqu'elles traversaient cette zone de clarté. J'imaginais leurs petites oreilles agitées et leur large sourire fendu sur des dents pointues. Elles me tiraient la langue en passant et me faisaient toutes sortes de grimaces grotesques en remuant leurs membranes. Je plongeais alors en riant mon visage dans la poitrine concave de ma mère qui en profitait pour refermer ses deux bras sur moi comme un piège et me serrer avec une violence qui me faisait me débattre et la repousser.

Parfois, un chien perdu sur les remparts aboyait vers la vallée engloutie. Je lui répondais en imitant ses aboiements. Un long dialogue s'établissait entre nous, répercuté par toutes les collines. Ma mère me regardait aboyer avec des yeux fiévreux et, parfois, n'y tenant plus, saisissait ma figure entre ses doigts. Elle fripait mon visage, l'attirait vers elle, l'embrassait avec férocité et le relâchait si vite que c'était à peine si je m'en apercevais. J'aboyais, j'aboyais, j'aboyais, et le chien des remparts me répondait, et la lune débordait par-dessus la montagne. Ma mère secouait son grand corps, se levait et m'entraînait toujours aboyant vers le lit sur lequel elle me déshabillait debout, avec des gestes maladroits. Au fur et à mesure qu'elle dénudait mon corps, elle me mordillait en poussant des grognements qui me faisaient rire.

« Houap! Houap! maman gros chien. Houap! Houap! maman manger Boris. Houap! Houap! »

Et je répondais :

« Ouah! Ouah! Ouah! »

Ma mère me couchait, me couvrait et commençait à se déshabiller à son tour.

Je dormais déjà à moitié. Parfois, entrouvrant les yeux, je voyais dressée au milieu de la pièce une longue forme nue, immobile. De grandes phalènes duveteuses tournaient autour d'elle en spirales rapides et montaient se cogner avec un bruit sec contre l'ampoule électrique qui pendait du plafond. Ma mère priait les bras repliés, les doigts fortement entrelacés sous son menton. Les yeux extatiques, elle dévidait d'une voix rectiligne une suite de mots qui dérivaient comme des méduses. Le débit était régulier, les méduses sortaient une à une de sa bouche, tremblotaient un moment dans l'air puis glissaient le long de son corps dans une chute qui n'en finissait plus. Les méduses m'entraînaient avec elles. Je sursautais et m'asseyais oppressé. Ma mère priait toujours comme une mante sous la triste lumière verticale.

Le lit vacillait, des pattes énormes me saisissaient, des pinces m'étouffaient et le grand corps de ma mère s'enroulait, glacé autour de moi.

« Boris! Boris! Boris! »

Régulièrement, le matin revenait avec sa lumière. Le village penchait. Le soleil frappait les arêtes vives. Le long bras montait au-dessus des maisons. Les cyprès noirs menaçaient le ciel.

Un jour, ma mère, aussitôt levée, m'entraîna dans une marche rapide et inhabituelle. Elle se retournait sans arrêt comme si elle craignait d'être suivie. Nous zigzaguions entre les serres scintillantes dans lequelles penchaient les têtes rouges des œillets. Elle marchait de plus en plus vite, par saccades. Sa main refermée sur mon poignet me tirait. Je sautillais à côté d'elle, rebondissant sur les pierres desséchées. Le soleil tournait fou sur lui-même, immobile. Nos ombres rétrécies s'agitaient à nos pieds comme d'énormes araignées lançant leurs pattes dans toutes les directions. J'essayais de les éviter, mais chaque fois elles se tordaient au dernier moment et se glissaient rapides sous mon pied. Nous prîmes un petit chemin qui montait vers le ciel entre les pins gris. Ma mère respirait très fort et me tirait derrière elle. Elle projetait sa tête en avant en marmonnant des mots extravagants. Son bras raide se repliait. Je bondissais soulevé par-dessus mon ombre. Elle projetait de nouveau sa tête en avant, son bras raide se repliait et je rebondissais par-dessus mon ombre. Nous progressions, minuscules sous le ciel immense. À ras de terre, des insectes grouillaient en crissant et éclataient sous nos pas. Les collines se soulevaient et de grands souffles brûlants nous frappaient en plein visage. Nous traversâmes des carrières abandonnées, nous grimpâmes à quatre pattes des parois crevassées, de plus en plus minuscules, lointains, perdus. Ma mère par moments s'arrêtait. La sueur lui coulait autour des yeux, ruisselait le long de son grand nez, sur son menton et allait se perdre dans les plis de son cou. Sa robe légère se plaquait contre son corps par lambeaux entiers et restait collée dans les creux, là où la sueur faisait de grandes auréoles jaunes. Elle reprenait souffle. Brusquement, elle me serrait contre son corps mouillé, geignante.

« Boris ! Boris, toi oublier jamais maman, Boris ! »

Et d'une secousse nous repartions dans la chaleur écœurante.

Ce long trajet nous amena devant une maison délabrée autour de laquelle jouaient dans la poussière ocre une dizaine d'enfants nus. Dès qu'ils nous virent arriver, titubants entre les pierres, ils se précipitèrent et nous entourèrent. Le plus grand s'avança vers moi et me demanda d'une voix assurée :

« C'est toi le Boris, dis ? »

Ma mère lui répondit poliment que son fils en effet s'appelait Boris.

Un homme roux sortit de la maison en clignant des yeux. Une serviette-éponge humide nouée autour de ses reins lui cachait le sexe. Une femme restée dans l'ombre de la porte tenait contre sa poitrine nue un enfant également nu.

Ma mère s'avança vers l'homme et lui dit quelque chose. Il poussa une exclamation et lui fit un baisemain, puis, passant ses gros doigts velus sous mes aisselles, me souleva au-dessus de sa tête avec un immense rire. Autour de moi les montagnes vacillèrent, l'horizon monta brusquement et la mer scintillante m'apparut. Je me débattais, donnant des coups de pied qui résonnaient sur son vaste torse dans les touffes de poils dorés. Je hurlais.

La femme sortit de l'ombre, calmement elle posa l'enfant à terre, me prit des mains de l'homme roux et m'enfouit contre sa poitrine. Je volais encore une fois à travers les airs et on me déposa près de l'enfant nu qui se traînait entre les pieds de l'homme. Puis nous repartîmes et les enfants nous accompagnèrent en se donnant des coups de coude.

Ma mère semblait moins fébrile, elle avançait pensive. Nous redescendîmes la paroi crevassée, retraversâmes les carrières abandonnées. Le soleil tournait toujours sur lui-même, les insectes grouillaient entre les pierres, les collines se soulevaient par saccades, des souffles brûlants circulaient entre les pins gris. Mais nous revenions vers notre petite maison sous les remparts et nos ombres s'allongeaient maintenant devant nous, plus souples, plus humaines, agitées de mouvements presque joyeux. Nous zigzaguions à nouveau entre les serres blanches, des jeunes femmes chantaient en coupant les œillets qu'elles couchaient le long du chemin dans des paniers plats. Par moments ma mère s'arrêtait, secouait la tête, le regard perdu. Elle marmonnait quelques mots et nous repartions en vacillant dans la lumière aveuglante. Lorsque enfin nous aperçûmes la maison, sous les remparts, elle poussa un long soupir, s'agenouilla et, me posant les mains sur les épaules, me regarda longtemps, profondément.

« Boris ! il faut aimer maman, et jamais oublier. »

Elle tendit le bras et derrière moi arracha un œillet qu'elle piqua dans mes boucles noires.

« Jamais oublier maman, maman seule, Boris ! maman revenir, revenir. »

Je ne compris pas très bien ce qu'elle voulait dire, mais je fus brusquement envahi par une peur épouvantable. Débordant d'un amour subit pour ma mère, je me jetai dans ses bras en sanglotant. Elle me prit contre elle et nous basculâmes dans la poussière du chemin.

Je sentais que quelque chose se préparait.

Comme d'habitude, chaque soir nous nous blottissions sur la pierre chaude devant la maison, mais le village semblait moins paisible. Les lumières qui l'illuminaient étaient rougeâtres et les lucioles avaient disparu. Sous les remparts, des crapauds jetaient par intervalles leur note triste et le chien ne venait plus.

Un matin ma mère me dit :

« Boris, motocyclette ce soir venir chercher maman avec Boris. Boris rester chez M. et Mme Glaser et maman revenir chercher Boris après opération. »

La motocyclette balaya tout, les remparts calmes, le mur chaud et la douceur. Elle s'arrêta devant la maison dans une pluie d'étincelles. Ma mère monta en croupe et l'homme roux me coinça sur le réservoir entre sa poitrine et le guidon. Il démarra à toute vitesse ; le phare creusait un trou lumineux devant nous, des papillons venaient à notre rencontre et s'écrasaient violemment contre mon visage.

Devant la maison délabrée, la femme nous attendait. Elle ferma les yeux lorsque la lumière la frappa au visage. Elle me saisit. La moto repartit emportant ma mère et je me mis à hurler.

Pendant des semaines, je vécus nu parmi les enfants nus. La femme filait de la laine en nous surveillant, assise sur un banc de pierre. Chaque fois que je passais près d'elle en courant, elle ne manquait jamais de m'arrêter. Sans lever les yeux de son fil, elle étendait le bras et me pêchait au milieu de mes camarades qui continuaient de courir. Elle me soulevait de terre et me pressait contre ses seins. J'étouffais et me débattais.

« Petit Boris regretter encore maman ? »

En montrant l'espace libre derrière moi d'où me parvenaient les hurlements de la bande, je criais très excité :

« Triquets ! Stropions ! Tuer ! Tuer ! »

Avec douceur elle enroulait autour de ses doigts mes boucles noires, m'embrassait et me reposait sur le sol. Je repartais dans la poussière en poussant des cris sauvages vers la meute des enfants nus.

Tout avait été saccagé dans un vaste périmètre autour de la maison. Même les basses branches des pins pendaient brisées, dépouillées de leurs aiguilles. L'écorce avait été arrachée par plaques entières montrant de profondes blessures poisseuses où se débattaient de grands insectes les pattes engluées. Les petites mains expertes s'acharnaient sur eux pendant des jours entiers. Comme nous vivions complètement nus, nos corps peu à peu étaient marbrés de résine sur laquelle la poussière rouge qui flottait continuellement dans l'air avait adhéré. Toute la journée, à quatre pattes, nous grattions la terre avec de petits bâtons pointus. Parfois un cri nous rassemblait tous autour d'un insecte que l'un de nous avait découvert.

Au milieu du plateau, deux grands rochers ronds émergeaient du sol. Ces rochers avaient une particularité, ils étaient percés de trous naturels de la grosseur d'un poing d'enfant. Dans chacun de ces trous, des insectes mutilés agitaient vaguement leurs corps. Au pied de ces rochers, d'autres insectes rejetés, morts, gisaient par centaines, lentement absorbés par la poussière. L'homme roux venait parfois jusqu'à ces rochers, il nous regardait un moment nous affairer, et repartait en secouant la tête d'un air triste.

La plupart du temps, il restait des journées entières assis sur le banc de pierre près de la femme qui filait. Une fois en particulier, je le vis lui parler longuement en faisant des gestes emphatiques. La femme qui s'était arrêtée de filer l'écoutait en baissant les yeux. Soudain l'homme rit très fort, grinça des dents et prit entre ses mains la tête de la femme qu'il fit basculer sur son ventre nu. Il respira un grand coup et tendit son visage vers le ciel. Ils restèrent très longtemps immobiles, lui les yeux fermés et la femme la figure enfouie dans le ventre de l'homme. De temps en temps elle agitait la main comme un éventail dans son dos pour chasser les mouches. Il y en avait des quantités, elles se posaient sur ses fesses dont les muscles tressaillaient. Tout à coup, l'homme roux se tendit, arqué en arrière, les yeux révulsés et il poussa un hennissement terrible vers le ciel.

« ARRA ! »

À ce cri, nous accourûmes tous et fîmes cercle autour d'eux. L'homme poussa aussitôt un deuxième hennissement encore plus terrible.

« ARRRRA ! »

Nous nous regardâmes stupéfaits. D'une brusque détente il bondit, tenant son sexe à deux mains, jeta sur nous un regard absent et se sauva vers la maison. Au bout d'un moment, la femme se leva, gênée, elle nous sourit avec douceur et nous rentrâmes nous coucher.

Cette scène passionnante se renouvela deux ou trois fois.

Pendant des semaines, je vécus nu parmi les enfants nus, puis un jour l'homme roux m'emporta à nouveau sur le réservoir de sa moto, entre sa poitrine et le guidon. Le village desséché surgit devant nous contre le ciel. À un détour de la route, je vis tout en bas la petite maison dans le vallon et une forme noire debout devant la porte. Malgré la distance, je reconnus ma mère. Par instants brefs un mur au bord de la route s'interposait quelques secondes entre nous. J'aperçus, en plusieurs images séparées, ma mère dans la lumière, puis le visage levé, puis agitant les bras vers nous, puis courir joyeusement, tourner le coin de la maison et disparaître dans l'ombre. Mon cœur se mit à battre très fort. La moto folle dévalait en trombe la petite allée qui menait à la maison. Ma mère, les bras écartés, se tenait toute droite au milieu du chemin. La moto s'arrêta net. Je me reculai effrayé, quelque chose n'allait pas, ce n'était pas tout à fait ma mère. Dans cette femme qui me souriait, si gracieuse, je ne reconnaissais pas l'épouvantail. Je m'accrochai à l'homme roux. Il m'empoigna, m'arracha de sa poitrine et me tendit à bout de bras à la femme. Je me débattis en hurlant.

La femme me serra contre elle et éclata de rire en criant : « Sonia ! Sonia ! tante Sonia, Boria, Boria, petit Boria ! »

Elle courut vers la maison et me jeta toujours hurlant et gesticulant sur le lit. Une main s'accrocha, me tira. Je sentis des os, des muscles, des tendons se refermer sur moi et je vis apparaître contre le plafond le visage désolé de ma mère. Ma vraie mère. Ma terrible et douloureuse mère, amaigrie, le teint jaune, les yeux encore plus fous et plus fiévreux. Elle se pencha et sauvagement me recouvrit de sa chaleur. Le lit était secoué des rires de sa sœur Sonia.

Sonia, Sonia, ce nom sautait joyeusement entre les lèvres, il roulait en rires lumineux. *Sonia*, presque *Sonnsa* qui veut dire soleil en russe. Comme ma mère, Sonia avait des gestes brusques, mais autant chaque mouvement de ma mère était pénible, arraché à la mort, autant tante Sonia lançait en avant avec violence son corps bien vivant dans les mouvements les plus simples de la vie. Elle bondissait et revenait sans cesse dans tous leurs récits de jeunesse heureuse. Ce nom se mêlait à tout ce qui était mouvementé. Dès qu'un traîneau « filait comme le vent sur la neige lisse », Sonia était là, enfouie sous les fourrures, pétillante dans le bruit des grelots. Dès qu'un renard, un loup, un ours ou un oiseau traversait le récit, Sonia apparaissait, son fusil à la crosse ouvragée sous le bras. Le ciel n'était jamais assez vaste au-dessus d'elle et l'horizon sautait brusquement vers l'infini dès qu'elle bondissait sur la scène. Elle apparaissait, toujours suivie d'une multitude de jeunes gens intrépides dont les moustaches mongoles pendaient jusqu'à terre comme des fils de soie. Des bruits d'armes, des hennissements, des éclairs de poignard l'entouraient dans des nuages de poussière dorée ou des tourbillons de neige.

Ma mère s'emportait, elle en oubliait sa carcasse mutilée. Ses bras s'agitaient au-dessus d'elle, puis retombaient dans un claquement sec. Sa main en passant frôlait son front comme pour chasser des images trop fortes. Pendant un long moment, aucun son n'arrivait à franchir ses lèvres. Les mots se bousculaient, voulaient tous passer à la fois, se chevauchaient, reculaient puis roulaient d'un même élan, ça faisait un gâchis terrible, une bouillie de syllabes. La mêlée devenait générale, les consonnes, les voyelles se prenaient à la gorge, collaient aux parois. Des phrases entières, lancées à toute vitesse se télescopaient. Puis un long silence, rien ne bougeait. Les lèvres remuaient à vide et tout à coup un mot tout à fait inconnu tombait, fraîchement créé, tout neuf, métal trop lourd dans les silences. Je restais bouche ouverte. Ça l'encourageait et le spectacle reprenait. La mort et l'amour s'empoignaient à nouveau dans des improvisations lyriques. Ma mère palpitait. Assise sur le lit dans un rayon de poussière, parmi les oreillers dont parfois une plume s'envolait expulsée par un geste trop brusque, elle grinçait, tenaillée, gémissante de douleur. Ma tante Sonia, lumineuse, reflet joyeux, toujours assise au bord du lit, complétait d'une retouche vive, d'un rire, d'un clin d'œil ces tableaux extravagants. Ses lèvres remuaient malgré elle, dévidant un fil parallèle. Ses yeux pailletés s'ouvraient immenses au milieu des cils étoilés.

« Sonia tuer un jour aigle grand, grand, très grand. Sonia tuer beaucoup d'oiseaux: oiseaux blancs, oiseaux noirs, oiseaux rouges, oiseaux toutes couleurs, même oiseau bleu, mais aigle plus grand jamais! »

Sonia riait, faisait le geste d'épauler le fusil à la crosse de nacre, visait un point imaginaire.

« Pan! Pan! »

Elle sautait du lit, sifflait ses chiens et, bondissant pardessus les ronces, s'enfonçait dans la taïga. Elle progressait difficilement en écartant avec de grands mouvements les basses branches et criait vers moi :

« Moi perdu direction! Sonia perdue dans taïga! »

Et je hurlais debout sur le lit :

« Sonia! Sonia! là! là! là! l'aigle! l'aigle! »

Finalement, après des difficultés sans nombre, Sonia arrivait au fond de la chambre, elle regardait à ses pieds, ouvrait des yeux ronds et se tournait vers moi.

« Aigle immense, aigle royal, énorme! ah! Boris, aigle comme jamais vu! »

Elle se baissait et faisait un effort terrible pour essayer de le soulever. Elle devait s'y reprendre à deux ou trois fois pour le mettre sur son épaule. En chancelant, elle franchissait à nouveau la taïga et, arrivée près du lit, jetait l'immense oiseau entre ma mère et moi. Sonia mimait tellement bien que je voyais l'édredon s'enfoncer sous le poids de l'oiseau mort. Quelques plumes même s'envolaient. Je n'osais plus bouger. Ses ailes étaient fantastiques, elles barraient le lit. Je voyais ses pattes se crisper, des flots de sang épais couler, aussitôt absorbé par les draps. Je restais immobile, bouche ouverte, ne respirant plus. Sonia se précipitait sur ma mère, la serrait dans ses bras, la couvrait de baisers sonores. Elles riaient toutes les deux, folles de jeunesse. Le lit en vacillait.

Ma mère se rétablissait lentement. Cette fois on lui avait tout retiré. Vidé comme un poulet, son corps sonnait le creux. Un jour, exaspérée, elle rejeta l'édredon, les couvertures, le drap et, soulevant sa chemise, elle dévoila une immense cicatrice pourpre bordée des deux côtés de points rouges régulièrement espacés. Ce trait effrayant sortait droit de sa touffe de poils, montait vertical et se perdait dans le chaos de son corps. Elle se mit à gratter des deux côtés de la blessure avec rage.

« Ah! Boris, maman souffrir, souffrir, mais maman pas vouloir mourir! »

Je me jetai sur elle, chaviré.

« Non! non! non! maman pas mourir, pas mourir, pas mourir! »

Je frappai de mes deux poings la méchante blessure, puis serrant ma mère à pleins bras je l'embrassai en sanglotant.

« Non, pas mourir! non! non! non! pas mourir, pas mourir! »

Bien que ne comprenant pas ce que ce mot voulait dire, je le trouvais terrifiant. Ma mère, stupéfaite de cet élan, se laissait faire, recevant mes baisers avec une intense émotion. Elle répétait étonnée et ravie:

« Alors Boris aimer maman? Boris aimer maman? Ah! Boris, Boris! »

La mort si souvent évoquée, encore une fois semblait reculer. Ma mère dormait presque sans arrêt. Elle reposait toute raide sur le lit, concentrée dans son travail intérieur. Pendant ce temps, tante Sonia préparait toutes sortes de petits plats bizarres en chantant dans la cuisine. Ils se ressemblaient tous et avaient tous le même goût de brûlé. Elle les appelait « croquettes charbon ».

Pendant de longues heures, je restais bien sage au pied du lit, occupé à agrandir consciencieusement un trou de la couverture. De temps en temps, Sonia criait du fond de la cuisine :

« Boris ! pas mettre doigt dans ton nez ! moi voir tout avec gros œil derrière la tête. »

Je m'immobilisais, stupéfait.

Parfois ma mère me faisait manger près d'elle sur le lit. Tout à coup Sonia criait toujours du fond de la cuisine :

« Boris ! mâcher bouche fermée, moi entendre tout avec grosse oreille derrière la tête. »

À partir de ce moment, j'évitais soigneusement lorsque tante Sonia me prenait dans ses bras de refermer mes mains autour de son cou de peur de rencontrer le gros œil humide ou la grosse oreille cachée sous ses cheveux. Ces horreurs enfouies dans sa nuque me firent aimer les blessures disgracieuses que ma mère étalait au grand jour.

Ma mère restait immobile les yeux fermés, tendue vers sa guérison. Ses lèvres remuaient sans arrêt, mais aucun son ne sortait. Son thorax se soulevait par saccades. J'imaginais l'intérieur de son corps rigoureusement vide, nettoyé comme une grande église abandonnée. Parfois, sa respiration s'arrêtait, plus rien ne bougeait, puis la machine repartait, l'air recommençait à circuler dans les souterrains aux ogives mouvantes. Je regardais pendant des heures le visage de ma mère endormie. Sa figure semblait prise dans une tenaille invisible. Tout avait été lentement poussé vers la ligne médiane, ramassé par les mâchoires de la pince. Le pli de tension entre les sourcils, le nez long, éminé, le creux humide au-dessus de la lèvre où la sueur brillait, le menton coupé par une ride profonde, tout révélait ces forces latérales qui implacables la broyaient vivante sous mes yeux. Je me jetais sur elle, la pince relâchait une seconde sa pression, les yeux de ma mère s'entrouvraient, elle me souriait avec difficulté, puis clac, la mâchoire invisible refermait son étau et ma mère sombrait de nouveau happée par le laminoir. Régulièrement, une enclume sonnait sur les remparts.

Une ombre masqua le ciel dans le cadre de la fenêtre. Un homme avec une grande barbe noire était là, dehors, devant moi. Il frappa trois coups nets au carreau de la fenêtre ouverte et tante Sonia accourut souriante, la main tendue. L'homme enleva son chapeau, se courba et son buste bascula dans la chambre. Il baisa la main de ma tante puis, m'apercevant au pied du lit, il agita son chapeau en l'air, me cligna de l'œil et disparut. Il fit le tour de la maison et entra par la porte ouverte. Il vint droit sur moi et abattit ses mains pour m'attraper. J'essayais de lui donner des coups de pied, mais il m'enleva vers son visage. Je voyais chaque pore de la peau de son nez rouge. Sa barbe me chatouillait la figure, elle sentait très fort le tabac froid. Sous les poils durs, ses lèvres étaient roses et molles, elles s'écartaient et je voyais de grandes dents carrées très blanches. Les poils remuèrent dans tous les sens et l'haleine tiède m'enveloppa.

« Voilà, je suppose, ce petit Boris dont notre chère Soniouchka nous avait parlé. »

Les lèvres roses et molles s'allongèrent et un baiser sonore m'assomma.

« Est-ce que ce petit Boris-là a déjà été mangé par hasard ? »

Il fit un clin d'œil vers ma tante et ma mère.

« Nous supposons que non, puisque ce petit plat savoureux est là, apparemment intact. Voyons, voyons ! »

Il se lécha les babines en faisant « mniam mniam » et, brusquement, il engloutit ma main dans sa bouche. Ses grosses dents carrées se refermèrent autour de mon poignet et mes doigts touchèrent sa langue dont le muscle se rétracta au fond de l'huître humide. Je me débattis et me mis à hurler.

Le monsieur à la barbe noire revint de plus en plus souvent. Il aidait ma mère à se lever. Elle s'appuyait à son bras, lui lançant de biais des regards étonnés, elle ne comprenait pas tout cet empressement et cette sollicitude. À partir du jour où tante Sonia repartit en Pologne, les visites de l'homme barbu devinrent quotidiennes. Chaque matin il arrivait, un œillet rouge à la main et le tendait à ma mère.

« Ma chère Adèle, ma très chère grande malade, savez-vous que pour vous je glisse sur la pente du vol ? »

Puis il se tournait vers moi.

« Alors, jeune plat du jour ? (Il m'appelait comme ça depuis notre première rencontre.) Alors, jeune bœuf mironton ? mange-t-on du Boris à midi ? »

Ses mains immenses volaient autour de moi pendant que je me roulais sur le lit en riant.

« Mais ce petit poulet ne veut pas se laisser attraper. »

Il m'enlevait vers sa barbe et, ouvrant toute grande sa bouche rose, il essayait, en faisant « mniam mniam », d'y introduire mon pied tout entier. Je riais dans un état de surexcitation folle. Il roulait des yeux féroces et se passait la langue sur les lèvres. Ma mère regardait la scène les larmes aux yeux, heureuse de me voir rire. Débordante de gratitude, elle répétait attendrie : « Ardalion ! Ardalion ! Ardalion ! », en serrant entre ses doigts maladroits la tige de l'œillet dont la tête se balançait devant ses lèvres pâles. Ardalion me lançait à toute vitesse en l'air, me rattrapait, me relançait et chaque fois ma mère poussait un cri. Puis, me tenant à bout de bras, plié sur les jarrets, il dansait à la cosaque, détendant ses jambes l'une après l'autre, ses pieds raclant le plancher avec un bruit formidable. Des nuages de poussière s'élevaient autour de nous dans un rayon de soleil oblique. Ensuite Ardalion chantait des chants que ma mère reprenait avec lui. La voix profonde roulait, fleuve englouti sous des voûtes humides et sonores. Autour de ces graves méandres, ma mère, légère abeille butineuse, brodait en contrepoint des trilles et des trémolos. Ardalion ne manquait jamais de la complimenter sur sa voix. Il lui prenait les mains et, les yeux mouillés, lui disait :

« Très chère et émouvante amie, permettez-moi, chère Adèle, de vous complimenter pour votre voix. La timbrure en est parfaite. Qui croirait à vous entendre que vous avez tant souffert dans votre chair ? Ma pauvre et irremplaçable voisine, vous chantez avec tellement d'âme ! »

Ma mère tout à coup se crispait et poussait un soupir déchirant.

Un matin, en me réveillant, je ne sentis pas la tiédeur de ma mère contre moi, et lorsque j'ouvris les yeux je ne reconnus pas la chambre. La fenêtre n'était pas à sa place habituelle et j'étais couché par terre sur des coussins. Je voyais le lit très loin, dressé sur ses pattes grêles. Un bras velu sortait des draps et pendait interminable jusqu'au sol. La main posée sur le dos était légèrement repliée sur elle-même. Je bondis, pris de tremblements. Lorsque je fus debout, j'aperçus le visage très pâle de ma mère endormie, la bouche ouverte. Sa joue était posée sur une fourrure noire qui tordait ses boucles en tous sens : c'était la poitrine d'Ardalion. La nuque enfoncée dans les oreillers, Ardalion m'observait. Je voyais luire ses grandes dents. Il riait silencieusement. Il me fit un clin d'œil ironique et sa langue rose jaillit, écartant tous les poils de sa barbe. Je me mis à hurler. Ma mère aussitôt ouvrit les yeux et avec peine se dressa appuyée sur son coude. Elle me regarda hébétée. Ardalion sauta hors du lit. Il était entièrement nu, son sexe pendait énorme entre ses jambes velues et frappait ses cuisses comme le battant d'une cloche. Je me réfugiai, toujours hurlant, dans un coin de la chambre. Ardalion me saisit et m'enleva vers le plafond. J'essayais de mordre son bras et martelais sa figure de mes poings. Mes pieds se détendaient en cadence contre sa poitrine qui résonnait. Ardalion se recoucha me tenant toujours en l'air. Il riait et me regardait me débattre au-dessus de son visage. Ma mère tendit le bras vers moi.

J'attrapai sa main et la mordis cruellement. Ardalion se releva, courut jusqu'à la cuisine en me tenant toujours à bout de bras, me posa dans l'évier et ouvrit tout grand le robinet. Le jet d'eau glacée me saisit, j'étouffais. Ardalion m'enveloppa dans un torchon, me frotta avec énergie et se recoucha dans le lit. Il me déposa entre lui et ma mère qui se jeta sur moi en sanglotant. Je claquais des dents, grelottant de tout mon corps. Je sentais la cuisse d'Ardalion me brûler. Cette chaleur me dégoûtait. Ardalion passa sa main dans mes cheveux et les ébouriffa.

« Alors, petit plat mironton ! »

J'essayais encore de lui donner des coups de pied, mais Ardalion en riant les parait de sa main largement ouverte. Ma mère me serrait contre elle et me couvrait le dos de baisers. Je me dégageai d'une secousse et j'éclatai en sanglots violents. La nuit m'enveloppa, trouée de temps en temps par des éclairs de lumière irisée. Mes larmes coulèrent abondantes. Lorsque je me calmai, je sentis que ma mère me pressait contre ses côtes. Je voyais entre mes cils, dans des gerbes de couleurs mouvantes, Ardalion debout au milieu de la chambre en train de s'habiller. Il faisait de grands mouvements vers ma mère qui de temps en temps lui répondait avec force. Ardalion avait son chapeau sur la tête. Il l'enleva pour enfiler sa chemise et le remit aussitôt d'un geste théâtral. Enfin il sortit de la maison.

Ma mère parla longtemps toute seule, agitant son bras par secousses sèches. Le lit tremblait et sa main se crispait sur moi. Elle s'arracha des draps, s'agenouilla et me parla très doucement en me caressant les cheveux :

« Ah ! Boris, maman aimer Boris. Ardalion pareil comme ton papa, Ardalion égoïste, toi petit, pauvre petit, pauvre,

pauvre, pas comprendre, maman faible, faible, papa égoïste, abandonner maman, Ardalion pareil papa. Tous, tous, tous égoïstes ! »

Elle se lançait, me racontant comment elle avait rencontré mon père. Elle me parla d'une ville bleue couverte d'inscriptions magiques, de la Russie encore si proche derrière le Caucase. Elle avait franchi la frontière pieds nus, mêlée au troupeau des réfugiés.

« Ici frontière ! »

Elle partageait le lit d'un geste net.

« Ici Russie ! Ici Perse ! Ma jeunesse ici, là papa à toi ! »

Je voyais apparaître au fur et à mesure qu'elle le décrivait, vers le pied du lit, du côté de la Perse, un homme qui nous regardait en souriant. Sa barbe tombait en flots réguliers et sa main chargée de bagues la caressait. Il avait de grands yeux langoureux.

« Regard doux, trop doux, lui diable ! TCHORT ! »

Elle cracha.

Des sourcils très épais se rejoignaient tout en haut de son nez. Il me clignait de l'œil très vite et sa langue pointait vers moi du milieu de sa barbe. Il était assis à même le lit, les jambes croisées sous lui, ses genoux nus usés par la prière.

« Lui faire semblant, lui faux prophète, charlatan, lui rien savoir, faux grand prophète ! tout faux ! Ah ! Boris ! comédie, comédie. Ah !... »

Maintenant il se tordait de rire, il mettait la main devant sa bouche, le cou rentré dans les épaules. Il se frappait le front de son index en montrant ma mère qui parlait, parlait, parlait.

« Lui avoir déjà femme, plusieurs femmes, et enfants beaucoup. Moi appris trop tard, moi déjà mariée avec lui. »

Elle secouait la tête.

Mon père maintenant riait la bouche grande ouverte et se donnait des claques sur les genoux. Sa tête de fakir se renversait en arrière, ses cheveux longs se tordaient comme des serpents.

« Un jour lui disparu, papa Boris disparu! pffuit! maman rester seule avec Boris. Téhéran grande ville, toute vide, personne, ville toute vide et grande, grande, grande et partout céramique avec pierres bleues écrites et maman marcher, marcher. »

Je voyais la ville bleue couverte d'inscriptions s'allonger infinie, ses maisons alignées face à face à perte de vue. Ma mère avançait par saccades au milieu de ce couloir sans fin, et très loin fuyant vers l'horizon un homme courait en riant. Sa barbe et ses cheveux très longs flottaient derrière lui. De temps en temps, l'homme se retournait et se frappait le front en montrant ma mère.

« Ah, Boris! lui parti, lui disparu. Un jour moi recevoir carte postale avec tour en fer, grande tour, Boris, toute en fer comme dentelle, très très haut, très, toi voir un jour. Ah! Paris! ville encore plus grande et vide, vide, personne, personne. Millions fantômes courir partout dans vide terrible. Maman pas retrouver papa, Paris trop grand. Ah! Boris! maladie, maladie. »

Elle pleurait de tout son corps, ses côtes se soulevaient et se repliaient expulsant de longs gémissements. J'étais inondé de ses larmes, elles me coulaient dans la bouche, dans les yeux. Je secouais la tête, noyé. Ma mère recommença à me serrer de toutes ses forces. Elle en perdait la respiration, haletante, défaillante. Derrière elle, par la fenêtre ouverte, le village pétrifié penchait dangereusement et le ciel était strié de grandes barres blanches.

Un matin, Ardalion arriva avec un petit panier. Il jeta sur le lit un par un une douzaine de poussins à peine éclos qui se mirent à sautiller autour de moi.

« Voilà, très cher ami Boris, un cadeau, souvenir d'Ardalion. »

Il m'embrassa par surprise le dessus de la tête et déposa dans mes cheveux un poussin. Puis il fit un baisemain à ma mère et sortit en éclatant de rire. Les poussins couraient en tous sens, sautant par-dessus les plis de la couverture, s'enlisant dans l'édredon, certains même, plus aventureux, s'étaient égarés dans l'intérieur du lit. Ma mère m'expliqua qu'elle devait à nouveau repartir. Le poussin sur ma tête commençait à donner des coups de bec sur mon crâne. Elle allait me mettre en pension chez les religieuses. Le poussin sautillait dans mes cheveux.

« Après opération maman revenir chercher petit Boris. »

D'autres poussins grimpaient sur moi, leurs ongles pointus me griffaient la peau. Je riais écoutant à peine.

« Boris, jamais oublier maman ? »

Le poussin sur ma tête piaillait désespérément, j'essayais de l'attraper, mais il s'accrochait à mes cheveux. Ma mère délicatement démêla les petites pattes de mes boucles en me promettant que je pourrais emmener avec moi dans la pension le poussin qui était sur ma tête ainsi que tous les autres.

Le car longeait des précipices. Tout au fond, très loin entre les cimes des pins, je voyais briller des petits ruisseaux. La route taillée à même le roc rouge s'enfonçait par moments dans de longs tunnels. Pendant que nous roulions dans le noir, ma mère me tenait la main. D'un mouvement brusque elle se penchait sur moi et me donnait de temps en temps un baiser rapide. Les poussins sans arrêt piaillaient dans la boîte posée sur mes genoux. Puis le car plongeait dans la lumière, semblait planer un moment dans le vide. Le chauffeur en blouse blanche faisait de grands gestes en conduisant et son corps entier rebondissait sur le siège. Je voyais dans le rétroviseur son œil sous un morceau de visière bleue. Soudain l'œil me regarda et se ferma deux ou trois fois très vite. Je poussai ma mère du coude et lui dis à l'oreille que le chauffeur ne regardait pas la route et qu'il conduisait en me clignant de l'œil. Ma mère subitement très inquiète essaya de voir l'œil du conducteur dans le rétroviseur en mettant son visage à hauteur du mien. Le car prit un grand virage à toute vitesse et le chauffeur resta comme suspendu un moment sur le vide. Voyant l'œil de ma mère dans le rétroviseur, il se retourna et lui sourit. Elle poussa un petit cri. Le car à nouveau longeait sagement la route encastrée dans les rochers rouges. De temps en temps, je montrais en hurlant un bloc de pierres énormes qui semblait vaciller devant nous au-dessus de la route. Le conducteur riait et accélérait.

« Le rocher, maman ! il a roulé ! il a roulé ! »

Au bout d'un moment, tous les voyageurs étaient nerveux et sursautaient chaque fois que je criais. Parfois un oiseau dérangé par l'ombre du car se levait et nous suivait un moment en planant. Brusquement l'air manquait sous ses ailes et il tombait comme une pierre au fond de l'abîme. Un rapace s'envola et nous accompagna assez longtemps. Tous les gens s'étaient levés. Le chauffeur cria en se retournant :

« C'est une aigle ! elle est chaque jour à la même place ! »

L'oiseau disparut parmi les arbres en contrebas de la route. Je hurlai de toutes mes forces, faisant sursauter tous les voyageurs :

« Maman et tante Sonia, elles en ont tué un plus gros ! un russe ! il saignait dans les draps ! tante Sonia a pris son fusil et lui a tiré dessus parce qu'il remuait encore l'œil. »

Le conducteur se retourna étonné et ma mère lui sourit, gênée.

« Les draps étaient pleins de sang. Pour l'achever elle lui a tiré dedans, sur le lit. *Pan ! Pan !* »

Tous les voyageurs me regardaient, j'étais très fier de leur attention. Un monsieur se pencha et cria pour couvrir le bruit du moteur :

« La Russie, c'est tellement plus grand que la France, tout y est plus grand en proportion, hein petit ? »

Tout le monde éclata de rire. Le conducteur se retourna vers ma mère et lui demanda :

« Comment qu'il s'appelle ? »

Elle s'agita sur son siège et lui répondit d'une voix blanche :

« Boris ! »

Le conducteur se retourna encore une fois.

« Tiens, mon grand-père, il s'appelait Maurice. C'est plus très courant ce nom-là. »

Ma mère chuchota :

« Non ! pas Maurice, Boris ! »

51

Je criai de toutes mes forces :

« Boris ! Boris ! Boris ! »

Quelqu'un tendit le doigt et montra la mer. Des montagnes entières se soulevaient d'un seul mouvement, se croisaient et retombaient lourdement, laissant apparaître par moments dans un creux un brusque éclat triangulaire, mais déjà une autre montagne arrivait à grande vitesse et engloutissait tout. Nous roulions à nouveau dans un tunnel. Ma mère se pencha vers moi :

« Boris pas crier comme ça ! »

Très excité je me mis à imiter son accent :

« Boris pas crier comme ça ! Boris pas crier comme ça ! Boris pas crier comme ça ! »

Elle m'embrassa pour essayer de me faire taire. La lumière revint, éblouissante. Le conducteur me regarda, l'œil féroce dans le rétroviseur. Il klaxonna. Une dame assise de l'autre côté du couloir se tourna vers moi.

« Dis-moi, petit Maurice, les petites bêtes qui font cui-cui dans la boîte, à qui elles sont ? »

Je criai :

« Dans la boîte, il y a des petits poussins, ils sont à moi !

— Dis-moi, petit Maurice, quand ils seront grands tes petits poussins, qu'est-ce que tu en feras, mon petit poussin joli ?

— Je les attacherai par la patte et Ardalion prendra leurs têtes dans sa bouche et il leur coupera le cou avec ses dents. »

La dame ouvrit de grands yeux.

« Oui ! Oui ! comme ça ! c'est comme ça qu'il fait toujours avec moi, Ardalion, ça fait jamais mal ! »

Le conducteur se retourna et me demanda en clignant de l'œil vers les autres voyageurs :

« Dis donc, Maurice, ça doit être un drôle de gros lion ! »

Tout le monde se tordit de rire. Je criai :

« Non ! pas un lion, Ardalion ! Ardalion ! Ardalion ! »

Nous entrâmes encore dans un long tunnel et ma mère se pencha vers moi.

« Boris, toi regretter maman ? »

Lorsque nous sortîmes dans la lumière, elle me montra un petit village tout rose, accroché à la montagne. Le car vibrait très fort. Elle s'agita, se leva et nous restâmes longtemps debout dans le couloir. Tous les voyageurs nous regardaient, mais plus personne ne parlait. Le car s'immobilisa. La place était déserte. Ma mère descendit, aidée par le conducteur. Quelqu'un me déposa près d'elle dans la poussière blanche. Nos bagages tombèrent autour de nous. La boîte avec les poussins nous fut tendue. Ma mère la posa par terre dans le soleil. Le car repartit et nous laissa seuls au milieu de la place vide.

« Lula ! Lula ! tu n'écoutes plus !

— Mais si je t'écoute !

— Arrête de limer tes ongles, écoute-moi !

— Mais ça ne me gêne pas, j'entends très bien, continue !

— Oui, mais moi ça me gêne, ne bouge plus, écoute-moi comme si tu étais une autre. Tu entends, ma chérie ? Bon alors…

— Chéri, embrasse-moi avant de continuer ! dis-moi, regarde mes yeux !

— Oui ! quoi ?

— C'est bien comme ça ?

— Oui, pourquoi ?

— Y a pas trop de crayon ?

— Non, c'est très joli !

— Oui, mais tu dis non comme si tu disais oui.

— Mais non, je te dis qu'y en a pas trop !

— Oui, mais hier tu m'avais dit que j'en avais mis trop dessous.

— Oui, mais hier c'était moins que demain, alors…

– Non, vraiment dis-moi !

– Alors aujourd'hui, c'est plus qu'hier et moins qu'après-demain.

– Dis-moi !

– Mais je te dis que c'est bien, c'est très bien, c'est très très bien.

– Et après on va au village ?

– J'ai presque fini. Je te lis encore trois pages, dis-moi, écoute bien. Tu écoutes ? tu écoutes, chérie ? chérie ? écoute bien ! là, tu restes comme ça, tu bouges pas et tu m'écoutes parce que c'est très important ton avis, pour moi c'est essentiel et ne pense pas à autre chose, hein ? concentre-toi bien et écoute, tu vas voir ! parce que j'ai tout réécrit, tu sais le fourmi-lion. Je l'ai écrit comme un poème cette fois-ci. Je crois que ça n'allait pas autrement, tu te souviens ? Il était chez les bonnes sœurs et comme il était tout petit, il était tout le temps à regarder par terre. Les petits enfants, c'est à ras de terre, il était tout le temps à regarder et il voyait partout des insectes. Avec ses copains, ils les attrapaient. Bon, ils les martyrisaient. Comme ils ne pouvaient pas blairer les bonnes sœurs, ils prenaient des fourmis. Et pourquoi ils prenaient des fourmis ? parce que les fourmis elles étaient comme eux, toutes petites, toutes noires. Eux, ils avaient des tabliers noirs, c'était exactement pareil. Bon ! alors tout ça j'avais essayé de l'écrire et puis ça ne marchait pas, tu te souviens ? J'avais essayé de raconter comment ils prenaient la fourmi, comment ils la mettaient au bord de l'entonnoir de sable, comment ils la baptisaient de leurs noms et comment le fourmi-lion, au fond, se mettait à remuer pour faire glisser la fourmi, et comment la fourmi glissait, glissait. J'avais écrit tout ça et ça n'allait pas, alors finalement j'ai décidé de le transposer, en tout cas dans sa forme d'écriture. Je l'ai écrit en vers. Je vais te le dire phrase par phrase. Chaque phrase est une phrase du poème. Chaque fois que je passe à la ligne, c'est une autre phrase, un autre vers : – *Un peu de sable glissa – Quelques grains parvinrent tout au fond* – tu écoutes Lula ?

– Ouiiii !

– Bon, alors écoute ! *Un peu de sable glissa – Quelques grains parvinrent tout au fond – La bête réveillée remua – Elle se cachait sous le sable tout au fond de l'entonnoir – Tout au fond de l'étranglement – Elle cachait son corps mou piqué de poils rares – Seules ses longues pinces émergeaient tendues vers le ciel – Il fallait un œil exercé pour les voir – Il fallait un œil très exercé – Car les pinces étaient très minces, très minces...* et à la ligne... – *la bête tendait ses crochets, impatiente...* petits points... – *tendait ses crochets avec une impatience tenace – Je la voyais immobile avec sa tête plate en forme de spatule – Brusquement la bête replia sa tête – Replia sa tête – L'enfonça sous elle et...* à la ligne... – *D'une détente violente, d'une détente...* à la ligne – *Projeta...* à la ligne... – *Un jet de sable – Quelques grains tombèrent près de la fourmi – Et, en roulant vers le fond, entraînèrent tout un pan de l'entonnoir – La fourmi – La fourmi glissa avec le sable tiède essayant en vain de s'accrocher – Ses pattes s'enfonçaient dans le sable – Plus fluide que l'eau mouvante – Des pans entiers de la paroi inclinée glissaient avec elle – Elle se mit à gratter furieusement...* à la ligne – *Elle ouvrit la bouche...* à la ligne... – *Pour crier...* à la ligne... – *Le sable remplit sa bouche – Elle tordit, elle tordit son corps en tous sens – En tous sens elle tordit son corps – Et le sable se déroba encore plus vite, fuyant impalpable – Le fond de l'entonnoir s'était rapproché – Le sable en glissant l'avait en partie comblé – Rendant les parois moins abruptes – La fourmi resta un long moment à mi-côte – Elle respirait très lentement, avec précaution – Car le moindre souffle pouvait à nouveau tout ébranler – Déclencher – Ses yeux pleins de sable devaient nous voir confusément, très loin – Très loin au-dessus d'elle...* ça je n'sais pas si ça se sent mais, tu sais les enfants s'identifient toujours, alors il se met à la place de la fourmi, il se voit lui-même avec ses petits copains, d'ailleurs écoute... – *Ses yeux pleins de sable devaient nous voir confusément, très loin, très loin au-dessus d'elle, respirant avec précaution, devaient nous voir certainement contre le ciel bleu, penchés, nos têtes réunies front contre front la regardant. Une volée de sable s'abattit de nouveau sur la fourmi, le glissement reprit plus rapide, les longues pinces s'ouvrirent, la saisirent, s'enfoncèrent en elle, la tirèrent au plus profond du sol. Le fourmi-lion s'enterrait tirant sa proie à reculons. Brusquement, je plongeai ma main à l'endroit où la bête avait disparu. Je saisis une poignée de sable que je fis couler avec précaution dans mon autre main ouverte. L'insecte tomba, ses pinces étaient toujours enfoncées dans le corps de la fourmi qui remuait désespérément. Aveuglé par le grand jour, le fourmi-lion lâcha la fourmi et toujours à reculons essaya de s'enfouir dans le peu de sable qui restait dans ma paume ouverte. J'ouvris la boîte d'allumettes et fis tomber la bête parmi les autres qui grouillaient et s'entretuaient. Je criai : "Celle-là, c'est sœur Claire !" Mes compagnons approuvèrent très sérieusement. La fourmi bougeait encore, elle pouvait resservir. Nous nous levâmes et, doucement, pour ne pas ébranler le sol, nous nous approchâmes d'un autre entonnoir...* Est-ce qu'on comprend ? Est-ce qu'on comprend que chaque fois qu'ils attrapent un fourmi-lion, ils le baptisent du nom d'une des sœurs ? Est-ce qu'on comprend ?

— Hum ! Oui !
— Ça a pas l'air de... hein ?
— Mais si, chéri, continue, j'écoute.
— Je sais que tu écoutes, mais est-ce qu'on est pris ? est-ce qu'on y croit ? est-ce qu'on comprend ? tu comprends, est-ce qu'on comprend ?
— Mais, chéri...
— Oui, mais là, particulièrement, en particulier, est-ce qu'on voit les enfants en tabliers noirs accroupis autour du petit entonnoir ? Est-ce qu'on voit la fourmi toute petite, encore plus petite, minuscule, gigotant, s'agrippant, furieuse ? est-ce qu'on voit, au fond, la bête tapie avec la tête en spatule ? et le sable qu'elle envoie en l'air pour faire glisser la fourmi ? tout ça, tu comprends, tout ça, est-ce qu'on comprend que c'est pour ne pas écrire la réalité en fait, mais décrire des choses qui se passent à côté, qui sont encore plus vraies, plus fortes, parce que si je décrivais que le matin ils se levaient, bon, que les bonnes sœurs et les grandes orphelines les habillaient en leur foutant des taloches, qu'elles les embarquaient à l'église, qu'il fallait qu'ils se tapent une heure de prière à genoux, ensuite qu'ils allaient bouffer et qu'après avoir bouffé ils ramassent les miettes de pain sous la table, par terre, et qu'on leur faisait rebouffer ces miettes de pain pour qu'elles ne se perdent pas. Et puis, on les emmenait dans la cour faire des rondes et puis qu'après les gosses n'attendaient qu'une chose, c'était l'heure du repas et le repas arrivait et ainsi de suite. Tout ça, comment le raconter ? comment raconter l'ennui ? tu comprends, toute cette organisation, tandis que là, les gosses sont autour de l'entonnoir, la fourmi qu'ils ont mise au bord, qu'ils ont baptisée de leurs propres noms, est un appât. Le fourmi-lion essaie de

l'attraper, il l'attrape, ils la laissent attraper par la bête et quand elle l'entraîne au fond, sous terre, ils ont une trouille terrible, ils s'identifient à la fourmi et au dernier moment ils s'emparent du tout : l'entonnoir, le sable et la bête avec. Et ils prennent le fourmi-lion, ils le mettent dans une boîte où il y en a déjà plein, après l'avoir baptisé du nom d'une bonne sœur, et toutes ces bonnes sœurs dans la boîte d'allumettes s'entre-bouffent et s'entre-tuent et se détruisent, et les gosses sont les vainqueurs !

— Oui, mais c'est tout ? tu ne racontes pas tout ce que tu m'avais raconté ?

— Oooof ! j'ai essayé, mais c'est complètement con !

— Ah ! moi, je trouvais ça bien, tu aurais dû, tu sais, chéri.

— Mais je t'assure qu'écrit c'est complètement con, et pourtant c'était terrible. J'en ai gardé un souvenir épouvantable et, une fois écrit, ça a l'air inventé. Alors, je pensais que l'histoire du fourmi-lion serait une équivalence.

— Ah non ! moi, je trouvais que c'était bien, tu aurais dû quand même écrire tout ce que tu m'as raconté, quand les bonnes sœurs, après les repas, vous attachaient dans des langes, qu'elles vous obligeaient à faire la sieste et cette bonne sœur qui allait entre les lits et regardait si vos cils bougeaient et surtout ce qui était formidable, moi je trouve, c'est quand tu prenais les limaces, que tu les ficelais sur des bouts de bois et que tu les laissais mourir, se dessécher dans un coin et que tu allais les regarder tous les jours. Moi, je trouvais ça bien !

— Oui ! mais je t'assure qu'écrit, c'est complètement con, c'est pas intéressant, ça ne m'intéresse même pas à écrire, je l'ai tellement raconté, tellement revu, revécu cent fois, que j'ai l'impression finalement de l'avoir inventé. Et pourtant...

— Et tu ne peux pas écrire comme ça, comme tu parles ?

— Non, une chose écrite, ce n'est pas pareil, quand c'est écrit, c'est solennel, je ne sais pas, ça prend un ton... Tiens, tu vas voir, je vais te dire ce que j'ai écrit, mais je trouve ça... écoute, tiens, tu vas voir ! Tu te souviens, le car ? tu veux que je te lise le début, quand il arrive avec sa mère à partir du moment où le car les dépose sur la place du village, tu veux ?

— Mais tu ne me l'as pas déjà lu ?

— Non ! mais essaie de l'entendre comme si je ne te l'avais jamais raconté.

— Bon ! Mais ça ne va pas être trop long ?

— Oh ! pas tellement.

— Et après, on bouge, on va au village ?

— Oui ! je te promets. Bon, alors écoute ! Il y a le passage du car que je t'ai déjà lu, que tu connais par cœur. Bon, il a tous les poussins dans la boîte et on les dépose sur la place du village. Alors, écoute : *Les poussins s'agitaient tous à la fois, je voyais leurs petits becs par les trous que ma mère avait percés à grands coups de ciseaux dans la boîte. Ma mère m'installa sur ma valise et me dit de ne pas bouger. Elle traversa la place et frappa à une porte puis à une autre, puis à une autre encore, personne n'ouvrit. Le village semblait mort...* Tu vois, c'est comme un western. *À la fin un petit volet s'entrouvrit et un homme se pencha. Ma mère fit de grands gestes et l'homme lui montra l'autre côté de la place. Le petit volet se ferma et ma mère repartit toute droite sous le soleil. Elle traversa la place en biais et, arrivée à l'endroit indiqué, agita une chaîne qui pendait contre le mur. Une cloche sonna. J'entendis des enfants hurler tous à la fois et mon cœur se serra. Ma bouche était sèche et j'avais très soif. Une porte s'ouvrit devant ma mère, une bonne sœur sortit de l'ombre et regarda de mon côté, une autre la rejoignit dans le soleil. Ma mère leur parla, elles bougèrent leurs têtes et les cornettes, comme deux oiseaux, palpitèrent dans la lumière. Un enfant jaillit par la porte ouverte et courut quelques pas dans ma direction. Une troisième religieuse le rattrapa, et j'entendis l'enfant pleurer. Elle l'emporta et la porte se referma. Les deux bonnes sœurs se dirigèrent vers moi, suivies de ma mère. Les oiseaux blancs balançaient leurs ailes en cadence. Je voulus fuir, mais je restais sur la valise, trop affolé pour bouger. Les poussins piaillaient de plus en plus fort. Elles montrèrent la boîte à mes pieds. Ma mère commença à parler, les mots venaient mal, elle prononça le nom d'Ardalion plusieurs fois et elles rirent en découvrant leurs dents jaunes. L'une d'elles se pencha tout à coup sur moi et me prit au menton : "Comment t'appelles-tu ?" Je restai muet, la gorge trop serrée pour pleurer. Ma mère répondit pour moi, mais la bonne sœur lui dit sèchement : "Madame Rubioza ! laissez l'enfant répondre. À partir d'aujourd'hui c'est un grand garçon, il n'a plus besoin de sa maman." Son visage descendit devant le mien, les grandes ailes blanches me couvrirent et les yeux dans l'ombre me clouèrent. "Alors, Boris, comme t'appelles-tu ?" Je fondis en larmes et criai : "Maman !" Ma mère se jeta sur moi, me cacha dans le creux de sa poitrine et m'emporta vers le grand mur. Je me crispais, accroché à ses habits. La porte s'ouvrit devant nous et nous débouchâmes dans une immense cour ensoleillée. Des bonnes sœurs toutes pareilles allaient et venaient. Une grande quantité de tout petits enfants de mon âge jouaient dans la poussière, habillés de tabliers noirs. Une sœur vint au-devant de nous, souriante, les deux bras tendus. Elle me saisit et me tira vers elle, mais je m'accrochais avec force aux vêtements de ma mère. D'autres religieuses me prirent les mains, m'ouvrirent les doigts l'un après l'autre et me décrochèrent de ma mère. On m'emporta et je la vis, au milieu de la cour, tourner sur place, hébétée. Un cercle muet de petits enfants l'entourait. Je volais dans la fraîcheur de longs couloirs sombres. Attirées par mes cris, des jeunes filles rieuses passaient leurs têtes par de nombreuses portes entrouvertes. Certaines tendaient leurs mains vers moi au passage et me frôlaient la joue. La bonne sœur qui me portait écartait toutes ces mains d'une tape autoritaire. Mes hurlements résonnèrent longtemps sous les voûtes fraîches. Nous haïssions ces bonnes sœurs. Elles étaient onctueuses dans leurs gestes. Leurs lèvres pâles, toujours agitées, donnaient des ordres. Les orphelines veillaient à ce qu'ils soient exécutés. Nous étions les prisonniers d'un piège fuyant et nous glissions vers le fond...* C'est là que j'ai pensé au fourmi-lion... *comme des petites fourmis avec nos tabliers noirs. Nous avions tout le temps très faim. Du matin au soir, nous vivions dans l'attente du prochain repas. Aussitôt la prière finie, nous engloutissions le contenu de nos assiettes, un œil sur celle du voisin. À la fin des repas, les bonnes sœurs, aidées des grandes orphelines, nous faisaient mettre à genoux et ramasser par terre, sous nos places, les miettes de pain tombées. Nous devions les avaler une à une. Elles nous terrorisaient en nous racontant que le grand Christ cloué dans l'église descendait la nuit de sa croix pour venir manger les petits garçons qui avaient laissé perdre les précieuses miettes sous la table. Je voyais ses mains avec les trous barbouillées de peinture ocre en train de racler le sol. On nous disait que s'il le voulait, il pouvait faire mourir nos mamans si nous n'étions pas sages, comme nous avec les insectes. S'il le voulait, il pouvait coller tout le monde dans la résine et nous laisser nous débattre longtemps, longtemps, pour l'éternité. S'il le voulait, il pouvait soulever de grands rochers et écraser tout le monde, et taper, taper, taper, pour enfoncer les corps dans la poussière jusqu'à ce qu'ils deviennent secs et friables. Il pouvait aussi être très gentil, car sa bonté était infinie. Après le repas de midi, une fois le nettoyage des miettes terminé, on nous faisait monter dans le dortoir. Les grandes filles nous déshabillaient et nous emmaillotaient dans des langes pour que nous ne puissions pas bouger. Elles nous couchaient et nous devions dormir. Parfois une bonne sœur passait en glissant entre les lits et nous regardait attentivement. Elle allait de l'un à l'autre pour voir si nous dormions vraiment. Si nos cils tremblaient, elle nous donnait une bonne tape qui nous sonnait pour un moment. Mais les jeunes filles surtout étaient chargées de nous surveiller. Elles brodaient, assises sur de petits tabourets et, si l'un de nous ouvrait un œil ou se soulevait, bing! Une main s'allongeait. Ces siestes obligatoires duraient un temps infini. Des mouches volaient autour de nos visages, mais nous ne pouvions pas sortir nos mains pour les chasser. Enfin, une sœur entrait dans le dortoir en agitant une clochette...* Lula! dis? tu n'écoutais plus? Lula! Lula à quoi penses-tu? dis, tu n'écoutes plus?

— Si, chéri! Mais je ne sais pas quoi te dire, je connais tout ça par cœur, tu me l'as tellement raconté que je ne sais plus.

— Bon! Je finis, écoute! *Lorsque ma mère vint me reprendre, je ne la reconnus pas. Ses jambes n'en finissaient plus de maigreur. Ses yeux étaient encore plus noirs, plus fiévreux. Ses cheveux étaient devenus complètement blancs. Lorsqu'on me poussa dans le parloir, je restai à la porte, muet, effrayé. Ma mère tomba sur les genoux, les bras ouverts. Elle s'attendait que je me précipite. Elle avait vécu cent fois ce moment dans son lit d'hôpital, l'imagination tendue vers ces quelques pas qui devaient me jeter contre elle. Je ne bougeais pas. Ses mains maladroites couvrirent ses yeux et elle se mit à sangloter. Son corps se tassa sur ses jambes repliées sous elle. Autour de nous, deux ou trois bonnes sœurs nageaient dans les huiles saintes, allaient et venaient dans la pièce aussi indifférentes que si le verre épais d'un aquarium les séparait du monde. Pourtant leurs nageoires nous frôlaient, mais pas une n'eut le simple geste de me prendre par les épaules et de me pousser vers ma mère qui péniblement se relevait. Elle me prit la main en silence et à grandes enjambées raides m'entraîna dans la cour ensoleillée. Une orpheline justement apportait ma valise, toutes les autres la suivaient en rigolant, elles voulaient voir la maman du Boris, elles voulaient voir la mort en personne venant chercher son rejeton. Ce masque de carnaval les faisait se tordre, elles n'en croyaient pas leurs yeux. Les bonnes sœurs aussi étaient toutes là et aussi mes petits compagnons en tabliers noirs rangés en cercle muet. Ma mère me fit asseoir sur ma valise et s'avança vers la supérieure qui déjà lui tendait la main. Elles échangèrent quelques mots. La mère supérieure eut un sourire sucré et se tourna vers les autres religieuses. Toutes les cornettes frémirent. La mère supérieure rit, toutes les autres sœurs rirent. Il était question des petits poussins. La mère supérieure prit son téléphone et fit le numéro 007 et eut au bout du fil le Kremlin... Lula! Lula! qu'est-ce qui se passe? qu'est-ce que j'ai lu? dis, Lula?*

— Qu'est-ce qu'il y a, chéri?
— À quoi penses-tu?
— À rien! Pourquoi?
— Dis-moi la dernière phrase que je t'ai lue.
— Elle eut au bout du fil le Kremlin, mais pourquoi le Kremlin?
— Alors! Et tu ne te demandes pas ce que vient faire le Kremlin dans mon histoire?

— Mais si !

— Alors, à quoi tu pensais ?

— Chéri, j'écoutais.

— Tu peux toujours rire. Bon ! J'ai compris, c'est une histoire complètement somnifère.

— Pourquoi tu dis ça ?

— Mais, écoute, Lula ! Écoute, je vais te relire ce que je te lisais et tu vas voir que tu n'écoutais pas. Alors, voilà ce que j'étais en train de lire : *Ma mère me fit asseoir sur la valise et s'avança vers la mère supérieure* qui sortit ses deux revolvers. Toutes les sœurs se jetèrent à plat ventre...

— Non ! chéri, arrête, je ris plus, je te promets que j'écoute. J'étais en train de penser à cette histoire de poussins. Tu me l'as tellement racontée, je trouve cette histoire de poussins formidable. Elle amène son gosse avec ses poussins et puis ils passent quelques mois là et quand elle revient cette femme s'accroche à cette idée de poussins, elle veut les reprendre avec l'enfant et c'est des vieilles poules déjà, et elle est têtue, obstinée, et elle exige de reprendre ses poules, et les salopes de bonnes sœurs les jettent dans la cour, et on voit cette grande femme maigre, décharnée, toute noire avec des bras maigres, des jambes maigres, courir dans tous les sens en hurlant avec son accent affreux, et tous les gosses en train de se tordre de rire, les orphelines, les bonnes sœurs... Oh non ! moi je trouve que tu aurais dû écrire ça. Ça devrait être un passage, un des passages les plus formidables. Tu te rends compte ? Cette femme et ces gosses, tout le monde en train de se tordre de rire, même toi sur ta valise qui te tordais encore plus fort que les autres. Ah ! non, moi je trouve ça d'une cruauté terrible.

— Je sais bien, mais je t'assure, je ne peux pas l'écrire, c'est trop vrai. Tu vois, il faudrait, je sais pas, il faudrait que j'invente. Ah là là! d'ailleurs les bonnes sœurs et les curés, à quoi bon s'acharner, ils méritent même pas qu'on en parle!

— Mais, chéri, écoute, écris n'importe quoi, tout ce qui te passe par la tête, tout ce qui se passe dans ta tête et puis après tu trieras, tu verras bien, tu sais, tu penses trop à ce que tu fais, tu t'obsèdes, tu devrais laisser tout ça un peu tranquille, oublier. Viens, sortons, allons au village!

— Attends une seconde... J'avais une idée, attends! *Les poussins piaillaientdeplusenplusfortellesmontrèrentlaboîteàmespiedsmamèrecommençaàparleretlesbonnessœurssourirent...* Tu sais c'est pas si mal que ça!

— Qu'est-ce qui n'est pas si mal que ça?

— Non rien!... *palpitèrent dans la lumière. Un enfant jaillit par la porteouverteetcourutquelquespasdanssadirectionune troisièmebonnesœurlerattrapaellelesoulevaetj'entendisl'enfant pleurerellel'emportaetlaportesereferma...* Non vraiment, je n'en sors pas!

— Chéri, tu tournes en rond depuis huit jours avec tes histoires de bonnes sœurs. Enchaîne sur n'importe quoi, raconte par exemple l'histoire du trésor des Allemands, ou bien l'histoire du collier de perles, quelque chose... je ne sais pas, moi...

— Ah! tu crois? tu crois, comme ça, que ça vient comme ça? alors tu trouves que je devrais dire: Les bonnes sœurs s'avancèrent vers lui, il resta cloué sur sa valise et la princesse Gorloff lui fila un collier... ou bien... Les petits poussins piaillaient et je voyais leurs becs à travers les trous de la boîte, et leurs petits yeux luisaient comme le collier de perles que Mme Gorloff leur avait refilé pendant la guerre... attends,

attends... que Mme Gorloff refila à Pipa... ou bien... Les dents des bonnes sœurs qui souriaient lui rappelèrent le collier de perles que la princesse Gorloff, un jour, bien des années après, pendant la future guerre mondiale qui se préparait, refila à Pipa parce qu'elle l'aimait, parce qu'elle aimait Pipa d'un amour, parce qu'elle n'avait personne d'autre dans sa vie que Pipa, qu'elle l'aimait parce que Pipa était faible et malade...

– Eh bien oui! pourquoi pas? raconte simplement comment ça s'est passé. Un jour, je ne sais plus... Il était une fois, dans le taudis de tes parents... c'était l'anniversaire de Pipa... je ne sais pas... comment ça s'est passé exactement?

– Oh! ça, je n'en sais rien, tout ce que je sais, c'est qu'un jour je suis arrivé chez mes parents, Pipa avait craché du sang, beaucoup de sang et elle était très pâle. Quand je suis arrivé, elle m'a embrassé d'une façon désespérée, j'ai senti tout de suite qu'elle était très angoissée, et elle m'a dit, elle m'a dit : "Écoute, il faut que je te demande quelque chose." Mon père était là, il était crevé, il n'avait pas dû dormir depuis plusieurs nuits parce que Pipa allait très mal. Elle m'a dit : "Écoute, je te demande de me jurer de t'occuper, s'il m'arrive quelque chose, si je meurs, quand je serai morte..." Mon père l'a interrompue en disant : "Si nous mourons..." et il a ajouté en russe : "Je ne te survivrai pas, ma Pipa!", et il s'est mis à pleurer. Mon père s'est tu, il est resté dans son coin à faire sauter sa bille d'ivoire, alors Pipa m'a dit : "Écoute, regarde!" et elle a sorti de sous l'oreiller, sous son oreiller, un collier de perles, le fameux collier de perles en disant : "Tu vois ce collier, c'est la princesse Gorloff qui me l'a donné pendant la guerre. On l'a toujours gardé, tu vois, on l'a toujours gardé parce que, pour qu'il serve en dernière extrémité." Alors je lui ai dit: "Mais pourquoi vous ne le vendez pas puisque vous n'avez pas un rond, vendez-le!... et puis comme ça tu pourras te soigner Pipa, te guérir." Pipa a ri et elle a remis le collier sous son oreiller. Finalement, juste au moment de mourir, elle l'a refilé à sa mère en lui disant de le garder en cas. Ma grand-mère, elle en parlait tout le temps de ce collier, tu te souviens? Elle te disait: "Viens, Lula! viens!" Elle te traînait jusqu'à la commode pour te faire tâter sous ses lingeries et elle te disait: "S'il m'arrive quelque chose, voilà où il est, sous la pile de combinaisons, dans la gaine." On riait et elle disait: "Non, non mes enfants ne riez pas, il est à vous, c'est à vous, mes enfants, qu'il doit revenir, il ne faut surtout pas qu'il tombe entre les mains de Mme Fabert." Et quand je pense que mon père a réussi à le lui piquer dès qu'elle a eu le dos tourné.

– Ah oui! C'est vrai! Elle en parlait tout le temps, ça l'obsédait.

– Chaque fois qu'elle en parlait à mon père, il se tordait de rire, tu te rappelles? et il lui disait: "Mais il est là! il est là, il est chez moi, je l'ai bien planqué, t'en fais pas, je le donnerai aux enfants plus tard, sans ça ils vont le bazarder…" Et nous, on riait et elle fronçait les sourcils dans le dos de mon père en nous faisant signe de redemander le collier. Ah! quelle histoire! Et quand mon père est mort, elle cherchait ses perles partout comme une folle. Elle avait les mains qui en tremblaient, et elle est restée dans la chambre des jours et des jours, elle n'en bouffait plus, à fureter partout, à monter sur l'escabeau, à se mettre à plat ventre sous le lit, elle se traînait scrutant toutes les fentes, elle a tâté toutes les plinthes, elle a décousu le matelas. Elle disait sans arrêt: "Il l'a donné à cette putaine, il l'a donné à cette putaine!"

Elle disait ça tout le temps, chaque fois qu'on venait la voir. Elle ne pensait qu'à ce collier de malheur, elle ne parlait que du collier, ça a duré des mois, puis tu te souviens le jour où on est arrivés et qu'elle était si folle de joie, elle en bégayait d'émotion, elle l'avait retrouvé! Quel cirque elle avait dû faire pour monter toute seule là-haut, pour tâter les moulures fleur après fleur, là on n'en revenait pas, et tout ça pour apprendre que c'était des perles de Prisunic… Ah! elle était folle. Ahlala… elle en a maigri, elle en a vieilli, elle en est morte. Ce qui l'obsédait, ce qui la rendait folle, c'est de penser que c'était l'autre qui se trimbalait avec les perles de Pipa autour du cou et que mon père et elle avaient enfilé en douce les fausses perles tous les deux. Ça, ça l'a tuée. Oh! ce n'est pas à mon père qu'elle en voulait, c'est à cette bonne femme, parce que, mon père, il se foutait tellement de tout qu'il aurait pu aussi bien plonger dans du vinaigre les perles, rien que pour épater la concierge, pour faire un tour de passe-passe: "Voyez ce beau collier de perles! *Toc!* je le mets dans carafe… *Plouf!* plus rien!" »

Pendant des semaines, jour après jour, j'essayais d'écrire et je n'y arrivais pas. Je revenais, je tournais autour de cette histoire et je n'en sortais pas. Je me disais : « Ce n'est pas possible, arrête, tu n'as qu'à t'arrêter, tu n'as qu'à penser à n'importe quoi, tu n'as qu'à faire n'importe quoi, mais ne continue pas comme ça, c'est complètement con, stupide, de t'acharner. » Alors on allait, tous les deux, Lula et moi, faire de grandes balades avec le chien et je ne parlais que de ça. Je n'arrêtais pas d'en parler, à en devenir fous tous les deux. J'allais, je venais, je tournais autour des arbres, je regardais les insectes, je me mettais à quatre pattes et je repensais tout le temps à ces bonnes sœurs. Ce n'était pas l'histoire des bonnes sœurs, ça je m'en foutais, c'était l'idée que je ne pouvais pas, que je n'y arrivais pas. Ça, ça me rendait fou! Et pourtant, et pourtant je ne peux pas dire que ça m'ait marqué à ce point. Alors, à force de tourner autour des arbres, d'aller, de venir, de me mettre à quatre pattes et de regarder les insectes comme un gosse, je me suis dit un jour: « Tant pis, tu sautes par-dessus. Tu n'as qu'à tout envoyer en l'air, ça n'a pas existé, un point c'est tout. C'est pas compliqué, tu n'as qu'à tout foutre en l'air, tu raies, tu déchires, tu détruis. » Et je me remettais à écrire. Je continuais, j'avançais, j'écrivais à propos d'autre chose et puis tout d'un coup je me disais: « Mais non, tu ne te souviens pas, à tel moment, quand tu avais raconté l'histoire des bonnes sœurs avec les limaces et tout?... » Alors je me disais: « Non, il faut que j'écrive ça, il faut! » La nuit, tout le temps, la nuit je n'en dormais plus. Je me réveillais et je restais les yeux ouverts dans le noir. Je tâtais dans le lit, il y avait Lula qui dormait, ma Lula toute chaude, gonflée de sommeil, calme. Elle respirait, je l'écoutais, je passais ma main dans ses cheveux, elle soupirait. Je me disais: « Voilà! voilà! ce qu'il faut que tu écrives. Comment pourrais-tu écrire ça? Comment pourrais-tu la décrire là, près de toi, dans le lit, comme ça, avec son corps, toute cette chaleur, toute cette vie, cette vie au ralenti, ce souffle régulier, paisible, tout ça, comment l'écrire? C'est ça qu'il faudrait écrire. C'est ça la vérité, c'est ça, il n'y a rien d'autre. » Et puis je partais à la dérive, je flottais, je flottais. Des phrases entières m'arrivaient par lambeaux, des phrases merveilleuses, articulées, mouvantes, fluides. J'essayais de les saisir, de les apprendre par cœur. Le lendemain, j'avais tout oublié, il ne restait rien de ce feu, de toute cette magie. Rien !

Alors, une nuit, je me suis levé et je me suis dit : « N'ouvre pas les yeux ! » À tâtons je suis descendu. Je me suis mis à écrire, à écrire, à écrire. C'était fantastique ! Je me suis dit : « Mon vieux, tu es génial, il fallait y penser. C'est tout !... » Le lendemain quand j'ai voulu relire tout ça, eh bien je n'ai rien retrouvé. Je l'avais rêvé, j'avais rêvé que je rêvais que j'écrivais comme en rêve.

Une fois je me suis levé pour de bon et j'ai écrit, écrit, écrit. Cette fois c'était pour de bon, je ne dormais pas, je me pinçais tout le temps pour être sûr, pour être bien sûr. L'aube est arrivée. Je suis remonté dans la chambre et je me suis glissé dans le lit entre les draps, à côté de Lula. Lula, elle, n'avait absolument rien entendu. Elle était là, elle dormait. Je l'ai embrassée sur le dos, je lui ai embrassé le cou, je lui ai passé les mains partout sur le corps, elle était molle comme une poupée. Je lui ai passé encore la main dans les cheveux, elle a soupiré, elle s'est retournée, je l'ai prise contre moi et puis je me suis rendormi contre elle. Quand je me suis réveillé, quand on s'est réveillés – le chat miaulait sous nos fenêtres, il trouvait qu'on mettait trop de temps à se lever ce matin-là, il réclamait son lait – quand on s'est réveillés, j'ai dit à Lula : « Tu sais... » – je ménageais la surprise – j'ai dit à Lula : « Lula, si je n'étais pas là, tu sais, Lula, que tu dormirais dix heures, quinze heures, vingt heures ! tu ne t'arrêterais jamais. Devine quelle heure il est ? » et elle m'a répondu : « Je sais, je sais, il est très tard, mais c'est merveilleux, tout est merveilleux ! tu te rends compte toutes ces heures de sommeil perdues chaque nuit ? là, en une seule matinée, j'ai rattrapé toutes les heures perdues de la semaine. Il faut dire que depuis que tu écris tu ne dors plus et moi j'ai besoin d'au moins huit heures ! » On a fait les comptes des heures perdues et rattrapées, ça ne tombait jamais juste. On riait, on riait. À la fin je lui ai dit : « Écoute, Lula ! j'ai une surprise pour toi ! – Une surprise pour moi ? – Tu permets que je te lise, tu permets ? – Une surprise pour moi ? » Elle ne comprenait pas. Je tâte autour du lit, partout avec la main, je ne retrouve pas mes papiers. Je redescends, je regarde sur la table, sous la table. Rien ! J'étais fou ! Je l'avais encore rêvé ! Ça devenait infernal, cette histoire.

Chaque nuit ça recommençait : je me levais, j'écrivais, je me pinçais, j'écrivais sous la dictée comme ça, sans une rature. Le lendemain matin, toujours rien ! Je cherchais partout. Lula se moquait de moi gentiment. À la fin, je ne me donnais même plus la peine de chercher. Et puis un jour, miracle ! Je tâte avec la main comme chaque matin, par acquit de conscience, par terre, sans y croire et qu'est-ce que je sens ? des papiers ! J'en fais un bond fantastique. Lula, ça la réveille brusque. Un bond formidable et j'ai dit à Lula : Ça y est ! c'est cuit ! cette nuit je n'ai pas rêvé, le miracle a eu lieu ! Je l'ai écrit, somnambule ! Je suis sûr, Lula, que c'est génial. Écoute ! écoute ! » Lula riait, elle était un peu sceptique. Elle m'a dit : « Tu crois Cyrus ? tu crois ? » Je lui ai dit : « Écoute, Lula, attends, attends que je t'aie lu, Lula. » Elle riait et j'ai commencé à lire dans le lit : « *Les dames aux lèvres pâles...* » Aussitôt j'ai senti que Lula, ça ne l'intéressait pas. « *... aimaient chanter et nous obligeaient tout le temps à chanter avec elles. Elles nous réveillaient dès l'aube et les jeunes orphelins venaient les aider à nous habiller. Elles nous conduisaient jusqu'à une grande salle éclairée par des* *fenêtres de toutes les couleurs. Un monsieur qui ressemblait à Ardalion était cloué nu par les mains, par les pieds à un poteau. C'était une grande poupée peinte. Ses yeux étaient fermés et ses paupières bombées avaient l'air prêtes à se soulever. Les dames en robes longues aimaient beaucoup cette poupée, la caressaient et surtout embrassaient sans arrêt ses pieds barbouillés de peinture ocre. La poussière dansait dans les rayons multicolores et je revoyais l'homme roux tout nu penché sur nous. Les insectes remuaient dans la résine. L'homme roux secouait la tête très triste et lentement s'en allait vers la femme nue sur le banc de pierre. Les cheveux de l'homme flamboyaient et ils restaient tous les deux comme des statues de boue sèche. La femme basculait sur le ventre de l'homme et l'homme tendait son visage vers le ciel en hennissant: "ARRA!" Les dames maintenant s'agenouillaient l'une après l'autre devant la poupée. Elles posaient leurs lèvres pâles sur la peinture usée. L'homme roux arqué vers le ciel hennissait encore plus fort: "ARRRRRA!" Les dames se relevaient et faisaient voler leurs mains blanches vers leurs fronts puis sur leurs bustes qu'elles tapotaient très vite. Les jeunes orphelines arrivaient à leur tour. Elles se bousculaient et riaient en cachette la tête enfoncée dans les épaules. Je voyais leurs omoplates saillir, soulevées, secouées par des gloussements. Des petits cris montaient, répercutés par les voûtes fraîches. Les unes après les autres, elles posaient leurs lèvres juvéniles sur le clou enfoncé dans les pieds réunis de la poupée peinte. Puis elles s'envolaient vers la cour ensoleillée. Parfois, un monsieur habillé comme les dames, mais en noir, arrivait en faisant vers nous des gestes amples. Les dames l'entouraient, poussaient des piaillements dès qu'il parlait et riaient toutes à la fois en battant des mains et en sautillant comme des petites filles. On nous menait dans la grande salle et le monsieur entrait vêtu d'une robe blanche toute raide. Il gesticulait et criait d'une voix monocorde pendant que les dames chantaient. Quand il bougeait, son déguisement scintillait. Il allait et venait en secouant une sorte de théière suspendue au bout d'une ficelle et la théière fumait. Puis il nous tournait le dos, ouvrait un sucrier et avec une longue cuillère il mangeait tout seul, il raclait le fond du sucrier pendant que les dames chantaient très fort…* Alors il prenait son téléphone et il faisait le numéro VAU 69-13, il riait et il disait à la standardiste: "Mademoiselle, passez-moi la ligne directe avec le Kremlin!" Eh, Lula? Il entendait au loin une voix enrouée, et les monoplans et les zibraphones se mirent à scintiller dans la splendeur sucrée des ergots vitrifiés. L'omniprésence clopinante et vagissante de l'opréteur le suprina et le fit s'ifflécher tellement fort que brusquement l'aplapule et le simplimont ne lui suffirent plus. Il se tourna vers nich-nich et nous dit: "Zavator! zavator! zavator!" Lula! Lula! tu dors? t'apador, t'apador nostabule, ma Lula, et les omoplans et les siflapones se mirent à s'ifflimer et à sifflater et tout le monde se plaventra et se ratapluma sur les futtes de l'astabule et… Lula?

— Chéri, laisse-moi dormiiiiir!

— … nostrabule sur les planches monocordes de l'octaprude et la mer s'affabule, s'affabule, s'affabule, toutes les vagues d'aballon, d'abiline, d'abalu… Ah! Ah! sataftule, santaftule et partout Lafator. Les avions et les zibraphones et les monoplans tarabulèrent lancés dans l'éther, lancés sifflatés déversant, partout dans la flumme sur les villes immenses des blombes, des bloumbes et des frrrombes patastrublantes. Quel désespoir! Et partout, partout, partout les zibraphones et les monoplans s'aclapaient, s'étrasaient, s'explosaient, s'implosaient dans l'antimonde. Les velindons et les flûtes à sept étages, les flusées et les fulsées s'élancèrent avec leur fatra, leurs soudures complexes et leur oxygûme, leurs pillumes et leurs zimizouilles... Tu dors, Lula? Lula, Lula!... elles s'enfréaient, s'enfronçaient dans le ciel et à la fin des fins franchirent, frrrrrranchirent, l'astaracomble et frrrrrrrranchirent l'astrabule de vannâlheine et frrrrranchirent les dix cercles zifratômes et ils atterrirent... si le mot n'était pas faux... ils s'aphrâtirent... Ah! ma Lula!... sur Saphro, la planète Saphro si belle, la planète Saphro blanche, fladée, complètement glamidée avec des plaines fluibides et platullées et des dillôngues, lôngues, lôngues, lôngues. Des fluidiles, fluides et raplûées flôdilaient à perte de vue. Ils descendirent et ils bondirent et ils flôdirent et ils flândirent et ils châmirent en extase tellement tout était trop beau. Une longue flûidile vint vers eux pendant que la planète Saphro si belle vidulait lentement. Le ciel particulièrement immense au-dessus de Saphro flûidait lui aussi, flûidait encore plus que la planète flûidile flûidilait. Et les hommes étonnés restèrent muets, émerveillés comme des enfants, immobiles. Ils restèrent, et la flûidule, lente naziile, houle fluide, entra lentement par vôlutes vôlutées, sûfflées par sûfflites sûfflitées dans la flûsée luipide. Et les trois intrépides voyageurs dont les noms étaient Laflue, Zimaro et Kalado virent tous les étages envahis. Ils comprirent qu'ils n'avaient aucune chance, plus aucune chance... t'entends, Lula?... de s'en sortir, de revoir, de revoir... Lula Lula! tu dors? tu m'aimes, Lula?... et ils virent au loin sur le style surprenant de l'articelle médiane, ils virent tous les hommes sans exception dans leurs extravagantes cages de verre, prisonniers déments de la terre. Oui ils virent la terre dans toutes ses échevelures se lancer par morceaux, par ses dix morceaux frangibeux explosés, par ses dix franchissures fatales lancées dans les crétaphores et les zibées, dans les lactées laplume de lacture et dans les voies des lactures blanches. Dans les frappules ils virent s'enfoncer les morceaux. Les dix morceaux tombèrent chacun sur dix sûphrées qui s'ouvrirent... Lula ! tu dors ? dors-tu Lula ? Et les dix sûphrées s'envolèrent, se fluitèrent... Lula Lula tu dors ? tu dors, ma chérie ? ma chérie, ma petite Lula... »

Et leurs baisers l'emportèrent loin, loin, loin de toutes les orphraies, loin de toutes les planètes, de toutes les chaphrées déplaisantes, loin de la strodaïmétamptote et ils s'entrirent, s'ouvrirent, se suffirent, s'enfuisirent et s'unirent, se désunirent, se duinirent, se désuinirent, se duinirent à nouveau mille fois, lancés, flottant dans les sueurs doulces et limpides de l'aurore. Leurs jambes s'inflémirent, s'ouvrirent flamoureuses. Leurs mains pulpèrent parmi les mouises mulseuses et s'aidèrent lissement à bluiter. Ils s'ulnirent, se fluïrent fluidement, secoués d'algues, penchés, pantelés, gémissant, boulches contre boulches, carrelses et sûlcre. Amoulre ! Almôur ! Aaaaaalmôur !... Ah ! almoureuse, merveilleuse amante, amante démente, démentelée dans les doulces secoulces valgissantes. Sa main à lui, sous elle, supportante de leur poids, noyée, blutait, blutait, blutait l'échancrure pulpureuse. Et ses doigts à lui, ses doigts gluidaient l'encolure folle... (Ah ! qu'elle était pulpurante !) de son pamprûle gonflé et strifulant. Ah ! combien strifulantissime !... Oh ! oui tellement. Il toucha le fond des baïdales, des baïdales spongieuses, frappant de plus en plus vite, frappant, frappant, frappant avec le pantélion. Et leurs charmants balbutiements s'entrecroisèrent dans l'almoureuse glissandissime plongée... Chéri,

chéri, chéri, chéri, chéri scandés. Fièvre, fièvre, fièvre, fièvre fluide, fluide, fluide... Ah! sa chaleur enveloppante! 150 degrés à l'ombre, et surtout, et surtout, et surtout, et surtout Lula, Lula, Lula... Ah! ma Lula! ah! ma Lula! ah! ma Lula de sentir au même moment dans une totale et strafulante chaleur, sentir venir, sentir venir dans des éclairs, secousses et voltages profonds, l'éclaboussure aveuglante cinglante et brûûllante, brûûûlante, brûllûllante, fer rouge en guise de moële, trrrrringle de feu au travers des vertèbres tirrrrrrrée.

Et ils retombèrent unis, unis, unis et gonflés d'aurore.

Dans des rires, dans des rires, dans des rires qui n'en finissaient plus, ils riaient, ils rirent, ils riaient, ils rirent, ils riaient et ils rirent comme chaque fois, comme chaque fois que l'amour leur avait donné toutes les joies, tout le bonheur, et toutes les parfaites jouissances qu'ils savaient pouvoir attendre l'un de l'autre.

Tout l'indescriptible!

La journée commençait bien. Je fus pris d'une envie folle d'écrire, de peindre, de chanter, de faire n'importe quoi, de sauter en l'air, de crier, de m'envoler, dé courir, de me rouler dans l'herbe comme un enfant, de pleurer de joie et d'écrire, d'écrire tout ce qui me passait par la tête. Par exemple que le ciel était bleu, que le ciel était bleu, que le ciel était bleu pendant des pages et des pages. Une envie folle d'aligner des mots joyeux, de faire des petits ricochets sur les feuilles blanches.

J'entendais Lula qui chantonnait dans la cuisine en préparant le café. Je sautai sur ma guitare et courus jusqu'à elle. Je me mis à chanter dans un état d'exaltation folle.

Tous les grains de beauté
Qui sont semés
Sur tout ton corps
Combien
Combien de fois
Ai-je essayé
De les compter
Combien de fois
Me suis-je trompé
Et retrompé
Combien de fois
J'ai dû recommencer
Car toi, toi tu riais
Et tout ça finissait
Dans les jeux de l'été

Tu es, tu es pour moi
Oui, la plus belle
Du monde entier
Combien
Combien de fois
Te l'ai-je dit
Et répété
Ça te fait rire
Tu ris toujours
Comme tu respires
Tellement l'amour
Le soleil sur ta peau
Joue à travers les branches
Reflétant la gaieté
De nos rires d'été

Tes bras, tes mains, tes hanches
Et ta peau blanche
Ton cœur qui bat
Combien
Combien de fois
Tes cils qui tremblent
Tes yeux rieurs
M'ont fait crier
Chanter de joie
D'amour, de vie
Et de bonheur
Tu te ris des années
Qu'importe les saisons
Si la vie n'a été
Qu'une sieste d'été

Amour, ô mon amour
Tu es ma foi
Et toute ma vie
Combien
Combien de fois
En ai-je pleuré
Pleuré de joie
Est-ce possible
Tant de bonheur
Et tant de passion
Me font peur
Que rien ne nous sépare
Encore un peu de paix
Encore quelques années
De sursis et d'été

Et puis, pendant que j'y étais et que le pain grillait, je lui chantais encore une chanson que j'avais écrite pour elle.

> Chaque jour qui vient
> Je me sens comme ça
> Noyé de tristesse
> Tout le jour pour rien
> Que restera-t-il
> De notre jeunesse
> Notre folle jeunesse
>
> En toi toutes les amantes
> Réunies à la fois
> En un seul corps pour moi
> Vibrante et adorante
> Mais une pensée me hante
> Se pourrait-il que sans moi
> Si je meurs avant toi
> De vivre encore t'enchante
>
> J'y pense chaque fois
> Et je n'y puis rien
> Chaque fois que tu te
> Blottis dans mes bras
> Qu'il ne restera rien
> De notre jeunesse
> Notre folle jeunesse
>
> A forcé de vivre ensemble
> De toujours tout partager
> N'être jamais séparés
> Il paraît qu'on se ressemble
> Mais une pensée me hante

Que deviendrai-je sans toi
Sans toi, toi qui es moi
Ma vie serait une mort lente

Donne-moi tes mains
Donne-moi tes mains
Songe que demain
Nous n'serons plus là
Qu'il ne restera rien
De notre jeunesse
Notre folle jeunesse

Et mon amour s'augmente
Du moindre geste de toi
Toujours nouveau pour moi
Chaque jour te réinvente
Mais une pensée me hante
Ne restera-t-il vraiment rien
De nous ô mon indolente
De notre amour vraiment rien

Et j'ai bu mon café froid. En hâte, j'ai filé vers ma table et crié à Lula :

« Lula, tu vas voir ce que tu vas voir, ma Lula. Aujourd'hui je laisse les bonnes sœurs loin derrière moi, j'en ai fini, ma Lula, avec toutes ces histoires, les fourmis-lions, les insectes, la poussière, la préhistoire. Je m'envole, Lula, je plane, Lula, je lyrise, je vais exploser, Lula, Lula ! tu vas voir ! Je vais t'écrire une déclaration d'amour aujourd'hui. Ah ! ma Lula ! tu entends ? je vais écrire une déclaration d'amour à l'univers, Lula mon univers ! »

Lula est venue, elle s'est penchée sur moi, a mis son visage dans mes cheveux. Je sentais la chaleur de son souffle, ses deux mains se sont posées des deux côtés de mon cou. Son ventre contre mon dos se tendait entre les barreaux de la chaise. Sa présence me rendait fou. J'ai levé les yeux vers elle et j'ai chanté : « Lula, mon univers ! Lula, Lula, ô Lula, ma Lula, mon univèèèèèèèèèèèèrs !... » Nous avons éclaté de rire et Lula s'est sauvée joyeuse me laissant seul devant ma feuille blanche. J'ai pris ma plume et elle est restée en l'air très longtemps, je ne savais plus sur quel mot la poser, des idées confuses tournaient dans ma tête. Non ! ce n'était pas possible ! Tout était trop beau, effrayant ! Je ne savais plus qui j'étais, où j'étais, qu'est-ce que je faisais là avec mon stylo en l'air et toutes ces images dans ma tête. Je voyais notre petite maison suspendue sur un vide infini, le monde autour fuyait à une vitesse vertigineuse. Pourtant sous mes yeux le petit vallon calme descendait jusqu'à la source où chaque jour je vais puiser de l'eau. Les montagnes bleues au loin, tout cela était bien vrai, bien vrai, là, présent. Les arbres s'accrochaient à la terre, plongeant leurs racines vers les nappes souterraines, la brise les balançait contre le ciel et ils ne tombaient pas. Donc tout était solide, compact, tout reposait bien sur du roc, il n'y avait rien à craindre, les rochers ancrés en profondeur allaient se nouer hors de ma compréhension, quelque part à des milliers de kilomètres sous mes pieds, au centre de toutes les tensions terrestres. J'appelais Lula, elle ne m'entendait pas, elle devait brosser ses longs cheveux aux lourds reflets dorés. Occupée à sa toilette de chatte, elle devait aller et venir d'un miroir à l'autre. Je devinais son pas léger au-dessus de moi dans notre chambre, le bruit de ses pieds nus. Elle devait se chercher, ne sachant quel reflet d'elle choisir parmi toutes ces apparences. Lula! Lula! Mais elle ne m'entendait pas.

Tout à coup mes yeux s'arrêtèrent par hasard sur ces quelques mots : *on m'a répondu que je risquais de découvrir les puissances des œuvres de la création.* Cette phrase me sauta aux yeux, pourtant elle était enfouie au milieu d'un article touffu dans un journal qui traînait depuis quelques jours sur la table parmi mes papiers. Je bondis. « Lula! Lula! » Elle ne m'entendait toujours pas. Je lus l'article d'un bout à l'autre, je le relus, je délirais.

Nice-Matin, dimanche 10 juillet 1966.

Reno (Nevada). — Le chef indien « Cheval Fougueux » revient de loin. Cette fois-ci, c'est le cas où jamais de le dire. L'intéressé vient, en effet, de terminer un voyage de quatre ans dans la galaxie, passant successivement sur la Lune, Mars, Clarion, Vénus et s'arrêtant plus longuement sur Orion ni plus ni moins. C'est du moins ce que « Cheval Fougueux », revêtu de sa tenue des grands jours, a révélé devant un millier de personnes rassemblées à Reno, à l'occasion du congrès des clubs s'intéressant aux problèmes des soucoupes volantes.

Voici le récit des aventures extraordinaires de ce baron de Crac des temps modernes :

« Mon voyage dans l'espace a commencé le 12 juillet 1959 près de Sapulpa, dans l'Oklahoma, alors que je préparais un terrain pour un camp. J'avais vu quatorze soucoupes volantes depuis 1949, mais ce jour-là un engin spatial de 75 mètres de diamètre et de 8 mètres de haut a atterri. J'ai parlé avec les membres d'équipage, au nombre de trois et qui ressemblaient à tout un chacun. J'ai finalement pris la décision de les accompagner car cela constituait une nouvelle expérience pour moi.

BAISER STYLE CORÉEN

« Une fois à bord, j'ai rencontré une femme d'une beauté fantastique qui mesurait plus de 2 mètres. Elle avait de longs cheveux noirs et de fort beaux yeux bleus. Elle m'a donné à manger, m'a bordé dans mon lit après m'avoir gratifié d'un baiser dans le style coréen, c'est-à-dire qu'avec trois de ses doigts elle m'a tapoté la joue. Nous avons débarqué tout d'abord sur Mars. L'aire d'atterrissage était un bâtiment fait de roches lunaires.

« Après nous être restaurés avec des aliments ressemblant à ceux que nous mangeons sur terre, nous avons pris la direction de la Lune où nous avons vu des gens, des bâtiments, des animaux, de la glace et de la neige. L'étape suivante fut Vénus. Mais nous y sommes arrivés par un temps nuageux et n'avons pu rester que 80 minutes. J'y ai quand même vu une voiture marchant à l'énergie électromagnétique et qui était conduite par un citoyen de North Plate dans le Nebraska. Je n'ai pas pu identifier mon compatriote. Ce fut ensuite l'étape de Clarion, où l'arrêt ne dura que 28 minutes.

UN PARADIS

« Sur Orion, planète où règne une société super-moderne, j'ai vu de magnifiques bâtisses, des églises, la vie y est tellement différente que je ne peux tout vous dire ici au congrès. Je me rappelle toutefois avoir mangé de délicieuses mûres, si grosses que trois d'entre elles rempliraient un pot de confitures. J'ai voulu rester sur Orion, mais on ne m'y a pas autorisé. J'ai alors demandé pourquoi. On m'a répondu que je risquais de découvrir les puissances des œuvres de la création. On m'a également conseillé de dire qu'il faut mettre fin aux explosions nucléaires car cela dérange l'existence des habitants d'Orion. »

« Cheval Fougueux » n'a pas dit comment il était revenu sur notre Terre. Mais il n'est pas revenu les mains vides. Il possède un enregistrement sur bande magnétique de tous les détails du séjour sur Orion. Les bandes sont disponibles au prix de quinze dollars pièce. Affaire à suivre et nouvelles révélations fantastiques à attendre.

Les bandes sont disponibles au prix de quinze dollars pièce. Affaire à suivre et nouvelles révélations fantastiques à attendre. Voilà ce qu'ils trouvent à dire!

Un homme réunit un millier d'autres hommes. Il s'appelle Cheval Fougueux, il s'est paré de ses plus belles plumes, un vrai prince aztèque, il fait de grands gestes rutilants, il tonne, il parle, il harangue la foule avec le feu, avec les éclairs et le tonnerre venus droit de l'Olympe. Devant les cinq mille micros de toutes les télévisions américaines pourries, devant ce millier de badauds réunis là, bâillant d'étonnement, enfoncés dans leur cauchemar, devant ce millier d'Américains répandus au fond de leurs voitures rembourrées, incapables de s'extraire de leurs coquilles multicolores, Cheval Fougueux, généreux, immense, superbe, parle, parle, parle, manie le verbe, les paraboles et les images. Pendant ce temps, les mollusques commencent à se tordre de rire dans leurs bagnoles, ils en avalent leurs chewing-gums, ils en crachent, ils en déglutissent; ils en chifardisent, ils en crèvent de rire: « Ah ah ah ah! Cheval Fougueux! Ah ah ah ah! Oh! qu'il est marrant, celui-là! » « Ah! darling! Ah! marrant! Ah! enlève ta main de ma culotte! Ah! qu'est-ce que tu fous? » « Ah! c'qu'il est marrant; tu l'entends? » « Ah! passe-moi l'ouvre-boîte! Ah! tu l'entends? » « Ah! dis donc, comme ça sur Orion, sur Vénus! Ah! non il est trop drôle! Enlève ta main d'là j'te dis darling? T'entends? » Et ils se tordent et ils bouffent et ils rigolent et ils foutent leur radio à plein tube en même temps et tout ça, ça fait une pagaille monstre. Cheval Fougueux fait un grand geste… Hugh!… et se drape dans le silence et la dignité. Toutes les bagnoles à la fois veulent foutre le camp. Elles sont bourrées de gros bébés qui n'en peuvent plus de rire, qui en pissent sur les sièges capitonnés. Cheval Fougueux est immobile comme une statue, drapé dans toutes les constellations. L'embouteillage est inextricable. Les flics sortent leurs revolvers et se mettent à tirer en l'air. Les Amerloques postillonnent tellement sur leurs pare-brise qu'ils n'y voient plus rien. Ces cons-là font marcher leurs essuie-glaces à toute pompe, mais ça n'essuie rien, puisque c'est de l'intérieur que ça dégouline. Leurs femmes se mettent à tout torcher avec des peaux de chamois synthétiques. Pendant qu'elles y sont, elles en profitent pour faire un peu les nickels et les chromes. Pour ne pas perdre la main, elles passent aussi l'aspirateur dans toute cette saloperie sur coussins d'air.

Je t'aime, ô Cheval Fougueux! Je te salue et je t'admire. Tu es certainement le seul homme vertical de ce continent. Tu étais là avant eux et tu restes le seul homme debout. Tous les autres dans leurs saloperies de bagnoles cuites au four, recroquevillés, minus, goitreux, vitreux, hideux, ridicules, titillent leurs pédales et leurs boutons pour faire du boucan. Ah! leurs étroites inventions, combien elles en raffolent leurs petites femmes! Talquées comme des sapajous, elles en palpitent, faussement glamoureuses derrière leurs lunettes ovales, conscientes de leurs gynécologiques appâts et de leurs publicitaires attraits. Et toi, Cheval Fougueux, tu es là, immense, drapé dans toutes les constellations, tu regardes le ciel et tu t'envoles et tu astrobules d'astre en astre. Pendant quatre ans, tu planes et tu bondis d'étoile en étoile, de planète en constellation, de nébuleuse en Orion, d'Orion en Centaurus et tout simplement de Centaurus sur la petite Lune familière où tu découvres des glaciers, où tu découvres des montagnes, où tu découvres des neiges vierges et de grands bâtiments. Et tu parles de ces expériences nucléaires dont ils se glougloutisent tous, les mort-nés. Ô Cheval Fougueux, tout ce que tu touches tu le grandis. Tu bondis sur Orion pour prendre du recul et tu leur dis que vue d'Orion elle est encore plus impressionnante l'explosion. Je t'aime, Cheval Fougueux! Tu leur dis que les hommes de la planète Orion, des hommes parfaits, des hommes à ton image, sont dérangés par ces explosions, sont légèrement chatouillés à des millions d'années-lumière par ces déplorables explosions.

Ô Cheval Fougueux, toi seul sur ce continent immense grandit à sa vraie dimension notre folie démesurée, trop petits que nous sommes sur cette Terre. Tu parles du baiser coréen, de ces doigts qui tapotent la joue, tu parles de la douceur et des gestes simples. Pendant qu'ils mâchonnent leurs chewing-gums, tu leur parles du baiser coréen et ils rient. Tu parles et pendant que tu parles ils envoient leurs athlètes en celluloïd aux cerveaux vidés sur les rizières, déverser le feu et l'horreur, la torture et la mort, oh! froidement, oh! sans haine, oh! sans passion! Ils foncent, recroquevillés dans les carlingues de leurs avions ultrasoniques, emprisonnés dans leurs uniformes boursouflés, les lèvres refermées téteuses sur le tuyau élastique, caoutchouteux et accordéonique de leurs masques à oxygène. Les yeux liquides derrière leurs hublots, ils foncent dans la splendeur naturelle de l'air, chargés d'explosifs, oh! sans haine! vers leur macabre travail, les hideux ! Et au-dessous d'eux, dans la parfaite splendeur naturelle des forêts humides, sous les feuilles luisantes des hévéas et des magnolias, sous les dentelures fragiles des digitales, des graminées, des fougères arborescentes et des linéas flagescents, des hommes aux yeux bridés entourés de leurs femmes et de leurs enfants se tapotent les joues fébrilement, se donnent d'ultimes baisers dans un clapotis de doigts mouillés. Et se déversent sur eux les flammes, la poix brûlante des interminables agonies. Ô Cheval Fougueux, tu peux toujours leur parler du baiser coréen, de ces doigts tapoteurs et charmants, de tout cet amour ancestral légué, de ce geste gracieux. Tu peux toujours leur parler d'amour à ces hommes roses incapables d'aimer, ces hommes qui délèguent d'autres hommes semblables à eux-mêmes sur des écrans fabuleux pour s'unir dans des coïts factices. Ô Cheval Sauvage, qu'es-tu venu porter la bonne parole sur ce continent immense, toi le seul homme debout parmi ces hommes recroquevillés ! Tu vas de planète en planète en cueillant des mûres, tu les manges et ils rigolent. Pour te faire comprendre, tu leur dis qu'avec trois de ces mûres stellaires tu aurais pu remplir une boîte de conserve. Alors là ils se taisent, ils écoutent, ils comprennent. Des déclics, des étincelles crépitent, quelque part des images leur apparaissent : ils voient une main de femme immense avec des ongles rouges tenant une mûre énorme et bien violette. *Pchfluix ! Avec pchfluix et trois mûres géantes vous remplissez, pchfluix ! Une boîte pchfluix ! De conserve. Pchfluix ! Pchfluix ! Pchfluix ! Pchfluix !* Et ils jubilent ! Là ils comprennent et ils se lèchent les babines et ils jubilent au fond de leurs bagnoles, ils déglutissent, ils bavent, ils se rincent. Leurs mains farfouillent vainement dans les nylons, et les menottes de leurs femmes s'introduisent entre deux boutons de leur braguette.

Ô! Cheval Fougueux! Ô! je t'adore, je te vois avec toutes tes plumes, je vois tes gestes scintillants, je te vois face au soleil sur ce continent immense, seul homme debout. Pourtant les poètes barbus ne manquent pas là-bas, fils de famille à cheveux longs ils se réclament de Rimbaud, de Lautréamont et ils écrivent en trempant leur plume dans l'opium de la non-violence. Ces drogués du désespoir préfèrent dormir jusqu'à la mort et glisser d'une mort à l'autre. Barbes longues et cheveux longs, vos airs de liberté sont purement vestimentaires, les poux qui vont et viennent sur vos épidermes sont plus libres que vous. Plus libre est le sang qui circule dans vos artères. Et les gens disent : « Ils se couchent en travers des routes, ils font la grève de la faim, ils marchent pieds nus comme les martyrs, ils crient, ils s'époumonent, ils sont contre tout, ils écrivent des choses scandaleuses. Les mettons-nous en prison ? » Oh! non! Sur ce vaste continent, même les marcheurs de la paix sont encouragés par les polices pour donner l'illusion des libertés. Ah! poètes barbus, je vous plains et je me sens tout aussi désemparé que vous. Nous vivons dans les marécages impalpables et fuyants, dans les sables mouvants de la rigolade et de la dérision. Votre célébrité s'égale à celle des clowns. Mickey Mouse du désespoir, victimes des journaux et de la publicité, vous frappez l'eau mouvante de vos rimes et de votre verbe.

« Chéri !

— Oui, une seconde, qu'est-ce qu'il y a ?

— Ça fait un moment que je te regarde. Tes lèvres remuent toutes seules.

— Oh! j'étais en train… je pensais que si j'étais américain, la seule solution, à part le suicide par la drogue, c'est d'être pro-pro-pro-pro-chinois, que pour un Américain, la seule solution, c'est de refiler aux Chinois tous les secrets stratégiques, tu comprends, Lula?

— Non je ne vois pas ce que tu veux dire.

— Je pensais, je me disais que les poètes américains, s'ils s'emparaient des grands secrets si chers aux états-majors pour les transmettre aux Chinois, eh bien, les Chinois deviendraient très vite des interlocuteurs très dangereux, qui n'auraient qu'une idée, c'est de les supprimer. Oh! je rêvais, j'anticipais, Lula. Tiens lis ça! je viens de lire cet article, je trouve ça superbe!

— Où ça? là? Cheval Fougueux?

— Oui, oui, là! lis, Lula! pendant que tu lis, je relis ce que j'ai écrit hier… *MMMMMMMMMMMMM… tante Marguerite s'occupait activement de notre prochain départ pour l'Amérique. "Alors, petit bout d'chou, nous allons tourner une page importante. Hi hi hi hi hi!* – ah! ce rire bête – *… une page très importante!"… MMMMMMMMMMMMMM… En attendant, elle me traînait à travers Genève. Il fallut tout voir, toutes les églises, toutes les synagogues, tous les temples bouddhistes…* – ça il faut reconnaître qu'ils sont obsédés de religion comme tous les gens qui ont mauvaise conscience –… *les églises russes, catholiques, les temples protestants. Elle était boulimique. Il fallut voir les cryptes, les catacombes, les mastabas égyptiens, les temples aztèques, les égouts, les columbariums, les fosses communes. Elle escaladait les tours, les clochetons, les flèches, les arcs-boutants pour aller manipuler et palper les gargouilles. Arrivée tout en haut, elle en redemandait, glissait la pièce au curé pour monter encore un peu, elle* *voulait tâter les cloches, les essayer du revers de sa bague. Têtue comme une mouche, elle aurait grimpé sur les paratonnerres...* L'enfance, c'est la préhistoire. Tout y est monstrueux. Les adultes, géants autoritaires, soulèvent les gosses, les transportent, les posent, les reprennent comme des objets pendant qu'eux ne se préoccupent que des insectes, fascinés par leurs armures, leurs pinces, leurs dards. Quelques années passent, les enfants grandissent et les adultes commencent à les traîner par le bras, leur font palper, flairer. Sale histoire!... *et il fallait continuer le terrible calvaire: Si nous n'escaladions pas, nous descendions: Tante Marguerite comptait les marches dans le froid des voûtes. L'odeur de moisi me prenait à la gorge. Je toussais dans les résonances, ça faisait un vacarme épouvantable. Lorsque le silence retombait, tante Marguerite faisait: "Bhou!" L'écho la faisait rire et l'écho de son rire la faisait rire encore plus. Puis le cliquetis de sa bague reprenait, elle toquait comme une aveugle contre les cercueils, les sarcophages de verre, les vitraux...* Lula! alors qu'est-ce que tu penses? c'est beau, hein? où en es-tu? tu as lu le baiser coréen? le baiser coréen, ah! c'est beau! non? et Orion? et les mûres géantes et la planète Mars avec les roches lunaires dessus, n'est-ce pas merveilleux?

— Attends... j'ai pas fini.

— Finis! lis, c'est superbe!... *MMMMMMMMMM... fouineuse comme une taupe elle ne voulait rien rater. Une fois même elle entra dans la carrée du capitaine prête à le soudoyer pour visiter les soutes, le lest, recenser le fret, n'importe quoi! Voir, voir, voir, ne pas rester en place, grimper sur les cheminées, les antennes, assouvir à n'importe quel prix ce vice d'exploration. Nous fîmes cent fois la descente aux machines. Elle flattait les mécaniciens pour s'enfoncer plus loin dans l'huile, le métal, le bruit: Elle toquait contre les bielles, essayant d'entrer dans le mouvement, de taper les rotules juste au bon moment...*

— Chéri?

— Oui!

— Chéri, écoute, tu sais l'histoire du type en voiture, il le rencontre où? sur Vénus?

— Comment ça?

— Écoute! *nous sommes arrivés par un temps nuageux et n'avons pu rester que quatre-vingts minutes. J'ai quand même vu une voiture marchant à l'énergie électromagnétique...* qu'est ce que ça veut dire électromagnétique?

— Oh! c'est une sorte d'électricité... magnétique, et alors?

— *... à l'énergie électromagnétique et qui était conduite par un citoyen de North Plate dans le Nebraska...*

— Lis la suite!

— *... et qui était conduite par un citoyen de North Plate dans le Nebraska, je n'ai pu identifier mon compatriote. Ce fut ensuite l'étape de Clarion où l'arrêt ne dura que vingt-huit minutes.*

— Ah! j'avais oublié Clarion! Un type qui est parti avec des gens de Vénus qui un jour s'étaient posés dans le Nebraska, il devait en avoir marre de l'Amérique, il a foutu le camp à la première occasion. Je trouve ça merveilleux, non? Cheval Fougueux arrive sur Vénus et qu'est-ce qu'il voit? un type de son coin, un compatriote, et qu'est-ce qu'il fait, ce compatriote? il conduit une voiture, c'est tout ce qu'ils savent faire. Mais lis la suite, Lula!

— *... Un paradis. Sur Orion, planète où règne une société supermoderne, j'ai vu de magnifiques bâtisses, des églises. La vie y est tellement différente que je ne peux tout vous dire ici* *au congrès. Je me rappelle toutefois avoir mangé de délicieuses mûres…*

— Ah! que c'est beau!

— *… si grosses que trois d'entre elles rempliraient un pot de confitures.* Oh! ça, c'est formidable!

— Tu te rends compte? C'est beau, hein, Lula? Parler de mûres géantes. Comme dans tous les paradis, les fruits sont toujours géants, comme dans toutes les terres promises!

— *J'ai voulu rester sur Orion, mais on ne m'y a pas autorisé, j'ai alors demandé pourquoi, on m'a répondu…*

— Ça écoute, lis lentement!

— *… que je risquais de découvrir les puissances des œuvres de la création.*

— Tu te rends compte? Que je risquais de découvrir les puissances des œuvres de la création.

— *… on m'a également conseillé de dire qu'il faut mettre fin aux explosions nucléaires car ça dérange l'existence des habitants d'Orion.*

— Oh, Lula! c'est trop beau! ça dérange les gens d'Orion, c'est trop beau!

— *Cheval Fougueux n'a pas dit comment il était revenu sur notre terre, mais il n'est pas revenu les mains vides…*

— Moi non plus!

— Attends! je finis,… *les mains vides. Il possède un enregistrement sur bande…*

— Sur quoi, Lula?

— Sur… oh! que tu es bête! *sur bande magnétique.*

— C'est toi, Lula, qui est magnétique!

— Attends! je finis, laisse-moi finir, attends,… *sur bande magnétique de tous les détails de son séjour sur Orion. Les bandes sont disponibles au prix de quinze dollars pièce. Affaire à suivre et nouvelles révélations fantastiques à attendre.*

— C'est toi qui est fantastique, ma petite bande magnétique ! Tu vois, ma Lula, je trouve ce Cheval Fougueux formidable. Il a dû foutre le camp avec une femme et pendant quatre ans ils se la sont coulée douce tous les deux, puis un jour il est revenu et il a raconté n'importe quoi à sa squaw qui était restée à l'attendre et tout ce qu'il disait coulait de source. Ça lui venait tout seul : Orion, Vénus les planètes. L'histoire était tellement belle que les voisins sont venus l'entendre, et Cheval Fougueux leur a raconté tout ça en enjolivant un peu chaque fois. Et puis ça s'est répandu, les foules sont arrivées de partout, de très loin, de plus en plus loin, et Cheval Fougueux racontait de mieux en mieux. Il soignait son histoire, tous les détails et puis il s'est mis à mimer. Sa femme lui a cousu un costume avec des plumes et Cheval Fougueux de plus en plus sûr de lui en remettait. Un jour un type malin l'a pris en main, un imprésario, il a fabriqué des bandes avec des bruits de casserole, n'importe quoi car, en Amérique, tout se transforme en dollars, même les prophètes. Imaginons la fin de l'article en mettant par exemple le nom du Christ à la place de Cheval Fougueux. Le Christ n'a pas dit comment il était revenu sur terre, mais il n'est pas revenu les mains vides. Il possède un enregistrement sur bande magnétique de tous les détails de son séjour au ciel. Les bandes sont disponibles au prix de quinze dollars pièce. Et la fin : affaire à suivre et nouvelles révélations fantastiques à attendre. Oui, oui tu peux rire, écoute, Lula, attends, c'est comme un conte. Donc le Christ vend ses bandes et devient très riche. Quinze dollars par quinze dollars, ça va très vite. Il va de meeting en meeting, racontant aux quatre coins de l'Amérique son histoire. Un jour, il est pris dans un embouteillage monstre. Les gens le reconnaissent dans sa grosse voiture, ils lui font des petits signes d'amitié. "C'est Citizen Christ!" "C'est Citizen Christ!" Ils l'avaient vu à la télé. Au bout d'un moment, Citizen Christ s'impatiente. Il dit à son chauffeur d'aller voir un peu ce qui se passe. Le chauffeur revient et lui dit: "Patron, c'est des Noirs qui foutent encore la pagaille partout, mais heureusement la troupe est là avec la police et les chiens. Ça leur apprendra à se révolter comme ça. Ils leur balancent des gaz lacrymogènes dans la gueule, ça leur fera les pieds. Il faut voir comment ils chialent ces sales cons de nègres! il faut voir comment!" Alors Citizen Christ fait: "Tsitt! tsitt! tsitt!", il le calme un peu et il regarde sa montre. Enfin la voiture repart, ils roulent, ils roulent... attends, écoute! Un autre embouteillage et Citizen Christ s'impatiente, tape du pied. Il dit à son chauffeur: "Va voir un peu ce qui se passe, serait-ce encore des nègres en colère?" Le chauffeur va voir et revient. Il dit: "Patron, non! c'est pas des Noirs, cette fois-ci, ce sont des non-violents, ils sont couchés en travers de la route, ils ne veulent plus bouger!" Alors le Christ s'illumine, ravi, il dit d'une voix onctueuse: "Voilà qui est beau, voilà des gens épatants, comme c'est grand, comme c'est généreux d'être non-violents! comme c'est beau, superbe, magnifique! Ah! les braves gens! patientons, patientons, ils travaillent pour nous, patientons!" et il allume un havane... Bon! je continue... alors... *MMMMMMMMMMM... Tante Marguerite...* »

La femme qui m'emmena était américaine. Elle m'arracha aux étreintes désespérées de ma mère. Lorsque le car démarra, elle devint aussitôt familière avec moi, m'appelant « petit bout de chou » et me disant de l'appeler tante Marguerite. Elle me raconta qu'elle voyageait à travers le monde et qu'elle avait une grande maison aux États-Unis, pleine de petits enfants de toutes les couleurs qui lui appartenaient.

« Vous verrez, petit bout de chou, vous verrez des petits Noirs, des petits Jaunes, des petits Rouges, des petits Indiens, Indous, Kalmouks. »

Elle comptait sur ses doigts, s'embrouillait, recommençait. Deux par deux elle les comptait, cinq par cinq, dizaine par dizaine, répartissant les couleurs par séries, les séries par affinités, mélangeant les noms, les religions, les âges et les races.

« Des petits Chinois, des petits Afghans, des petits Russes, de tout, de tout et même un bébé pygmée. Vous verrez, charmant petit bout de chou, comme vous serez bien dans le home de tante Marguerite. »

Elle me cherchait à travers les verres grossissants de ses lunettes, me palpait les bras, les jambes, impatiente d'ajouter à sa collection une pièce aussi rare.

« Savez-vous, charmant petit Boris, que vous serez le seul moitié Persan, moitié Russe ? hi hi hi ! (elle riait entre chaque phrase)… moitié Persan, hi hi hi ! moitié Russe, hi hi hi ! (Elle riait et se frottait les mains, jubileuse comme une mouche.) Ah ! des yeux si noirs et une peau si blanche, quel joli mélange ! vous verrez, vous aurez un poney ! Aimez-vous les poneys, petit Boris ? Vous verrez, vous ne regretterez pas, vous oublierez vite votre maman ! »

Je la regardais, muet, la poitrine déchirée par une barre énorme, la gorge serrée dans un nœud, trop angoissé pour pleurer.

Le petit porte-monnaie de ma mère avait glissé de ma main et était tombé. Je n'osais pas me baisser pour le ramasser entre les banquettes. Autour de nous, les voyageurs étaient indifférents. Le conducteur en blouse blanche ne se retournait pas. La route surplombait la mer trop bleue, trop plate, lisse à l'infini, désespérante.

« Savez-vous, petit bout de chou, savez-vous où nous allons ? Nous allons à Monte-Carlo ! hi hi hi ! »

Les lunettes aux verres grossissants descendaient sur moi, je voyais les gros yeux pâles nager un moment affolés, me chercher dans l'huile incolore entre les bulles de glycérine aux mille reflets. Puis le foyer concentrique se stabilisait, la femme fixait sur moi son regard gélatineux.

« Pourquoi bougez-vous le pied comme ça tout le temps ? Vous avez perdu quelque chose ? »

J'essayais de répondre, mais mes lèvres remuèrent dans le vide.

« Vous êtes tous comme ça le premier jour. Savez-vous que vous êtes tous comme ça? des petits poissons muets! mais quand vous serez dans le ranch de tante Marguerite vous crierez aussi fort que les autres, vous serez insupportable et vous m'adorerez. Vous verrez, joli petit poisson, comme tous les autres, vous raffolerez de moi! Prononcez: TANTE MAR-GUE-RI-TE! »

Les yeux nageaient dans la vaseline trouble. Après chaque cahot, ils me cherchaient un instant, affolés de m'avoir perdu, mais très vite, ils me retrouvaient et me fixaient de nouveau dans les foyers concentriques jusqu'à ce qu'une autre secousse du car les renvoie par le fond.

« Prononcez: MAR-GUE-RI-TE comme la petite fleur MAR-GUE-RI-TE... mais arrêtez de bouger les pieds comme ça! »

J'essayais de lui dire que le porte-monnaie que ma mère m'avait donné était tombé sous la banquette, que je l'avais perdu, que le siège était trop haut et ma jambe trop petite pour le retrouver. J'articulais les mots mais ils ne sortaient pas de moi.

« Savez vous, petit poisson, que de Monte-Carlo nous irons à Genève? Genève est une ville au bord d'un grand lac rempli de tout petits poissons muets comme vous qui remuent la queue sans rien dire, hi hi hi hi! et sur le lac vous verrez de grands oiseaux blancs, hi hi hi! Vous resterez à Genève, juste le temps de régler la question des papiers! hi hi hi, et puis-nous prendrons un grand bateau. Vous verrez, petit bout de chou! »

Elle me pinça la joue pour donner plus de force à ce surnom déplaisant. Le car ralentit et s'arrêta: J'en profitai pour me laisser glisser sur le sol entre les banquettes.

Poussé par un instinct de petit animal peureux, je cherchais l'ombre. Je voulais me blottir au plus noir, me faire oublier, disparaître, m'enterrer. Je fus saisi, tiré. Je m'accrochais à des barres de fer. Des mains ouvrirent mes doigts. Un instant je vis le petit porte-monnaie, tout près de mon visage, parmi les épluchures d'orange et les vieux tickets, je voulus l'attraper mais un pied se posa dessus, je fus arraché, traîné, je m'accrochais à tout, aux montants, aux chromes, aux nickels, aux cuirs. Les voyageurs me regardaient, ouvrant des yeux étonnés, ne sachant pas s'il fallait rire de mes grognements. Leurs mains se tendaient, m'empoignaient pendant que je gigotais en tous sens dans le couloir central, m'arc-boutant de banquette en banquette, me retenant à tout ce qui dépassait, aux habits, aux jambes, aux poignées des sacs, aux dossiers, aux boulons, aux rivets, aux clous, aux pitons, à n'importe quelle parcelle de métal saillante. Les voyageurs s'étaient ligués pour m'extraire de toute cette ferraille et on me déposa toujours muet sur le trottoir. Tante Marguerite me reçut, les dents serrées. Elle me secoua le bras et m'entraîna dans une marche rapide à travers des jardins blancs de soleil.

Elle me tirait derrière elle sans prononcer une parole. Autour de nous, les arbres exotiques tordaient leurs lianes dans la chaleur, les palmiers jaillissaient de terre et montaient, infinis dans le ciel, les racines de baobabs pendaient enchevêtrées. Nous allions d'allée en allée, tante Marguerite semblait indécise. Nous tournâmes longtemps dans des labyrinthes de cactus, d'aloès et de yuccas en fleurs. Tout à coup elle s'arrêta, posa ma petite valise à terre et regarda autour d'elle. L'allée était vide. Elle abaissa son visage vers moi, me chercha à travers les verres épais de ses lunettes, puis je vis son bras se lever et je fus assommé par une gifle formidable. Je roulai à terre sur le gravier. Mais déjà tante Marguerite me relevait. J'étouffais. La gifle avait déclenché mes pleurs. J'étais noyé par les sanglots, aveuglé par les larmes, je ne savais plus ce qui m'arrivait, ce que je faisais là, au milieu des arbres en délire. J'entendis des voix autour de moi. On me demandait si je m'étais fait mal.

« Pauvre petit bout de chou, tu t'es fait mal ? pauvre petit ! Tu vois, je t'avais prévenu ! hi hi hi ! je lui avais bien dit de ne pas courir si vite, mais il n'en fait qu'à sa tête. Et voilà qu'il est tombé ! »

Des gens attirés par mes pleurs nous entouraient et hochaient la tête apitoyés. Quelqu'un dit :

« Tu vois, il faut toujours écouter sa maman ! »

J'essayais de dire que je ne courais pas que je ne connaissais pas cette dame, que ma maman m'avait abandonné, que c'était elle avec ses grosses lunettes qui m'avait giflé et tout ça, mais les sanglots venaient de trop loin, de trop profond, ils emportaient tout avec violence, brisant les mots en syllabes incomplètes. Tante Marguerite referma sa main autour de mon poignet et m'entraîna de nouveau par les allées infinies. Mes jambes s'agitaient sous moi, mécaniquement. Les arbres tordaient leurs têtes dans le ciel dur, je les voyais à travers mes larmes s'en aller dans tous les sens. Nous marchâmes longtemps, et peu à peu je me calmai. Finalement tante Marguerite s'engouffra dans un grand bâtiment et nous descendîmes des escaliers humides qui nous conduisirent jusqu'à une salle sombre dont les murs étaient en verre. Des poissons de toutes tailles et de toutes couleurs se prélassaient mollement parmi de vagues algues dans d'énormes aquariums. Tante Marguerite me tirait de poisson en poisson, de monstre en méduse, de tubes digestifs en tubes explosifs. Nous vîmes des poulpes, des murènes et aussi un requin. Tante Marguerite toqua sa bague contre le verre et lui cria dans des résonances humides :

« Regardez, regardez. Voilà un petit poisson qui n'a pas été sage tout à l'heure ! hi hi hi ! Le voulez-vous ? »

Les murènes se tortillaient indifférentes, les poulpes fermaient leurs yeux d'or en mélangeant hors du monde leurs tentacules et leurs ventouses. Le requin remua son museau fendu et continua à aller et venir en souplesse, l'œil vide. Seules quelques personnes autour de nous, réveillées en sursaut de l'hypnose, tournèrent un regard effaré vers le petit poisson perdu qui reniflait bruyamment, submergé par de longues vagues de fond. Tante Marguerite s'excitait de plus en plus, elle courait d'aquarium en aquarium en poussant des exclamations. Elle questionnait les poissons, leur demandait de quel pays ils venaient, les appelait par leurs noms barbares qu'elle déchiffrait avec difficulté sur les étiquettes. Il fallut revoir tous les poissons dix fois, le requin, les poulpes, les murènes. Elle lança des pièces de monnaie sur les tortues géantes. Elle cracha sur les phoques, elle frappa et refrappa à toutes les vitres pour réveiller les poissons endormis. Les foyers concentriques de ses lunettes réfléchissaient les lumières glauques et ses yeux parfaitement semblables aux poissons allaient et venaient dans l'huile incolore de leur prison de verre. Lorsqu'elle eut tout bien vu et revu, elle remonta par les escaliers dégoulinants et me tira jusqu'à une vaste salle remplie d'ossements de baleines. Tante Marguerite se faufila entre les immenses cages thoraciques frappant chaque côte avec sa bague. Elle me montra des os de morses, de phoques, d'otaries, d'éléphants de mer, elle les frappait l'un après l'autre en passant. Ça faisait des bruits secs de castagnettes qui cascadaient entre les vitrines. Tante Marguerite se baissait, se mettait à quatre pattes pour ne rien perdre, comptait les vertèbres, les côtes, les omoplates, les défenses, les fanons. Elle jubilait dans ce cimetière, frétillante comme une chienne, me tirant de tous côtés, m'obligeant à toucher les pingouins empaillés, les cormorans, les hirondelles de mer, les pluviers. Elle grimpa par les escaliers sans fin, voulant tout scruter, sonder, tâter, flairer. Je suivais, hébété, dormant debout comme dans un rêve. De temps en temps, elle me secouait et me disait que c'était honteux de dormir comme ça en marchant, que je regretterais ces choses inoubliables. Elle prenait ma main, la posait sur un os immense pour que le froid me réveille un peu. Je sombrais à nouveau, mes yeux se refermaient et je flottais dans des brouillards blanchâtres. Impitoyable, elle me fit escalader des glaciers, tâter des stalactites, explorer des espaces infinis.

Le lendemain matin nous arrivions à Genève.

À la gare un homme nous attendait sur le quai. Dès que tante Marguerite le vit, elle agita la main et cria cette phrase que j'entendis souvent par la suite :

« Alaroipasivadjirapâannasivadji !

— Alaroipasivadjirapâannasivadji ! »

L'homme lui renvoya sa phrase et fit quelques signes cabalistiques au-dessus de nos têtes. Tante Marguerite s'approcha de lui, saisit sa main au vol et la baisa avec dévotion en pliant le genou. Des gens autour de nous s'étaient arrêtés et nous regardaient, étonnés. L'homme me caressa la tête et me dit quelques mots que je ne compris pas. Tante Marguerite se pencha :

« Le Maître est un ami de votre tante Sonia, vous logerez chez lui pendant une semaine ou deux, puis je reviendrai vous chercher et nous partirons pour l'Amérique. »

Le Maître me prit la main, souleva ma petite valise et nous quittâmes tante Marguerite. Je me sentis perdu, seul au monde. Je vis avec angoisse tante Marguerite s'éloigner. Elle me fit de loin un petit signe amical. Le dernier lien qui me rattachait à ma mère se brisait. Je tordis mon bras en tous sens, essayant de me dégager de la poigne du Maître, mais il m'entraînait de sa démarche imposante, fendant la foule avec l'assurance des prophètes. Et moi, dans son sillage, je tanguais et rebondissais au bout de son long bras.

Le Maître occupait un minuscule appartement sous les combles d'une vieille maison. Il passait ses journées à lire et à méditer accroupi sur ses talons, à même le plancher. Il m'installa dans une chambre où il y avait un petit lit de fer. Une femme se leva, enveloppée de voiles flottants. Elle me donna un tas de vieux journaux, des ciseaux, de la colle et un Bottin téléphonique. Elle mit un doigt sur ses lèvres et me fit comprendre par gestes qu'il fallait que je m'occupe à découper des photos dans les journaux et à les coller dans le Bottin. Elle s'assit sur le petit lit et, entremêlant ses longs doigts bruns sur ses genoux, elle resta silencieuse à me regarder déchirer, découper et coller. Parfois un léger tintement de ses bracelets me rappelait sa présence. Des jours passèrent ainsi dans le silence et l'immobilité. De temps en temps, le Maître appelait la jeune femme, elle se précipitait et ils s'enfermaient un long moment tous les deux. Puis elle revenait se poser sur le petit lit, ses bracelets tintaient très fort pendant qu'elle recoiffait ses longs cheveux. Lorsqu'elle avait fini de se coiffer, elle se drapait dans son sari, renouait ses doigts bruns et le silence nous enveloppait de nouveau.

Un jour, tante Marguerite vint me reprendre. Elle m'embrassa et me demanda si je ne lui en voulais pas pour la gifle. Nous traversâmes la ville en tramway. Elle me regardait sans arrêt à travers ses lunettes et riait de temps en temps en me palpant les genoux. Tout à coup elle me dit :

« Petit Boris ! hi hi hi ! Maman est morte ! hi hi hi ! »

Je la regardais ne comprenant pas. Elle riait de plus en plus fort. Tout le monde dans le tramway se retournait. Elle riait, elle riait, elle riait submergée par un fou rire épouvantable. Les voyageurs autour de nous, étonnés au début, commençaient à rire eux aussi, gagnés par la bonne humeur. Elle enleva ses lunettes, je vis ses grosses paupières se fermer et des larmes couler sur ses joues. Le tramway s'arrêta et tout le monde descendit. Tante Marguerite se calma, elle sortit son mouchoir, essuya ses joues et remit ses lunettes.

« C'est pas vrai que ma maman est morte, dites ? c'est pas vrai ? »

Tante Marguerite me prit la main et nous partîmes par les rues. Plusieurs fois je lui posai la même question :

« Elle est pas morte ? dites ? dites, elle est pas morte ? »

Tante Marguerite ne m'entendait pas, je n'existais plus, elle marchait muette. Elle me tenait fermement par la main et me tirait. Enfin, elle s'arrêta devant une villa entourée d'un jardin et j'entendis crier mon nom. Deux hommes jeunes, torse nu, très bronzés, étaient penchés au-dessus de nous. Ils me souriaient et je voyais luire toutes leurs dents sous leurs petites moustaches. Tante Marguerite regarda en l'air et recommença à rire. La porte du jardin s'ouvrit et une femme se précipita sur moi, s'agenouilla et me serra dans ses bras avec force.

« Voilà ! le voilà ce petit Boris ! le voilà pauvre petit ! » Elle m'écarta un peu pour mieux me voir en me tenant par les épaules et pencha la tête sur le côté.

« Mais oui, il lui ressemble ! mais c'est elle, tout à fait. Ah ! pauvre Adèle ! Ah ! Marguerite, vous ne l'avez pas connue avant sa maladie ! »

Elle pencha la tête de l'autre côté.

« Ce sont ses yeux, son teint. Ah ! que c'est émouvant ! Ah ! Boris mon pauvre petit ! »

Sa voix se brisait.

« Comme tu lui ressembles, mon pauvre, pauvre enfant ! ses cheveux noirs... »

Elle ne pouvait plus parler, elle bégayait, elle se noyait dans l'émotion.

« bouclés... »

Des larmes débordaient le long de ses joues, ruisselaient. Enfin je compris que c'était vrai que ma mère était morte. Le mot était toujours aussi obscur pour moi mais je sentais que la chose devait être terrible. Je n'éprouvais rien, aucun chagrin, je n'avais pas envie de pleurer, j'étais gêné d'être là devant cette femme en larmes. Je flottais dans une indifférence absolue.

« Mon pauvre enfant, pauvre, pauvre petit orphelin. »

À nouveau ses bras se refermèrent sur moi et je fus enfoui dans sa chaleur et son parfum. Elle sanglotait, sa main me caressait la tête d'un geste régulier.

« Là, là, là, là, pleure, pleure, pleure, pauvre petit ! Ah ! quel chagrin ! quel chagrin ! pleure, pleure, pleure, petit Boris, pleure ! là, là, là, là ! »

Je ne savais que faire, j'aurais bien aimé pleurer pour lui faire plaisir, mais les larmes ne venaient pas, j'étouffais dans tout ce linge parfumé. Elle s'obstinait à me consoler, elle s'attendrissait, elle était bien plus malheureuse que moi. J'essayais de me dégager, mais elle resserrait son étreinte.

« Non non ! pauvre petit ! là, là, là, là, là, là, calme-toi, calme-toi ! »

J'étouffais complètement, mes poumons étaient vides et je ne trouvais plus d'air. Brusquement je la repoussai de toutes mes forces et me sauvai dans la rue. J'entendis des cris derrière moi, je voulus me retourner, mais je me cognai contre un mur. Je sentis une violente brûlure au visage et roulai sur le trottoir à moitié assommé. Des voix me demandaient si je m'étais fait mal. Quelqu'un m'essuya le visage, je fus soulevé, emporté, des mains se tendirent, j'essayais de les repousser. Un goût épais, fade, écœurant envahit ma bouche. Je me mis à pleurer. Lorsque j'ouvris les yeux, je vis les grosses lunettes de tante Marguerite au-dessus de moi.

« Ce n'est rien, pauvre petit bout de chou ! mais pourquoi est-il parti en courant ? pauvre petit poisson, pauvre petit, pauvre petit ! Et voilà son joli costume tout taché de sang ! pauvre petit... »

Elle recommençait à rire.

« Ce n'est rien, hi hi hi ! nous lui en achèterons un autre, hi hi hi ! n'est-ce pas, Lydia ? hi hi hi ! »

Contre la joue de tante Marguerite, je voyais le visage de la jeune femme. Elle me souriait gentiment. Elle posa un linge mouillé sur ma figure.

« Ce n'est rien ! là, là, là, là, pauvre enfant, pauvre petit Boris ! »

À partir de ce jour, je vécus chez Lydia et fis la connaissance de mes deux cousins, les fils de tante Sonia. Ils passaient leurs journées complètement nus sur le toit en terrasse de la maison. Leurs corps souples et musclés répandaient une odeur d'huile parfumée, de tabac et de sueur. Ils fumaient cigarette sur cigarette en traçant, sur le zinc brûlant du toit, des chiffres et des signes compliqués avec des craies de toutes les couleurs. Ils faisaient des calculs fabuleux. Des colonnes de chiffres serrés envahissaient la terrasse, débordaient de partout, escaladaient les rebords, montaient le long des cheminées, s'envolaient vers le ciel. Ils ne savaient plus où mettre tous ces signes, ces points, ces traits, ces arcs et ces paraboles. À quatre pattes, ils se renvoyaient des séries de chiffres par paquets entiers. Ils bondissaient au milieu des millions, des billions, des trillions parmi les huiles répandues, les craies et les cigarettes écrasées. Ils dégoulinaient de sueur, ils s'essuyaient les doigts sur leurs fesses bronzées, ils en étaient tout bariolés. Ils poussaient des cris de sauvages, ils ne savaient plus ce qu'ils faisaient, ils ne savaient plus rien, ils bafouillaient comme des hommes ivres sous le soleil vertical.

Un jour ils me dirent que plus tard ils m'emmèneraient avec eux sur la lune.

« Attends, Boris ! Tu vas voir comment ! regarde bien !… »

Après m'avoir déposé sur le rebord, au-dessus du vide :

« Ne bouge pas, tu vas voir ! attention !… »

Ils nettoient fébrilement un coin de terrasse de tous les chiffres, les signes et les dessins qui l'encombrent, renversant de la bière et crachant pour récupérer un morceau de zinc vierge.

« Attends ! regarde bien, ne bouge pas, reste là ! tu vas voir ce que tu vas voir, Boris ! Bouge pas ! »

Ils dessinent à toute vitesse une grande fusée pointue divisée de traits de couleur.

« Là c'est le combustible, là c'est la provision d'air pour respirer, regarde bien, Boris ! là c'est le moteur de secours, là c'est nous deux et toi (trois silhouettes ridicules recroquevillées comme des fœtus). »

Ils s'excitent, ils ressemblent à d'énormes chimpanzés. Ils bondissent et rebondissent à quatre pattes, bronzés, velus. Ils improvisent des bruits terribles avec leurs bouches pour imiter les moteurs fous ronflant dans les espaces infinis.

« Ça y est ! Hurrah ! Hurrah ! nous avons atterriluni ! »

Ils font semblant de mettre leurs scaphandres. Ils prennent tout leur temps, leurs gestes sont lents, solennels et graves. Ce n'est pas le moment de rire, je retiens ma respiration. Ils ouvrent les portes coulissantes en écartant leurs bras. La lumière irréelle leur caresse le visage, ils en suffoquent. Tout est trop beau autour d'eux. Ils se font des signes montrant les espaces inviolés. Ils empoignent leurs fusils électriques, retrouvant le geste si naturel à Sonia, les mettent sous leurs bras et bondissent joyeux vers la lune. Dès qu'ils touchent le sol lunaire, ils s'immobilisent, en extase devant toutes ces merveilles naturelles, chavirés par trop de bonheur. Enfin ils sont là, les premiers hommes après tant de siècles d'impatience. Et qui sont ces premiers hommes? Ce sont eux, les frères Gouldman! Non, ce n'est pas possible: Raoul et Gaston Gouldman projetés à la pointe extrême de l'évolution! C'est trop fabuleux, ils en bégaient, ils n'en croient pas leurs sens. Ils se frottent les yeux oubliant leurs scaphandres, se pincent, se donnent de grandes claques sur le dos, des accolades. Ils rient en me montrant le ciel:

« Regarde, Boris! regarde le clair de Terre! tu vois le clair de Terre? »

Et je hurle très excité:

« Oui oui oui! je le vois le clair de Terre! »

Ils m'encouragent à les rejoindre. J'essaie de descendre du rebord de la terrasse mais je n'y arrive pas. Mes deux cousins s'éloignent en bondissant de cratère en cratère. Je les appelle vainement, je commence à pleurnicher. Ils reviennent en riant et me saisissant par les bras et les jambes, ils se mettent à me balancer d'un côté à l'autre dans des creux terribles.

« Tu sens, Boris, l'apesanteur? l'apesanteur, l'apesanteur! »

Ils crient ce mot avec extase, ils le lancent vers le ciel. Je rebondis, secoué d'éclats de rire fous. Genève danse au-dessous de moi. Je délire de joie d'être dans la lune en compagnie de mes deux cousins. Puis ils me prennent chacun par une main et nous partons légers dans nos tenues lunaires, plus légers que des plumes, plus légers que des bulles de savon. Je saute par-dessus les colonnes de chiffres multicolores, les signes bleus, les arcs rouges et les folles paraboles. Nous pataugeons dans les craies écrasées et les bouteilles de bière renversées. Soudain mes deux cousins s'arrêtent net: la trappe qui donne accès à la terrasse se soulève, la tête de tante Marguerite apparaît au ras du sol, effarée derrière les hublots de ses lunettes. Nous éclatons de rire et mes deux cousins se précipitent pour aider la Martienne à franchir le pas.

Un jour que nous étions comme d'habitude tout nus au soleil sur la terrasse, Lydia m'attire près d'elle et m'épelle patiemment la phrase du Maître, syllabe par syllabe :
« A-LA-ROI-PA-SI-VA-DJI-RA-PÂ-AN-NA-SI-VA-DJI… Répète, petit Boris ! alaroipasivadjirapâanasi-vadji ! »

Tante Marguerite redresse son corps flasque pour m'entendre prononcer la phrase sacrée. Je suis étendu à plat ventre près de Lydia, le soleil me chauffe les reins, je m'amuse à battre l'air de mes jambes, pliant et dépliant mes genoux, le corps entier secoué par de brusques détentes. J'éprouve de plus en plus de plaisir à gigoter comme ça. Dans une demi-conscience, j'entends Lydia : « Alaroipasivadjirapâanasivadji ! » Mes battements de jambes font de grandes ombres sur son dos nu. Subitement, je m'immobilise. La corde tendue vient de se rompre. Je sombre dans un merveilleux vide. Noyé de bien-être, je ne sais ce qui m'arrive. Autour de moi l'air chaud tremble. Une profonde vague de soie me soulève, me roule, une autre, et une autre encore. Je ne bouge plus, anéanti. Mes yeux se sont fermés. Tous les poils de mon corps hérissés, je respire à peine. Enfin j'entends très loin la voix de Lydia :
« Qu'est-ce qu'il y a Boris ? Tu ne te sens pas bien ? »

Quelques derniers petits sursauts, quelques frissons me parcourent. Je ne dis rien, encore trop imprécis pour parler.

Lydia a compris, elle me regarde gravement, me prend par le menton, attire mon visage tout près du sien et me dit :

« Petit Boris, regarde-moi, n'oublie jamais qu'aujourd'hui dans ta neuvième année Sivadji t'a apporté un présent inestimable. Plus tard il te comblera encore plus, car tu es précoce. »

Elle me pose un baiser sur la bouche et fait un vague signe cabalistique au-dessus de ma tête.

« Sois béni ! Alaroipasivadjirapâanasivadji ! »

(Alaroipasivadjirapâanasivadji ! Oui je te bénis, je te bénis de tout le bonheur que depuis tu m'as donné. Non, Lydia ne se trompait pas. Tes vagues Sivadji m'ont roulé depuis, roulé et roulé comme un galet dans le calme infini, tourné et retourné dans les mousses tièdes et les cambrures gracieuses. Ah ! les yeux clos, les lèvres gonflées, entrouvertes sur des mots nouveaux. La sueur, la pénombre, la fièvre, l'extase et la lenteur. Lenteurs inhumaines. Pétales qui s'entrouvrent sur la nuit. Ah ! les mains, les bras, les jambes, divines lianes ! Ah ! ah ! ah ! je ne ris pas, non ! Je divague. Soupirs, soupirs profonds venus du tréfonds, sanglots, pleurs et rires, sanglots pleurs et rires fous. Ah ! Lula ! Lula ! et autour de nous la nature entière, au-delà des persiennes, lamelles closes et vent dehors qui déchire. Que de mots inventés entre nous, que de gestes imprécis, inspirés, fragiles, que de souvenirs berceurs et de bercements songeurs. Clac ! Clac ! claquement des persiennes contre le mur de notre petite maison. Tes bras nus qui s'ouvrent face au soleil, face à l'arbre superbe qui penche, qui penche devant tes seins, face à la montagne indolente qui s'incurve devant tes seins. Ô ma Lula, tout cela et plus, beaucoup plus encore dont nous ne rendrons jamais compte. L'immense mouette qui traverse l'air bleu et plonge dans la mer, tu sais de quoi je parle, tu sais. Je parle des promontoires écroulés dans les vagues écumeuses, de la danse sauvage sous le ciel gonflé. Voile, spasme, cris divins déchirés. Ô éclair blanc, aveuglante mouette entre mes paupières un instant entrevue, qui plonge dans la mer. Et la nuit tout à coup. Tu te souviens ? Je me souviens sur la plage courbe le sable tiède dans lequel nos corps s'enfoncent lentement sous le poids de l'univers.)

Ils s'y mirent à eux tous pour me perdre, pour m'abandonner, mes cousins, Lydia et tante Marguerite. Un vrai complot. Ils louèrent une voiture, mirent ma petite valise sur le toit et nous partîmes à travers la campagne. Mes deux cousins conduisaient. Ils se relayaient. Celui qui ne tenait pas le volant klaxonnait sans arrêt car la route s'enfonçait dans les montagnes par des gorges noires et moussues. Lydia et tante Marguerite essayèrent de m'expliquer :

« Tu comprends, Boris, ton père veut te reprendre. Pendant le procès, oh ! juste quelques semaines, tu entends ? tu resteras là-bas chez des gens très gentils. »

Je ne veux pas entendre, je ne veux pas savoir, je suis trop malheureux d'avance, trop malheureux à la fin, découragé, trop seul, sans défense. Je n'ai plus envie de rien, rien.

« Tu comprends, petit Boris, dès qu'il a appris la mort de ta maman il t'a réclamé. Ah ! l'égoïste ! mais Sonia, tante

Sonia est décidée à se battre jusqu'au bout en souvenir de ta pauvre maman. »

Je revois ma mère debout, nue sur le lit, le village qui penche, les remparts. Je revois ma mère parmi les œillets, je sens la chaleur de son corps et toute sa sauvage tendresse. Je la revois, tendant sa main maladroite pour me caresser la joue, et son sourire si triste. J'éclate en sanglots.

« Oh! pas longtemps, Boris, pas longtemps!

— Oh! non, Lydia! Oh! non gardez-moi! ne me laissez pas, je vous en prie, je vous en prie ne m'abandonnez pas! »

Je bégaie, je suffoque, je me cramponne à elle.

« Oh! Lydia, non non gardez-moi, je serai sage, gardez-moi!

— Mais mon petit Boris (elle essaie de rire) mais tu es sage. Oh! tu as toujours été très sage, mon pauvre petit ce n'est pas une punition, ne pleure pas, mais ne pleure pas comme ça mon pauvre petit! là, là, là, ne pleure pas, c'est pour ton bien, pour ton avenir, tu entends pour ton bien. »

Mes sanglots sont de plus en plus violents. Plus Lydia est douce plus je me laisse aller. Ça devient intenable dans la voiture. Mes cousins, tante Marguerite et Lydia sont affolés. Il faut s'arrêter pour me faire sortir de force. Mes cousins me tirent en riant, ils essaient de tourner en plaisanterie le rapt, en bouffonnerie ce mauvais tour. Tante Marguerite et Lydia me soutiennent, me font faire quelques pas. J'ai des nausées, je bave, ça ne va pas, je vois trouble, je me sens mal, mal.

« Lydia! Lydia! »

Je m'accroche à elle.

« Lydia!

— Mon petit... »

Elle ne sait plus comment faire, elle se laisse tomber dans l'herbe, me prend dans ses bras.

« Là, là, là, mais voyons, Boris, tu es assez grand pour comprendre.

— Non, non, je veux pas comprendre, je veux pas comprendre ! »

On me secoue, on me tire, tante Marguerite excédée m'arrache à Lydia et me traîne dans les pâquerettes. Elle en a assez de cette comédie, ça a assez duré les pleurnicheries, elle ne sait pas ce qui la retient de me donner une bonne gifle. Elle me secoue, secoue secoue. Mes cousins m'empoignent, me lancent en l'air, m'envoient dans la lune, ils essaient de se débarrasser de moi, de noyer mon chagrin dans les cratères, les scories, l'apesanteur. Je pleure, je suffoque, je manque d'air. Lydia me serre contre elle, me promet tout ce que je veux. Elle me promet qu'après, quand le procès sera gagné, elle me reprendra avec elle, qu'on ne se quittera plus jamais. Elle me raconte n'importe quoi, elle ment par bonté, avec douceur, elle ment par pitié comme on ment aux malades. Tante Marguerite s'est calmée, ils font tous cercle autour de moi, mes cousins, tante Marguerite et Lydia. Ils en remettent, chacun y va de son mensonge, tout est bon pour me faire remonter dans la voiture.

Nous roulons pendant des heures, la route grimpe toujours. Mes cousins se relaient au volant. Très loin au-dessous de nous ils me montrent le lac, le Rhône, le mont Blanc et la France. Ils me montrent de quel côté est la Méditerranée, l'Italie. Ils s'excitent : l'Espagne, l'Afrique en face et plus loin, là-bas, l'Amérique et, par là-bas, la Russie. Ils me montrent la Chine, ils disent qu'elle bouge, qu'elle se réveille, ils parlent de l'avenir, de la guerre inévitable qui approche. Ils font de grands gestes par les portières aux vitres baissées. Tante Marguerite rit bêtement et Lydia me caresse la tête avec douceur. Balancement… balancement… balancement… L'Asie est à feu et à sang, les Indes submergées par les Jaunes, la Russie ravagée, l'Europe sabrée. Ils ponctuent leurs prédictions de coups de klaxon sauvages: Le Japon surpeuplé… *Poing!* trop petit… *Poing-poing!* L'Afrique… *Poing-poing!* envoie ses cannibales… *Poing!* contre les Jaunes… *Poing-poing!* Les Chinois innombrables… *Poing* digèrent le Turkestan… *Poing!* le Tibet et le Béloutchistan… *Poing-poing-poing!* Et Hitler… *Poing!* gobe le tout.

Tante Marguerite se tord de rire, la voiture folle zigzague, même Lydia est gagnée par la gaieté et demande grâce. *Poing*, fait un cousin. *Poing*, fait l'autre cousin. *Poing-poing* fait le klaxon. *Poing-poing* fait la tante Marguerite. *Poing-poing*, Lydia. *Poing-poing-poing* le klaxon! *Poing!* fait Boris.

Les paysans au bord de la route relèvent le buste et nous regardent passer, l'air effaré. Les chevaux, les moutons se sauvent, *Poing-poing-poing*, à travers champ. *Poing*, nous traversons en trombe le village. *Poing-poing*, la voiture s'arrête. *Poing* final, nous sommes arrivés. Fini de rire, mon cœur se serre. Je me rappelle de nouveau ma condamnation.

Déjà une grosse femme au visage rouge s'avance, hilare. Elle me donne deux rudes baisers. Quelques enfants loqueteux détalent de derrière ses jupes et se perdent dans une grange poussiéreuse. Nous entrons dans la maison, tout respire la pauvreté, la monotonie et la pauvreté. La femme parle, les mots sortent de sa bouche avec une lenteur désespérante. L'accent vaudois coule sous nos yeux. Nous avons remonté le fil, nous sommes arrivés à la source suprême. C'est là précisément que prend naissance ce fleuve écœurant, ennuyeux, traînard, dégoûtant, satisfait de lui-même. Dans cette bouche, par ce trou humide entre ces deux joues rouges s'opère le miracle. Nous sommes submergés par la lenteur, assommés. Mes cousins ne rient plus ; Lydia me regarde à la dérobée, je la sens remplie de pitié pour moi. Tante Marguerite ricane et hoche la tête comme une mécanique à tout ce que dit la femme. Une odeur de lait aigre flotte autour de nous. De temps en temps, la femme se lève et, avec un crochet, soulève les cercles de fonte d'une cuisinière pour introduire une bûche dans le feu. Ses gros bras blancs gélatineux tremblent à chaque mouvement. La source a quelques petits arrêts, la femme revient s'asseoir et le fleuve impassible renoue le fil de l'ennui.

Enfin l'homme arrive. Il ne dit rien. Pesant, il me fixe avec ses petits yeux gris et durs. Il sort un morceau de papier journal de sa poche, le déchire lentement sur un coin de la table, en fait un vague carré, prend dans une boîte en fer une pincée de tabac et entreprend de rouler une grossière cigarette entre ses doigts crevassés. Il crache plus qu'il ne lèche pour refermer le rouleau qu'il met entre ses lèvres. À ce moment précis, deux petits garçons vêtus de loques galopent jusqu'à la cuisinière, se battent un moment et rapportent à l'homme une brindille allumée. Tranquillement, il allume sa cigarette, allonge une taloche amicale aux enfants, se racle la gorge et se met en mesure de parler. Il dit deux ou trois mots et s'arrête court. La femme reprend son lent débit.

La maison est une masure tremblante qui semble sur le point de s'écrouler. Elle s'appuie sur une grange un peu moins antique dans laquelle sont parqués une quinzaine de chèvres, des poules, des lapins et un âne vindicatif. Des oignons aux queues tressées ; des épis de maïs, des calebasses racornies, des outils de toutes sortes, des lambeaux de tissus, des morceaux de ficelle, des fils de fer pendent accrochés aux poutres. Les araignées ont enrobé toute cette misère d'un épais linceul gris. Dans cet univers de fantômes, des rats courent la tête en bas, très affairés, aussi à l'aise que sur la terre ferme. De temps en temps, un pan entier de ce linceul se détache et une loque grise et molle vient pendre entre les oreilles de l'âne qui tranquillement la mâchonne.

Devant la grange, une cour boueuse dégénère en vague chemin. Ce chemin descend entre les maisons du village et nous mène tout droit à l'école. L'école : un chalet moisi et grinçant. Nous nous entassons dans la seule pièce qui ferme à peu près. L'instituteur passe un temps fou à reboucher les trous, les fissures et les voies d'eau. Il va et vient au milieu de nous, toujours en alerte, un marteau à la main. Des clous plein la bouche, il bredouille des dictées, un œil sur chaque fente. Le vent d'hiver à tout moment décloue une planche et s'engouffre dans la brèche. L'ouragan fait voler les cahiers, les livres, les encriers et les écoliers. Les enfants se mettent à hurler, montent sur les pupitres et cassent tout ce qui leur tombent sous la main. Deux ou trois d'entre eux pour se faire bien voir s'arc-boutent contre la planche. On cloue, on ficelle, on pousse un meuble s'il le faut et la dictée pleine de clous reprend. L'accent vaudois gluant, invertébré, gastéropode glisse sans risque entre les pointes. Le métal n'arrive pas à le durcir. Lorsque l'ouragan devient trop fou, que les fenêtres encombrées de neige ne donnent presque plus de jour, le maître d'école nous fait asseoir par terre en rond autour du poêle. Il s'accroupit au milieu de nous à même le plancher, allume une lampe à pétrole et ouvre un immense livre. Il nous lit à haute voix des contes de fées. Il en raffole, il en salive dé plaisir, ses mains tremblent de passion. Il crache tous ses clous qu'il met à sécher sur le poêle et prenant une voix lugubre il nous passe au rouleau compresseur. Le conte de fées déroule ses charmes. Nous écoutons, immobiles, emportés dans les forêts mystérieuses : Sous - les - cham - pi - gnons - géants - Mer - lin - l'en - chan - teur - et - la - fée - Ca - ra - bosse - gra - cile - firent - con - nais - sance - Tutuluit - Tutuluit - Tu - tu - luit - chan - taient - les - mé - sanges - joyeuses - A - lors - le - sor-cier-goi-treux-Taïau-trans-for-ma-l'enfant-per-du...

« Voilà ce que c'est mes enfants de cueillir des champignons vénéneux. Le transforma en quoi ? »

Le maître en remet, il rallonge, il s'énerve avec toutes ces princesses, ces princes charmants et ces brigands :

« Le - sor - cier - goi - treux - donc - il - attra - pa - par - les - pieds - l'en - fant - per - du - Il - lui - souffla - dans - les - na - rines - comme - ça - mau - vais - har - gneux - pour - le - plaisir - du - mal - le - goi - treux - Taïau - le - sorcier - ve - lu - Il - trans - forma - l'en - fant - per - du - et - dit - A - bra - ca - da - bra - le - trans - for - mant - en... »

Il ne sait plus, il hésite :

« ... le transforma en ? en ? un bon point à celui qui nous le dira. »

Dehors l'ouragan emporte tout, déménage le village.

« M'sieur ! m'sieur ! il le transforma en... glaspisturluiturlipfuit !

— Non, Boris ! zéro bon point !

« — M'sieur ! moi j'sais, moi j'sais… en crapfonpristulbidulcrrrrrr !… strimoustrufff !

— Zéro ! zéro ! »

Du coup chacun y va de son invention. On se tord de rire, on en pleure, on en pisse dans nos culottes. C'est à celui qui trouvera le mot le plus délirant.

« Zéro ! zéro ! zéro !

— Chpluitrucmerdpisseconculj'techied'ssuscrrrrr !… plofff !

— Zéro ! »

Il fronce les sourcils ; tape sur le plancher avec son marteau, essaie en vain d'obtenir le silence.

Dehors, l'ouragan délire plus que jamais, c'est le blizzard dément. Il racle tout du pôle Nord au pôle Sud, secoue les banquises à perte de vue, efface les méridiens et les parallèles. Le poêle ronfle, a des retours de flamme. Tous les gosses se roulent de rire par terre.

« Pissemerdeconculpinetrouduculmach'misecollamoncul m'sieur !

— Quoi ? qu'as-tu dit, Boris ? »

Le maître d'école a bondi. Il me soulève par le col, je prends en l'air comme un chiffon. Un long silence terrible et dehors l'ouragan fou.

« Quoi ? quoi ? qu'as-tu dit ? répète un peu ! Ah ! petit salaud ! qu'as-tu dit ?

— M'sieur ! m'sieur j'peux l'dire j'peux l'dire ! »

Ce sont ceux qui veulent se faire bien voir :

« Vous, taisez-vous ! Je vous interdis ! »

Il me soulève de plus en plus haut et me regardant de très près, yeux contre yeux, nez contre nez ; il grince les dents serrées :

« Comment as-tu dit ? va l'écrire au tableau noir, petit salaud ! Il le transforma en quoi ? »

Il me traîne par l'oreille jusqu'au tableau. J'écris : Patastrouff.

« Hein, dis-le, que j'entende ?
— J'sais pas m'sieur ! Patastrouff ! »

Il me donne un coup de pied au cul et, s'accroupissant de nouveau par terre, reprend sa lecture. Son œil se lève entre chaque mot et me cherche, méchant.

Dehors, il n'y a plus rien, même l'ouragan s'est détruit, il s'est tordu ; il s'est attrapé par la queue, il s'est avalé tout rond et il en a crevé. Lorsque nous sortons ce soir-là de l'école, le maître me pince l'oreille au sang sans ajouter un seul mot. La neige nous vient jusqu'aux yeux et nous mettons un temps fou pour arriver à la maison. Le lendemain matin tout est submergé, englouti dans le silence : On se met à creuser comme des rats pour aller jusqu'aux chiottes, pour en revenir, pour aller, à la grange et revenir de la grange à la maison. Le long hiver s'installe. C'est la pénombre perpétuelle. Le paysan ne décolle plus de la cuisine et il ne décolère pas. Il boit sans arrêt et roule cigarette sur cigarette dans son affreux papier journal. La femme prépare les repas, elle va et vient en parlant, parlant, parlant. Sa chair tremblote. À longueur de journée, assis par terre, nous la regardons aller et venir guettant par les trous de sa robe les morceaux cachés de son corps immense. Parfois, lorsque nos yeux deviennent trop luisants, elle nous chasse d'un large coup de balai et nous filons dans la grange par les tunnels rendre visite à nos rats. Nous en avons une vingtaine prisonniers. Dès qu'ils nous voient arriver, ils poussent des cris plaintifs et se réfugient dans le coin le plus reculé de leur cage. L'âne commence à braire et essaie de nous mordre. Les chèvres piétinent dans leurs entraves et les poules s'envolent à ras de terre. En cercle sous le jour trouble d'une lucarne ensevelie, nous sortons nos sexes et comparons leurs longueurs. Lorsque le ton monte, nous appelons notre arbitre. C'est une petite fille pleine de taches de rousseur qui vit dans la maison voisine. Elle arrive par un trou du mur mitoyen. L'arpenteuse déroule un bout de ficelle qu'elle garde en permanence dans la poche de son tablier et nous mesure avec gravité. Pour la « remercier », nous lui demandons de faire son numéro. Elle enlève sa culotte, remonte sa jupe et nous montre en ricanant la fente rose entre ses jambes. Elle y introduit n'importe quoi, tout ce qui lui tombe sous la main, des cailloux, des billes, des brindilles, des plumes. Ça nous fait rire, et elle se contente de ce pauvre succès. (Plus tard, vers douze ou treize ans, il m'arrivait, perdu dans le noir, cherchant un aliment à mon imagination exaspérée, d'évoquer en grinçant des dents cette petite fente gloutonne et straffulante sous la pâle lucarne enneigée. Mon imagination en délire paraît de toutes les fatalités ce petit sexe encore sans toison, l'isolait dans le vide universel, le faisait aller et venir, s'ouvrir et se refermer sur moi, petite bille, petite brindille, petit caillou perdu, petite plume emportée. Aller et venir, mais où s'arrêter à douze ans ? Dans la tristesse mortelle des dortoirs, nuit après nuit, dans les glabulements des sirènes et les tirs rageurs de la DCA, je renouais l'aventure monotone jetant le fil d'un néant à l'autre, va-et-vient du sang qui bat contre ma tempe, jetant le fil d'une absence à l'autre. Grelottant de cauchemar. Tendu, tendu comme un désespéré, le corps arqué vers la brève chaleur. Un surveillant hystérique faisait irruption dans le dortoir. On courait vers l'abri. Il fallait trembler, s'accrocher à la vie, vaciller dans le souffle des bombes.)

À la fonte des neiges, nous essayons de reprendre le chemin de l'école, mais la boue a tout envahi. On enfonce jusqu'aux genoux, parfois même jusqu'au ventre. C'est décourageant. Le sous-sol travaille. Des effondrements creusent des cratères au pied même des maisons, minant les fondations. Ça glougloute de tous les côtés. D'un instant à l'autre, la rue change sous nos yeux. Il n'y a plus de sécurité à se déplacer. Traverser la cour devient une aventure.

Le village est bâti sur une poche de vide et on entend sous terre un grondement continuel de cataracte. Même les vieillards hochent la tête, inquiets. La montagne frémit ; des arbres entiers, tout droits, avancent sur les pentes. On les voit subitement faire quelques mètres et s'arrêter. Ça glisse de tous les côtés. Des rochers énormes dérapent en silence, déplaçant les sentiers et les clôtures. Et toujours ce bruit souterrain assourdissant. Les anciens parlent d'une grotte gigantesque dont l'accès aurait été perdu depuis bien longtemps.

L'instituteur ne tient plus en place, cette histoire de grotte le fait rêver. Il n'en dort plus, il n'en mange plus. Il n'arrête pas de tourner autour des masures. Il racole les vieux pour avoir des détails. Il ne parle plus que de ça. Il est insatiable. Il fait des dessins, des plans, mais la montagne bouge tellement qu'il ne peut pas prendre de repères. Ça le désespère.

Un jour il s'en va par les sentiers, et s'enfonce dans le chaos. Nous le regardons longtemps monter comme une mouche sur le flanc de cette nature changeante. Il zigzague entre les arbres. De temps en temps, il se retourne vers le village, agite son chapeau tyrolien et reprend l'ascension : On le voit de plus en plus minuscule, ridicule, rouler, se relever, courir jusqu'à une pierre, s'agripper, sauter et s'étaler. Les arbres glissent autour de lui, les rochers par quartiers entiers se décollent et rebondissent dans les précipices.

Il me semble que l'instituteur ne revint jamais.

En quelques jours, les fleurs envahissent les pentes. Sous la poussée des pétales, la mousse se soulève. Dans les parties éternellement ombreuses, les recoins glacés, ce qui reste de neige commence à jaunir, à se couvrir de pollen. Des abeilles, des papillons par milliers butinent furieusement. Des lapins, des marmottes, des renards, des sangliers apparaissent sur les pentes par familles entières. Des daims bondissent d'un bois à l'autre, suivis de leurs petits. Tous les gens du village se frottent les yeux sur le pas de leur porte. L'air est tiède.

Chaque jour, j'attends des nouvelles de Lydia, de Sonia, de mes cousins ou de tante Marguerite, mais personne ne vient me voir. Nous ne sommes plus que trois enfants dans la masure du bout du monde. L'un est plus grand que moi, on l'appelle Truc, l'autre tout petit, presque nain, bien qu'il ait mon âge, qu'on appelle Pomme. Dès l'aube, nous partons avec les chèvres et l'âne. La paysanne met quelques provisions dans une musette en nous recommandant de ne pas nous perdre, de bien suivre le troupeau. Nous faisons claquer nos fouets et *clac!* nous abordons d'un pas vif les pâturages. *Clac! Clac!* d'une torsion de lanière nous décapitons au passage les fleurs trop hautes, nous coupons en deux les papillons, nous découpons le ciel, les nuages et l'air bleu. Les bêtes marchent de plus en plus vite, excitées à la vue des cimes noires qui pointent par-dessus les prairies et, le cœur en folie, nous les suivons au milieu d'une nuée de taons. Elles filent droit vers la forêt, grimpant les pentes verticales à une allure de cauchemar. À force d'avoir mâchonné des toiles d'araignée tout l'hiver, elles n'aiment plus que les foins fantômes, elles ne rêvent que de végétations spectrales des sous-bois, elles raffolent des herbes blanches, des moisissures, des champignons, des mousses pourries. Une vieille chèvre aux cornes recourbées mène d'autorité le troupeau. L'âne gambade à l'arrière-garde, essayant de nous surprendre en traître. Il ne pense qu'à nous mordre, à nous envoyer un coup de pied. Il faut se méfier, avoir toujours un œil sur lui. Il rue, fait des bonds désordonnés, pète très fort, brait furieusement, découvrant ses grandes dents jaunes. Ses cris se répercutent sous les sapins, faisant s'enfuir toute une faune silencieuse. Enfin, la vieille chèvre ralentit l'allure, c'est elle qui décide du programme. Arrivée au plus épais, elle saute sur une basse branche de mélèze et commence à brouter les barbes de lichen. Tout le troupeau s'envole à sa suite et bondit de branche en branche dans un bruit de bois brisé. Haletants comme des chiens, nous nous allongeons sur la mousse, exténués. L'âne en profite, il se rapproche en biais, essaie de nous piétiner. Il faut lui taper sur le museau avec le manche de nos fouets pour qu'il nous laisse un peu tranquilles, le temps de souffler, de revenir à la vie.

Ce rituel devenait chaque jour plus insupportable. Au-dessus de nos têtes, les chèvres sautaient d'arbre en arbre, bêlaient en mâchant leur lichen, l'âne rongeait bruyamment les écorces et mes deux compagnons se roulaient sur le sol en poussant des hurlements. Pendant des semaines, cette scène se renouvela comme dans un cauchemar, sans dévier, sans une variante, avec un manque total de fantaisie. Un jour pourtant. Pomme a une idée. Il s'approche de l'âne sur la pointe des pieds, juste au moment où celui-ci lève la queue et reçoit dans ses mains réunies un crottin qu'il porte à sa bouche. Il le mâche consciencieusement, avale se masse le ventre et reprend une bouchée en roulant les yeux. Il se trémousse, fait toutes sortes de grimaces, se suspend par les jambes à une branche et achève dans cette position ce repas improvisé. Ne voulant pas être en reste, Truc se lève et ramasse, lui aussi un crottin, le goûte et crache avec dégoût. Puis il s'avance vers moi, le crottin entamé à la main. Je recule en rampant sur la mousse, mais il est déjà trop près pour que je me relève. Je roule sur la terre molle et me mets à battre furieusement des bras et des jambes, à me tortiller et à hurler. Truc écrase le crottin sur ma figure. J'en ai plein la bouche, dans le nez, dans les yeux. Je suffoque, pris de nausées. Je ne peux plus bouger. J'aimerais sauter sur Truc, lui frapper le visage à coups.de poing, lui donner des coups de pied. Pourtant je reste par terre secoué de sanglots nerveux. Mes doigts s'enfoncent dans la mousse pourrie. Un goût fade légèrement sucré envahit ma bouche. Je me mets à cracher, à cracher, à cracher. J'aimerais devenir microscopique, m'enfouir dans la terre, gratter, gratter de plus en plus profond, disparaître à jamais. Le silence retombe sur la forêt. Je ne bouge plus. Au bout d'un moment, je les entends chuchoter et ricaner de nouveau. Ils me retournent sur le dos. Je reste impassible, les yeux obstinément fermés. Tout à coup, je sens un liquide tiède me couler sur le visage, dans les cheveux, dans le cou. D'une détente je me relève. Dans un délire de joie, ils se contorsionnent. Ils tiennent leurs sexes à deux mains et tentent de me poursuivre en continuant de pisser vers moi. Ils sautent sur place, ils en pleurent de rire. Fou de rage, je leur lance des poignées de terre, mais sans cesse ils les esquivent, glapissent, titubent, insaisissables et moqueurs. Découragé, je me jette à plat ventre et frotte en pleurnichant mon visage dans la mousse. Je ne bouge plus, je fais le mort, j'aimerais pourrir, me décomposer. Des insectes, des larves, des vers courent sur ma peau, je les sens grouiller sous mes vêtements, s'enfoncer dans mes pores. J'ouvre la bouche pour qu'ils entrent en moi, me dévorent par l'intérieur. De la terre coule entre mes dents, roule sous ma langue, descend dans mes poumons, envahit mes bronches. Mes yeux me brûlent. Je bave.

Lorsque nous rentrons ce soir-là, la femme nous attend sur le pas de la porte. Elle me prend par les épaules et toute frémissante me pousse dans la cuisine. Elle me montre sur la table une grande boîte ouverte. C'est un colis pour moi qui vient tout droit d'Amérique. Brûlante de curiosité elle n'a pas eu la patience de m'attendre pour l'ouvrir. Dans la boîte, il y a des dizaines de cartes multicolores enfouies dans des flots de paillettes. La femme n'en revient pas, au comble de l'excitation elle va et vient dans la cuisine se cognant à tout. Le paysan assis près de la table roule son éternelle cigarette. Il souffle très fort entre les poils de sa moustache, l'œil fixe, hypnotisé par toutes ces couleurs qui dépassent de la boîte.

Je m'approche étonné, le cœur battant. Je pense à tante Marguerite, ce paquet ne peut venir que d'elle. Je plonge la main dans les paillettes, et en fais couler une poignée entre mes doigts, elles jaillissent joyeuses et quelques-unes roulent sur la table. Il y en a des roses, des bleu pâle, irisées, dorées, argentées. Je prends une carte, la retourne, elle est ornée d'un dessin représentant un affreux nain qui tire la langue : Quelques mots sont écrits dans un coin, j'essaie de lire, mais je ne comprends rien. La femme s'empare d'une autre carte, le même nain est imprimé dessus. Elle la tourne, la flaire, fait la grimace et la jette sur la table d'un air dégoûté. Quelques paillettes roulent. Nous nous mettons tous à rire. Truc et Pomme s'avancent et plongent à leur tour leurs mains dans la boîte ; Il en déborde de partout. Des cartes aux couleurs criardes volent jusqu'au sol. Des paillettes sautent de tous côtés, nous submergent, collent à nos doigts, nous en avons dans les cheveux, sur nos vêtements. Envahis par ce carnaval, nous commençons à nous énerver de ne trouver rien d'autre dans cette boîte de malheur.

Tout à coup le paysan se réveille de l'hypnose, il gueule : « Youpi ! » et envoie en l'air une pluie multicolore. C'est le signal de la folie générale. Nous nous mettons à courir en tous sens dans la cuisine, à bondir pris d'une frénésie ; d'une rage incompréhensibles. De toutes nos forces, nous nous jetons en pleine figure des poignées cinglantes. La paysanne pousse des cris aigus qui finissent en roulades de rire. Elle en pleure et cavale, poursuivie par l'homme déchaîné. Il la rattrape, enfouit sa main dans l'encolure de la robe et lâche contre la chair une poignée de paillettes. Incapable d'articuler un seul mot, secoué de rires, il montre le flot de couleurs qui ressort sous la jupe et coule en cascades joyeuses autour des pieds de la paysanne. Truc saute de la table où il s'est perché et veut lui aussi introduire sa main dans le corsage. Le paysan lui allonge une gifle et, se saisissant de la boîte, jette à toute volée les cartes qui restent. « Youpi! » Les assiettes commencent à voler, les marmites à valser, toute la batterie de cuisine se croise au-dessus de nos têtes. Pomme s'est réfugié sur une étagère ; armé d'une louche, il tape sur tout ce qui passe à sa portée. La patronne, folle de voir son univers se désagréger, empoigne son balai et, munie de cette arme antique, se lance dans l'arène. Pomme rebondit d'une étagère à l'autre, léger comme un ouistiti. Une ronde infernale commence. Le patron court autour de la table en riant comme une femme hystérique. Sa moitié essaie de te rejoindre, frappant l'air de son balai : Il saute de tous côtés, se plie en deux, évite les coups en riant. Truc, à la poursuite de son idée fixe, s'est lancé sur les talons de la patronne et veut lui glisser ses index sous les bras, il tourne autour d'elle. Elle en perd le souffle, l'injurie, mais Truc m'a déjà rejoint sous la table en faisant : « Kssss! Kssss! » Elle farfouille un moment autour de nos têtes avec son manche puis repart à toute vitesse à la poursuite de son époux. Il rit de plus en plus fort, esquive les bottes, bondit et rebondit sur ses gros souliers ferrés. Pour finir, elle réussit à le coincer et se met à lui taper dessus de toutes ses forces. L'homme tombe à genoux et, toujours hilare, passe entre les jambes de la femme. À quatre pattes il traverse la pièce, s'engouffre dans l'escalier qu'il escalade suivi de son épouse en furie. Au premier, la lutte devient acharnée. La masure en tremble. Ils font un tel raffut que du plâtre se détache du plafond. Des meubles sont renversés. Nous écoutons la tête levée, le vacarme est épouvantable.

Soudain, Truc saute vers la porte et nous crie de le suivre. Il file, empoigne une échelle dans un appentis et, toujours en courant, ressort dans la cour. Il appuie l'échelle contre le rebord du toit de la grange et disparaît dans le noir. Nous le rejoignons aussitôt sur les tuiles. De notre perchoir, nous plongeons directement sur la chambre. La fête bat son plein. Le paysan s'est réfugié sous le lit conjugal. Ses mains sortent au ras du plancher et essaient de saisir les chevilles de la femme. Celle-ci, toujours armée de son balai, lui tape sur les doigts tout en sautillant lourdement sur place. Cette danse secoue sa chair qui tremble sous sa robe. Au bout d'un moment, elle se penche et enfonce sauvagement le manche sous le lit, l'agite en tous sens en lançant à l'homme toutes sortes d'injures. Il pousse des cris aigus, riant toujours comme un fou. Les mains sortent de l'ombre, se projettent en avant, retournent dans l'ombre, ressortent, courent sur le plancher. La femme sautille d'un pied sur l'autre pour les éviter, essayant de les écraser avec son balai qu'elle abat à toute volée. Les mains rapides visent toujours les chevilles qu'elles réussissent à retenir un instant. La patronne saute en l'air, s'ébroue et se met à cavaler autour du lit, puis revient prudente le balai en avant. L'homme se tord de rire, le sommier en est tout secoué. Il tourne et se traîne sous les ressorts à la poursuite des chevilles qui dansent. La femme se penche et enfonce le manche jusqu'à la garde. Les rires affreux redoublent. L'homme s'accroche au balai, on voit ses doigts monter péniblement le long du manche. Elle lâche tout. Il lui balance le balai dans les jambes, elle trébuche et manque s'étaler. Aussitôt la voilà prisonnière. Une main se noue autour de sa cheville, l'autre remonte le long de la jambe. La patronne roule des yeux, serre les dents, essaie de repousser les doigts farfouilleurs. Tout à coup elle hennit, donne un coup de rein, se dégage vivement, saute sur son arme et se remet à cogner à grands coups sur le plancher. Les mains recommencent à courir autour d'elle. Les rires de l'homme deviennent déments. Enfin il l'attrape à l'ourlet, la tire, elle tombe, la main saute aussitôt sous la jupe. La femme se tortille. L'autre main à son tour disparaît dans les dessous. La patronne se met à pédaler, battre l'air des jambes et des bras comme si un nid de guêpes s'était engouffré sous sa robe. Après s'être démenée un bon moment, elle réussit à se mettre à quatre pattes et en rampant se dégage de sa culotte qu'elle abandonne à l'ennemi. Il la rattrape par une jambe, la traîne et, peu à peu, nous la voyons disparaître sous le lit, avalée par l'ombre. Les hurlements redoublent, une véritable bataille de chats secoue le sommier. Des pieds, des mains, des morceaux de chair nue dépassent de tous les côtés. Le lit en tremble, se soulève, fait des bonds extravagants.

Sur notre perchoir nous nous tordons de rire.

Tout à coup, le lit avance en biais à travers la chambre, s'immobilise par le travers puis s'en va cogner contre le mur. Il saute encore deux ou trois fois sur place, repart en tanguant, retraverse la chambre et vient donner contre le mur opposé. On croirait un bateau en perdition. Nous sommes malades de rire. Soudain nous voyons le bras blanc de la femme surgir dans la lumière. La main tâtonne cherchant quelque chose de solide pour prendre appui. Le lit, dans un dernier soubresaut, roule comme une épave à l'autre bout de la chambre, laissant à découvert le corps absolument nu de la patronne. Il nous apparaît d'une blancheur éblouissante. Ses jambes sont étroitement mêlées, les cuisses énormes resserrées sur une touffe de cheveux qui dépassent un peu entre les replis de la chair. Les bras de l'homme sortent des deux côtés des hanches fabuleuses. Il doit étouffer dans toute cette blancheur; prisonnier de ces cuisses; des appels, presque des adieux nous parviennent. Elle ne bouge plus. Les ongles incrustés dans le plancher, elle semble endormie. Elle gît la bouche ouverte, les joues plus rouges que jamais, le chignon dénoué, ses cheveux d'une longueur insoupçonnée étalés autour d'elle.

Pomme nous donne des coups de coude, il se tortille incapable de prononcer un mot. Truc se ronge les ongles, fasciné par le spectacle. Je regarde passionné, ne comprenant pas où se trouve l'homme dans toute cette mêlée. Truc me dit que sa tête doit être dans la fente de la femme. Nous redoublons de rire.

La paysanne tout à coup lève les jambes et pousse un glapissement furieux: Truc crie: « Il l'a mordue en plein dedans! » On la voit attraper la touffe de cheveux et soulever, au-dessus de son ventre, la tête de l'homme qui monte dans la lumière. Il est hilare, le visage rouge et trempé. Lorsqu'il se met à ramper sur le corps de la patronne, nous sommes agités d'un tel fou rire que des tuiles cassent sous nous avec un bruit épouvantable. Soudain la femme se dégage, saute sur le lit et disparaît dans la plume. L'homme baisse son pantalon et saute à son tour sur le lit. La mêlée recommence. Ils roulent en tous sens, l'édredon les suit, s'entortille autour d'eux. Enfin ils s'immobilisent et nous ne voyons plus que le dessous des grosses chaussures. Les clous carrés qui les garnissent scintillent dans la lumière, faisant un très joli dessin géométrique.

Nous étions comme chaque jour dans la forêt lorsque nous entendons des cris, des appels. L'âne se met à braire. Les chèvres sautent de branche en branche et bêlent toutes à la fois. À travers les taillis nous voyons apparaître une foule de gens, la moitié du village, une vraie procession. La paysanne court jusqu'à nous, ses cheveux lui pendent sur la figure, elle est essoufflée et bégaie :

« Boris ! ton père ! »

Un homme bouscule tout le monde, et bondit sur moi en criant : « Cyrus, Cyrus ! » Il baragouine des mots incompréhensibles et me serre dans ses bras en pleurant bruyamment. Je me débats, horrifié. C'est lui, le fameux monstre. Je veux me sauver dans la forêt, mais un autre homme m'attrape par les cheveux et me retient. « Cyrus ! Cyrus ! », ce nom persan que ma mère haïssait et qu'elle avait transformé en Boris. « Cyrus ! Cyrus ! Cyrus ! » Ce cri monte dans la sombre forêt. L'homme qui me tient par les cheveux m'ordonne de ne pas faire l'enfant. Il me dit que mon père est venu avec plein de cadeaux pour moi et mes petits camarades, qu'il faut que je me calme et que nous fassions gentiment connaissance. Les paysans se frottent les yeux, ils n'ont jamais vu quelqu'un d'aussi élégant que mon père. C'est surtout les guêtres qui les épatent avec leurs petits boutons noirs et aussi la pochette de soie ouverte comme une fleur sur sa poitrine.

Devant la masure, une voiture attend. Sa peinture et ses chromes sont tellement brillants que je vois en un seul reflet irrégulier toutes les maisons du village. Je vois le ciel dans lequel un nuage blanc file du coffre au capot. Je vois les prairies et la forêt au loin, je vois les rochers et aussi les montagnes neigeuses. Emprisonné dans les rutilances, tout cet univers d'herbe, de lichen, de mousse, tout ce conte de fées boueux auquel je me suis attaché me paraît irremplaçable.

« Monsieur, je vous en supplie, ne me prenez pas! Je veux rester ici, je vous en supplie, je veux être berger toute ma vie. Je ne veux pas aller à Paris. Je ne vous connais pas. Je veux rester avec Pomme et Truc. »

Mon père ne comprend pas très bien. Il baragouine que des « trucs » il en connaît plein. Il répète cette phrase plusieurs fois. Un peu plus tard lorsque je suis avec lui dans la voiture je comprends ce qu'il voulait dire. L'avocat conduit, je suis derrière, à côté de mon père. Il pleure d'émotion et répète en reniflant : « Cyrus, Cyrus, Cyrus à papa, mon fils, mon fils! » Je me suis réfugié dans le coin opposé de la banquette et chaque fois qu'il tend la main pour me caresser la tête je me crispe. Tout à coup, il sort sa pochette de soie et la fait voler dans cet espace restreint en faisant quelques gestes avec la main… et pfffffit! plus de pochette! Il se met à rire d'un rire faux.

« Magie, Cyrus! Papa… pffffuit! pochette! Papa magicien! »

Il fait semblant de la chercher partout. Je l'observe, méfiant.

« Pfffuit! pochette dans nez de Cyrus! Ah! Ah! Ah! »

Il sort la pochette de mon nez, la fait voler autour de moi. L'avocat se met à rire, je vois son œil dans le rétroviseur. La voiture zigzague.

« Pfffuit! Papa perdu encore pochette! »

Je suis toujours méfiant, mais le coup de la pochette commence à m'intriguer. Mon père la cherche, fouille sous le siège, se penche; regarde en avant, puis il crie: « Stop! » et la voiture s'arrête. Il court jusqu'à un vieux paysan assis au soleil sur un banc de pierre, ramasse la pochette entre les pieds du vieux et revient très excité. La voiture redémarre et mon père crie: « Voleur! » par la portière au paysan ahuri. L'avocat rit tellement que nous manquons faire le saut à chaque virage. J'ai envie de rire, mais je me retiens, gardant mon air renfrogné.

« Ah! Cyrus! Cyrus, mon fils, mon fils! Cyrus adoré! »

Je me crispe et il se remet à pleurnicher. L'avocat ne rit plus, la voiture roule un bon moment tout droit. Mon père ressort sa pochette, s'essuie les yeux, se mouche et pousse un cri. Dans la pochette, il y a maintenant une montre. Là alors, je suis stupéfait. Il regarde la montre; la secoue, la met contre son oreille et fait la grimace.

« Mauvaise montre! »

Il la jette par la portière, se remouche et, dans la pochette, je vois briller une autre montre. L'avocat rit tellement qu'il se met à klaxonner... tuuuuut! tuuuuut! Il ponctue. Ah! Ah! Ah!... tuuuuut! Ah! Ah! Ah!... tuuuuut! Je me suis rapproché pour voir de plus près le miracle. Enfin, le petit poisson tourne autour de l'appât. Mon père surveille le bouchon, il n'en respire plus. Il prend la montre, la porte à son oreille et la jette comme la première par la portière en faisant la grimace.

« Pffuit!... montre suisse mauvais! »

Et aussitôt il cueille dehors une autre montre. L'avocat ne rit plus, il arrête la voiture, se retourne et regarde passionné. La montre se balance toute neuve, mon père la fait virevolter, aller et venir devant mes yeux. Je suis hypnotisé. Je tends la main pour la toucher.

135

« Oui! Oui! montre pour Cyrus, cadeau pour Cyrus, cadeau de papa! »

Il prend ma main et fixe la montre à mon poignet. Il en profite pour m'embrasser et me serrer sur son gilet. La voiture redémarre et il commence à me parler. Il a un accent plein de charme et en joue avec habileté. Il intervertit les mots, invente des expressions, des maximes, des dictons. C'est un feu d'artifice continuel. Il est le premier à rire de ses trouvailles. Il trafique les verbes, il déboulonne la langue française, la fait dérailler, partir par de petits chemins inattendus sur des pistes folles. Subitement, il s'arrête de parler et de rire, son visage mouvant se décompose et des larmes coulent à nouveau.

« Ah! Cyrus mon fils, fils adoré de papa! »

Puis le sourire irrésistible, lumineux. Le langage brodé reprend son chant. Il me raconte qu'à Paris je ferai tout ce qu'il me plaira. Il sera le génie de la lampe merveilleuse, je n'aurai qu'à formuler un vœu et les choses se transformeront pour moi, puis il me demande ce que je veux sur l'heure, tout de suite, comme ça.

« Alors Cyrus Aladinovitch! quoi toi vouloir? vouloir foulard? vouloir mouloir? vouloir boule voir? voir boule? boule d'ivoire? boule d'ivoire de billard? »

Et il crie:

« Boule d'ivoire pour Cyrus! de billard tout de suite! »

L'avocat sursaute, la voiture a une embardée. Mon père fait le geste de cueillir et, dans sa main, je vois instantanément luire une boule d'ivoire. Il la prend entre ses doigts fluides, fait « pffffuit », et il y en a deux, puis trois, puis quatre, une entre chaque doigt de sa main ouverte.

« Ivoire fatigant, couleur triste, boule rouge plus jolie, pfffffuit ! »

Les boules maintenant sont toutes rouges. Je me mets à rire. L'avocat rit, mon père rit. Ça y est, il tient le petit poisson. Tuuuut !... tuuuuuut ! La voiture folle traverse les villages, les champs, les forêts, escalade les montagnes, plonge vers la plaine. Les boules se multiplient, se démultiplient, se surmultiplient, se sousmultiplient, et pfffffffuit ! il n'en reste plus qu'une.

Lorsque nous arrivons à Genève, j'aime mon père. Le charme a joué. Je n'ai plus peur de rien. Je n'ai plus rien à craindre de personne. Le génie de la lampe me tient par la main, un mot de moi peut métamorphoser le monde. Mon père divague de joie, il tire son chapeau à tous les gens que nous croisons sur le quai de la gare. Je ris de leurs airs étonnés. L'avocat nous a quittés à la hâte. Enfin mon père est seul avec moi, il m'embrasse, quelques larmes coulent encore ; Il fait un geste en l'air.

« Chocolat ? »

Je fais non de la tête.

« Bonbons ? »

Je fais non.

« Alors Cyrus, quoi toi vouloir ? »

Je réponds en riant :

« Boule d'ivoire ! »

– Cyrus vouloir boule d'ivoire ? Cyrus pas vouloir mouloir ? Bon ! pas vouloir foulard ? Bon ! pas vouloir moulinoir ? Bon ! Bon ! »

Il crie :

« Boule d'ivoire !

Il recommence les multiplications, les surmultiplications. Rouge. Blanche. Rouge. Blanche. Des voyageurs se sont rapprochés. Mon père, avec des gestes élégants, cueille un peu partout entre les têtes des gens, par terre, à leurs pieds, dans leurs poches, sur les poignées des valises, des boules multicolores qu'il rejette au néant à peine cueillies. Je suis très fier d'avoir à mes ordres les forces obscures de la création. Mon père me cligne de l'œil.

« Pffffuit! locomotive pour Cyrus! »

Au même moment, le train entre en gare, je crie :

« Wagon pour Cyrus! »

Le wagon s'arrête et mon père fait une gracieuse révérence.

« Compartiment pour Cyrus et papa! »

Nous entrons dans notre compartiment. Les gens assis grognent et nous font place. Mon père leur offre son sourire éblouissant, me cligne de l'œil et fait « pffffuit! ». Ma valise monte dans le filet au-dessus de nos têtes. Le train s'ébranle. Pfffffuit! pfffffuit! les trains des voies parallèles, wagon par wagon, disparaissent, se disloquent. Pffffuit! Genève est loin. Pffffuit! le lac, les montagnes, la Suisse. Pffffuit! la frontière. Pffffuit! les douaniers. Pffffuit! pffffuit! la nuit docile tombe. Nous roulons vers Paris. Pffffuit! Mon père m'a cueilli. Mon destin a bifurqué. Pffffuit! pffffuit! Le train file à toute vapeur et emporte le petit Cyrus très loin, très loin, très loin, le petit Cyrus réconforté qui tombe de sommeil. Pffffuit! sa tête roule sur l'épaule du génie de la lampe merveilleuse, pffffuit, le génie l'entoure de son bras, lui caresse la joue... pffffuit!... Balancement... Balencement... Balancement...

Dans les cadences et les cahotements, j'entends mon père parler avec son accent mélodieux. J'entends les gens rire, battre des mains, les femmes pousser des petits cris. Lorsque j'entrouvre les yeux, je vois des faces hilares dodeliner sous la lumière blafarde. Le train file à toute vapeur. De temps en temps, par la fenêtre, une lumière saute brusquement de côté et un long ululement transperce les ténèbres extérieures. Mon père gesticule, pleure, rit. Il fait disparaître et réapparaître des montres, des boules de lumière bleues, rouges, violettes... Pffffuit! Il joue avec les portefeuilles, les reflets, les scintillements, semant à pleines mains son désordre enchanté. Nos compagnons de voyage se frottent les yeux. Je vois leurs dents luire quelque part dans la vitre noire. Fantômes traversés d'étincelles, secoués par le train fou, ils glapissent effrayés et ravis de voir trébucher les apparences. Leurs mains se tendent vers mon père, leurs doigts passent au travers des objets, palpent l'envers des choses, s'égarent dans des trous d'irréalité. Des femmes sont prises de fous rires inquiétants. Mon père, fascinateur, les emprisonne dans son réseau électrique. Elles frémissent, avides de magie, les lèvres humides, les yeux étoilés d'émerveillement. De brusques vertiges font tourner toutes les têtes dans le même mouvement de torsion. Des gens pris au piège des miracles encombrent le couloir. Ils restent arrêtés, éblouis comme des papillons de nuit. Ils palpitent derrière les vitres. Ils cognent avec leurs doigts sur les transparences. Leurs fronts appuyés contre la glace se marbrent de ronds livides. Les nez se cassent; se replient écrasés par la pression. Tous ces sourires grimacent dans les luisances, aussi irréels que les reflets dans lesquels ils se noient. Sur toutes ces grimaces, sur tous ces visages décomposés flotte une expression de détente heureuse, de paix, de béatitude enfantine.

Par la suite, je remarquai que ce voile bénéfique tombait invariablement sur ceux que mon père voulait engluer dans ses charmes. Combien de fois j'ai vu le miracle opérer même sur les êtres les plus durs, les plus irréductibles. J'ai vu des masques effrayants se dégeler, se laver en quelques instants. J'ai vu des expressions presque naïves, presque charmantes se répandre comme de l'eau sur de terribles rictus ; couler dans de profonds sillons creusés pourtant à force de sérieux et de ponctualité. J'ai vu des bourreaux de dignité tout à coup s'illuminer ; se dérider et rire comme des enfants. Oui j'ai vu cela. Grâce à ses dons merveilleux, mon père passait au travers de la vie de sauts en cabrioles. Son sourire, ses tours de prestidigitation lui faisaient franchir les pires cercles de feu. S'il ne retombait pas sur les mains, il retombait sur les pieds. Plus souple qu'un chat, il donnait l'ultime coup de reins qui le faisait rebondir d'entre les pièges.

Il était né à Ispahan. Son père avait une barbe blanche particulièrement généreuse. Il vivait une main sur le Coran et l'autre sur son chapelet. Chaque premier jour de la semaine, il faisait venir ses deux fils, s'enfermait avec eux dans une chambre et les fouettait copieusement. Cette correction à crédit les laissait libres de faire toutes les bêtises qu'ils voulaient. Ils avaient payé d'avance tous leurs forfaits de la semaine. Cette forme d'éducation les conduisit sur des chemins bien inattendus. Le frère de mon père fut le premier aviateur persan, il enleva ses babouches et son turban et s'envola. Au pays des miracles, il n'étonna personne. De son côté, mon père commença à transformer tout ce qu'il touchait. La magie coulait de ses doigts. S'il mangeait une olive : « Olive ? pfffuit ! plus d'olive. » Au début, ce fut aussi simple que cela. Son don exceptionnel était l'émerveillement devant les choses simples. Dès sa naissance, il fut touché par cette vérité. Il comprit très vite où était le miracle, de quel côté était la magie. Son premier regard sur le monde fut jeté de cet angle inhabituel aux hommes. Il comprit qu'un simple clin d'œil pouvait faire disparaître et réapparaître le soleil à volonté. Le reste ne fut plus qu'une mise au point artisanale, l'olive devint une bille d'ivoire polie. Lorsqu'il jetait cette bille dans sa bouche, elle restait dans sa main ; lorsqu'elle paraissait rouler entre ses doigts, elle était déjà sous sa langue ; lorsqu'il montrait sa bouche vide, elle était dans son oreille et lorsqu'il secouait la tête, elle sautait dans sa main ; lorsqu'il ouvrait les deux mains et la bouche en même temps, elle était sous son bras et, s'il levait en plus les bras, c'est qu'elle était entre ses jambes ; s'il faisait un pas, elle sautait à nouveau sous sa langue et, s'il tirait la langue, écartait les jambes, les mains ouvertes et les bras levés, c'est qu'il l'avait avalée : alors il sortait discrètement une autre bille d'ivoire identique à la première et le cercle joyeux reprenait. Il partit d'Ispahan jonglant avec sa bille d'ivoire, il arracha trois poils de la barbe de son vénérable père pour les garder en souvenir, sauta à cheval et de miracle en miracle arriva en Chine. Il remonta le cours des grands fleuves moissonnant les secrets. La bille d'ivoire fut une clef d'or : Elle ouvrait les sourires et, de sourire en sourire, il pénétra jusqu'au fond des sanctuaires les mieux gardés. Il revint en flânant par la Mongolie-Extérieure et la Russie. Depuis longtemps, il avait abandonné la bride à son cheval et les doigts agiles occupés à se perfectionner roulaient sans arrêt la bille merveilleuse. Les gens commencèrent à lui baiser les mains et mon père laissa sa barbe couvrir sa poitrine. Non seulement elle lui donnait l'air d'un prophète, mais la bille avait une cachette de plus.

Bien que l'avenir n'eût aucun secret pour lui, il fut surpris par la Révolution en plein cœur de la Russie : Il donna un léger coup d'éperon à son cheval qui, aussitôt, obliqua vers le Caucase. Sur son passage les balles s'arrêtaient de siffler, son turban et sa barbe noire faisaient impression, la bille d'ivoire faisait le reste.

« Pfffffuit! bille d'ivoire, pfffffuit! bille d'iloire, bille de mouloir, pffffuit! pfffffuit! »

Le train file toujours, mon père montre à tous les voyageurs la bille miraculeuse. Les gens tendent leurs doigts palpeurs, mais déjà elle est sous sa langue. Une femme veut lui mettre la main dans la bouche. Tout le monde rit. Il lui dit qu'il y a longtemps qu'elle a sauté de sa bouche dans celle de son fils adoré.

« Cyrus! ouvre mouche! ouvre pouche; ouvre trouche! pfffffuit! ouvre bouche, pffffuit! Cyrus fils de papa adoré, Cyrus! Cyrus ? »

Je sens la bille rouler sur ma langue. Déjà mon père l'a prise entre ses doigts. Je referme la bouche mais il y en a une autre encore. Il me fait un clin d'œil et je comprends qu'en faisant semblant de retirer la première, il en a déposé une autre. Je reste immobile, palpitant de joie, complice du génie. Je suis au cœur du secret. Mon père continue à faire voler la première bille. Tout à coup, il se lève et fait mine de l'enfoncer dans l'œil d'un monsieur qui sursaute.

« Pffffuit! disparue! boule d'ivoire, poire de boule, boule dans poire, boule d'ivoire, noir d'ivoire, pffffuit! Cyrus ouvre bouche! concentration! pffffuit! Madame cherchez dans mouche de bouche à mon fils adoré, ivoire dans noir de bouche! »

Une femme se penche et ses doigts saisissent sur ma langue la petite bille tiède. Tous les gens rient et mon père fond en pleurs. Il s'élance vers moi, me prend dans ses bras et me serre sur son cœur.

« Cyrus ! Cyrus adoré ! »

Je suis gagné par l'émotion, je sens des larmes me couler sur les joues. Nous sanglotons secoués par les cadences. Les voyageurs attendris sortent leurs mouchoirs et commencent à se moucher et à renifler. Tous ces rires, cette excitation tournent aux pleurs collectifs.

Mon père me caresse longtemps la joue et je m'assoupis apaisé. Pour la première fois de ma vie, je n'ai plus peur.

Le train me berce, la voix de mon père reprend son long monologue coloré : « Mongolie-Extérieure, pays désertique… » Le train file de plus en plus vite dans les cadences. « Folle, folle, mystique, mystique… Ah ! la secte de nudistes adorateurs de la nudité… Folle, folle, ah ! la ! la ! » J'entends les gens s'exclamer, rire, interroger : « La nudité, mais nus, nus ? Hi hi hi ! » Le train se disloque morceau par morceau. Tagada. Un bout de wagon. Tagada. Un couloir. Tagada. Des mains qui s'accrochent à des épaves. Tagada. Puis plus rien que le tagada ; Tagada. Tagada. « … folle, folle, pauvre femme, dépressive… Traversé Russie pieds nus mendiante… » Tagada. « Dors, Cyrus ! dors, dors ! » Tagada. « … sa sœur mystique ! » Tagada. « … deux fils ingénieurs mystiques… » Tagada. Tagada. « … procès ruineux, ruineux… » Tagada. Tagada. Le train fonce, je le sens monter à la verticale. Morceau par morceau il a tout perdu dans les terribles secousses. Il ne ressemble plus à un train, il ne ressemble plus à rien. Dans toutes ces cadences il ne reste plus qu'une longue arête blanche qui s'enfonce dans le noir. Parfois d'entre les côtes où adhèrent encore quelques filaments sort un ululement. Les vertèbres cliquettent et le museau pointu vrille son dard osseux dans les raies lumineuses. « … Hi hi hi ! » Tagada. « … mystique, folle… » Tagada. « … morte du cancer, cancer tenace… » Tagada. « … elle ne voulait pas mourir… » Tagada. Tagada. Tagada. « … folle ! excellente violoniste… » Tagada. Quand je l'ai connue, pauvre femme, éblouie ! » Tagada. « Miracle ! pfffuit ! » Tagada. « Pffuit ! » Tagada. « Pfffuit ! » Tagada. De longs fanons vibrent des deux côtés du museau osseux, antennes palpitantes qui balaient les papillons recroquevillés. Les infrastructures fuient du convoi en délire. Tagada… gada ! Tagada… gada ! Une main palpe ma jambe. « Cyrus ! Cyrus fils de papa adoré ! » Tagada. « … adoré… doré… » Je tends la main, je sens la joue rugueuse de mon père. J'entends des rires. « … secte nudiste… affreux… avait caché Cyrus adoré dans forêt, parmi les troupeaux ! » « Ah ! Monsieur quel joli conte ! hi hi hi ! » J'entrouvre les yeux. Tous les spectres sont alignés. Dans les filets, les valises secouées au-dessus de leurs têtes menacent. Des doigts grêles montent vers les trous des orbites, s'enfoncent dans les yeux caves et frottent pour chasser le sommeil. Des creux noirs s'ouvrent tout à coup sur le vide « ooououaaah » des bruits de bâillements étouffés. Des rangées de dents luisent un instant. Ululement. Tagada. La danse impitoyable secoue les fantômes qui n'en peuvent plus, soûlés de miracles. Sous leurs pommettes saillantes la nuit commence à envahir les joues, les délaie dans le flou, dans l'inconsistant. Les voyageurs essaient encore vaguement de rire, mais les timbres sont usés. Mangées, rongées, leurs têtes oscillent d'une épaule à l'autre ballottées par les vagues. Le train file. Ululement. Le museau osseux fend l'océan infini, l'eau envahit les couloirs, les compartiments. Nous sommes tous noyés. Entre mes cils je vois des poissons lumineux bleus, rouges, violets, arracher sur les visages des parcelles de chair et sauter brusquement de côté. D'autres les remplacent, d'autres et d'autres encore. Ils s'attaquent à tout le monde, aux gens alignés à côté de nous, à mon père, à moi. Ils se bousculent dans une pluie d'étincelles, nous dépècent avant l'heure, se battent méchamment. Ululement. Entre deux cadences, le bras de mon père monte vers le plafond et la lumière devient bleue.

II

Les voyageurs définitivement sont retournés au néant. Plus rien ne reste de tous ces rires, du conte de fées merveilleux. L'eau bleue a tout dissous. L'acide a dévoré les fantômes. Le museum osseux se désagrège dans la nuit. Les vertèbres, les côtes, les filaments et les fanons tombent lentement en poussière.

« Cyrus !
— Au revoir, monsieur !
— Au revoir, madame !
— Au revoir ! au revoir !
— Merci pour le charmant voyage ! »

Entre les jets de vapeur, des diables chargés de valises viennent à notre rencontre. Nous faisons des petits bonds de côté pour les éviter. Mes yeux se ferment, ma tête vide résonne encore des cadences. Très loin au-dessous de moi mes jambes s'agitent. Je vois mes genoux l'un après l'autre sortir de mon thorax et mes pieds disparaître et réapparaître sur le scintillement du quai de la gare. Mon père me tient la main dans sa paume chaude. J'avance plein de confiance.

« Cyrus ! Myrus ! Pyrus ! Papyrus ! Cyrus pas d'autobus ! pffffuit ! taxi pour traverser Paris ! »

Le taxi nous a déposés dans une rue noire. Mon père ouvre un grand portail et m'entraîne dans une cour entourée de murs sombres. Je vois confusément des blocs de pierres énormes entassés sans ordre. Nous zigzaguons entre ces amas. Au-dessus de nous, au-delà des murs immenses je vois le ciel, un petit carré minuscule piqué de quelques étoiles. Mon père avance sur la pointe des pieds jusqu'à une porte-fenêtre masquée de volets à lamelles. Très surexcité il me chuchote de rester caché dehors, de ne pas bouger jusqu'à son signal.

« Quand papa fera "pffffuit" tu entres vite, compris, Cyrus ? chut ! et tu fais *Bhou* très fort "Bhou !" Compris, Cyrus ? »

Il entrouvre le volet.

« Pipa ! Pipa ! »

La pièce s'illumine aussitôt. Mon père fait un geste de la main vers moi pour que je reste tranquille et disparaît. J'entends des voix de femmes étonnées et mon père crier d'un ton geignard.

« Pipa ! Pipa ! Cyrus sauvé, Cyrus pas retrouvé ! »

Tout à coup il éclate de rire et je l'entends faire « pffffuit ». Je m'avance le cœur battant dans la lumière et je hurle : « *Bhou !* » Je reste sur le seuil le souffle coupé, ébloui.

Dans un grand lit, deux femmes me sourient. L'une est très mince avec des yeux immenses, fiévreux. Elle paraît jeune, ses cheveux longs et noirs étalent leurs boucles qui débordent de l'oreiller accusant l'extrême pâleur de son visage. L'autre a les mêmes yeux sombres mais elle est plus âgée que la première. Mon père se tord de rire, écroulé au pied du lit. Il se roule parmi les cachemires et, fou de joie, jette en l'air les coussins innombrables. De temps en temps il relève le visage, se frotte les yeux, me montre du doigt et repart dans sa folie de rire. Les deux femmes sourient toujours. Dans l'encadrement de la porte je ne bouge pas, incapable de franchir le pas. À la fin mon père saute sur ses pieds et mimant l'extase tombe à genoux sur le tapis. Il ouvre les bras et crie : « Cyrus ! » Je me précipite, trop heureux d'échapper à la lumière. Il m'empoigne, me serre contre lui, m'enlève en l'air, me fait admirer par les deux femmes et me jette sur le lit où je rebondis parmi les coussins. Les deux femmes d'un même mouvement s'asseyent, tendent leurs bras nus. L'une après l'autre elles me prennent le visage entre leurs paumes parfumées, se penchent et m'embrassent sur le front. Mon père saute au milieu de nous dans le lit en désordre. Son bras se pose sur mon épaule.

Prenant la main de la plus jeune femme dont les boucles dansent sous les cristaux :

« Voilà Pipa ! nouvelle maman de Cyrus et voilà Mama ! maman de Pipa, grand-maman pour Cyrus ! »

La lumière ruisselle de partout, elle scintille, m'aveugle, arrive de tous les côtés à la fois, réfléchie par une infinité de breloques de cristal, de miroirs, de biseaux, de facettes.

Mon père avait une véritable passion pour les jeux de lumière. Il bricolait sans arrêt des lustres, des appliques, des lampes. Il en pendait de partout. Toute cette verroterie, tous ces prismes cliquetaient dans les courants d'air, faisant une petite musique joyeuse, tintaient à chaque métro, au moindre ébranlement. Le plus léger séisme, un frisson aux antipodes, et toutes ces feuilles, ces fleurs, ces fruits de cristal vacillaient, se frôlaient en musique, lançaient des feux.

Quelques années plus tard, pendant la guerre, ce fut un vrai festival, les cristaux frémissaient nuit et jour. Lorsque j'arrivais de pension et qu'encore ébloui par la lumière du dehors, j'essayais de distinguer Pipa malade dans le grand lit au fond de l'antre, j'étais exaspéré par les grelottements de toutes ces pendeloques. Plus la maladie gagnait, plus je brûlais de tout vider, de tout débarrasser, de faire le net autour de cette mort lente. Je souffrais de tout ce fatras étouffant. À chaque toux de Pipa, à chaque mouvement qui brassait l'air vicié de ce réduit, la danse minérale se déclenchait, toute la petite sonnaille aigrelette se mettait en branle, les murs déjà trop rapprochés chatoyaient. Pipa se dressait hagarde, cherchait de l'air, sa respiration devenait sifflante, insupportable à entendre. Mon père se précipitait, mais j'étais déjà là. Elle s'accrochait à nous, tout vacillait dans la chambre. Je me jetais à genoux, lui baisais les mains: « Pipa! Pipa! » Mon père glissait quelques oreillers derrière le buste squelettique. On lui essuyait le front, elle murmurait que tout allait bien, très bien, nous tendions l'oreille, mais les sirènes grabuleuses mangeaient les derniers mots. Le grondement des escadrilles, les tirs qui se rapprochaient, les premiers écroulements, le déluge sans pitié faisaient basculer cette agonie solitaire dans le charnier universel.

Les gens se bousculaient dans la cour, c'était la débandade vers les abris. Ma grand-mère arrivait, effarée, tremblante, suppliait Pipa de faire l'effort de se traîner jusqu'aux caves. Les larmes aux yeux, elle la grondait sans conviction, lui reprochait de se laisser mourir comme ça. Pipa souriait et haussait les épaules. Ma grand-mère se mettait dans un coin. Pipa lui faisait signe de partir, essayait de parler, mais une quinte de toux l'anéantissait. La toux effroyable la secouait, son corps se pliait, se cassait, son front touchait le rabat du drap, des larmes lui venaient.

« Ouvrez ! Ouvrez ! de l'air, de l'air ! »

Je me précipitais, j'ouvrais toute grande la porte-fenêtre, les rideaux volaient enlevés par le souffle des bombes.

Mon grand-père descendait, les cheveux en bataille. Lui, les bombardements, il adorait ça : « Enfin, tout va sauter ! » Il ne se tenait plus. À chaque alerte, il s'installait dehors, il avait même descendu un vieux fauteuil pour se mettre à l'aise. Les éclats de la DCA pleuvaient autour de lui, mais il ne bougeait pas. Le nez en l'air, il contemplait le petit carré de ciel. Il frémissait à chaque ébranlement, comptait les bombes, il savait où elles étaient tombées. Les yeux levés il criait : « Citroën ! Renault ! Bourget ! Orly ! Hambourg ! Berlin ! » Il voyait le reflet des grands incendies, les villes s'effondrer, se dissoudre, s'effacer de la surface. Il recensait les morts, les amputés, me parlait de Stalingrad comme s'il y avait été, la fonte des neiges en Russie ça le connaissait, le gel dans les grandes plaines sibériennes il l'avait prévu. Il me racontait en salivant comment les partisans russes, dans leur sursaut désespéré devant l'avance des blindés allemands, avaient mobilisé tous les chiens de l'immense Russie, comment la formidable meute avait été dressée en quelques jours à venir manger sous les tanks, comment une fois dressés, les chiens furent lâchés, lestés de mines magnétiques contre les *tigres* de Guderian. Les yeux brillants, il me décrivait les hordes hurlantes lancées à ras de terre. Il se tordait de rire en mimant les *tank-mench* dans leurs uniformes frappés de têtes de mort, vissés dans l'acier, boulonnés à triple tour, manœuvrant fébrilement à la manivelle les tourelles blindées, tirant à coups de canon les bassets patriotes.

« Pavlov *stratégicien* génial ! Biologie explosive ! » Pendant que les éclats de DCA pleuvaient autour de lui, il croisait les jambes avec désinvolture, balançait ses pieds chaussés de pantoufles, s'étirait, bâillait d'aise. Le monde s'écroulait. « Bravo ! Bravo ! » Il scandait, battait la mesure, organisait le désastre. Des pierres tombaient du ciel et venaient rouler jusqu'à ses pieds. « Bravo ! Bravo ! » Le quartier entier était en train de sauter. « Bravo ! Bravo ! »

Pipa toussait, toussait, toussait. Elle mettait son mouchoir sur ses lèvres. Assise sur le lit, elle ne pouvait plus respirer. Ma grand-mère, découragée, le visage enfoui dans ses mains, ne voulait plus voir, ne voulait plus entendre. Mon père affolé courait autour de la chambre. À genoux contre le lit je regardais Pipa avec désespoir : « Pipa ! Pipa ! Pipa ! » J'attrapais une de ses mains et je l'embrassais, la mouillant de mes larmes. Les cristaux ridicules entrechoqués se brisaient.

Après la Suisse, après la boue, le purin et le fumier, ce taudis me parut un palais féerique. Dans ce lit défait, encombré de coussins précieux, ces deux femmes en déshabillé qui me caressaient, m'embrassaient, me souriaient avec douceur, le bras de mon père posé sur mon épaule dans un geste rassurant, cette tiédeur, cette lumière, ce bien-être, déclenchèrent en moi une émotion d'une violence extraordinaire. Un sanglot unique monta du plus profond de mon corps, me déchira la gorge et sortit de moi dans une plainte grotesque. Je me pliai en deux, gémissant comme si j'avais reçu un coup au ventre. Des bras parfumés s'enroulèrent autour de mon cou. On m'embrassait, on voulait me consoler, on voulait effacer ces mauvais débuts dans la vie, on voulait tout balayer, tout : la Suisse, les lichens pourris, le village pétrifié. On balayait ma mère et ses terribles plaies, on balayait les insectes mutilés, on balayait la résine et la poussière rouge, on balayait les jardins botaniques et les squelettes immenses, les banquises et l'océan.

Ce fut pire qu'un accouchement, qu'une deuxième naissance, il fallait que je réapprenne à être, que je reprenne pied dans ce nouveau monde, il fallait essayer de croire à toute cette douceur. Je pleurais d'avance : C'était sûr que j'allais tout perdre. On m'emmènerait encore, on m'abandonnerait comme Lydia m'avait abandonné, on m'abandonnerait. Je bégayais : « Gaaar... dez... moi... aaah! Gaaar... dez... moi... aaaah! Gaaaar... deez... moi! » Mon père pleurait, Pipa pleurait, ma grand-mère pleurait. On me jura que c'était fini, que je resterais pour toujours avec eux, que c'était fini, fini, bien fini. On me dit que je vivrais à l'étage au-dessus, chez la mère de Pipa, que je n'aurais qu'à me pencher par la fenêtre pour les appeler, que je n'aurais que quelques marches à sauter pour être auprès d'eux, ici.

Le lendemain, ce fut le défilé des amis, des connaissances. Toutes les clientes de mon père voulaient voir le fils du prophète, du génie, du voyant, du mage; du magicien prestigieux, du prestidigitateur majestueux. Tout le monde voulait toucher du doigt le rejeton de l'enchanteur. La tête me tournait, je n'avais jamais vu tant de gens de toute ma vie. On faisait la queue devant la porte, il y en avait plein la cour. Ce n'étaient que bouches en cœur, battements de cils, roucoulements : J'étais barbouillé de rouge à lèvres, ma tête sonnait de tous ces violents baisers. J'étais soûlé de parfums, je titubais.

Dans la rue, c'était l'embouteillage. Les chauffeurs se prenaient à la gorge, ça klaxonnait de tous les côtés : Le métro en déversait par rames entières. Mon père faisait : « Pffffuit ! pfffffuit ! », réglait la circulation. Il était partout à la fois. Baisemains, entrechats, galipettes ; guêtres claires et noirs petits boutons, courbettes. Pffffuit ! Il est déjà dans la rue, il ouvre les portières. Courbettes, baisemains, roucoulades, ballet à l'accéléré. Les guêtres tricotent sur l'asphalte. Pfffffuit ! Il n'est plus là. Le voilà devant la chambre. Il entre en trombe, joue des coudes, se faufile, brasse coulée et nage papillon, il plonge dans le cagibi. Une bousculade me projette dans son sillage. Il tire le verrou, s'éponge le front. Nous sommes seuls.

« Ah ! Cyrus ! Cyrus trop d'amis ! trop d'amis tuent amitié ! clientes folles, toutes folles. Ah ! la ! la. »

Il se débraguette devant le petit lavabo, pose son sexe sur le bord de la cuvette et commence à se recoiffer devant la glace. Ça ne vient pas ! Il s'énerve, il le secoue comme un furieux, le repose sur l'émail, s'impatiente, le re-secoue, ouvre le robinet, prend de l'eau dans ses mains, se débarbouille... Enfin ça vient ! (Le bruit de l'eau sans doute.) Il renifle en pissant, il tourne la tête vers moi, l'émotion le gagne, son Cyrus adoré est là, près de lui. Il tape son sexe contre le rebord pour se débarrasser des dernières gouttes et verse quelques larmes.

« Ah ! Cyrus ! Cyrus ! »

Il se reboutonne en vitesse, me soulève, me serre dans ses bras. Il ouvre la porte, nous sommes absorbés, étouffés par la foule en délire. Baisemains, galipettes, culs contre culs.

En plus des clientes de mon père, il y avait tous les amis de ma grand-mère et de mon grand-père. Ceux-là se faufilaient jusqu'à moi, faisaient un signe de croix au-dessus de ma tête et repartaient sans un mot, biaisant, rasant les murs. Ils grimpaient à l'étage s'envoyer une tasse de thé brûlant. Toute la Russie antique s'entassait dans la cuisine. L'eau mijotait, on découpait des gâteaux au fromage blanc, aux noix. On grignotait le sucre et on rinçait avec le thé, on regrignotait et on rerinçait. L'infusion descendait dans les estomacs, ça faisait des gargouillis fantastiques, les plexus se détendaient. On se mettait à l'aise. Les voilettes qu'au début les dames remontaient un peu avant chaque gorgée étaient rejetées sur les cheveux blancs. Les jambes nouées sous les tabourets s'allongeaient, montrant les chaussures éculées, les bas reprisés, les pantalons effrangés. Toute la misère s'étalait. En plaisantant, ils se mettaient à comparer leurs chaussures bâillantes, leurs ourlets usés, tout leur petit ravaudage. C'était à celui qui serait le plus loqueteux. Dans des éclats de rire, les dames relevaient leurs jupes, découvraient leurs bas qui tenaient avec des ficelles, des élastiques, du sparadrap, des fils de fer, leurs culottes fripées dont les dentelles faites à la main au siècle dernier soutenaient à peine le tissu pourri. Toute cette usure, ces trames, ces effilochures les réjouissaient, ils en étaient soûls, ils pleuraient à force d'en rire. C'était la surenchère à la misère. Un vieux rigolo remontait son pantalon et montrait ses caleçons longs en lambeaux. Il se dandinait sur ses mollets en loques et faisait à la ronde des baisemains à toutes, les dames qui glapissaient. La galanterie des hommes était exquise. Certains, un genou en terre, la tasse en équilibre sur l'autre rotule, faisaient la cour à de vieux épouvantails dont les doigts décharnés, surchargés de bagues, cachaient des rires édentés. Toutes ces momies débordaient de jeunesse, de gaieté, de malice. Les hommes bombaient leurs torses, ils n'expiraient presque plus, ils stockaient le plus d'air possible entre leurs côtes. Ça leur donnait l'impression d'être forts, virils. Ça se voyait à leurs regards, à la façon dont ils passaient leurs doigts dans les touffes de cheveux qui adhéraient encore à leurs crânes. Les dames sortaient des photos. Les médaillons sautaient hors des corsages, on les tendait à bout de chaîne, on s'exclamait, on se trémoussait. Mais non! personne n'avait vieilli! Toutes ces rides n'étaient qu'une dépravation des reflets, un vieillissement des miroirs. Depuis la Révolution, toutes ces années n'avaient pas existé. Les saillies sur lesquelles s'accroche encore la peau vidée, les pommettes qui soutiennent les joues, les maxillaires d'où pendent les bajoues, tout cela cauchemar! Les vieilles passaient leurs langues sur leurs lèvres plissées pour les humecter, leurs sourires étaient juvéniles, leurs mains ne montaient plus pour couvrir les brèches. On s'oubliait, on se retrouvait. La vérité était là, sur ces médaillons, sur ces photos ovales. Les hommes clignaient de l'œil, le bras tendu, comparaient. Personne n'avait vieilli. Les acomptes pris sur la mort étaient effacés, il ne restait plus que de frêles jeunes filles aux doigts potelés, de jeunes étudiants courtiseurs. L'ardoise était vierge, on repartait à zéro.

Brusquement une porte s'ouvre, le voile se déchire, le rêve s'évanouit. Toutes les jointures craquent, on s'empêtre à nouveau dans les rides. Mon grand-père vient d'entrer, jovial, il interpelle tout le monde :

« Comment vont les antiquités ? »

Ravi de son effet, il plonge dans les guenilles, narquois, il en remet, demande des nouvelles des rhumatismes, des fêlures, des mauvaises articulations. On retombe dans la sale histoire, les photos disparaissent, chacun reprend conscience, se réveille. Mon grand-père trifouille dans la plaie, parle de la Russie soviétique, de l'immense élan d'amour de ces anciens esclaves. Il parle de Lénine, de Staline. Les tasses restent en l'air. Ma grand-mère se précipite, met un morceau de gâteau dans la bouche du sadique. On sert encore du thé. Quelqu'un déclame du Pouchkine, on applaudit. Ça fait un bruit de castagnettes.

Pendant ce temps, au-dessous, les choses s'étaient relativement calmées. Le flot délirant s'était retiré. Vautrée dans les coussins, il ne restait qu'une grosse femme, la cliente numéro un, Violetta. Lorsqu'elle posait son gros cul sur le lit de mes parents, c'était terminé, fini, il y en avait pour cinq ou six heures avant qu'elle s'en aille le poser ailleurs. Dans la rue, son chauffeur tirait les rideaux de la voiture, enlevait ses chaussures, posait sa casquette sur le volant, s'allongeait par le travers et attaquait une sérieuse sieste. Lorsque Pipa voyait apparaître Violetta dans la cour, elle passait la main sur ses yeux pour être bien sûr du cauchemar. Mon père bondissait, traqué. Violetta fonçait sur ses grosses jambes molles, se faufilait entre les amas de pierres, frappait avec autorité contre la vitre et entrait sans attendre la réponse. Elle se précipitait sur Pipa, l'embrassait, l'absorbait dans ses replis. Mais père commençait le ballet des guêtres claires, les petites galipettes, les baisemains à angle droit, tout son trafic miteux d'apatride. Il faisait rouler Violetta jusqu'au lit sur lequel elle s'effondrait. Tous les coussins sautaient en l'air, les ressorts touchaient le sol, des loulous expulsés s'enfuyaient aux quatre coins de la chambre. Elle décrochait son renard double portion, le faisait valser par la queue, mon père l'attrapait au vol ainsi que les gants, toutes les superstructures, le parapluie, l'éventail, l'étole, le boléro, la capeline. Pipa s'installait à la tête du lit, tapotait les coussins, se mettait à l'aise pour le long voyage. Mon père s'enfonçait dans un vieux fauteuil et, pour ne pas perdre la main, continuait à malaxer entre ses doigts son éternelle bille d'ivoire. Moi, je me postais sur un pouf, bien en face de Violetta et je plongeais mon regard entre ses énormes cuisses : C'était ma seule distraction. Je ne comprenais rien à ce qu'elle racontait. Je dérivais. Je n'étais nulle part. De temps en temps, elle changeait de position, l'ouverture se faisait plus à droite ou plus à gauche, je glissais un peu sur le tapis, m'accoudais dans l'axe et je reprenais mon observation. Je n'ai jamais pu m'expliquer ce qui me fascinait à ce point. Était-ce le dégoût de toute cette abondance, la folie de ces toilettes ?

Violetta choisissait chez les grands couturiers les choses les plus voyantes : ses escarpins lançaient des feux lorsqu'elle se propulsait hors de sa voiture. Les gens s'arrêtaient pour voir cette montagne de chair ornée de bijoux, de fourrures, de gazes, de dentelles. Les trottoirs, elle ne les connaissait que pour les avoir traversés, jamais suivis. La rue pour elle n'était qu'un mauvais pas nécessaire. Sa vie se passait entre le palais de l'Élysée, son hôtel, ses châteaux, et le taudis de mes parents. Elle ne parlait que de Blum, Lebrun, Daladier. À l'écouter, ils étaient ses paillassons. Les cuisses effrayantes tremblaient lorsqu'elle parlait de Hitler à qui elle avait fait dire des choses en particulier par « notre ambassadeur ».

Mon père écoutait gravement, ses doigts merveilleux faisait glisser la bille d'ivoire, vivante, agile, joyeuse.

« Mony, écoutez-moi bien ! Je lui ai fait dire que j'appuierai de tout mon poids, (les cuisses s'ouvraient pour donner plus de force à sa voix), et vous connaissez mon pouvoir sur Chamberlain. »

Pipa lançait un regard désespéré à mon père. Il lui souriait, complice, recrachait la bille, la lançait, la relançait.

« Alors, cher Mony, maintenant que vous avez toutes les données du problème, que dois-je faire ? répondre à Hitler ? ne pas répondre ? ne mâchez pas vos mots ! parlez carrément ! »

Ses joues tremblaient. Chaque fois qu'elle ouvrait la bouche, du plâtre tombait par plaques entières sur son col. Elle ne se démaquillait jamais. Quand ça s'écaillait trop, elle devait faire donner un bon coup de racloir et, couche sur couche, elle repartait pour un bail. Elle avait une moustache qui lui retombait sur les lèvres. Dans les coins, quelques poils entraient jusque dans sa bouche. Quand mon père parlait et que, particulièrement tendue, elle écoutait les oracles, elle coinçait ces poils entre ses dents et les cisaillait en bougeant rapidement des mandibules. J'avais des fous rires terribles et Pipa, me voyant me tortiller sur le tapis, commençait à refouler des hoquets. Mon père fronçait les sourcils et jouait avec sa bille de plus en plus vite. Violetta claquait ses cuisses l'une contre l'autre dans un bruit formidable.

« Mony ! Mony, vous ne m'écoutez plus ! La situation est critique, Mussolini me fait dire qu'il ne faut toujours pas broncher en Éthiopie. Que dire à cette andouille de Lebrun ? Je vous écoute ! »

Mon père se raclait la gorge, il fermait les yeux, levait la main. Un silence lourd tombait. Violetta s'énervait, claquait encore un coup ses grosses cuisses. Schploksss ! Pipa bondissait, secouée de rire, me prenait la main et m'entraînait dans le cagibi. Elle refermait la porte et nous nous écroulions sur le sol dans un fou rire silencieux qui n'en finissait plus. Son rimmel se délayait, coulait sur ses joues, elle en avait partout. Au bout d'un moment, elle se relevait, s'essuyait les yeux, se recoiffait, remettait du noir sur ses grandes paupières. Un doigt sur les lèvres, elle ouvrait la porte et retournait dans la chambre au supplice.

Je restais dans le cagibi à dessiner. Parfois, j'entrouvrais la porte, je voyais mon père, les mains recouvertes d'un tissu de soie rouge, farfouillant sur une table basse. Violetta, une bougie à la main, les joues tremblantes, lisait sur un papier des mots persans. Pipa, roulée dans un grand châle, somnolait parmi les coussins. Les breloques lançaient des feux.

Dans la vie de mes parents, il y a toujours eu une amie tyrannique. En général, une cliente de mon père qui voulait connaître l'envers du décor, le mage au naturel, non plus entouré de cierges, des brouillards de l'encens, mais tout cru, le toucher, voir le médium mastiquer, avaler, porter un verre à ses lèvres. Si elles avaient pu le surprendre en train de pisser, de chier, elles auraient été au septième ciel. Elles essayaient de le soûler, de le bourrer de gâteaux pour le rendre malade. Ce trait d'union avec Dieu, elles voulaient le tirer à elles, à ras de terre, tellement son pouvoir leur paraissait hors mesure. Certaines, en sortant, mine de rien, le prenaient à la braguette et, faisant semblant de glisser, s'accrochaient méchamment. Mon père poussait un hurlement de douleur. Ça rassurait la clientèle. C'était un homme, un vrai, en plus du supraterrestre médiumnique archange. En le prenant aux couilles, elles mettaient le doigt sur le talon d'Achille.

La fois d'après, lorsqu'il faisait son cirque, les yeux troubles, les mains fluides, le tissu rouge sur la table, les petits papiers avec les mots en persan, tout le foin habituel, elles entrouvraient un peu leur corsage : « Maître il fait si chaud ! » Elles relevaient leurs jupes, ventilaient leur dessous. Mon père, ça le faisait bredouiller, ses yeux retombaient malgré lui, le dialogue avec les forces obscures était moins serré. Elles en profitaient pour faire donner un petit coup de gouvernail en leur faveur, changer le cours des choses, falsifier le grand livre.

Pipa voyait bien tous ces manèges, ça l'énervait, elle faisait des reproches à mon père qui se défendait, disait qu'il n'y était pour rien. Pour éluder, il la prenait en riant dans ses bras – elle était aussi légère qu'une enfant – et il faisait le tour de la pièce en l'embrassant. Pipa finissait par rire, elle aussi, et battait joyeusement des jambes. Parfois il l'emportait dans la cour, tournait autour de l'arbre et, tenant toujours Pipa dans ses bras, revenait en courant vers la chambre. J'étais sur leurs talons, sautillant autour d'eux riant de voir Pipa battre des jambes mais, au retour, je me cognais contre la porte fermée. Pffffuit ! Ils m'avaient semé, mon père avait déjà tourné la clef. Je toquais deux ou trois coups et, vexé, je montais voir un peu mon grand-père.

L'œil à l'oculaire, il réparait des montres. Il en avait plein sa table. Sur chaque montre ouverte, il y avait un verre renversé pour la protéger de la poussière. Des appareils de précision encombraient tout l'appartement.

Le jour où j'apparus dans son univers, il fut agacé de devoir s'exprimer autrement qu'en russe. Il ne voyait que des Russes, il ne lisait que des livres russes, il ne pensait qu'en russe. Rapidement, nous eûmes un langage particulier fait de bruits inarticulés, de tapes sur ma tête, de clins d'œil, de mimes extravagants. Pour dire les choses les plus simples, c'était un vrai travail. Mon grand-père montait sur la table, sautait sur le lit, prenait une chaise; la jetait en l'air, la rattrapait, me mordait le bras, tombait sur le dos, lançait ses jambes à la verticale, et ça voulait dire que la jeune fille qu'il avait aperçue un soir en 1888 à Saint-Pétersbourg avait les yeux bleus.

Mon grand-père était inventeur. Il inventait tout le temps, c'était sa façon de respirer, de se déplacer dans la vie. Pour lui, un homme ne devait pas subir, mais faire subir. En permanence il transformait le monde, le modelait, le remodelait. Rien n'était satisfaisant, tout pouvait être amélioré.

Il avait tout bricolé dans l'appartement. Pour ouvrir les portes, il fallait appuyer sur des pédales, pour allumer l'électricité, c'était toute une histoire. En plus, comme il avait truqué le compteur, ça faisait des gerbes d'étincelles, on prenait du courant en pissant; en bâillant, au moindre courant d'air. Dans la cuisine, ça sentait toujours le gaz parce qu'il avait truqué aussi le compteur du gaz, les tuyaux; les robinets. Ma grand-mère vivait dans la terreur des releveurs de compteurs. Jamais elle n'ouvrait en confiance. Il fallait frapper en code. À eux deux, ils mettaient bien cinq minutes, avant d'ouvrir, à cavaler derrière la porte comme des souris coincées dans une boîte. Ça grattait, ça chuchotait, mon grand-père braquait son télescope incorporé et scrutait le palier. Lorsque c'était le releveur du gaz lui-même, alors là, c'était un vrai déménagement. À toute vitesse, mon grand-père débricolait tous les tuyaux, les robinets, remettait le compteur horizontal. Derrière la porte l'employé s'énervait, tapait du pied. Enfin il entrait. Les deux vieux écroulés sur des chaises reprenaient souffle. Ils arrivaient de loin, ils ne pouvaient plus parler. Le releveur soupçonneux tapotait un peu partout avec son crayon, mais tout était en ordre, les tuyaux sonnaient juste. Quand c'était le releveur de l'électricité, c'était encore pire. Mon grand-père faisait le tour de l'appartement, branchait, débranchait fébrilement les prises, les secteurs, les transformateurs. Ça faisait des courts-circuits fantastiques, un feu d'artifice ininterrompu, ça grésillait. Il prenait du courant dans les pattes, sa petite moustache se hérissait, ses cheveux se dressaient sur sa tête, il se tortillait en cavalant entre les éclairs, il en sortait de partout jusqu'au milieu de la cour. Des moineaux tombaient de l'arbre, électrocutés. Enfin il ouvrait, ça sentait le brûlé, mais tout était en ordre. Le releveur regardait stupéfait les cheveux de mon grand-père encore tout raides, les touchait du bout de son crayon et recevait une décharge. Il reniflait autour du compteur, sortait son ampèremètre, le baladait un peu partout cherchant les défaillances, en vain. Mon grand-père reprenait souffle, ses cheveux lentement retombaient, sa petite moustache se déshérissait. Ça grésillait bien encore un peu, quand il bougeait les pieds. Quelques étincelles sortaient du bout de ses doigts, mais, à cela, rien de répréhensible.

Lorsque la tension internationale fut à son maximum, mon grand-père devint sombre, préoccupé. Il s'enfermait des semaines entières au milieu de ses instruments. Ça cliquetait nuit et jour derrière la porte. De temps en temps, il arrivait en coup de vent dans la cuisine, avalait tout ce qui lui tombait sous la main et repartait à ses inventions. Régulièrement des hommes aux allures louches commencèrent à se présenter à la porte. Ma grand-mère les faisait entrer en vitesse, mon grand-père accourait, tout le monde levait le poing, on se donnait l'accolade, on parlait russe. Ma grand-mère tirait les rideaux et mon grand-père déroulait des plans qu'il étalait par terre en coinçant les bords rebelles avec des cendriers, des chaussures, n'importe quoi. Les envoyés du Kremlin se mettaient à quatre pattes et mon grand-père leur expliquait sa dernière invention. Tout au long de la guerre, il dota la Russie d'armes fabuleuses dont on n'entendit jamais parler. Il était persuadé que la toute dernière accouchée par son esprit fertile retournerait le cours de l'Histoire.

À mesure que je faisais des progrès en dessin, mon grand-père me mettait dans ses secrets. Il me faisait dessiner des machines terribles pour les envoyés russes qui manquaient d'imagination. Il me lâchait les indications à mi-voix, à contrecœur, dix fois il s'interrompait et me faisait jurer le secret. Lorsque j'avais bien compris l'aspect général de la chose, il me demandait de la situer dans un paysage au milieu des bouleaux, des bruyères sibériennes de préférence. Si en plus j'ajoutais deux ou trois soldats au type mongol, il ne se tenait plus. Je m'appliquais. Je peignais derrière les machines monstrueuses des montagnes, des rivières, des villes et dans le ciel des avions allemands en feu. Mon grand-père se frottait les mains, me donnait des tapes sur la tête, tournait quelques manettes pour se passer les nerfs. Ça cliquetait de partout, il secouait ses doigts, des étincelles s'envolaient, les aiguilles dansaient dans les cadrans. Au premier plan, pour faire bonne mesure, je couchais le cadavre d'un soldat allemand, les yeux vides, recouvert de corbeaux picoreurs. Mon grand-père enthousiasmé faisait des entrechats, sautait en l'air, ma grand-mère le calmait, lui rappelait son cœur.

Pipa et mon père faisaient bourse commune avec mes grands-parents. C'était ma grand-mère qui cuisinait pour tout le monde. Mes parents allaient chercher au premier leur assiettée et redescendaient manger sur leurs genoux, assis sur le grand lit. Parfois, le soir, lorsqu'une cliente collante s'incrustait, ils l'invitaient à partager leur modeste pitance. Les bonnes femmes trouvaient ces repas si charmants, si pittoresques qu'elles employaient toutes les ruses pour goûter à la médiocrité. Elles proclamaient ma grand-mère chef numéro un. Chez Maxim's, c'était une vraie tambouille à côté des ratas premier choix qu'elles avalaient là. Les jambes repliées sous elles, calées dans les coussins et les cachemires, elles prenaient leur temps. Pipa et mon père échangeaient des regards angoissés. Entre deux bouchées, la princesse Gorloff ou Violetta ou d'autres dont je parlerai en leur temps essayaient d'extorquer à mon père des bribes d'avenir, des miettes de voyance, de l'extralucide au pied levé, en dehors de l'habituel apparat. Le grand jeu, elles en raffolaient, elles en étaient intoxiquées, elles en revoulaient sous toutes les formes.

Parfois, une cliente lui rappelle : « Vous souvenez-vous, Mony ? si, si, Pipa vous devez vous en souvenir, vous savez ce qui devait arriver à mon mari ? si, si ! eh bien, ça y est ! »

La bonne femme farfouille dans son sac, sort une poignée de billets qu'elle oublie dans un coin, en gratification. Mon père lui court après, se défend pour la forme, petit ballet coquet autour de l'arbre, on se renvoie la liasse, il insiste, emporté malgré lui, ne voulant pas accepter trop vite. Il se débat tellement qu'à la fin la bonne femme hausse les épaules découragée et rempoche le fric. Baisemain, mon père est au bord des larmes. Il rentre dans la chambre, abattu. Pipa ne dit rien. Ils se regardent et éclatent de rire. Mon père la soulève, il sort en courant, fait trois fois le tour de l'arbre. Les voisins sourient, attendris. Les voilà qui disparaissent, se bouclent dans leur féerique taudis, au milieu de leurs pendolents. Ils sont heureux, ils s'aimeront jusqu'à la mort pour toujours, par-delà tout ce que l'avenir leur réserve. Ils ne savent pas, ils se confondent, se serrent, se réchauffent, mêlent leurs souffles. Ils font provision l'un de l'autre.

Mais déjà une autre cliente arrive. Elle se faufile entre les amas de pierres, elle frappe, elle veut entrer d'autorité. Derrière la porte, c'est l'affolement. Pipa disparaît dans le cagibi. Mon père, la chemise à moitié sortie du pantalon, ouvre la porte, cligne des yeux dans la lumière. Il ne sait plus très bien ce qu'il fait là, pourquoi cette femme enrenardée entre chez lui comme chez elle, s'installe dans le fauteuil. Baisemain, ballet mécanique, tout le petit cirque se fait malgré lui, il est ailleurs, il nage entre deux eaux, il s'embrouille, allume les cierges dans le mauvais ordre. Tout va de travers dans le rituel, il ne retrouve plus le tissu de soie rouge, ni l'encens ni les papiers persans. La bonne femme commence sans l'attendre, ouvre un feu serré de questions. Mon père ne l'écoute pas, il sait que Pipa est là derrière la porte du cagibi, il aimerait être près d'elle, la reprendre dans ses bras.

Il a une idée, il lève la main d'un air inspiré. La bonne femme se tait, le débit coupé, ça dérange le cérémonial. C'est la première fois que le maître lève la main au milieu des confidences. D'habitude, il médite, les yeux dans les sphères parallèles, l'esprit flottant entre les niveaux mitoyens des interludes, l'âme branchée sur la quatrième vitesse du Nirvanâââââââââââ… Il avance majestueux, fait des passes mystiques. Magnétiseur, il la foudroie à petite dose.

« Dodo ! dodo ! dodo ! »

Elle y met de la bonne volonté, elle ferme les yeux, elle a la chair de poule, elle espère. Elle s'allonge à moitié dans le fauteuil, ses mollets touchent le tapis. Mon père tourne en souplesse autour d'elle, les mains fluides, les guêtres dans l'huile. La cliente émue respire de plus en plus fort, elle s'abandonne, ne résiste pas. Le maître peut faire ce qu'il veut. Elle est une pâte molle, une bille d'ivoire, elle se sent devenir petite, petite, toute petite. Mon père lui chuchote : « Dodo ! dodo dodo dodo dodo dodo ! » Il lui dit de ne pas ouvrir les yeux, de rester en suspens jusqu'à l'illumination intérieure. Il la laisse dans le vague et s'éclipse sur la pointe des pieds vers le cagibi. Elle n'ose pas bouger. Elle attend la fameuse lumière, elle rêve du déchirement qui lui révélera le fond de son ego goulu, elle rêve de l'enflure élastique qui par secousses têtues pourrait pénétrer lentement ses papilles humides. Elle aimerait s'ouvrir sur la bittélastique-lisse-des-délices. Elle rêve de glissandos soyeux, de bulbes agités. Ah ! l'Orient ! Elle en salive. Ah !… Elle attend.

Pendant ce temps, dans le cagibi, les choses s'écroulent, les cintres glissent sur les barres, les anneaux des rideaux sont brusquement tirés, ramenés sur la tringle. Les mains de Pipa s'accrochent, tout vacille, penche, accompagne le couple qui se propulse hors du monde. Emportés dans l'ivresse des pulsations sanguines, ils sortent de l'orbite. Ils naviguent au rythme de leurs cœurs qui pompent leurs globules. Leurs cerveaux irrigués, lavés, nettoyés par la folle cadence leur offrent des images informes, dépouillées, calmes à l'infini. Ils ont roulé sur le linoléum, des vêtements entraînés dans leur chute glissent hors des cintres, tombent sur eux, les recouvrent, bougent avec eux.

Je retiens mon souffle. Une dernière robe me sépare d'eux, elle se balance devant moi, une épaulette glisse, je la remets sur le cintre. Insensiblement, ils avancent sur le lino. Leurs têtes confondues sont sous le petit lavabo, le balai de chiottes vacille, la ficelle qui pend enfilée dans le trou du manche chatouille l'oreille de mon père. Ça l'énerve, sa main sort du rêve, cherche le cauchemar, tape dessus, l'écarte, elle revient, se balance, ça le rend fou. Il donne des coups de reins aveugles, il essaie de l'attraper à contretemps, mais chaque fois ses doigts se referment sur le vide. La petite ficelle vicieuse, légère, lui échappe, revient sur son oreille, lui rentre dans le trou. C'est insupportable. Il commence à cogner sa tête contre le tuyau, le siphon le gêne, il essaie de l'écarter aussi. C'est irrespirable. À devenir fou de les voir comme ça entre deux mondes. J'allonge la main par-dessus leurs corps, j'attrape le balai de chiottes que je ramène doucement près de moi. C'est toujours ça en moins dans le cauchemar. Les mains de Pipa, indépendantes, souples, ravissantes, montent vivement, se referment sur la nuque de mon père, se crispent. Ils se désordonnent, font deux ou trois bonds. Des vêtements se roulent en boule autour d'eux, ça les gêne, je les tire un peu, ça va mieux. Ça y est, ils ont atteint l'être unique. Ils sont arrivés au bout de la course folle. Ils pantellent, ils vaguebullent. Quelques frissons. Lentement des gestes se précisent, ils reviennent de l'au-delà, ils vont toucher terre.

Mon père sursaute, il se rappelle la cliente encatalepsée. Il se reboutonne et bondit dans la chambre.

Pipa gît parmi les vêtements décrochés. Ses grandes paupières sont fermées. Je ne bouge pas. Enfin, elle se redresse, passe sa main sur son front, pensive. Tout à coup elle aperçoit les vêtements épars, elle se lève, les secoue, les défripe, les remet un à un soigneusement sur les cintres. Sans le savoir, elle me cache, m'enveloppe dans le noir.

À côté, la cliente ouvre les yeux, mon père se mord les lèvres au bord du rire. Elle sort de l'hypnose, elle voit bien qu'elle a été eue. Tintin pour le baisage ! « Ah ! maître, que de bruit dans l'entre-deux mondes ! » Mon père, fascinateur, lance ses mains, les ramène, les relance, il frôle le visage de la bonne femme, tire les phantasmes, empoigne le néant, le rejette ailleurs ; il nage dans les ectoplasmes ; il secoue ses phalanges, le rien lui colle aux doigts pire que de la pâte fraîche. Enfin la cliente est nettoyée, raclée jusqu'au subconscient. Ii lui tend les petits papiers, elle lit en persan, les bougies vacillent, l'encens tourbillonne ; les cristaux tintent. Des pièces de monnaie roulent. Mon père demande si elle n'aurait pas l'appoint par hasard. Un fin courant d'air dans le cagibi. Les robes frissonnent autour de moi. Terminé. À la suivante !

Et les heures coulent dans la moiteur. Pipa lit sur un tabouret. Je m'ankylose. Je commence à étouffer derrière tous ces vêtements. Lentement j'essaie de remplir mes poumons. Toute cette naphtaline me prend à la gorge. Je n'y arrive pas, impossible. Je me mets à bâiller, oppressé, ça ne vient pas non plus. J'essaie de me redresser, la robe mal accrochée tombe sur moi, s'enroule sur mes épaules ; m'étouffe encore plus. Je la repousse, les cintres cliquettent et tout un pan du mur de vêtements tombe. La penderie entière se désagrège en chaîne. Pipa effrayée lève la tête ouvre des yeux absents. Enfin elle m'aperçoit recroquevillé dans le coin. Elle ne comprend pas, elle chuchote presque en colère.

« Mais que fais-tu là ? Depuis quand es-tu là ? »

Elle voit le balai de chiottes dans ma main. Je suis son regard. Que répondre ? Je le mets derrière mon dos. Elle hausse les sourcils, elle cherche la question à poser, elle bredouille. Je me lève à toute vitesse, j'ouvre la porte, je passe en trombe, le balai de chiottes à la main. Les bougies valsent. La cliente surprise pousse un hurlement, mon père fait un bond prodigieux dans son fauteuil. Je claque la porte et je suis déjà chez mes grands-parents.

Ma grand-mère me voit arriver avec mon balai merdeux, elle ne comprend pas, elle me croit devenu fou. Je traverse la cuisine. Ding ! Bing ! J'actionne les pédales ; des étincelles jaillissent. Je m'écroule sur le lit de mon grand-père. Il ne lève même pas la tête. Il ne dit rien, il respire menu : c'est trop aérien ce qu'il tient au bout de sa pince, un souffle et tous les minuscules rouages s'envolent. Il les recouvre avec un verre, relève le buste et me regarde sans enlever l'oculaire. Il a tout de suite compris qu'il se passe quelque chose. Il ne demande pas d'explications. Il y a trop de questions importantes dans le monde pour s'inquiéter des détails.

J'entends Pipa qui arrive. Elle parle avec ma grand-mère dans la cuisine. Mon père les rejoint. Ils parlent de moi. Un vrai conciliabule. Ma gorge est serrée à étouffer. Mon nom revient sans arrêt, ils le lancent, le rattrapent, se font des passes. Mon sort, je le sens bien, se joue sur le terrain. Mon grand-père, au bout d'un moment, s'énerve de tout ce bruit. Il se lève, me fait signe de ne pas bouger. Je reste seul au milieu des instruments. Toutes les aiguilles oscillent ensemble, des petites lampes s'allument, s'éteignent en cadence pendant que, derrière le mur, on me pèse, on me soupèse.

Enfin mon grand-père revient. Il tourne en rond, cherche à gagner du temps, toussote, il ne sait plus par où commencer, à quel niveau démarrer, comment me dire. Il prélude au plus large. Il y va par quatre chemins. Le monde est immense, l'univers est encore plus grand mais pas infini. L'infini ça n'existe pas, pas plus que le néant. Oh! il sait de quoi il cause, les galaxies il les a bien en main, il en a fait le tour, il les a scrutées par son oculaire. L'infiniment petit, l'infiniment grand, c'est tout pareil. Il m'explique que l'univers est bouclé, roulé sur lui-même comme un fœtus gigantesque. Autour de cette spirale chaleureuse, il n'y a même pas de néant. Rien! Pour dire le mot « rien » il se contente d'un geste creux. Mon cœur se serre. De quel message l'ont-ils chargé pour qu'il commence si loin, pour qu'il démarre des galaxies, du néant, de l'infini? Avec un tel élan, comment pourra-t-il freiner? Je me tiens sur mes gardes, je n'ai plus confiance en personne.

Mon père depuis quelque temps ne me parle presque plus, je vois bien que je commence à l'agacer à être tout le temps dans ses pattes. Pourtant il n'est pas si loin, le merveilleux voyage, l'arrivée, toutes les belles promesses. Lui qui était gâteux d'amour, qui ne me lâchait plus la main, qui pleurait sans arrêt, qui m'embrassait au point de rendre Pipa jalouse, il ne me voit plus, passe à côté de moi comme si je n'existais pas.

Donc mon grand-père me parle du mouvement universel. Il avance par lentes spirales, il a du mal à décrocher des nébuleuses. Il parle des grandes migrations, des nouvelles générations qui s'envolent. Il m'explique que l'esprit de découverte n'est pas dû à la curiosité mais à un instinct de préservation de la race, que chez les plantes c'est exactement pareil. Il me demande si je sais pourquoi les graines des herbes sont barbelées, pourquoi les noyaux sont enrobés de la pulpe du fruit. La gorge serrée, je fais non de la tête. Non, je ne sais pas, je ne veux pas savoir, je sens le piège de la logique. J'ai peur. Mon grand-père se frotte les mains, il tient le bon bout. Il m'explique, il mime, il devient graine, noyau, galaxie, il est dans toutes les dimensions à la fois. Il étend les mains et ses doigts sont à des années-lumière pendant que ses pieds foulent le sol humide où germent les graines hérissées de crochets, de barbes, de griffes tenaces. Il dérive en pleine poésie. Il chante l'univers, les vapeurs sulfureuses des premiers jours qui se condensent au ras de l'Océan. Il mime l'éclair originel qui mit le feu aux poudres. Il parle de cet océan immense sans une vague, lourd, imposant, huileux, matrice immobile sous le soleil voilé. Il devient infime parcelle au bord de l'inexistence. Il flotte en suspension pendant des millénaires de millénaires. Il est entre deux eaux, autour de lui des petits cristaux se coagulent, le chatouillent, le picotent, il frétille dans tout ce grouillis minéral. Il imite la Terre. Il roule entre les appareils de précision qui encombrent la chambre, les aiguilles frissonnent. Il avance dans un silence majestueux, en se balançant comme une planète soûle. Il est la Terre. Il se tient le ventre, il se sent fécond, il astrobule sous les astres en délire. Il vaguebulle dans les zibraphones, il rêve déjà des grands envols qu'il ne verra jamais, des vaisseaux qui scintillent dans la splendeur sucrée des ergots vitrifiés. Et il m'explique que l'omniprésence de l'oprêteur qui fit tant s'ifflécher les hommes n'existe pas, que tout est imagination, brouillard, peur et mort. Donc il vaguebulle par la chambre, il roule, il tourneboule, il danse comme une novae en gestation.

La valse lente des grands éléphants m'oppresse, je suis au bord des sanglots, j'ai peur. Quel désastre se prépare pour moi avec tant d'apparat ? Je me recroqueville sur le lit. Les instruments en folie cliquettent pendant que le monde se constitue sous mes yeux, ce monde têtu, absurde.

Donc il vaguebulle, il roule, il tourneboule, tout à la fois terre, astre, plasma. Il dérive dans l'océan épais comme de la mélasse, tend ses doigts vers la lumière, palpe les photons, palpille, palpelimule de ses doigts de lézard. J'anticipe... de ses doigts de rien encore, de ses doigts d'espérance. Il pleure après sa future naissance, il aspire du fond de son être à devenir. Il est au bord du devenir, ses doigts impatients se tendent, ses yeux rayonnent, il sourit, il vagit presque. Un éclair immense « crrrrrrrrrr », le plasma gélatineux a un frisson, l'inexistant se coagule, s'autogène en une cellule unique. Il pousse un cri, presque un sanglot : la première cellule. Ah ! deux larmes giclent de ses yeux. Il roule à nouveau sous le ciel fixe. Les vapeurs sulfureuses sont emportées en lourdes volutes volutées vers les constellations, laissant enfin, visible, l'immense océan agité de frissons. Sous le ciel qui pâlit autour de la Lune vide, l'Océan lisse qui se plisse. Oh! juste un ou deux très légers frissons, remous profonds, frissons internes, galvaniques, des premiers nerfs qui se soudent sur un embryon de douleur. Mon grand-père ne bouge plus, il attend, il se tend... Ça y est, il sent, il ressent, il se pince. Est-ce possible? Il se tord de rire, ses doigts dessinent dans l'air des colonnes vertébrales. Il ramène les cellules, les brasse, les pétrit, les organise en forteresse contre la mort. Il ne veut pas faire marche arrière, il se défend, joue des coudes, se tortille. L'Océan grouille de toutes ses bribes, de toutes ces tentatives, de tous ces appétits. Mon grand-père respire, il gonfle ses poumons, rejette bruyamment de l'air. Il devient un peu batracien, un peu plante, un peu protozoaire, un peu saurien déjà. Il imite la première migration hors des océans, les branchies qui traînent dans la poussière. Il s'embrouille, fait des galipettes devant la porte étroite de l'évolution. Il ne sait à qui céder le pas. Soudain il s'envole, il zéphyrise, il se fait brise, chlorophylle, oxygûme, amour et pollen, presque papillon. Il est sur le point de butiner ses cadrans qui cliquettent, mais déjà il est caméléon, il se happe, il s'avale, il s'aplatit sous une feuille géante parmi les digitales. Il tremble. Près de lui, une patte écailleuse s'est posée, laissant une empreinte, formidable dans la boue des volcans. Il saute, il s'affole, se démanche le cou pour voir loin contre le ciel la tête minuscule du diplodocus dégénéré, poussé trop vite dans la pagaille. Déjà mon grand-père fait demi-tour, cherche un autre chemin dans ce bordel infernal, se trompe, revient, repart, tourne en rond, tente un lourd envol, s'empêtre dans les membranes, retombe dans l'Océan qui bouge, fluide, allégé, presque joyeux. Il s'y vautre, sonde, remonte, envoie un jet d'eau, replonge, revient, joue avec la vague. Il est baleine, éléphant de mer. Il s'entoure d'une petite famille tiède qui musille, sautille dans le plancton. Il remonte vers les banquises à rebours des grands courants et lentement se couvre d'une fourrure soyeuse. Il gronde, joue des griffes, cherche l'aorte d'une antilope, boit le sang à même la plaie. « Grummmm grummmmm ! » Il ronronne. J'ai envie de rire. L'atmosphère se détend. Les appareils cliquettent sauvagement. Maintenant dans la chambre un singe s'arrache du sol, vacille, tente de se tenir debout. Il gémit, s'accouche, remue les doigts devant son visage. Subitement il se frappe le front et s'empare du balai de chiottes qui avait roulé à terre. Il est en extase, il le tend à bout de bras vers le ciel, il est le premier homme, il a réussi à saisir un objet, il le manipule en poussant des cris inarticulés. Le balai de chiottes devient arme, spectre, outil, crucifix. Il délire de bonheur. Ça y est ! Il l'a bien en main, la clef de l'univers. Il titube, zigzague à travers la chambre. Il anticipe, le balai de chiottes est investi de tous les pouvoirs. Il le balance autour de lui comme un goupillon, c'est la baguette magique. Il est en train d'inventer l'outil universel. Il délire en pleine improvisation… pfuit… pfffffuit… pppppfffffuuuuiiiittt… La boucle est bouclée, la science a rattrapé la magie.

Le voilà revenu à mon père. Il s'immobilise : « Cyrus ! Cyrus ! » Il me cherche, ses yeux sont troubles, il a du mal à se dépêtrer du grand rêve : « Cyrus ! Cyrus ! » Il me voit enfin. Il se rappelle le message, il aimerait bien retomber dans le particulier. Mon cœur se serre. La sentence est sur ses lèvres, les appareils clignotent, vibrent. Toutes les machines se mettent en branle. Je sens arriver ma condamnation. Mon grand-père déglutit, je lui fais pitié. Encore une hésitation et tout le cirque est à recommencer, il en tremble. Du coup il prend un raccourci : « Cyrus ! Cyrus ! espace vital, grand problème universel. Papa, Pipa, grand-mère, grand-père... ici manque de place. Alors quoi faire ? décision pénible. Pension ! »

Voilà ce qui arrivait du fond des galaxies. Mon grand-père avait mis en branle toutes les forces de la création pour accoucher le verdict familial. La pension pour le dernier venu. Il fallait que je parte, que je quitte la chaleur, l'oxygène pour l'exil. Il fallait que j'émigre. Je le regarde sans comprendre. « Non non non ! ce n'est pas possible ! Vous m'aviez juré ! Ils m'avaient promis, le premier soir. Non non ! » Je pleure, la tête basse comme un coupable, écrasé. Mon père, Pipa, ma grand-mère m'entourent. Ils sont entrés au premier silence, au premier sanglot. Ils me caressent la tête. Ils sont au bord des larmes, ils me consolent, ils s'épaulent pour ne pas flancher. Pris séparément, ils m'auraient bien gardé, mais à eux tous ils sont inflexibles. Souples mais inflexibles, caressants comme des saules, ils murmurent autour de moi. Et je pleure assis sur le coin du lit.

Le chauffeur de Violetta empoigne ma petite valise et repart à travers la cour. Nous le suivons en silence jusqu'à la voiture luxueuse. Violetta nous attend, enfoncée dans les coussins. Lorsqu'elle nous voit, elle écarte un rideau et tapote la vitre comme si nous étions à une distance infranchissable. Mon père aussitôt se précipite sur la portière, essaie de l'ouvrir, s'acharne en vain. Il doit y avoir un truc qu'il ne connaît pas. Le chauffeur le laisse faire, ravi de voir le magicien impuissant. Exprès, il met du temps à ranger ma miteuse valise dans le coffre somptueux. Pendant que mon père fait tout son petit trafic autour de la poignée rebelle, Pipa et Violetta échangent de minuscules coups sur la vitre. Les flâneurs font cercle autour de ce départ. Ils veulent voir comment on emmène en pension l'indésirable. Des hommes, les mains dans les poches, traversent la rue en biais. Nonchalants, ils traînent leurs jambes d'un trottoir à l'autre. Tous les gamins du quartier sont là aussi, ils se mirent dans les chromes, se tordent de rire, se font des grimaces, soufflent sur leurs grotesques reflets pour les embuer. Ils glapissent, font des pieds de nez au larbin furieux.

Enfin, nous entrons dans le superbe cercueil. Le chauffeur se casse en quatre, il en remet, il singe, il s'imite par dérision. Il enlève sa casquette qui s'envole dans une courbe d'une enflure particulière. Nous voilà dans la voiture. Plié en deux, mon père continue : baisemain, rires décontractés, gestes élégants, il s'éponge avec sa pochette. Violetta le tire de force sur les coussins près d'elle. Il disparaît à moitié dans tout ce luxe. Pipa s'installe à son tour. Elle enlève ses escarpins et s'assied comme d'habitude, les jambes repliées sous elle. Elle se prépare au long voyage qui doit nous mener du côté de Meudon. Le chauffeur ouvre un strapontin. Il me bouscule, essaie de me coincer les doigts dans le système, me marche sur les pieds, il veut se venger des gosses insaisissables.

La voiture démarre en trombe. Ma grand-mère et mon grand-père m'envoient des baisers, je vois un moment leurs mains au-dessus des badauds. Violetta dit à son chauffeur d'aller doucement, de prendre par le Bois, qu'elle a des choses importantes à débattre en route avec le mage.

« Comprenez-vous, Mony, j'ai fait passer un fameux savon à Staline par nos services secrets. »

Je suis dans l'axe frisant. De mon strapontin je plonge en plein dans l'horreur. Les cuisses abominables frangimullent, se schplokisent. Du plâtre tombe des joues mal raclées. J'en ai jusque sur les genoux. Cloc! cloc! Violetta se cisaille les moustaches. Je n'ai pas envie de rire. Pipa me lance des regards désespérés. Mon père, bien obligé de payer le voyage, tire les rideaux de la limousine. Ses doigts malaxent l'air, il lève les yeux, l'oracle va tomber. « Hum! » il se refait une voix. Brusquement nous sommes projetés les uns sur les autres, je me retrouve le nez dans les cuisses effrayantes.

Le chauffeur passe la tête.

« Madame ne m'a pas dit où nous allons. Faut-il que je tourne longtemps comme ça dans le Bois? »

Violetta rajuste sa capeline, tout s'en va de travers. Sous le choc, ses vêtements se sont vissés autour d'elle, elle est furieuse et lance l'adresse au chauffeur qui hausse les épaules. La voiture repart.

Maintenant, nous roulons légèrement plus vite. J'ai le cerveau vide, je ne suis même pas triste, je m'en fous, ils peuvent toujours me perdre, m'abandonner, j'ai fait mon deuil de la chaleur, de la tendresse. Tous rideaux tirés, nous traversons des plaines désolées, des déserts infinis. La terre est nue, il n'y a plus personne qu'un départ à perpétuité, un arrachement sans fin.

Mon père lève les mains, il palpe, il trie, il met de côté les fausses réponses. Violetta ne bouge pas, elle nirvââânise. Tous ses mentons vaguebullent au-dessus du gouffre de son entrecuisse. Pipa, roulée en boule parmi les coussins de moleskine, écarte d'un doigt le rideau et jette un œil sur la désolation extérieure. J'ai une épouvantable envie de vomir, je sens bien que mon repas va finir entre les cuisses de Violetta. Je me tortille sur mon strapontin, ma bouche se remplit de salive, des petits jets me partent sous la langue, je bave un peu, je cherche mon mouchoir dans la poche de mon pantalon, mes doigts passent à travers un trou énorme, palpent autour de ma jambe. Non je ne le trouve pas. Je me baisse pour voir s'il n'est pas par hasard sur la moquette. Je chavire, tout devient gris. Je me relève, respire un bon coup, j'essaie d'avaler toute cette eau. Ma bouche en déborde et il en arrive, il en arrive, un vrai déluge intérieur, j'en ai plein les papilles. Ça ne va pas du tout. J'entends au loin la voix de Violetta, elle parle encore de Hitler. Schploksssssssss ! Elle dit que c'est un galant homme malgré ses airs peuple, et puis, son côté tolstoïen : pas de viande, pas de tabac, pas d'alcool. Il ne ferait pas de mal à une mouche !... Ça y est ! Tout est inondé ! le bol s'est répandu, il y en a partout, sur les rideaux, dans les cuisses de Violetta, (c'était fatal, placé comme j'étais), sur la moquette, sur la moleskine. C'est la fin du monde ! Je me déverse, je saccage, j'envahis la voiture de mon trop-plein. Violetta se débat, il y en a dans ses replis. Mon père est à genoux, il ouvre un journal, il essaie de recueillir au vol. Pipa me tient le front, compatissante. Enfin un peu d'air ! Les rideaux volettent autour de nous. Ça va mieux ! La voiture roule toujours, le chauffeur ne sait pas ce qui s'est passé derrière son dos, le déferlement tragique, l'envahissement aveugle, le cataclysme. Violetta donne un ordre. On s'arrête. Je baisse le front. Personne ne me dit rien. Un dialogue s'engage entre Violetta et son chauffeur qui ne veut pas bouger de derrière son volant. Il se rebelle. La voix de Violetta tremble. Je suis pris d'une nouvelle nausée, rien que de penser aux conséquences de toute cette émotion, aux cuisses immondes, aux plâtras. Je me domine, je serre les dents. La politique patauge dans le vomi, les forces supérieures se heurtent à l'entêtement d'un rouage. Au-dessus de moi, c'est un tir en règle, je suis entre deux feux. La limousine en est secouée, sur place dans ses ressorts. Finalement, Violetta, découragée, se tourne vers mon père, elle attend. Il lève les mains, impuissant. Tout est tombé trop bas pour la mystique.

Nous arrivons enfin devant une grille rouillée. À travers les arabesques de fer, au fond d'un petit jardin où fleurissent quelques sureaux, nous apercevons la maison. Deux ou trois marches nous mènent à la porte surmontée d'un vitrage en queue de paon dont l'éventail, à moitié brisé, s'étale au-dessus de nos têtes. Déjà mon père avance le doigt pour appuyer sur le bouton de la sonnette. Je reçois comme une décharge. Brusquement, je prends conscience que je vais à nouveau être abandonné. Les mains de Pipa, calmes et douces, sont posées sur mes épaules. Au moment de sonner, mon père me jette un dernier coup d'œil. Il me sourit, gêné, je lui renvoie une pâle grimace. Je sens tous les muscles de ma face crispés. Mon cœur saute très fort. Soudain tout est noyé dans le flou. Ce sont deux grosses larmes. Elles ne coulent pas, elles restent en équilibre au bord de mes paupières. Je suis oppressé, j'essaie de parler, impossible d'articuler un mot. C'est à peine si je peux respirer. Mon père apitoyé se penche et me serre contre sa poitrine. Il me pétrit les omoplates en soufflant très fort : « Cyrus ! Cyrus !

fils adoré ? » Pipa à son tour m'embrasse tendrement, elle me dit qu'elle m'aime, que je vais lui manquer mais que chaque dimanche sera une fête pour nous tous puisque je reviendrai à la maison. Je baisse la tête sans dire un mot, les deux larmes se détachent et roulent sur mes joues.

Très loin, une légère sonnerie tinte. Des portes sont ouvertes, refermées, on remue de tous les côtés, un pas lourd se rapproche. Des verrous, des chaînes sont tirés, des clefs grincent. Enfin un pope imposant, immense, formidable, nous ouvre. D'autorité, il nous bénit à toute volée, mon père lui baise la main, Pipa fait de même. J'imite. Nous entrons dans son sillage enveloppés par les voiles qui sentent l'encens. Mon père me pousse par les épaules, me chatouille, me pinçote malgré mes airs renfrognés. Ce prêtre de carnaval a réveillé en lui le bouffon. Il caricaturise, se signe pieusement, ses doigts volent de son front vers ses épaules. Il réprime un fou rire intérieur. Pipa fronce les sourcils, essaie de l'arrêter, mais il est lancé en pleine improvisation. Le pope ne voit rien et nous précède dans un petit bureau dont les murs sont tapissés d'icônes poussiéreuses. Il s'installe dans un vieux fauteuil, et fait un geste ondoyant vers quelques chaises. Mon père s'empresse, ses guêtres recommencent le ballet extravagant, il se prend les pieds dans le tapis usé, des ficelles sortent des trames, le suivent, s'entortillent autour de la chaise qu'il traîne avec une galanterie exagérée jusqu'à Pipa. Le pope ferme les yeux, bâillote, ses mains s'englobullent l'une dans l'autre, s'enroulent dans un mouvement perpétuel, malaxent les huiles divines. Il attend que tout le monde soit installé pour parler. Mon père se jette sur une chaise en poussant un énorme soupir et commence à balancer ses guêtres avec une désinvolture comique. Il me cligne de l'œil, sort sa pochette et se tapote sous le nez avec des gestes de petit marquis. Pipa le regarde sévèrement. Je n'ai pas du tout envie de rire. Je baisse les yeux, je dérive au ras de terre, je me confonds à toutes les couleurs fanées. Je suis dans le tapis loqueteux. J'aimerais glisser de ma chaise, m'enfoncer dans la poussière, me perdre dans ces accrocs, ces trous, cette usure. Mon regard va et vient dans toute cette lassitude, je ne vois que loques, élimures, franges. La robe du prêtre est effilochée, il lui en pend des bouts qui se mêlent au tapis. Les guêtres de mon père aussi sont usées, de petites barbes de fils frisent sur ses talons, vont se perdre dans le tapis pourri. Pipa, assise sur sa chaise, ne sait pas que des fils mal arrêtés sortent de ses ourlets, se balancent jusqu'à terre, aimantés par l'informe tapis. Je suis écœuré. Je suis en perdition dans toutes ces trames et chaînes en décomposition, tissus antiques, tapisseries moribondes. Tout pend autour de moi, les loques entrent par les fenêtres, les rideaux à moitié décousus sont sur le point de se décrocher du dernier anneau. Le jour est voilé d'une résille jaunâtre sur laquelle des mouches mortes en d'autres temps adhèrent momifiées. Mes yeux remontent le long de l'inconsistance, s'accrochent de fil en fil, essaient de s'appuyer sur du solide, mais tout casse, pourri jusqu'au cœur. Même le bois des chaises est vermoulu, fendu, des ficelles s'entortillent autour des barreaux, font des nœuds d'où ressortent les éternelles effilochures.

Mes yeux sont lourds, je me sens mal, mes paupières retombent sans arrêt. Mes cils par moments strient de leurs ombres toutes ces effrangures lamentables, ajoutant au désespoir. Je me défais, mes muscles pendent, eux aussi inertes. Tous les ressorts sont morts. Mes pensées commencent à glisser vers le fond. À quoi accrocher mon esprit? Des lambeaux entiers se détachent, retenus un instant par un dernier fil. Je me balance sur ma chaise, je sens que mon front va partir en avant qu'il va sauter par-dessus mes genoux et que je vais rouler à sa suite dans la laine pourrie. L'odeur d'encens me tourne la tête. Je vois dans le brouillard le pope qui acquiesce: Parfait! parfait! parfait! Mon père, quelque part dans les zones incolores, parle russe, il se débat dans les guenilles, dans les résilles, les filets pourris, les mouches mortes. Le prêtre hoche la tête. Parfait, parfait, parfait! Sa barbe pend jusqu'au creux de son ventre. Des mèches de ses longs cheveux descendent de ses épaules et s'étalent sur les accoudoirs du fauteuil. Ses mains pétrissent l'huile écœurante, ses manches emportées dans le mouvement bâillent sur les avant-bras velus. Elles aussi sont élimées. Parfait, parfait, parfait! Le gros matou ronronne, fait patte de velours, je ne vois plus que les fentes de ses yeux. Il se pourliche, la moustiche, bâillote, rote. Parfait, parfait, parfait! Il est tout à sa toilette, se passe les pattes derrière les oreilles, les ramène autour de ses moustuches, léchote, pourlichatte, ron, ron, ron, ron, ron, ron, petit patapon, papelimulle, parfait, parfait! Les mains qui tatouillent dans l'huile, cette odeur d'encens, de mort, me font revenir des goûts de vomi, j'ai envie de rejeter mes entrailles. Beugleubheuheu!... On m'empoigne, on me tire, on me traîne dans le petit jardin. Le reste du menu cette fois-ci pendouille, bavouille, fait des franges luisantes qui dégoulinent sur les feuilles de sureau.

Une longue semaine s'étire. Je ne vois rien. Je flotte, mes doigts s'accrochent dans les mailles défaites. Je tâtonne dans les couloirs encombrés de tentures moisies. Mes pieds se prennent dans la filasse, la laine, les oripeaux. J'avance comme une ombre aveugle, entouré d'enfants tristes. On ne se parle pas. Nos mains écartent les filaments qui retombent. Le prêtre ondoie dans les brouillards de l'encens, nous bénit, nous tend sa main à baiser. Sa barbe nous chatouille le front, ses cheveux graisseux lui pendent sur les reins. Avec des coquetteries écœurantes, des gestes de femme, il les peigne longuement. De jour en jour, je m'enfonce dans le dégoût. Je monte, je descends, j'erre, je m'empêtre partout, mes doigts palpent, cherchent une sortie. Sans arrêt, je pense à Pipa, à mon père. Je me revois quêtant leurs baisers, des miettes de tendresse. Pourquoi se sont-ils débarrassés de moi ?

À tout moment, mes yeux s'embuent, je me cogne aux choses, je me traîne inconscient.

Dans le dortoir, on ricane autour de moi, un cercle se forme, se resserre. On se bouscule, on veut voir le nouveau au prénom ridicule qui sanglote tout seul sur son lit. Chacun veut se pousser au premier rang. La masse compacte des enfants vacille, bras emmêlés autour des maigres épaules. Les doigts tachés d'encre s'incrustent entre les mailles des tricots. Ces corps soudés par tous ces membres grêles forment un mur infranchissable. J'ai des nausées, l'air me manque. Entre mes larmes, je ne vois que faces grimaçantes, crocs sous les rictus. Je me hisse à reculons vers la tête du lit, le cercle attentif me suit. Les lits autour de nous glissent, repoussés par toutes ces forces contraires. Une main jaillit, une petite patte a saisi mon oreille, la tire, j'entends comme une détonation et quelque chose de tiède me coule le long du cou. Le cercle entier oscille. Ils se tordent de rire comme un être unique, une hydre dont toutes les têtes alignées grinceraient au même moment. J'essuie le crachat qui a glissé sous le col de ma chemise. Bizarrement, ce premier acte d'hostilité a un peu détendu l'atmosphère. Le clan maintenant attend ma réaction, les rires se sont apaisés. Dans le silence, je me dresse lentement sur le lit et, me tournant vers l'icône, je crache à bout portant sur la Vierge brune, en plein dans l'œil byzantin. Ça lui fait comme une grosse larme épaisse qui commence à glisser sur sa joue. Ils n'en reviennent pas, ils sont sans voix. Ils ne savent pas comment prendre la chose. C'est un signe trop surprenant dans leur petit univers. Tout à coup un enfant s'arrache au cercle enlacé et part en courant. Il ouvre la porte et se met à crier dans l'escalier. Il appelle le pope, la femme du pope, le diacre, il appelle de plus en plus fort. Il se prend à son drame, il hystérise, s'époumone comme un égorgé. Il mobilise les foudres divines contre le sacrilège.

En une seconde, c'est le vide. Chacun a sauté dans son lit. Je m'accroupis sur mon oreiller, le menton sur mes genoux réunis. J'attends le bourreau. Je suis tellement crispé que je ne peux plus ouvrir la bouche. Les muscles de mes mâchoires sont verrouillés. Mais lèvres sont sèches et impossible de sortir ma langue pour les humecter. J'aurais aimé pleurer, mais mes yeux sont vides. Je sanglote en dedans au niveau du plexus. J'ai de nouveau envie de vomir, je me sens mal. Tout tourne autour de moi, les veilleuses se mettent à danser. Et toujours l'horrible voix qui hurle. Mais maintenant, le pope interroge, s'exclame. Un silence. Je sens une présence qui me recouvre de son ombre. J'ouvre les yeux, il me fixe durement, les sourcils froncés et me fait signe de prendre l'icône. Je me lève péniblement sur mon lit. Tout vacille, je m'accroche à l'étagère. Le plafond bascule, les murs partent de travers, mes genoux s'entrechoquent. Une poigne formidable m'a saisi par la nuque, l'autre main, énorme, velue, s'est emparée de l'icône. Je me sens enlevé dans les airs, suspendu un instant par le cou et, brusquement, le pope me jette à terre. Sa main retombe comme un battoir. Je suis à moitié assommé. Il me prend par les cheveux, me redresse et m'oblige à me tenir à genoux. Tout à coup, je sens quelque chose de froid contre mon visage : c'est l'icône. Il la frotte sur mes lèvres, s'énerve, la racle de plus en plus fort contre ma figure, il devient furieux. Les dorures me labourent les joues. Il m'assassine. Une voix de femme parvient au fond de ma nuit comme un coup de sirène et le racloir s'arrête net.

Ma figure me brûle, je l'enfouis dans mes mains, je me roule en boule, je me fais tout petit. Aucune force ne me dépliera plus. On m'emporte, on tire sur mes jambes, on me prend aux épaules. Rien à faire. Je resterai comme ça pour toujours. Je me soude sur moi-même replié sur mon dégoût. La femme du pope se penche, elle me chuchote dans l'oreille, roucoule, se fait tendre, je me referme encore plus fort. Elle essaie de me dérouler, d'écarter mes genoux de mon front. Elle se fait douceur, sucre, beurre fondu. Elle voudrait voir les ravages, s'inquiète du travail de l'icône, elle tremble de me retrouver en bouillie. Elle s'affaire autour de moi, me chatouille sous les bras. Je me recroqueville encore plus. Mes genoux font craquer les os de mon crâne, s'enfoncent par la fontanelle réouverte, s'engluent dans ma cervelle. De leurs côtés, mes coudes pointus écartent les côtes, entrent comme des coins dans le mou de mes poumons et se mettent à l'aise dans les coussins pneumatiques. Je ne respire presque plus. Mes doigts se crispent sur mon visage, passent au travers des os de ma face. Horrible anticipation. Retour aux sources. Tout chavire, j'aspire à l'informe, à la cendre.

Lorsque le dimanche arrive, je m'écroule en pleurs dans les bras de Pipa. Je m'accroche à mon père qui rigole. Je me plains de cette misérable semaine, je sanglote de vivre, je me noie, je les appelle au secours. Mon père fait le clown, m'imite, tourne mon chagrin en dérision. Il joue avec sa bille d'ivoire, sa pochette. Il met en mouvement le carrousel magique. Mais je suis aveugle. Je veux qu'on prenne au sérieux mon malheur. Je veux rester à ras de terre, je hais le merveilleux, je ne veux plus m'y laisser prendre. J'essaie de leur raconter l'icône, le prêtre, les tissus en décomposition. Ils ne comprennent pas, ils me regardent étonnés et les boules d'ivoire recommencent leurs multiplications. Rouge, blanc, rouge, blanc. Je me tais, c'est la confusion.

De dimanche en dimanche, je me traîne, je vomis sans arrêt, je suis malade, tout me dégoûte dans ce monde en dérive. Je grelotte secoué par des fièvres intermittentes, je me cache dans les coins, je rampe entre les loques, c'est à peine si j'apparais au réfectoire un jour sur deux. Lorsque le pope me croise dans les couloirs il lève les yeux vers le ciel, il ne veut pas me voir. Les voiles usés me frôlent, l'horrible parfum d'encens flotte un moment dans son sillage. Je vomis.

Les vacances arrivent. Tous les enfants, les uns après les autres, s'en vont. Je reste seul dans cette désolation. La maison vidée tombe dans un silence sinistre. Du matin au soir, je continue mon exploration muette, mes doigts palpent à l'aveugle, s'enfoncent dans les amas de poussière, d'étoupe et d'amadou. Je progresse comme une larve, je fore un chemin vers la lumière. Des lambeaux se détachent des cintres, des flocons d'usure envahissent ce désert. Je grelotte continuellement, pourtant la chaleur devient accablante. Mon cou enfle et j'ai un mal fou à avaler ma salive. Des douleurs insupportables dans les oreilles me font gémir. Les yeux embués de larmes, la bouche sèche, je rampe sur place. Parfois, une ombre rapide m'enjambe, c'est le pope qui vole vers ses icônes. Les tentures remuent un peu, l'ignoble odeur d'encens traîne un moment.

Enfin, un matin, le chauffeur de Mme Galapine vient me chercher. Il m'apprend que mes parents sont chez elle au bord de la mer, et que nous allons les rejoindre avec la voiture chargée de bagages. Je marche avec difficulté, je parle avec peine, j'ai mal au cou et je ne peux plus tourner la tête. Je m'allonge sur la banquette, on m'enveloppe dans une couverture. Les amarres sont lâchées et la voiture emportée par le courant se met à flotter comme un petit bouchon. Parfois une cascade rapide nous aspire, nous tombons, nous frôlons des rochers pointus, des poissons effarés nous regardent passer parmi les bulles. Je tremble de tous mes membres. De temps en temps, le chauffeur me secoue, il me demande si je ne veux pas boire. Je meurs de soif, mais je ne peux pas lui répondre. Je nage dans la sueur, je me débats, je m'accroche aux nageoires gluantes des poissons. J'essaie de remonter à la surface pour respirer un peu, mais la glace s'est refermée, m'emprisonnant à jamais dans l'eau tiède. Je me traîne sur le fond sablonneux à la recherche des dernières bulles d'air. Je les gobe goulûment, mais elles ne parviennent pas jusqu'à mes poumons. Elles éclatent contre mon palais, ça lui donne une consistance cornée. Ma langue vient frapper avec un bruit infernal sur les galandales de l'entre-dents. Mes molaires, je les compte une à une avec la pointe gustative du muscle glambuleur. Je m'embrouille dans les mauvais chiffres, les incisives, les canines, les prémolaires. Le muscle glambuleur cogne entre les crocs. Quatre-vingt-deux canines, ce qui fait cent. Le muscle trémulseur cherche la petite carie sur la quatre mille huit centième dent de la galandale inférieure. Les prismes musicaux trémolotent sur la gustative quatre. Les papilles musicalisées viennent se ranger bien sagement à la suite des amygdales. Pas de problème. J'enlève deux amygdales, il en reste huit plus une molaire, ça donne une ralingue sur sept qui ne fonctionne pas. Je reprends toutes mes amygdales et je les pose une à une sur la ralingue vingt-deux. Délicatement je fais descendre la ralingue quatre. Schplokssss! Un grand coup de cuisse sur la touffe puante et les petites violettes commencent à pousser. Hi hi hi! La ralingue descend, descend... grummm! Je mâche les amygdales. Soixante et quelque chose amygdales, ça fait une fameuse omelette, ça bave tellement partout qu'il en ressort par la ralingue huit. Je fais venir une autre ralingue, j'hésite une seconde entre la neuf et la douze. Je la pousse avec le muscle gustatif renversé, appuyé du glambuleur, saliveur, mâchouilleur, le plus dégueulasse de tous les muscles, celui qui se gonfle derrière mes oreilles. Je vais éclater de douleur, je souffre, je souffre, je souffre. Le chauffeur me secoue, me demande si je veux boire, j'essaie d'ouvrir la bouche, mais la ralingue quatre ne fonctionne plus. Le chauffeur redémarre, il n'a pas compris que je suis en train de sombrer, et je recommence mes comptes infernaux.

« Cyrus ! »

On me soulève, on m'emporte, on m'allonge sur un canapé. Des voix lointaines, très lointaines m'appellent. Pipa tourne ses yeux immenses, ses yeux immenses, ses yeux de fièvre et de grelottement, ses yeux... Ah ! Pipa ! Pipa ! Donc Pipa tournait ses yeux blanc-bleuté vers la mer d'une tristesse insupportable, d'une tristesse telle que je commençai à pleurer, à pleurer comme jamais. Ses yeux immenses, aux globes irisés, à l'iris follement lumineux, noir et profond, revinrent me fixer de leur tristesse et m'envelopper et me plaindre et me plaindre avec une rare sincérité. Sa main, sa main aux paumes parfumées vint se poser sur mon front en sueur et descendit lentement vers mes yeux. Ses doigts, ses doigts frais essuyèrent mes larmes, mes larmes, mes larmes qui coulaient intarissables sur sa paume et sur ses phalanges délicates. Mes larmes coulèrent donc avec l'abondance de mes onze ans misérables et de mes quarante et un degrés centigrades dégradés. Donc Pipa devant cette abondance infernale de larmes baissa ses paupières globulées par la forme globulante du globe bleuté de l'œil et hésita à me quitter, à se lever, à diriger ses pas vers la grande baie qui s'ouvrait sur la mer, sur la mer, sur la mer, sur la mer d'une tristesse insupportable. « Pipa ! Pipa ! Pipa ! »

Mme Galapine se penchait sur moi. Je voyais ses dents qui furent si célèbres en Russie se dépouiller de leurs lèvres et esquisser un exquis sourire de squale, sourire fantomatique puisque de ses dents véritables il ne restait rien. Elle pouvait toujours agiter son râtelier Mme Galapine (lorsque je parle d'elle je suis prêt à tourner à l'imparfait du ridicule le passé de mes verbes amusés, je suis prêt à tout pour restituer à son actuel cadavre la vie qui l'animait lorsque je tremblais au présent dans la fièvre de mes onze misérables années et de mes quarante et peut-être deux centigrades de grelottement du subjonctif). Donc Mme Galapine me parlait dans le rêve de mon agonie. Puis sa fille Natacha se pencha sur moi. C'était Shirley Temple en mieux avec de la poitrine qui pointillait sous la petite robe tourneboulée à ravir autour de son joli corps à la Shirley Temple. Elle devait être bandante, mais à l'époque mon petit pantélion me servait à d'autres jardinages.

(Il se dressait régulièrement depuis l'histoire de Sivadjirapâanna. Il avait pris goût au vide masturbatoire de l'absolu et intrinsèque bulbulement. Le strafouillement strafuleur me raclait la moelle à fond, mais ce fut beaucoup plus tard, deux ou trois ans plus tard, qu'une nuit me vint le premier sperme de mes treize printemps, premier pollen jeté vers un calice imaginaire. Les escadrilles grondaient par vagues têtues. Des sirènes très loin commençaient à glabuler. J'émulsais sérieusement mon pantélion, le strafulement n'était pas loin... pas... pas... pas loin du tout... la preuve!... Aaaaah! Je me noie, je coule, je remonte, je frissonne. Ma moelle dégringole depuis mon bulbe avec la consistance diabolique du mercure. Ma main qui se faisait de plus en plus étrangère sent tout à coup se répandre le fluide glissandissime du bluitant sperme printanier... pollen, miel et délire. Étonné de cet épanchement inhabituel, que fais-je? Je saute de mon lit, je cours à moitié défait, presque nu vers les chiottes. Je veux voir, savoir si les spermatos de mon ego ressemblent vraiment à des têtards... Je me heurte au surveillant. « Debout ! debout ! debout ! » Les bombes commencent à tomber, tout bascule. La main pleine de sperme, je reviens en courant vers mon lit. Je me chausse dans la fébrilité ambiante, je jette un vague vêtement sur mon corps et je galope avec la meute vers l'abri. Le monde s'écroule autour de nous. Ma main toujours refermée sur le sperme merveilleux, j'attends avec impatience la fin de ce remue-ménage malvenu pour le voir. Les heures passent. Enfin, on sort dans la nuit écœurante, chacun retourne en vacillant à son lit de solitude, à son petit cercueil. Ils se rendorment. Je me lève, je file aux chiottes, j'ouvre ma main. Rien ! si, comment dire ? si un peu de... comment appeler ça ! un peu de gluten à moitié desséché, dans les lignes. Moi qui pensais m'amuser avec ma descendance, voir frétiller dans le liquide spermateux, se frôler, aller, revenir, les petits poissons des mers originelles.)

Donc Natacha se penche sur moi, ses yeux bleus m'inondent de leur éclat vide. Je suis glacé par leur eau. Aussitôt ma fièvre tombe à 39 degrés. Je souris à la ronde. Je me plains de la douleur affreuse derrière les oreilles. Le docteur m'ausculte : j'ai les oreillons. Mme Galapine s'affole. Que va-t-elle faire avec tous les invités qu'elle attend ? Elle chasse sa petite Natacha. Plus personne ne veut me toucher. Mon père qui craint pour ses testicules me fait au revoir de loin. On me dope. On me met à la va-vite dans le train. On me renvoie à ma pension, à mes lambeaux pourris.

Le train s'enfonce, taraude, se démène dans ses attelages. C'est le retour lamentable. Le pope m'attend sur le quai, il me traîne dans son sillage. On me recouche dans le petit lit de fer. C'est la longue nuit qui recommence dans le dortoir désert. Je grelotte, j'ai de la fièvre. Pipa! Pipa, tes grands yeux tristes, tes yeux aux paupières mouvantes, tes yeux, Pipa, ouverts sur ma fièvre, refermés sur mon chagrin, ouverts sur mes larmes, refermés sur mes cris, ouverts sur ta pitié, refermés sur la tendresse. Pipa! Pipa! Tous mes muscles devenus monstrueux empâtent mon déglumeur muselé. Ma gorge, ma gorge grumelurgée de nausées et étouffements cruels, glotte enflée, panaris douloureux sur chaque papille, toutes ces gonflures s'ajoutent au désespoir, s'ajoutent au désespoir, au désespoir que me donne le regard triste des globes bleutés, veinés de veinules bleutées, ténues, tellement ténues, tellement ténues que la fièvre qui clarifie la cornée m'a permis de surprendre jusqu'à leurs plus infimes détails. Fièvre sous le regard enveloppant de Pipa qui me hante. Et la mer, la mer, la mer qui auréolait ses cheveux. La mer, par-delà la baie vitrée. Je compte sans fin mes ralingues, elles montent et descendent sur le matelas de mes gencives. Mes doigts quelque part tâtent le drap dans le bois des fourmillements. Mes jambes n'ont plus les dimensions raisonnables qui les faisaient m'appartenir. Très loin, à l'autre bout du long voyage, par-delà mes genoux, par-delà mes chevilles, reposent mes pieds taillés dans le sel. Les ralingues continuent leurs lentes pulsations. Ah! Pipa! Pipa! Lydia! Lydia! Je remonte le fil, je compte à rebours les gens qui ont traversé ma vie. À chaque nom, je tape sur l'entre-dents. Pipa! je tape sur la gencive, ça résonne. Lydia! Un coup pour elle! Tante Marguerite, je tape à la volée. Ma mère! je tape. Sonia! je tape. Mon père! je tape, une ralingue descend. Mes cousins! je tape, deux ralingues tombent et remontent. Ardalion! je... On me secoue, on me force à boire. Ça aère mes ralingues. Puis de nouveau la nuit. Je repars dans mes comptes diaboliques, je m'égare dans les gonflures. On me secoue, on me force à m'asseoir. Je m'empêtre dans mes ralingues, on me tire sur le sexe. Pssssss… pssssss… pssssss… je pleure, ma tête roule avec tout son fatras, la femme du pope me redresse. Psssss… Psssss… Pssssss… enfin ça y est, je pisse et je pleure tout à la fois. Pipa! Pipa! Je sanglote et grelotte. Ah! On me recouche. Le ballet infernal des ralingues recommence. On me relève, ma tête roule, mes yeux ne peuvent plus s'ouvrir, je pleure encore. Je les appelle, tous ceux qui m'ont abandonné. On me pose sur le vase de faïence, ça me fait un cercle de glace dans lequel on m'encourage à me vider. Je ne peux pas, tout en moi se révolte. Ma tête roule, je grelotte et sanglote, une odeur nauséabonde envahit l'obscurité. J'ai honte. On me félicite, on me caresse le front, je sanglote et grelotte, je jette mes bras vers une ombre mouvante. J'entrouvre les yeux, c'est le pope qui me serre. Il me sourit apitoyé. Ah! Je retombe dans mon oreiller brûlant, dans mon oreiller sans fond. Je repars dans ma lente dérive.

À force de soins, de bénédictions, de prières et d'humanité primitive, le pope, sa femme et le diacre me ramènent à la vie. Ils m'expliquent que j'ai eu au moins dix maladies à la fois. Les oreillons, premier maillon, puis le reste envoyé par la Vierge noire pour me punir du crachat. Mais maintenant, tout est effacé, le ciel a passé l'éponge, les comptes sont nets entre moi et les forces obscures. Le pope me bénit.

Je commence à aller et venir entre les lits du dortoir vide. Mes mains sont pâles, presque transparentes, elles se lancent d'un montant de fer à l'autre, elles s'appuient à tout, tâtonnent et s'accrochent. Je progresse à nouveau à travers la maison, mais je ne la reconnais plus. Il faut croire qu'il y a longtemps que je les couvais ces sales maladies. Les tapis usés, les chaises branlantes, les tentures et les filaments sont bien là, mais moins affreux que dans mes souvenirs. L'odeur d'encens ne m'écœure plus, je reprends pied dans ce monde.

Enfin, un jour, le pope, sa femme et le diacre me conduisent à la gare. Ils m'installent dans le train qui m'emmène à nouveau vers la maison au bord de la mer. Je défaille de bonheur, je me tortille sur la banquette avec des débordements d'impatience. Des gémissements de joie passent entre mes lèvres. Les gens autour de moi lèvent les yeux de leurs journaux. Je souris vers le paysage qui file. Le front contre la vitre, je regarde la danse folle, les enchevêtrements de fils, les déplacements fabuleux des collines qui s'entrecroisent, les arbres qui montent et descendent comme se bousculent, montent et descendent les vagues de mon bonheur fou. Pipa, mon père, Natacha aux yeux de glace, la mer et les dunes piquées d'herbes sèches, mêlés dans une même image, tout cela m'attend. Je déborde, mes bras s'ouvrent, mes lèvres remuent. Les gens me regardent, étonnés. Le train ralentit, je cours dans le couloir, je suis sur le marchepied. Je crois les reconnaître. Ils sont joyeux, leurs mains s'agitent. Je saute sur le quai et je me précipite dans les bras d'un monsieur qui me sourit. Je me suis trompé. Je me trouble, mon cœur bat follement, je suis encore un peu faible. Je vais de groupe en groupe, je ne les retrouve pas. Pourtant, j'étais sûr de les avoir vus au bout du quai. Je reviens en arrière, mais il n'y a plus personne. La gare lentement se vide, je m'affole. Je sors. Les dernières voitures chargées de bagages s'en vont. Je tourne sur moi-même, je ne sais plus que faire. Un homme debout sous l'horloge me sourit. C'est le même que celui dans les bras duquel je me suis jeté tout à l'heure. Il a des gants jaunes, un chapeau clair. Il s'avance toujours souriant et s'adresse à moi sans cesser de sourire. Lorsqu'il me parle, il articule avec les dents et non avec les lèvres. Il me demande si je me suis perdu. Je parle de Pipa, de mon père, de la maison de Mme Galapine. Il connaît bien, très bien, je n'ai qu'à le suivre. Sa main gantée de jaune se referme sur ma main. Cette poigne souple, les plis du pécari sous mes doigts, cette pellicule morte, tiède et caoutchouteuse me donnent une sensation désagréable. Je secoue ma main, je suis assez grand pour marcher tout seul. L'homme toujours souriant me dit que j'ai l'air d'une fille avec mes boucles noires, que si je n'y vois pas d'inconvénient il aimerait bien garder ma main dans la sienne jusqu'à ce que nous soyons arrivés à destination. Pour appuyer ces paroles la poigne morte se resserre et le sourire sous le chapeau se fait encore plus éclatant. Il articule curieusement les mots, sa langue les pousse entre ses dents qui les débitent comme une machine. J'ai l'impression d'être entraîné par un automate échappé d'une vitrine. Ses pieds élégamment chaussés se propulsent sur le goudron avec une régularité effrayante. Je suis persuadé que des rouages cachés définissent tous ces mouvements. Ses talons sonnent sur la route vide avec une netteté glacée. Je lève les yeux vers son visage, aussitôt la tête fait une rotation, les dents s'écartent et la langue humide passe sur les lèvres. Il me demande si je me touche souvent. Je ne comprends pas. Il répète, les yeux de poupée luisent et la langue passe rapidement sur les lèvres retroussées. Je ne comprends toujours pas. L'homme fait un geste avec ses doigts gantés, il articule : « Ta pine, tu te la touches ? » et ses yeux de verre me fixent interrogativement. Il attend la réponse. J'essaie de me dégager, je secoue la main. Je regarde autour de moi, nous sommes dans un chemin creux entre les dunes. Je n'avais pas remarqué que nous avions quitté la route. La main de caoutchouc me tient solidement, j'ai beau me débattre, je n'arrive pas à me libérer. L'homme brusquement s'arrête et commence à dévider une suite de mots extravagants pendant que sa main libre fouille sa braguette, s'énerve, arrache le tissu, fait voler les boutons et finit par sortir un sexe monstrueux qu'il agite en tous sens en criant vers la mer : « Pine, bite! pine, bite! tu comprends? pine, bite! pine, bite! » Il tire violemment sur ma main et essaie de la frotter sur le sexe gonflé. Je me débats, me tortille, lui donne des coups de pied. Tout à coup l'homme pousse un hurlement. Un jet de sperme s'envole, décrit un arc de cercle parfait et va tomber sur le sable qui l'aspire. Je donne une secousse violente et m'enfuis à toutes jambes. Un rire métallique, effrayant monte derrière moi. Je me retourne tout en courant et je vois l'automate écroulé à terre sous le ciel immense. Il rit vers le grand large, il rit comme un dément.

Après avoir erré de villa en villa, je finis par trouver la maison de Mme Galapine. Lorsque j'arrive, ils sont tous encore à table. Je vois Pipa, mon père, Mme Galapine, Natacha et aussi des gens que je ne connais pas. Tout le monde se retourne, on me sourit, on me fait signe de ne pas parler. Trois jeunes garçons un peu plus âgés que moi assis au bout de la table grimacent et me font des clins d'œil. Personne ne se lève pour m'accueillir. Pipa et mon père mettent leur doigt sur leurs lèvres et m'invitent à m'asseoir près d'eux. Ils rapprochent leurs deux chaises et m'installent entre eux, une fesse sur chaque chaise. Je veux leur dire que personne n'est venu m'attendre à la gare mais dès que j'ouvre la bouche toute la tablée fait « Chuuuut ». Un monsieur, le menton orné d'un petit bouc gris soigneusement taillé, agite la main, tape sur son verre, avec un couteau, et en hésitant lance un chiffre. Mon père crie d'une voix excitée aux jeunes gens de se préparer pour la chasse au trésor. Tout le monde se tord de rire, les femmes poussent des petits cris. Les trois jeunes garçons bondissent, font le tour de la table, en courant saisissent un papier que mon père leur tend et sautent par la fenêtre en se bousculant. On les entend crier dans les dunes. Profitant de la distraction générale, je prends la joue de Pipa dans ma main et j'essaie de la faire se tourner vers moi, mais elle me résiste, trop passionnée par ce qui se passe dehors. J'insiste, je l'appelle par son nom, aussitôt, tout le monde fait « Chuuuuut ! » Je crie vers Pipa et mon père :

« Pourquoi vous n'êtes pas venus me chercher à la gare ? »
Ils me font encore une fois signe de me taire. Je ne sais plus comment me faire entendre, quels mots employer, par quels moyens saisir leur attention. J'aimerais leur raconter ma maladie, mon voyage et surtout l'histoire de l'automate, me décharger de ce long silence, de toute cette sueur et de ces grelottements. Je commence à parler, parler, parler. Je raconte comment, arrivé à la gare, un homme m'a entraîné dans les dunes. Au fur et à mesure que je détaille mon aventure, les rires tombent, je sens l'atmosphère se tendre. Toute la tablée me regarde, ils sont absorbés par mon récit. Je parle des gants de peau tiède. Je répète la question de l'homme, tout le monde sursaute. Je les ai touchés au vif, j'ai brisé la coalition. Lorsque j'en arrive au moment où l'homme sort son sexe énorme et que je raconte comme il l'agite entre ses doigts gantés, je me sens saisi, empoigné par les épaules.

Mon père me traîne hors de la salle à manger. Il est comme fou, il ne trouve plus ses mots, son accent le gêne, il ne sait plus comment l'écarter. Il m'envoie au fond d'un fauteuil, fait une grimace de dégoût et ressort de la pièce où je reste seul.

Je les déteste tous, je les hais.

Par la baie, je vois la mer sinistre et grise agitée de longs remous. De grands oiseaux blancs au vol rapide tournent par centaines au-dessus d'un point d'eau mouvante, ils plongent et remontent à une vitesse folle, retombent, disparaissent dans les clapotements, reviennent à la surface, s'envolent et replongent emportés dans un mouvement sans fin. Soudain entre deux dunes je vois les trois jeunes garçons courir vers la mer. L'un d'eux trébuche et va bouler dans le sable, les autres le rattrapent, roulent sur lui. Je crois entendre leurs rires. Ils se battent sous le ciel immense, sans couleur. Au-dessus d'eux, les oiseaux tournent de plus en plus vite, se croisent et se recroisent. Je ferme les yeux et me recroqueville au fond de mon fauteuil. J'ai un peu froid. Je somnole. De temps en temps, j'ai un frisson. Sous mes paupières, je continue de voir les oiseaux fous et tout en bas dans les dunes les trois petites formes qui s'agitent, s'empoignent et se relèvent dans une lutte grotesque. J'ouvre les yeux et je ne vois plus ni la mer ni les oiseaux. Ma tête roule sur l'accoudoir du fauteuil. Je me sens devenir petit, petit, léger, aérien. Je flotte, je plane, je me survole, je tourne dans la pièce, je suis oiseau fou. Au-dessous de moi un enfant pleure dans un fauteuil. Il désarticule des mots qui se brisent monstrueux, informes. Je tourne de plus en plus vite entre les murs de la pièce, je vais, je viens, mes ailes évitent les meubles, les lampes, les objets. Je me cogne à la vitre, je m'affole. Un vase effleuré roule et se brise aux pieds de l'enfant qui ne bouge plus. Je frappe le plafond de mes ailes. De moulure en moulure je m'assomme. Mon cœur bat avec une force terrible. Je tombe, je m'empêtre dans le tapis, je pousse des cris d'oiseau mourant. Mes ailes frémissent, mes yeux voilés d'une pellicule veinée voient des blancheurs laiteuses, des ombres d'opale. Le souffle me manque. Mes plumes se hérissent, mes pattes crochent sur elles-mêmes, ma langue se retourne sur elle-même, mon cou s'enroule sur lui-même, je coule en moi-même. Personne ne m'aime. J'ai de la peine, haine, haine, haine ! Grrrr !...

On me caresse, on m'embrasse, j'entrouve les yeux, Natacha est penchée sur moi. Elle me console. Je ne comprends pas pourquoi elle veut que je palpe entre les boutons de son chemisier. Je sens ses petits seins. Elle me demande si ça me fait plaisir de toucher sa poitrine, si ça me rend moins triste. Mes doigts remontent lentement sous son bras, cherchent la chaleur, s'immobilisent sous le pli tiède de l'aisselle, s'installent dans le creux. Natacha se tortille, ça la chatouille. Elle s'empare de ma main et la remet sur son sein. Ça la fait rire. Brusquement elle me repousse, se met à sautiller et bondit hors de la pièce. La porte claque derrière elle. Je me roule en boule dans le fauteuil, le menton sur les genoux. Je ne comprends rien à ce qui m'arrive, je ne sais plus ce que je fais dans cette pièce devant cette baie ouverte sur la mer.

La nuit lentement tombe, tout devient violet. Je frissonne. Des lumières s'allument dans la maison. Je vois se projeter devant moi sur le sable l'un après l'autre les carrés lumineux des fenêtres. Des ombres vont et viennent, j'entends des bruits de vaisselle. J'ai faim. Une voiture roule sur le gravier, des portières claquent, je reconnais la voix de mon père. Mme Galapine appelle Natacha. On court dans la maison. Des rires, un bruit de lutte. Je me lève et me traîne à tâtons jusqu'à la porte. Aveuglé par la lumière, je vois confusément mon père à terre qui se débat en riant. Les trois jeunes garçons sont en train de l'attacher avec une corde. Pipa rit et les encourage. Il se défend en glapissant, sa bouche est grande ouverte, il est effrayant, mais personne n'a l'air de le remarquer. Tous les invités font cercle autour d'eux et battent des mains. Ça y est, le mage est solidement ligoté. Il respire bruyamment, les yeux fermés, il se concentre. Un long silence et brusquement il fait : « Pfffffuit! », saute souplement sur ses pieds. Le tour est joué. Il est libre. Ses liens sont à terre. Tout le monde applaudit. Il lève les bras, tourne sur lui-même et, m'apercevant dans l'encadrement de la porte, me fait un clin d'œil. Mon cœur se met à battre très fort. Il cueille en l'air une bille d'ivoire et fait le geste de la jeter vers moi. Tout le monde me regarde. J'ai du mal à retenir mes larmes.

« Boule dans poire! poire dans boule, pfffffuit! boule dans mouche de bouche de Cyrus, fils de Mony! ouvre mouche de bouche Cyrus! pfffffuit! »

Je ferme les yeux, je revois le train avec les voyageurs fantômes. Une main légère m'effleure. Applaudissements. J'ouvre les yeux, je croise le regard de mon père qui me sourit. Je ne peux plus retenir mes larmes, j'ai trop de chagrin.

Il se précipite vers moi, me serre contre lui, m'entraîne dans la pièce sombre devant la baie ouverte. Il me laisse pleurer un bon moment sans rien dire en me caressant la tête. Lorsque je me calme un peu, il me demande pourquoi je pleure comme ça tout le temps. Je lui réponds que j'ai l'impression que personne ne m'aime. Sur ces mots mes pleurs redoublent. Mon père éclate d'un rire faux. Il rit face au grand large. Il rit, il rit, il rit, il rit.

Brusquement, un bruit formidable. Des avions lancés à une vitesse prodigieuse frôlent la maison. D'autres arrivent au ras de la mer, leurs ventres touchent les vagues. Tout le monde se précipite, on se presse contre la baie. D'autres encore foncent droit sur nous, évitant de justesse le toit. Les blindages luisent dans le soleil. On voit les pilotes raidis derrière les Plexiglas qui scintillent. Les hélices font un cercle transparent devant les machines. Les ailes sont frappées de la cocarde anglaise. Certains avions passent tellement bas qu'on pourrait compter les rivets sur les fuselages. Quelqu'un hurle dans le vacarme : « C'est la guerre ! c'est la guerre ! » Natacha commence à courir à travers la pièce en battant des mains. Elle crie : « Vive la guerre ! vive la guerre ! » Les trois garçons sautent par la fenêtre et partent en courant dans les dunes, les avions les effleurent, ils dansent les mains levées vers le ciel comme pour le toucher. La mer derrière eux est agitée de longs remous sombres. Je bondis à mon tour dans le cataclysme, le sable vole autour de moi, je saute, je bats des mains, j'exulte : « Vive la guerre ! vive la guerre ! » Des gens debout sur la plage regardent en l'air. Lorsqu'un avion passe trop bas, ils se laissent tomber, roulent dans l'ombre menaçante et se relèvent aussitôt. Un autre avion les frôle, ils tombent et se relèvent. Sur la plage à l'infini des quantités de petites formes noires s'agitent, roulent et se relèvent dans le rythme du fer.

C'est la répétition générale. Les pulsations de l'acier se mettent en branle, l'immense appareil active ses bielles, engrène ses rouages. Les bouches à feu, les museaux noirs, les tourelles, les fuseaux, les blindages prennent position. Des officiers lancent les derniers chiffres, des soldats bardés de grenades courent vers leur terrier.

Sur la plage une mère poursuit son enfant qui sans cesse lui échappe. Les avions le frôlent, il lève ses mains potelées vers les jouets monstrueux en riant dans le soleil. Ses cheveux blonds volent, il sautille joyeux. Dans les avions, les mitrailleurs impatients, soûlés par le vacarme, règlent leurs tirs sur l'enfant qui danse.

Lorsque je suis revenu sur cette plage, je n'ai rien reconnu.

Nous avions roulé d'une traite depuis Paris. Lula qui s'était blottie dans mes bras avait peu bougé pendant le voyage. J'avais raconté ces dernières vacances, l'arrivée brutale des avions, l'enfant blond poursuivi par sa mère. Abel conduisait la vieille Celta 4 qu'il venait à l'époque de racheter à son père. Il poussait à chaque mot des exclamations passionnées. Dès que je parlais de Natacha, il lâchait une seconde le volant et se frottait les mains malicieusement.

Enfin nous voyons la mer, déjà nous longeons les dunes. Des villas heureuses, il ne reste que des pans de murs troués au travers desquels se découpe le ciel. Partout de la ferraille tordue, des navires rouillés couchés sur le flanc.

Je ne reconnais plus rien. Nous tournons, revenons, repartons. Impossible de m'y retrouver. Plusieurs fois il me semble être sur le bon chemin. Mais il nous faut revenir en arrière. Finalement nous arrivons devant un énorme blockhaus. Abel pousse un sifflement et arrête la voiture. Nous descendons dans le sable. Le vent violent chargé d'embruns secoue nos vêtements, enroule nos manteaux autour de nos corps. Il me semble bien que c'était là. Abel entre dans le blockhaus, on entend sa voix tout au fond du caveau. Il est furieux, il s'est mouillé les pieds. Le blockhaus est inondé. Il remonte tout excité.

« Ah! mes enfants, il a dû en crever là-dedans un bon paquet! »

Il se frotte les mains à toute vitesse et crache dans une meurtrière

« Une grenade et tout a sauté! »

Pendant ce temps, Lula descend en courant vers la mer. Je me lance à sa poursuite. Le vent nous pousse en tous sens, le sable vole autour de nous. Lula envoie en l'air ses escarpins qui décrivent devant elle des paraboles joyeuses. Ses cheveux s'enroulent autour de son visage. Elle court devant moi en secouant la tête. Elle sautille, bondit, le vent l'enlève. Je la poursuis, je la rattrape, nous roulons en riant dans le sable humide. Mes mains essaient d'écarter ses cheveux, j'embrasse son visage. Mes lèvres cherchent dans tout ce merveilleux désordre ses lèvres, son nez, ses yeux. J'ai du sable dans la bouche, il croque sous mes dents. Lula se relève et repart en gambadant. La plage est infinie, le sable luisant reflète le ciel gris. Tout est visqueux, la lumière huileuse nous englue. Nous courons entre les x de fer qui émergent de tous côtés. La mer est basse, très loin devant nous, nous voyons la frange blanche des premières vagues. Un énorme bateau coupé en deux est couché dans une vaste flaque qui le reflète. Abel nous a rattrapés, il improvise des alexandrins où il est question de la grande épopée. Il scande à pleins poumons retombant sur les rimes faciles au rythme de ses enjambées. Il est question de milliers de morts pantelants dans les vagues, d'avions qui mitraillent sans pitié, de péniches noires, de condamnés qui claquent des dents et pleurent comme des enfants. Il chante dans le vent sinistre, il chante vers les générations futures, il gambade hors du temps, il saute par-dessus les flaques, il s'envole entre les x, retombe, roule dans la vase. Les alexandrins sortent de sa poitrine avec une facilité miraculeuse.

Notre course folle nous amène devant l'immense navire. Nous pénétrons dans le métal en décomposition. Nos pas ébranlent le fer, des plaques de rouille se détachent des parois et glissent comme des couperets. Nous courons dans les coursives inclinées. Abel improvisé toujours. Les alexandrins deviennent musique, rebondissent sur l'acier pourri, s'envolent par les bouches d'aération, descendent dans les cales ensablées, remontent, roulent et nous surprennent à chaque détour. Abel s'enfonce dans la machinerie pétrifiée, en lançant des moules contre les tôles. Parfois par un tuyau crevé nous entendons des mots glorieux, des bribes de *La Marseillaise*. Nous courons la main dans la main. Lula commence à être angoissée, elle veut sortir du dédale. Par moments nous voyons par un trou un bout de ciel sombre mais, lorsque nous arrivons, l'échancrure est trop petite pour nos corps. Délicatement je passe la tête entre les bords dentelés. Très loin au-dessous de nous je vois le sable luisant. Tout à coup mon cœur se serre, je remarque que la mer a avancé depuis que nous sommes entrés dans l'épave, je vois les premières vagues qui glissent rapides, touchent la grande flaque dans laquelle baigne le navire, se déversent, repartent, reviennent à chaque fois plus longues. Je ne dis rien à Lula, je la prends par la main et nous détalons dans les résonances. La voix d'Abel nous parvient par moments de tellement loin que je désespère de le retrouver. Il chante *L'Internationale*, il est sur la voie royale de l'Histoire. Il doit gesticuler quelque part au cœur des bielles rouillées. Il déclame dans la chambre de chauffe entouré de ses visions. Il soulève les masses opprimées. En réponse, l'océan bat les flancs du navire. Des coups de bélier ébranlent l'épave et Abel martèle la tôle de son poing, encourageant au réveil les fantômes du grand massacre. Il scande, les pieds dans la vase, l'eau lui arrive aux genoux. Déjà des vagues se déversent par les déchirures. Nous l'appelons par un trou béant au-dessus de sa tête, mais Abel n'entend rien. Ses poings volent autour de lui, il arrache les moules aux flancs décomposés, tire sur les fils de varech comme s'il amorçait une grenade et lance les coquillages qui explosent contre les blindages pourris. L'épave tremble, la mer doit la frapper quelque part vers l'étrave. Lula me jette un regard affolé. Je hurle vers Abel mais il n'entend toujours rien. Il chante.

« Debout les damnés de la terre!
Debout les forçats de la faim! »

« Abel! Abel! »
Abel est en extase.

« La raison tonne en son cratère!
C'est l'éruption de la fin! »

Les vagues en paquets formidables s'engouffrent par tous les trous.

« Du passé faisons table rase !
Foules esclaves, debout, debout ! »

L'épave vibre dans les grondements. Je cherche à quatre pattes dans les tôles ce que je pourrais jeter sur Abel pour le réveiller de sa folie. Il faut qu'il sorte de ces maudites soutes. Le navire vibre de plus en plus fort.

« Le monde va changer de base
Nous ne sommes rien, soyons tout ! »

Abel lève les yeux vers nous, mais il ne nous voit pas penchés au-dessus de lui par l'éventrure. La mer tonne autour de l'épave. Je racle la tôle avec mes doigts et réussis à réunir une poignée de graviers que je lance vers lui. Il reçoit une petite pierre sur le front, ça le réveille, il patauge jusqu'à une écoutille, on dirait un gros rat. Il se hisse, on l'entend courir dans la tôle, nous appeler. Enfin nous nous rejoignons. Nous filons à toute vitesse le long des coursives. Nous déboulons comme des fous. Arrivés à la cassure à mi-navire, nous sautons dans la vase et pataugeons dans la boue rougeâtre. Nous nous traînons, secoués de rires.

Lorsque nous regagnons la voiture, Lula claque des dents. Je la serre contre moi. Abel cherche dans son coffre quelque chose de sec. Nous nous enroulons dans de vieilles couvertures et partons en quête d'un petit hôtel.

La nuit commence à tomber. Les phares ne marchent pas très bien. Abel qui est un peu myope conduit le nez sur son volant. Nous roulons à l'aveuglette et atteignons finalement un bistrot éclairé. Nous faisons irruption dans la salle enfumée. Instantanément le silence tombe.

Des marins sont groupés autour des tables et nous regardent : Une voix crie : « Regardez les rescapés ! » Une femme nous pousse dans la cuisine. Lula claque toujours des dents. Abel ne dit rien, il lui faut du temps pour se réadapter à la lumière. Au bout d'un moment il se frotte les mains et se met à renifler autour des casseroles. Ça va mieux, nos vêtements fument sur nous. Quelques marins venus jusqu'à la cuisine nous questionnent. Nous racontons notre course dans l'épave. Nous racontons comment la mer nous a surpris et comment nous avons sauté de justesse. L'hôtesse s'exclame, les marins commencent à discuter : « Quand la fera-t-on sauter cette saloperie ? Elle a fait bien assez de morts comme ça ! » Abel dresse l'oreille, questionne. Peu à peu il extorque.

Au début l'histoire a du mal à venir, puis, tout à coup, tout le monde se met à parler à la fois, à faire des bruits de bouche, on imite les avions. Les mains calleuses deviennent légères, rapides, elles font des piqués fantastiques, lâchent des rafales, des chapelets de bombes, des torpilles. Même les vieux marins s'excitent, leurs yeux brillent, ils chantent la grande épopée. Abel se frotte les mains de plus en plus vite. C'est à qui imitera les râles des blessés. Devant les marmites où mijotent les ragoûts, on parle des plaies ensablées, des entrailles que les chirurgiens lavaient dans les casques avant de les refourrer dans la chair. On parle de l'Américain géant complètement soûl. Il avait une entaille qui partait d'une oreille jusqu'à l'autre. Son crâne avait été fendu comme par un coup de hache. La patronne raconte :

« Quand il est arrivé ici, là, dans cette cuisine même, il a demandé du marc. Il a avalé la bouteille entière et il s'est couché sur le carreau, là, mademoiselle, exactement où vous êtes. Chaque fois qu'il se retournait, les os de son crâne faisaient des bruits secs. Il appelait sa mère sans arrêt: "Mamy! Mamy! Mamy!" comme un vrai gosse. Lorsqu'un chirurgien est venu le lendemain, l'Américain était toujours soûl et sans arrêt c'était: "Mamy! Mamy! Mamy!" Le chirurgien n'en revenait pas de le voir encore vivant avec une telle entaille. Il commence à lui laver les bords de la plaie, puis à chercher les cailloux qui étaient entrés dedans. Il en sortait, il en sortait et du sable et des petits galets. Il n'en revenait pas. Il n'avait jamais vu ça. Plus il s'acharnait, plus il en sortait. À la fin il rigolait tellement qu'il pouvait plus travailler. Il buvait du marc à même la bouteille, puis en avant il replongeait ses doigts dans la plaie et il sortait encore des cailloux, du sable, des bouts de coquillages et il riait, et il riait! L'autre, le géant continuait: "Mamy! Mamy! Mamy!" À un moment le chirurgien se lève, part en titubant, va jusqu'à l'évier, là, vous voyez! il fait les trois pas et, vlan! voilà qu'il dégueule. Il n'en finissait plus de dégueuler. Enfin il se relève, je vois qu'il se tient l'œil, je lui demande s'il s'est fait mal, il rigole, enlève sa main et qu'est-ce que je vois? Il s'était à moitié arraché l'œil avec le robinet. Ça saignait tant que ça pouvait. Il fait signe, il ne parlait pas français, il fait signe que ce n'est rien, se remet à quatre pattes et continue à nettoyer la plaie. L'autre pleurnichait toujours. "Mamy! Mamy! Mamy! Ah! il la voulait, sa mère! normal, c'est le cri qu'ils poussaient tous sans exception. De tous les côtés on entendait que: "Mamy! Mamy! Mamy!" ou bien: "Mutter! Mutter!" et parfois aussi: "Maman!" Affreux! Des jours et des jours et des semaines, ils n'avaient tous que leur mère à la bouche. Bon! alors le chirurgien se remet à quatre pattes et continue à extraire du crâne toutes les saletés. Mais je remarquais que ses gestes devenaient : de moins en moins précis, l'autre gueulait de plus en plus fort. Tout à coup qu'est-ce que je vois ? du sang qui coulait goutte à goutte le long du nez du chirurgien, droit dans l'entaille. Les doigts farfouillaient à l'aveugle dans la bouillie. Finalement, le chirurgien est tombé le nez dans la blessure... L'autre a poussé un affreux hurlement. On a essayé, ma sœur et moi, de le traîner, mais il perdait tellement de sang qu'on ne savait plus que faire. Puis ça s'est remis à tirailler dehors. On a dû le lâcher. On s'est sauvés par la cour. C'étaient les Allemands qui avançaient de nouveau de quelques mètres. Ils ont tenu la cuisine pendant toute la nuit. Le lendemain, ils se sont rendus, on a retrouvé le chirurgien mort, lardé de coups de baïonnette. Le géant ? Eh bien, figurez-vous qu'il s'en est sorti. On l'a emporté pour mort, puis le lendemain on a appris qu'il était parmi les blessés à la mairie. On y a été. C'était bien lui : "Mamy ! Mamy !" Ma sœur et moi on a été le voir tous les jours, ensuite ils l'ont emmené à Nantes. Ma sœur y allait toutes les semaines, puis un jour qu'est-ce qu'elle m'annonce ? qu'elle se marie... »

Abel saute en l'air.

« QUOI ? elle s'est mariée avec lui ? avec l'Amerloque ? »

La femme ne remarque pas la réflexion d'Abel et continue son récit en nous apprenant qu'à peine en Amérique sa sœur avait été obligée de faire enfermer son mari. Il était devenu fou. Abel s'apitoie, demande où est la sœurette, se frotte les mains lorsqu'il apprend que, la sœurette, c'est la femme qui entre et qui sort de la cuisine avec les assiettes fumantes. Abel commence à la suivre des yeux. C'est net, elle l'excite. Il ne dit rien, il télépathise avec elle. Il la baise d'avance, il tire des plans pour la nuit.

Pendant le repas, Abel se tait. Le regard en dessous, il suit les jambes de la servante. Chaque fois qu'elle repart, il nous chuchote qu'elle se frotte contre lui, qu'on a qu'à ouvrir l'œil. Lula et moi étouffons des fous rires. Abel s'énerve, il ne peut plus rien avaler. Il n'arrête pas de grommeler entre ses dents : « Putain de putain ! elle m'excite ! Ah ! la vache, ce qu'elle m'excite ! Ah ! je vais te le cocufier l'Amerloque ! »

Le lendemain matin, on frappe des petits coups à notre porte. C'est Abel. Il entre sur la pointe des pieds.

« Ah ! mes enfants vous pouvez pas imaginer quelle nuit ! »

On l'invite à s'asseoir sur le lit, à raconter.

« Quelle nuit !... Quand vous êtes montés vous coucher hier soir, je ne pouvais pas me lever de table tellement je bandais, mes enfants. Vous pensez avec tout le manège qu'elle faisait, vous pouvez pas imaginer ! À chaque plat, que je te frotte ma chatte contre mon épaule, que je te frotte mon minet contre le dos d'Abel. Et, mes enfants, vous connaissez le tempérament d'Abel. Bon ! Donc la salope fait tout son manège, me file les assiettes les mieux remplies. Encore une façon de faire des avances. Elle me parle avec le bifteck, avec les frites. Incroyable ! rien que de regarder comment j'étais servi, j'en bandais à soulever la table. À comparer nos assiettes, je voyais qu'elle en voulait. Bon ! vous partez. Je reste à faire des boulettes de mie de pain et elle à cavaler avec ses gambilles entre les tables. Tout à coup, elle passe à côté de moi et toc ! elle me file un coup de cul et se cavale sans me regarder. Je l'entends qui farfouille dans la cuisine. Au bout d'un moment, la voilà qui revient, et toc ! elle me refile un coup de cul et se recavale à sa cuisine. Je fais ni une ni deux, je la suis. J'arrive, qu'est-ce qu'elle faisait, la salope ? elle remettait sa jarretelle. Sa cuisse d'un blanc voluptueux au-dessus du bas noir. Je susurre : "Un coup de main, mademoiselle, pour la jarretelle?" Comme un con, c'est tout ce que je trouve à dire. Elle fait semblant de ne pas m'entendre et continue à farfouiller dans ses petits rubans. Je retourne à ma place et je me dis : "Mon vieux, cette cuisse-là, c'est Abel qui va en tâter cette nuit même." Je continue à faire semblant de rien. La môme ressort de la cuisine, va, vient, débarrasse autour de moi et tout à coup je sens toc! encore un coup de cul. Là, aussi sec, j'allonge la main, mais elle s'était déjà cavalée. Je me dis : "Attends petite, le prochain coup, c'est à ta chatte directement que je vais m'adresser, sans intermédiaire." C'est à croire qu'elle avait lu dans ma pensée. Elle continue toujours son manège, mais hors de portée. Elle débarrasse plus loin, elle fait des détours, elle m'évite. Je la regardais faire. La salope, à chaque assiette qu'elle ramassait, toc! un coup de cul contre une chaise. Toc! un coup de cul contre une table. Toc! contre les murs. De vraies hanches sur roulement à billes. La salle était vide, il ne restait que moi comme client. J'entendais à côté la patronne faire ses comptes. Je me dis : "Abel, tu y vas et tu lui files un rancart dans ta chambre." J'avais pas plus tôt pensé ça qu'elle apparaît à la porte de la cuisine et me demande... mais comme ça, d'entrée, si je connaissais le numéro de ma chambre? J'en suis resté muet un bon moment, tu te rends compte? comme télépathie on ne pouvait pas faire mieux. Finalement je lui bégaie que... que oui je le connaissais mon numéro de chambre et j'ajoute... télépathiquement pour voir si vraiment c'était pas des coïncidences, donc je dis en moi-même : "Et toi mignonne, où est ta chambre?" Et elle me répond aussi sec : "J'espère que vous avez un bon sommeil parce que je dors juste au-dessus de vous, et comme je me lève tôt..." Là, je reçois comme une décharge. J'entendais plus rien. Tu te rends compte de la conversation ? Je lui relance aussitôt mentalement sur les ondes : "Tu peux pas imaginer, ma petite salope, combien tu m'excites !" Et elle qui s'étonne du tac au tac que je suis pas plus fatigué que ça après cette rude journée. Je lui réponds que je suis increvable et je cogne ma pine sous la table. Toc ! et télépathiquement je lui lance : "T'entends ?" et je refais Toc ! Toc ! et je lui redemande toujours sur les ondes : "T'entends, belle pute ?" et devinez ce que j'entends ? Eh bien, j'entends sa craquette... sans blague ! son petit vagin qui fait Clic ! Clic ! Elle devait le faire bâiller. Clic ! Clic ! »

Abel se frappe le front, se frotte les mains.

« Vous pouvez toujours rire, écoutez la suite ! Je la regarde, elle me regarde, on se dit rien. Je refais Toc ! Toc ! Elle me fixe droit dans les yeux et me répond Clic ! Clic ! Bon ! Le manège dure un moment comme ça, elle appuyée au chambranle... et moi dans un état ! Enfin, voilà qu'elle bâille et me demande si je compte rester longtemps comme ça, qu'il serait peut-être temps que je monte me coucher. Vous vous rendez compte comme avance directe. Je lui lance aussi sec sur les ondes : "D'accord, ma jolie, je me monte et je t'attends dans ma piaule." je lui dis bonsoir et j'ajoute mentalement : "Tu peux venir je te promets une bonne nuit." Et l'autre qui me répond en riant : "Bonne nuit !" vous vous rendez compte ? Je pensais bonne nuit au moment où elle prononce bonne nuit. Fantastique, non ? Je monte dans ma chambre, je me couche sur le lit et je continue à lancer des messages à l'accéléré. Je te l'excite, je te l'excite, j'étais fou. Au bout d'un moment, je l'entends qui monte. Crac, crac, crac, au-dessus de ma tête. Pchuuuuit !

Elle enlève sa robe. Ffffuiffffuifffui!... sa combinaison. Clic clic! son slip. Un bruit indéfinissable... ses bas! J'étais, au bord de la syncope. »

Nous supplions Abel d'arrêter une seconde, le temps de souffler un peu. Abel se met à rire un petit moment avec nous puis il reprend son récit :

« Bon je lui lance : "Je suis à poil, cocotte" et j'ajoute : "Si tu veux que je monte, frappe un coup sur le plancher, si tu préfères descendre, frappe deux coups!" Silence total. Je me dis : "Ça y est voilà qu'elle commence à faire des manières!" Je lui relance le message, j'y mets toute l'électricité disponible, toujours rien! Je m'énerve, je me lève, j'écoute, toujours pas de réponse. Je colle mon oreille contre le mur, question d'habitude, ça porte les sons mieux qu'un téléphone, et qu'est-ce que j'entends? des petits grincements voluptueux très loin. Elle se branlait toute seule, la petite vache. Là j'étais fou furieux. Je lui balance sur les ondes un message salé, je te l'engueule pendant cinq bonnes minutes d'affilée en la traitant de tous les noms, que c'était pas permis d'exciter les gens comme ça, je l'ai traitée d'allumeuse. Sur ces mots qu'est-ce que j'entends? j'entends un frôlement dans le plafond. Putain de putain, je bondis! je sais plus ce que je lui avais dit, c'était un coup, je monte ou un coup tu descends. Vous vous rendez compte? »

Juste à ce moment on frappe à notre chambre, c'est elle qui apporte le petit déjeuner. Elle est toute souriante. Abel la regarde en dessous et se renfrogne. À peine est-elle sortie qu'il nous chuchote :

« Ah! vous pouvez pas imaginer la sainte nitouche que c'est! »

On refrappe, c'est encore elle. Elle demande à Abel s'il veut prendre son petit déjeuner avec nous dans notre chambre. Abel hausse les épaules et se renfrogne encore plus. Je réponds pour lui que c'est une très bonne idée. Elle ressort, Abel nous chuchote :

« Vous avez vu ? après tout ce qui s'est passé cette nuit, elle me parle comme à n'importe qui. »

On refrappe. Elle dépose le petit déjeuner devant Abel. Elle se penche et Abel louche dans son corsage. Dès que nous sommes seuls, Abel continue son récit. Il parle la bouche pleine. Lula lui fait des tartines. Il y a des miettes de pain plein le lit.

« Bon ! où en étais-je ? Ah ! oui ! j'entends au plafond un petit coup. Je sors tel quel, je me glisse dans le couloir... Attendez ! attendez !... »

On frappe, c'est encore la servante d'Abel. Elle débarrasse et ressort avec les plateaux, gagnée elle aussi par notre bonne humeur. Abel se lève brusquement et se précipite dans son sillage. Nous sautons du lit et pendant que Lula fait sa toilette nous nous amusons à faire des essais de télépathie. Nous achevons de nous habiller dans des rires fous.

De nouveau la voiture nous emporte. Il pleut et Abel, le nez contre le pare-brise, nous demande de l'aider un peu à se diriger car il n'y voit rien. Ma main est bien au chaud entre les cuisses de ma Lula et mon autre main actionne l'essuie-glace dont le moteur est en panne. Nous roulons vers La Ferté-Bernard. Je raconte comment avec Mme Galapine et la petite Natacha nous étions passés par cette même route jusqu'à La Ferté-Bernard où s'étaient repliés mes grands-parents.

Lorsque je parle de Natacha, Abel klaxonne furieusement et accélère comme si nous avions rendez-vous avec cette petite fille lubrique. Je raconte comment j'étais resté seul quelques mois avec Mme Galapine et Natacha.

Abel sursaute sur son siège :

« Quoi seul, avec la Shirley Temple ?

— Oui !

— Et j'espère que tu l'as baisée !

— Non je ne l'ai pas baisée à ce moment-là, pourtant c'est fou ce qu'elle me poursuivait, elle se frottait à moi, elle voulait tout le temps se battre, elle me mordait.

— Ah ! elle en voulait, elle en voulait ! elle était en chaleur, mon vieux ! et tu comprenais pas ?

— Non ! j'étais trop jeune !

— Eh bien, moi mon vieux, à ta place je te l'aurais baisée et pas qu'un peu et pendant que j'y étais la mère Garamapine, c'est comme ça qu'elle s'appelait ? eh bien la mémère elle l'aurait vue, je te l'aurais sérieusement travaillée. Ah ! mon vieux, j'en suis malade ! T'es resté tout seul avec deux femmes pendant des mois et tu… tu… tu… tu… malheureux j'en bégaie ! »

Il accélère. Il fonce vers les fantômes, la guerre n'a pas eu lieu, Natacha court vers la mer, ses petits seins devant elle.

« Quoi ? qu'est-ce que tu dis, Cyrus ?

— Rien ! je pensais aux petits seins de Natacha, je me disais qu'ils ne m'avaient jamais fait d'effet, sauf plus tard, beaucoup plus tard. Un jour, oh ! c'était juste après la guerre, Paris était plein d'Américains, un jour mes parents me disent que Mme Galapine aimerait bien me revoir une dernière fois parce qu'elle était devenue presque complètement aveugle. Ils me disent aussi que Natacha est là, qu'elle va partir en Amérique, qu'elle est devenue superbe, une vraie vamp. Alors là, je fonce. J'arrive chez la mère Galapine, et qui est-ce qui m'ouvre? Une beauté genre Rita Hayworth, cheveux longs, lèvres sensuelles, fume-cigarette, ongles rouges et des…

— Quoi? c'était la môme? Et les seins? les fameux petits seins? je me languis.

— Seins superbes, jambes superbes!

— Ah! Cyrus, Cyrus! tout superbe, quoi! »

La vieille Celta 4 fait une embardée. Lula se serre en souriant contre moi. Je vois ses grandes paupières, ses longs cils qui retombent sur ses joues. Je sens, contre mon corps, son corps qui se balance dans les secousses. Je me penche et lui embrasse le coin des lèvres. Je sens son souffle tiède.

« Alors? alors? tu disais? Eh, Cyrus, tu disais?

— Je ne sais plus où j'en étais.

— Si! tu disais que tu avais été un jour chez la môme et tu disais qu'elle t'avait ouvert, seins superbes, jambes superbes, cul superbe, et les cuisses? tu as pas parlé des cuisses?

— Cuisses fantastiques! »

Lula rit. Abel klaxonne.

« Donc elle m'ouvre. J'en reste le souffle coupé. La première chose que je trouve à lui dire c'est qu'elle a changé depuis la dernière fois. Elle me détaille des pieds à la tête, il faut dire que j'étais plutôt loqueteux, et me répond du tac au tac: "Toi aussi." J'ai tout de suite compris que c'était foutu, moi qui m'excitais d'avance, je pouvais aussi bien foutre le camp. Mais pas du tout, la voilà qui m'embrasse sur la bouche…

— Quoi? pour de bon?

— Juste sur la bouche, à la russe…

— Pas plus que ça ?

— Non ! j'étais trop intimidé.

— Ah ! t'es trop con, Cyrus ! Tiens, t'es trop con. Ah ! là là, ah ! là, là, misère ! misère ! mais à quoi tu pensais ? »

La Celta 4 fait une série de petits bonds joyeux.

« Alors, elle te pose comme ça ses lèvres parfumées sur les lèvres et toi tu fais quoi ? tu fais vraiment rien ? Non, je ne peux pas te croire.

— Si, si, c'est vrai ! Là-dessus j'entends la voix de Mme Galapine qui crie du fond de l'appartement : "Natacha qui est là ?" Natacha rigole et dit : "Ce n'est que Cyrus !" »

J'étais furieux, je lui saute dessus…

« Ah ! bon, bravo, bravo !

— Je lui saute dessus et je lui pose la main sur le sein. Pendant ce temps la mère Galapine me crie de venir. Natacha me repousse et me dit : "Tu vas voir si j'ai changé !"

— Quoi ? elle t'a dit ça ? tu vas voir si j'ai changé, mais c'était une avance, malheureux ! Il fallait la baiser sur place. Toc ! ça fait pas un pli.

— Attends, attends ! elle me dit ça et voilà qu'elle déboutonne son chemisier et qu'elle me montre ses seins…

— Ah ! la vache ! alors tu lui es rentré dedans ?

— Non ! j'étais tellement estomaqué que j'ai même plus allongé la main. La mère Galapine gueulait toujours au fond de l'appartement. Natacha m'a tourné le dos et m'a dit de la suivre. Elle ne s'est même pas reboutonnée, tu penses la vieille était déjà tellement aveugle qu'elle s'en foutait. Donc elle passe devant moi et en marchant qu'est-ce qu'elle fait ? tiens-toi bien ! eh bien elle tortille son cul et je vois sa jupe moulante qui glisse et qui tombe à terre. Elle l'enjambe comme si de rien n'était et continue à marcher en rigolant.

– Quoi ? elle avait enlevé sa jupe ? c'est pas possible ! mais explique mieux, putain ! elle avait enlevé sa jupe en marchant comme ça ! ah ! la vache ! et comment elle était dessous ?

– Dessous elle avait juste un petit slip transparent. »

Abel pousse un hurlement.

« Transparent ? tu dis transparent ! transparent ?

– Oui, oui, je t'assure ! je voyais son cul qui se tortillait.

– Et alors ? alors ?

– Donc, on traverse l'appartement comme ça, Natacha se tortille exprès sur ses hauts talons...

– Quoi sur ses hauts talons ? mais tu l'avais pas dit, recommence ! recommence il faut que je réimagine depuis le début ! »

Abel se met à rire comme un fou. Lula a le fou rire aussi. Nous rions tous les trois. La voiture fait de petits bonds joyeux entre les peupliers. Enfin on se calme un peu. Abel se passe la main sur le front et finit par dire d'un ton très sérieux :

« Bon ça y est ! j'ai tout revu depuis le début avec les talons hauts. Toute la scène depuis le début, fantastique ! Bon, tu nous dois la suite, mon vieux Cyrus. Hein, Lula, qu'il nous doit la suite ? »

Lula rit et hoche la tête.

« Donc on traverse l'appartement, on arrive devant la chambre, Natacha me pousse devant elle vers la mère Galapine qui est au fond de son vieux fauteuil. Elle était devenue méconnaissable. Natacha se frotte contre mon dos en rigolant. Je me penche et j'embrasse la vieille, un vrai cadavre, elle avait maigri, la peau de sa figure pendait, elle avait dû perdre son dentier pendant la guerre, aveugle comme elle était, tu penses ! Ses lèvres étaient rentrées, aspirées par le vide de sa bouche. Elle étend ses mains et me palpe la figure. Elle me dit que j'ai changé, elle rit attendrie lorsqu'elle sent mes joues mal rasées. Puis elle commence à me palper les épaules, la poitrine, j'en suis malade. Sa main tâte le tissu de ma veste, elle fait la moue pendant que ses doigts s'enfoncent dans un accroc. Elle sent l'usure, son autre main pendant ce temps replie une poche à moitié décousue qui pend. La vieille a l'air navré. Ses mains continuent l'inspection pendant que Natacha en riant me frôle les omoplates avec les pointes de ses seins. Elle se remue tant qu'elle peut...

— Fantastique ! tu en remets ?
— Non, non ! je t'assure !
— Eh, Lula ? il en remet, c'est pas possible... »

Lula rit, jure que je lui ai raconté l'histoire et que la fin est extraordinaire.

« Alors ? alors ?
— Bon alors où en étais-je ?
— La vieille te tâte partout et s'apitoie sur tes vieux habits pendant que la môme...
— Ah ! oui, donc la vieille me tâte, sa main arrive à ma taille, elle sent la ficelle qui me tient lieu de ceinture. Donc la vieille sent la ficelle et me dit : "Cyrus, mon pauvre garçon, je vois que tu es un vrai clochard, voilà où t'a mené la peinture, pourtant tu étais fait pour mieux réussir. Je suis sûre qu'il ne te reste plus un seul bouton." Natacha éclate de rire et dit qu'en effet ma braguette bâille. Sa mère lui dit de se taire, qu'on ne parle pas comme ça. Mais la main descend quand même d'instinct pour vérifier. Donc la main

de la vieille descend, descend, descend, je saute en arrière, je bouscule Natacha, je sens sa hanche nue contre ma main. »

Abel hurle :

« Sa quoi ?

— Sa hanche, pourquoi ?

— Mais tu ne vois pas qu'elle avait enlevé son slip ? Putain, elle avait enlevé son slip dans son dos !

— Attends la suite. Donc je sens sa hanche nue. En effet, elle avait enlevé son slip. Elle se plie en deux et, en se tortillant de rire, écarte ma main. La vieille nous crie d'arrêter de nous battre, que nous ne sommes plus des enfants. Natacha redouble de rire et tire sur le nœud de la ficelle qui retient mon pantalon.

— Putain de putain ! en plus il perd son pantalon.

— Oui, un vieux pantalon que j'avais acheté aux Puces. Il était deux fois trop...

— Passons, passons ! alors, alors ?

— Attends, attends ! donc elle se sauve avec la ficelle qu'elle fait siffler autour d'elle. Tenant comme je peux mon pantalon, je la poursuis autour de la table de la salle à manger, d'un côté, de l'autre, d'un côté, de l'autre, d'un côté...

— Alors ? alors ?

— Au moment où je vais l'attraper, elle se défait de son corsage et me le lance à la figure en riant. Pendant que je me dépêtre j'entends la vieille qui gueule : "Ne cassez rien mes enfants ! ne cassez rien !" Au fond elle devait se douter de ce qui était en train de se passer. Elle faisait des conserves, elle savait bien qu'une fois sa fille partie pour l'Amérique, c'était la solitude, même pas un livre pour la distraction.

— Alors ! alors Cyrus, tu te perds !

— Finalement, je coince Natacha au fond du couloir, je l'empoigne à bras-le-corps, mon pantalon glisse sur mes talons.

— Ça y est, nous sommes en panne! »

La voiture en effet roule sans bruit sur son élan. Abel essaie de faire repartir le moteur, il s'énerve et fait craquer les vitesses.

« Merde, plus d'essence! Avec ton histoire, j'ai oublié de surveiller. Bon! on en est pour une petite marche. »

Abel gare la voiture sur le bas-côté et nous partons tous les trois à pied. Lula gambade, tout heureuse de cette éclaircie. Elle adore les incidents. Les pannes l'ont toujours mise en joie. Donc nous avançons sur la route ensoleillée. Lula sautille devant nous en recoiffant ses longs cheveux qui brillent dans la lumière. Abel la regarde en dessous et me pousse du coude:

« Elle était aussi belle que Lula?

— Presque! Disons, le même genre, longues jambes, longues cuisses, beau cul, cheveux longs...

— Putain de putain et où est-elle maintenant?

— À Paris, je crois.

— QUOI? à Paris?

— Attends, attends! t'affole pas, tu vas voir. Quand elle est revenue d'Amérique, j'y suis retourné. Oh! des années après, juste un peu avant de rencontrer Lula. Je savais que la vieille était toujours là, complètement aveugle et surtout paralysée, elle ne parlait plus, je crois qu'il ne lui restait plus que le flair. Elle s'agitait un peu aux heures des repas, c'est tout. Le reste du temps elle était là, les mains à plat sur sa couverture. Affreux! Donc, dès que j'apprends que Natacha est revenue d'Amérique, j'y fonce. Elle m'ouvre, je reçois un vrai choc, c'était la vieille en plus jeune, tu vois ce que je veux dire ?

— Non ! pas très bien.

— Si, elle avait vieilli, tu peux pas imaginer, en quelques années un ravage. Terrible !

— Quoi ? tu vas pas me dire qu'elle avait plus ses seins, son cul, ses jambes !

— Je t'assure, Abel, des vestiges monstrueux. Elle m'ouvre, je reste sans voix. Je vois une femme qui me sourit, elle m'embrasse sur la bouche, toujours à la russe, puis elle me dit : "Suivez-moi, j'espère que maman arrivera à savoir que c'est vous." Et elle se met à rire méchamment, tu te rends compte elle me vouvoyait. Je la suis le cœur serré, ses cheveux elle les avait coupés, je voyais sa nuque rasée. Terrible ! Elle avait des chaussures plates, son cul il n'en restait qu'une masse informe. Ah ! la la !

— Putain de putain, je m'en fous, donne-moi son adresse, j'y vais. Je la baise en souvenir, je m'en fous.

— Si tu veux, tu peux y aller, mais je ne sais pas ce qu'elle est devenue depuis la mort de sa mère.

— Tu l'as baisée, oui ou non, à la fin, quand tu l'as coincée au fond du couloir ?

— Ni oui, ni non ! attends je te raconterai. »

Nous arrivons au poste à essence. Lorsque nous roulons à nouveau, Abel me lance un regard en biais :

« Alors vieux ? oui et non ça veut rien dire.

— Pourtant tu vas voir, écoute, je finis. Donc je la bascule par terre à même le carreau et je sens au même moment une brûlure terrible.

— Comment une brûlure ? où une brûlure ?

— Mais attends! donc je sens une brûlure terrible sur la nuque, puis une autre. Je ne comprends pas ce qui m'arrive et tout à coup je me rends compte que c'est la vieille qui était arrivée à tâtons en glissant sur ses pantoufles et qu'elle m'avait saisi par la nuque. Elle me laboure sauvagement le dos avec ses ongles sans dire un mot, je sens ses doigts qui me déchirent, qui me lacèrent. Je bondis, je la repousse de toutes mes forces. Elle tâtonne, elle me cherche, elle tourne sur place. Je ramasse ma ficelle, je passe à quatre pattes sous son bras et je me taille à toute vitesse. Je me suis rafistolé sur le palier.

— Putain de putain, de putain, de putain, de putain! »

Nous roulons longtemps en silence. Abel recommence à rêver :

« Dis-moi un peu, tu crois pas qu'elle s'est ressaisie? »

Je le regarde, étonné, je ne comprends pas :

« Quoi? qui ressaisi?

— La môme quand tu l'as revue... Les chaussures plates et tout ça. Tu crois pas que si je la retrouvais, tu crois pas qu'après un ou deux bons baisages elle pourrait remonter la pente, s'arranger, redevenir un peu comme avant? Quel âge elle a maintenant? »

Je ne sais que répondre, je fais un petit calcul, je retourne en arrière, je reviens, la guerre, l'exode, la pension, la Libération, Pauline, puis Lula. Lula, ça fait quatre ans maintenant avec Lula.

« Je ne sais pas, moi, elle était un peu plus âgée que moi, je sais pas, vingt-cinq ans quand je l'ai revue. Oh! maintenant elle a pas plus de trente ans, même peut-être deux ou trois de moins que trente ans. »

Abel bondit :

« Quoi ? mais c'est une histoire de fous. C'est pas possible, une femme n'est pas finie à vingt-cinq ans, ni à trente, ni à quarante, une femme n'est d'ailleurs jamais finie !

— Je dis pas qu'elle était finie, Abel, je dis qu'elle s'était laissée aller ou qu'elle avait des glandes qui fonctionnaient plus, je sais pas moi !

— Bon ! mon vieux, donne-moi son adresse et je te la reprends en main et, si elle était aussi belle que tu le dis, eh bien… ».

— La voiture roule de nouveau sous une pluie battante. J'actionne le plus vite possible les essuie-glaces, j'ai mal au bras. Pour changer de sujet, je demande à Abel comment ça s'est terminé sa fameuse nuit.

Abel me jette un coup d'œil malicieux.

« Eh bien, mon vieux Cyrus, je dirais comme toi, ni oui, ni non ! »

Il se frotte les mains à toute vitesse, ravi. La voiture dérape un peu. Là il nous intrigue. J'en arrête de manœuvrer l'essuie-glace. Abel pousse un cri, on manque de partir dans le fossé.

« Cyrus, Cyrus ! tu vas nous faire tuer, malheureux ! n'oublie pas que tu remplaces une machine, dis-toi qu'un homme, pour faire le travail d'une machine, doit y mettre toutes ses facultés, il n'a le temps de rien d'autre. Le cerveau doit mobiliser toutes ses forces pour s'anéantir, c'est ce qu'il y a de plus dur. Bon, écoute bien et manipule en souplesse, toc, toc, toc, toc, régulièrement, sans ça il vaut mieux s'arrêter. Sois doux, voluptueux, c'est vieux tout ça ! Bon, alors je sors de ma chambre, à poil. Je grimpe l'étage, je tâte dans le noir, une porte, deux portes, trois portes. Je frôle, je flaire, je caresse les murs et je sens tout à coup que *c'est là !* Je me mets à gratter, oh! juste à peine comme ça... crrrr crrrr crrrr! un gratouillis aérien, un frissouillis des ongles. J'écoute, je l'entends soupirer et sa voix faussement apeurée demande: "Qu'est-ce que c'est?" Je chuchote les lèvres dans la serrure: "C'est moi!" et elle qui fait l'innocente, qui minaude, qui comprend pas! Je lui lance par télégraphe: "Dépêche-toi d'ouvrir, je commence à avoir froid." Aussitôt elle allume et je la vois par le trou de la serrure assise sur son lit, elle fait l'effarée et, horreur! ses cheveux sont hérissés de bigoudis. Ça, ça m'a refroidi! Vous vous rendez compte? Filer un rancard à un homme et l'attendre dans son lit les cheveux pleins de bigoudis. On voit qu'elle a eu un Américain dans sa vie. Je lui susurre les lèvres dans la serrure: "Avant tout ma jolie, enlève tes bigoudis!" Et vite je regarde. Là elle en revenait pas que je lui dise ça. Elle lève les mains vers sa tête, les yeux ronds et se tâte comme dans un rêve. Ça, il avait jamais dû lui dire ça, son trépané. Tout à coup je l'entends qui gueule: "Mais qui est là?" Je sursaute, je me cavale dans le couloir et je plonge dans mon plumard. Je suis pas plus tôt couché que je vois de la lumière sous ma porte; quelqu'un a allumé la minuterie. On parle au-dessus, on marche, une voix d'homme. Je tends l'oreille et je l'entends qui répond en minaudant, qui fait des chichis. Ah! la salope! j'entends des rires et voilà qu'il la culbute au-dessus de ma tête. Non! vous vous rendez compte! tout ce boulot pour que ce soit un autre qui récolte. »

Lorsque nous nous calmons un peu, je lui dis:

« Donc, tu l'as pas baisée? »

Abel ricane et nous regarde en biais en haussant les épaules.

« Oui et non! »

Sur ces mots, nous arrivons à La Ferté-Bernard. Abel veut voir l'ancienne maison de mes grands-parents. Je raconte comment nous étions arrivés avec Natacha et la mère Galapine chez mes grands-parents, comment mon grand-père m'avait montré en douce la maquette du fameux sous-marin qu'il avait inventé. Abel est passionné. Tout ce qui touche à mon grand-père le met en joie.

Nous voici devant la maison. Un affreux chien noir hargneux saute en montrant ses crocs contre la grille branlante. La bicoque est restée pareille à elle-même, aussi moche, sauf que des légumes tirés au cordeau s'alignent dans le jardin jusqu'à la voie ferrée qui le limite.

Nous reprenons la route. La pluie a cessé. Nous sommes pensifs.

Tout à coup, Abel klaxonne joyeusement.

« Vous avez vu les deux chiens ? »

Je ne réponds rien, j'étais en train d'embrasser la main de Lula, je n'avais rien vu et Lula qui somnolait non plus.

« Eh bien, ces deux chiens collés me rappellent une histoire incroyable qui est arrivée à mon copain Barte. Je crois que tu ne la connais pas, Cyrus, en tout cas pas toi, Lula, écoutez bien ! »

Il se frotte les mains :

« Donc un jour, mon vieux copain Barte raccroche sur le Boul' Mich' une fille, mes enfants, d'une beauté ! vraiment très belle, très très belle. La fille avait un peu le type espagnol. Maria Félix quoi ! Bon ! il la raccroche, ils tournent un moment dans les petites rues, il l'embobine, il l'embobine et, mine de rien, il se rapproche de son hôtel. Mon copain Barte avait un truc génial pour raccrocher les filles, un truc qui marchait à tous les coups. Il les abordait comme ça : "Mademoiselle, qu'il leur disait, votre beauté intrinsèque n'a d'égal que l'en moi de votre ego." Quoi, des conneries de ce genre-là. »

Abel donne une série de petits coups de klaxon et continue, le sourire aux lèvres :

« "Votre intrinsèque beauté, mademoiselle, est inversement proportionnelle au carré de l'ego de mes deux couilles…", n'importe quoi, mais le plus obscur possible… Évidemment, les couilles, c'est de moi. Parfois même, il leur balançait d'entrée la théorie de la relativité. "Savez-vous, mademoiselle, qu'il leur disait, que $E = MC2$ multiplié par XWZ n'importe quoi au carré, etc." La fille s'arrêtait, aussi sec, de marcher. Là, il lui envoyait, mon copain Barte, un sourire supérieur et enchaînait en souplesse : "Savez-vous que, d'après Einstein… (le nom faisait à tout coup l'effet voulu) d'après Albert Einstein, pour deux observateurs mobiles l'un par rapport à l'autre l'écoulement du temps n'est pas le même, c'est angoissant n'est-ce pas ?" La fille ne savait que répondre. Puis il ajoutait : "D'ailleurs Freud…" Là c'était cuit ! Einstein-Freud, elle ne résistait plus. "D'ailleurs Freud, qu'il continuait, comme vous devez le savoir, Freud, sans être particulièrement existentialiste, avait des problèmes existentiels une idée savoureuse… le saviez-vous ?" La fille complètement infériorisée n'avait plus qu'une solution pour garder la face, c'était de tortiller du cul. Mon copain Barte arrivé à ce stade envoyait sa dernière botte. "Donc Freud avait remarqué que Bergson par rapport à Kant… Sartre Jean-Paul n'existait pas encore", qu'il ajoutait non sans à-propos. "Donc Bergson par rapport à Kant, avait remarqué Freud, c'était comme si vous mettiez l'épicurisme dans un sandwich œdipien préparé par Épictète et que vous le saupoudriez de ciguë, et qu'après l'avoir fait renifler à ce connaud de Socrate vous le balanciez à Heidegger… Vous connaissez ce con d'Heidegger ?" il demandait à la môme. Elle tortillait du cul et restait coite. "Donc Freud après avoir compris ce simple rapport existentiel l'appliqua à toutes les données intrinsèques de la vie. Il avait échafaudé son génial… (le mot génial, les femmes aiment ça, c'est le mot qui les excite le plus) donc son génial système, continuait mon copain Barte, reposait sur la pierre de touche de l'existentiel ego, avec un grand E, mademoiselle, etc., de mes deux couilles." Et pendant qu'il lui débitait toutes ces salades, il avait fait monter la fille sans qu'elle s'en aperçoive dans sa chambre. Encore deux ou trois phrases, bien obscures et bien sonnées, et la môme était à poil sur le lit, et dix minutes après l'avoir racolée, il la baisait. C'est pas qu'il aimait les femmes, non c'était pas ça. Ce qui le faisait bander, c'était d'épater les copains. Il s'arrangeait pour qu'il y en ait toujours un ou deux qui chronomètrent du premier mot qu'il adressait à la fille jusqu'à ce qu'il accroche le slip en dentelle à, son espagnolette. Les copains qui attendaient dans la rue, dès qu'ils voyaient la petite culotte… Toc! arrêtaient le chrono. Je crois que son record, c'était quelque chose comme huit minutes six dixièmes chrono. Vous vous rendez compte, chrono! Donc, mon copain Barte raccroche un jour la beauté des beautés, il commence tout son truc, ça marche du tonnerre. Nous suivons avec le chrono. Ils font le tour du pâté, une fois, deux fois, ils prennent à gauche, puis encore à gauche et Barte y allait toujours de son Einstein, de son Freud et de son Sartre… Et, toc! les voilà qui montent, et nous, sur le trottoir, on a à peine le temps de lever les yeux vers la fenêtre qu'on voit la culotte, une petite culotte noire de rien du tout, accrochée à l'espagnolette. Putain de putain, vous imaginez ? Il avait dû la lui enlever dans l'escalier. »

Abel ponctue d'un petit coup de klaxon.

« Donc on est toujours là, avec le chrono, les yeux en l'air sur le trottoir et je crois bien que ce jour-là il avait battu le record des records. Bon, d'ailleurs peu importe ! En tout cas on attend, on attend comme d'habitude que ça soit fini. En général c'était un rapide, mon copain Barte. Comme je vous l'ai dit, c'était pas de baiser qui l'intéressait mais de les tomber. Le baisage, c'était... toc! toc! on voyait une main féminine qui reprenait la culotte, la fille tournait le coin de la rue avant qu'on ait le temps de faire ouf! Mais ce jour-là le temps passe et la culotte est toujours là. Une heure, deux heures, la culotte bouge pas. On faisait les cent pas, l'œil en l'air. Des flics commençaient même à nous regarder de travers. Trois heures, la culotte est toujours là. On crevait de froid, on se relayait, on allait boire des grogs chacun son tour, et la culotte qui était toujours là. Finalement on tire à la courte paille celui qui monte aux nouvelles. C'est moi! j'y vais, je fonce au troisième, je fais toc, toc, discrètement. On s'agite, on chuchote et enfin j'entends la voix de mon copain Barte derrière la porte... mais sa voix, mes enfants, méconnaissable. Il pleurnichait presque : "Qui est là ?" Je dis : "C'est moi, Abel!" et la voix de Barte qui me répond angoissée, terrible : "Abel, il m'arrive une histoire effrayante." Et là-dessus je comprends plus rien à ce qu'il dit comme si quelqu'un lui avait mis la main sur la bouche. Vous vous rendez compte ? J'entends : HMMMM HMMMM HMMMMM... un bruit de lutte, puis de nouveau sa voix : "Abel, Abel, Abel! on est collés", qu'il me dit. »

Nous éclatons tous de rire et la voiture fait de joyeux petits zigzags. Lula est passionnée, elle demande à Abel :

« Collés ? Mais collés comment ? »

Abel se trémousse.

« Mais collés comme des chiens ! attendez, attendez ! »

Fou rire général.

« Donc il me dit derrière la porte : "Abel, Abel, toi qui t'y connais en anatomie, qu'est-ce qu'il faut qu'on fasse ?" Je me marrais tellement derrière la porte que je n'arrivais pas à lui répondre. Finalement je lui demande s'il bande encore ? Il me dit que oui, la preuve ! Je lui dis qu'il faut alors qu'il pense à des choses qui le fassent débander. Et il me répond que c'est exactement ce qu'il fait depuis des heures mais qu'il doit y avoir quelque chose dans le vagin de la fille qui le serre car il n'y arrive pas. Et pourtant qu'il me dit, écoutez bien ce qu'il me dit, il me lance qu'il imagine des choses à faire débander un mort. Je vous jure qu'il m'a dit cette phrase fantastique. Là je riais plus. Pour qu'il ait inventé ça, il fallait que ce soit sérieux. Pendant tout le temps où il me parlait j'entendais la fille qui pleurnichait. Tu parles, prise au piège en plein coït. Que faire ? Je m'affole, je leur demande s'ils veulent que j'appelle un gynécologue. La fille se met à pleurer et voilà mon copain Barte qui la console. Vous imaginez, il la console ! Je leur dis : "Écoutez, vous m'entendez ? j'appelle un docteur ou j'appelle pas un docteur ? ou bien, j'sais pas moi, vous préférez que je regarde ?" Je pouvais pas dire plus ! J'entends qu'ils chuchotent et mon copain Barte finalement qui répond : "Elle veut pas, mais moi je crois qu'il faut que tu voies quand même." Ils chuchotent à nouveau. Là-dessus j'entends des pas dans l'escalier et voilà la patronne de l'hôtel qui débouche dans le couloir. Aussitôt qu'elle me voit, elle se met à gueuler : "Mais qu'est-ce que vous foutez là ?" déjà qu'elle ne pouvait pas me blairer, et elle continue à hurler : "Vous croyez que je vois pas votre manège avec votre bande de voyous qui tourne sur le trottoir, etc. ?" La connasse qui s'était imaginé qu'on voulait faire un hold-up dans son minable hôtel. Là, j'ai été pris d'un tel fou rire qu'elle en est restée coite. Ça a tout sauvé, le fou rire a redressé la situation ! Donc j'étais en train de rire lorsque la porte de mon copain Barte s'ouvre et je le vois en robe de chambre qui apparaît comme si de rien n'était et qui commence à s'engueuler avec la pipelette. Finalement, il paraît que c'est mon fou rire qui l'avait fait débander et déverrouiller le vagin. La pipelette s'est taillée et Barte m'a fait entrer. La fille était cachée sous le drap, la figure et tout, roulée en boule, elle voulait pas se montrer, elle avait trop honte. Barte en est devenu amoureux fou. Tu t'rends compte, lui qui était pratiquement incapable d'aimer une femme, la preuve, puisqu'il cavalait comme ça tout le temps. Ses parents, ses copains, il les adorait, mais les femmes, il les méprisait. Mais celle-là… le coup du caniscoïtum, il paraît que c'est comme ça que ça s'appelle, celle-là, il s'est mis à l'aimer… et puis un jour, elle lui a posé un lapin. Il était comme fou, il n'avait pas son adresse, il était tout bonnement fou. Il fouinait partout dans le quartier. Chaque jour il était exactement là où il l'avait racolée, à la même heure tous les jours. Il, il… tu imagines Barte, il faisait une gueule ! »

Abel rit tellement que la voiture ralentit et se met à rouler au pas, elle avance avec des petits hoquets. Nous sommes doublement secoués. La voiture toujours hoquetante finit par s'arrêter dans un champ qui borde la route, au milieu des narcisses. Nous sortons dans l'herbe humide. Lula, très intriguée, demande à Abel :

« Comment tu appelles ça ? coïtcanicus ?

— Non ! caniscoïtum ! il paraît que c'est comme ça que ça s'appelle.

— Tu crois que c'est possible ?

— La preuve, Lula ! Tu sais, pour que Barte s'affole, il en faut ! ça il en faut ! »

Nous pissons tous un bon coup et repartons sur la route mouillée qui luit sous le soleil.

Enfin nous nous arrêtons dans un petit restaurant routier. Civet de lapin, crème renversée, la vie est belle ! Quelques routiers autour de nous mastiquent silencieusement en regardant Lula, ce qui m'énerve un peu. Abel continue :

« Donc, mes enfants, mon copain Barte devient chaque jour plus triste. Il ne racole plus de filles, c'est à peine s'il mange, et là vous allez voir ce qui arrive. Incroyable ! c'est à pas y croire. Un jour Elie Bélina, oui ! le vieux Bélina voit une fille sensationnelle dans le métro, une vraie beauté. Comme d'habitude il la raccroche. Pour ça, c'était un génie, tu te souviens, Cyrus ? Bon ! il la raccroche, ça fait pas un pli. Il dit deux mots, la fille sourit. Au bout d'une phrase, c'était comme s'il l'avait connue depuis toujours, comme s'il l'avait fait sauter sur ses genoux depuis toute petite. Pour ça c'était un vrai génie. Bon, il fait le papa gâteau, sourire rassurant, voix douce. Stupéfiant ! Il lui dit qu'il a une femme merveilleuse, il lui parle de la mère Bélina, sa Martha. Martha par-ci, Martha par-là, puis de ses merveilleux fils, les deux superbes enfants de sa Martha, deux ou trois anecdotes bien venues... sa douceur infernale fait le reste, et toc, la fille est dans le sac. Elle accepte de venir dîner en famille. Elie

Bélina avait mené son affaire avec la maîtrise que nous lui connaissons. Rendez-vous est pris, la fille empoche la carte d'Elie Bélina, tu te souviens, Cyrus ? *Elie Bélina poète surréaliste – courtage livres rares*, etc. Elie rentre à la maison et annonce à Martha que tel jour une fille extraordinaire, une beauté fabuleuse, la reine de Saba en personne vient dîner. Il raconte comment il l'a racolée à l'Alma et qu'au Trocadéro, c'était cuit. Martha ne s'étonne pas, connaissant les performances de son Elie. Le problème est de décider lequel, de Jean-Jacques ou de Charles, sera l'élu, lequel inviter avec la fille. Bon ! vous connaissez la famille Bélina, la moindre chose c'est des discussions à perte de vue. Là-dessus, j'arrive pour voir mon copain Jean-Jacques, il n'est pas là, les vieux m'invitent à rester déjeuner avec eux et pendant le déjeuner je me lance sur l'histoire du caniscoïtum. Je raconte comment ça s'est terminé, et le lapin que la môme a posé à Barte. Elie et Martha sont attristés. Tout à coup Martha bégaie : "Et… et… et… et… pour… pour… pour… pour…" Elie qui la connaît par cœur, sa Martha, termine comme d'habitude : "… quoi pas inviter Barte avec la beauté ?" Martha hoche la tête et finit : "la… la… la… la… la beau… beau… beau… beau té… té… té… té…" C'était bien ça qu'elle voulait dire. Alors voilà la merveilleuse Martha qui te mijote un bon petit dîner, fleurs sur la table et tout. Bon ! mon copain Barte arrive tout émoustillé. Il est à peine là qu'on sonne, et qui rentre ? devinez ! »

Les routiers s'arrêtent de mastiquer, ils ne veulent pas en perdre un mot de l'histoire d'Abel. Tout le monde est suspendu à ses lèvres. Abel jette un rapide regard à la ronde et continue :

« C'est la fille du coïtca… non, du caniscoïtum ! »

Lula en avale de travers. Nous éclatons de rire. Les routiers ne comprennent pas très bien mais sont passionnés. Les serveuses, les mains posées sur leurs petits tabliers, sourient, appuyées contre le bar. Le patron, le mégot pendant, sourit de confiance derrière sa caisse. Abel se frotte les mains et continue :

« Oui ! c'était la fille ! c'est pas extraordinaire ? fantastique ? Elie Bélina avait raccroché par un hasard fabuleux entre l'Alma et le Trocadéro la fameuse beauté et, chose encore plus extraordinaire, il avait fallu que ce soit Barte qui soit désigné par le destin pour cette rencontre. Ça aurait pu être Charlot, d'ailleurs c'est lui qui l'a soulevée à Barte par la suite, comme nous le savons tous, hein, Cyrus ? passons ! »

Les routiers rigolent en douce, Abel avale un coup de rouge et élevant un peu la voix continue :

« Barte voit entrer la môme. Il reste comme un con les bras ballants. La fille j'en parle pas, elle se trouve presque mal. Comme elle était mystique, elle est persuadée que c'est le ciel qui avait tout manigancé, elle fait des signes de croix et tombe dans les bras de Barte. Elie et Martha n'y comprennent rien. Finalement ils s'expliquent. Bon ! c'est pas tout ! c'est pas tout. La môme qui s'appelait Thérèsa... beau nom, non ? donc Thérèsa, ah ! j'adore ce nom ! donc Thérèsa, le soir même, monte dans la chambre de Barte. Ils se foutent au pieu en se jurant de pas baiser... caresses, baisers voluptueux, chatouillis... »

Abel laisse un long silence. On entend *bzzzz bzzzz bzzzz...* c'étaient les mouches. La patronne est sortie sur le pas de sa cuisine. Les routiers, la bouche pleine, ne mastiquent plus depuis un bon bout de temps. Le patron ne respire plus. Les deux serveuses toutes rouges ne vivent plus. Tout le monde boit les paroles sur les lèvres d'Abel.

« Donc, donc, donc papouilles, papouilles, léchi-lécha, ils n'osent pas baiser, et pour cause ! Toute la nuit ce n'est que caresses, frissons, amuse-gueule, zakouski ! Ils en restent au caviar et aux carottes râpées... »

Éclats de rire dans toute la salle. Abel crie :

« Vos gueules ! attendez ! attendez ! vos gueules ! » Lorsque le silence revient un peu :

« Don-que ! léchi-lécha, caresses et frissons jusqu'à l'aube. Chacun jouit comme il peut, mais ils ne baisent pas. Le lendemain matin, Barte vient me trouver et me raconte sa nuit, qu'il a peur de rester collé, et elle aussi, etc. »

On ne s'entend plus, la salle est en délire, les routiers se donnent des claques sur les cuisses. Toutes les chaises dans un même élan sont rapprochées. Abel lève la main et demande le silence.

« Donc, donc il me dit qu'ils ont peur de rester collés, et là j'ai une idée géniale ! Je propose tout simplement à Barte de me glisser au petit jour dans son hôtel et, s'ils sont collés, de rire un bon coup dans le couloir au risque de m'engueuler avec la pipelette. »

Abel lève la main, les rires s'apaisent et il continue :

« Donc le lendemain matin je me glisse comme convenu dans l'hôtel. Je grimpe et je gratouille à la porte... crrrr... crrrr... crrrr... du bout des doigts. J'écoute, et Barte me chuchote : "Ça va, Abel ! ça roule comme sur des roulettes." Et je les entends qui ont le fou rire. Bon, je vous en passe, et que je te la baise et rebaise. Plus jamais ils ne sont restés collés ! Bon ! attendez, attendez ! et puis un jour voilà Barte qui arrive affolé. Il arrive et il me dit : "Abel encore une histoire insensée avec Thérésa!" Et il me raconte en effet une histoire insensée. Écoutez bien! Donc un jour, une fois qu'ils ont bien baisé, Thérésa va se laver comme d'habitude sur le bidet. Elle se lave, elle se lave, elle se lave et comme elle avait une trouille folle d'avoir un môme, elle se lave le plus profond possible. Elle se lavait avec une savonnette ovale. Tout à coup... Gloub! la savonnette est aspirée... gloup! plus de savonnette! Attendez... attendez! »

Tout le monde rit tellement qu'il faut un bon moment avant de savoir la suite de l'histoire. Enfin Abel pousse un juron et continue, ce qui rétablit instantanément le silence.

« Donc elle cherche la savonnette. Rien!... Attendez bon dieu de bon dieu! laissez-moi finir! vous rirez après! Donc elle fouille tant qu'elle peut dans sa petite chatte. Pas de savonnette! Barte qui se marrait au début trouve la chose moins drôle. Il se met à genoux et commence à fouiller lui aussi. Pas de savonnette, rien que des bulles, mais des bulles, des bulles, des bulles! Barte lui dit de pisser. Elle pisse, ça ne sert qu'à faire mousser encore plus. Finalement, ils ont été à l'hôpital et ils lui ont retiré la savonnette avec un mal fou, paraît-il! »

Le patron s'esclaffe, la patronne pleure de rire le tablier sur les yeux. Les routiers hurlent et tapent sur les tables, la tête dans leurs bras, écroulés, malades. Enfin, lorsque tout le monde se calme un peu, le patron, la voix molle, offre une tournée générale. On rapproche les chaises, les deux servantes débarrassent notre table, passent un coup d'éponge et tout le monde trinque joyeusement. Le patron trempe ses lèvres dans son verre, lève un doigt sentencieux et commence à son tour une histoire. Dès le premier mot, c'est dégueulasse. Lula me jette des regards désespérés. Les routiers se poussent du coude. Pendant ce temps, le patron se perd dans des détails affreux, sa femme, lâchement l'encourage. Personne ne rit, il ne comprend pas pourquoi tout le monde trouvait Abel si drôle et que lui qui raconte une histoire encore plus crue ne récolte aucun succès. Il en remet, fait des gestes dégoûtants, tire la langue, roule des yeux injectés de sang, transpire dans un silence de plus en plus lourd : « Et alors qu'est-ce que je fais ? je ressors mon machin... » Il cligne de l'œil vers Lula qui se crispe. « ... je ressors mon machin... » Il se tourne vers sa femme : « Hein qu'il était beau quand tu m'as connu ? » Elle approuve avec un rire bête. « Donc je ressors mon machin et je lui dis : "Y a quelque chose, ma p'tite poule qui me gêne au fond." Et qu'est-ce que c'était ? devinez ! je paie une autre tournée si quelqu'un me le dit. Cherchez ! cherchez ! » Il attend, il nous regarde avec un sourire humide, il se lèche les lèvres, rallume son mégot baveux, tapote le bord de la table avec ses gros doigts. « Hein la p'tite dame ? » Il scrute Lula qui ne sait plus où se mettre. « Alors la p'tite dame qui riait tellement tout à l'heure ? » Il commence à se fâcher : « Alors la p'tite dame ? » qu'il gueule et il tape sur la table de toutes ses forces. Il finit son verre et se lève furieux. Sa femme s'affole, le retient, l'entraîne vers la cuisine. On l'entend qui l'engueule. Les serveuses cavalent en tous sens comme des petites mécaniques à l'accéléré. Nous payons en vitesse et sautons dans la voiture qui redémarre au quart de tour.

Abel conduit la vieille Celta 4 avec souplesse et volupté : Il allume une cigarette, la vie est belle, les bords de la route sont fleuris. Le soleil a séché le goudron, juste quelques flaques rappellent la pluie de ce matin. Le ciel bleu se reflète par instants devant nous et les roues font un bruit joyeux d'éclaboussures. Nous chantons en improvisant des airs. Lula qui aurait tant aimé être chanteuse d'opéra nous donne la réplique. Nous chantons la savonnette, le caniscoïtum en roulant les R. Je joue le rôle de Barte, Lula, Thérèsa et Abel son propre rôle. Nous zigzaguons dans la campagne fleurie, des bribes mozartiennes frappent au passage les paysans qui sourient. Enfin nous nous calmons. Nous avons mal à la gorge à force d'avoir chanté. La voix enrouée, je demande à Abel si je lui ai raconté comment j'avais assisté au baisage de Thérèsa par Charlot, au cocufiage de Barte. Abel s'agite sur son siège et me dit que je le lui ai jamais raconté ça. Je le soupçonne de connaître l'histoire et de la revouloir. Comme Lula ne la connaît pas, je commence :

« Tu te souviens, Abel, quand on habitait Boulogne dans la vieille maison abandonnée ?

— Tu parles, si je m'en souviens ! l'atelier immense que tu partageais avec Charlot où vous creviez tellement de froid que tu avais construit un igloo en papier.

— Justement cet igloo joue un grand rôle dans l'histoire ainsi que le chien Black. Tu t'en souviens ?

— Black ? non pas bien !

— Si, tu dois te souvenir de ce phénomène. Chaque fois que des gens venaient nous voir, ça l'excitait tellement de voir des nouvelles têtes qu'il jouissait contre la jambe des visiteurs... Donc, nous partagions, Charlot et moi, cet immense atelier. Je m'étais construit un igloo en papier en tendant des ficelles de tous les côtés sur lesquelles j'avais collé de vieux journaux. J'avais un poêle qui chauffait merveilleusement. J'étais le seul de la maison à être bien au chaud. Tout le monde venait se dégeler chez moi. Des clochards me filaient des godasses qu'ils ramassaient dans les poubelles. Je les remplissais de boulets à moitié brûlés, on pissait sur le tout et ça tenait presque indéfiniment le feu. Donc, je vivais dans cet igloo et Charlot dans l'autre moitié de l'atelier avait installé son lit sur une immense table qui lui faisait comme une estrade. Il prétendait qu'il faisait plus chaud dans les hautes sphères. Un jour Charlot revient tout excité. Il me dit: "Cyrus, il m'arrive une chose extraordinaire. J'ai rencontré Thérèsa juste quand elle sortait de chez Barte. Dès qu'elle me voit, elle fait un signe de croix et me dit: 'Charlot, Charlot, je pense à vous sans arrêt en ce moment, vous ressemblez tellement au Christ!'" Tu te souviens, Abel, de Charlot avec sa barbe rousse et ses cheveux longs. Donc Charlot raconte qu'elle l'entraîne dans une petite rue, qu'elle se serre contre lui et qu'elle cherche ses lèvres en pleurant. Quoi, une histoire à la Charlot! Je rigole, il me jure que c'est vrai et il ajoute: "Cyrus ce soir j'ai rendez-vous avec elle, je vais essayer de la ramener ici et de la baiser." Bon, moi le soir j'avais oublié son histoire. Je me couche et je commence à dormir. Tout à coup je suis réveillé par des sanglots. J'écoute... c'était Charlot sur son estrade qui parlait à une femme. Elle chialait, c'était Thérèsa. Il la suppliait de le laisser faire et elle qui chiale, qui chiale: "Non, non, Charlot! non, non, non, au nom du Christ!" qu'elle lui disait en sanglotant et lui qui la supplie: "Vous m'aimez pas, Thérèsa?" Et elle: "Si! si! si! – Alors, laissez-moi entrer!" et elle qui fait: "Non, non, non, au nom du Christ!" et qui pleurniche. Juste à ce moment, je bouge un peu et voilà que je fais tomber une des bougies collée sur la chaise à côté de mon lit. Ça fait un boucan formidable. Ils arrêtent de parler et du haut de son estrade Charlot demande inquiet: "C'est toi, Cyrus?" Je me tais. Je me dis : "Si elle sait que je suis là, cette conne de Thérèsa, il la baise pas." Je réponds rien. Charlot demande : "C'est toi, Cyrus ? c'est toi ?" Tout à coup j'ai une idée de génie. Je me mets à taper avec mon doigt comme ça... toc toc toc toc toc ! contre le plancher. Charlot soulagé croit que c'est Black qui bat de la queue et il crie : "C'est toi, mon vieux Black ? gentil chien !" Et moi qui redouble... toc toc toc !... toc toc toc !... Et Thérèsa fait : "Viens mon toutou ! viens gentil chien ! Black ! Black !" Et que je te bats de la queue... toc toc toc toc ! Pris au jeu, j'en remets, je fais le bruit de Black en train de se gratter, de se faire les puces, un vrai numéro d'imitation. Là-dessus, Charlot allume une bougie et descend de son estrade, il entre dans mon igloo... j'avais un fou rire muet. Il entre avec sa bougie, il était à poil et bandait tant que ça pouvait. Il me voit et il éclate de rire. Je mets un doigt sur mes lèvres et je continue à faire toc toc toc toc ! contre le bois. Je lui fais signe d'aller baiser tranquillement. Il entre dans le jeu et dit : "Couché ! gentil chien ! gentil Black ! gentil Black !" et repart se taper la môme. Par moments, en plein milieu de leurs ébats, je l'entendais qui criait : Black ! Black ! gentil chien ! Black ! Black !" et moi, la figure dans mon oreiller, je me tordais de rire et je faisais... toc toc, toc toc ! Le lendemain, quand la fille est partie, on a eu un fou rire extraordinaire. Et pendant des années après, avec Charlot, il suffisait qu'on se dise : "Black ! gentil chien !..." pour qu'on rit comme des dingues. »

Abel secoue la tête d'un air navré.

« Tu vois, Cyrus, quand je repense à toi, Charlot et votre copain Laurence Merle dans la vieille bicoque de Boulogne, je ne comprends pas pourquoi vous n'êtes pas restés amis.

— Tu sais, Abel, je crois que Charlot ne m'a jamais pardonné le jour où il m'a trouvé dans le lit de sa sœur. Tu sais ce qu'il m'a dit le jour où je me suis marié avec Pauline ? Il m'a pris dans un coin et il m'a dit : "Cyrus, je te préviens, si tu trompes ma sœur, je te descends !"

— Allons, allons Cyrus ! tu le connais, il a dit ça pour se marrer.

— D'accord, mais il y avait tout au fond quelque chose qui ne lui plaisait pas ; il n'a jamais été aussi heureux que quand Pauline a foutu le camp. »

Abel reste pensif un moment.

« Tu vois, Cyrus, voilà une chose aussi que je ne comprends pas, pourquoi Charlot, qui était vachement doué, non ? pourquoi Charlot a abandonné la peinture pour écrire ?

— Eh bien, moi, je le comprends chaque jour davantage. La peinture, mon vieux Abel... la peinture, je crois que c'est fini pour moi. »

Abel me regarde effaré. Lula sourit.

« Ça, c'est son idée fixe ! je passe mon temps à lui remonter le moral. Tu sais Abel, quel est chaque matin son premier mot ? il m'embrasse et il dit : "Ah ! si je pouvais m'arrêter définitivement de peindre je serais l'homme le plus heureux de la terre !"

— Ah ! ma Lula ! Ah ! mes enfants, vous ne comprendrez jamais... Mais vous ne comprenez pas que peindre, à notre époque, c'est aberrant. Il vaudrait mieux créer des avions supersoniques. »

Abel donne une série de petits coups de klaxon ironiques et incrédules.

« Allons, allons Cyrus !

— Mais si, Abel, je t'assure! La peinture n'est plus un langage, le tableau est devenu un objet, le dernier objet qui se fasse de main d'homme. On le met au mur et adieu!

— Mais c'est ça, Cyrus! c'est ça qui est formidable.

— Non, c'est ça qui est terrible à vivre. Les objets, je les hais. Toute la civilisation occidentalo-chrétienno-capitalisto-oppressivo-mercantile est basée sur la vente et la revente des objets, la cote, la plus-value, etc. etc. Et le drame, pour un peintre, c'est de devoir vendre le produit de son imagination, subir les marchandages d'une classe de gens.

— Ça c'est vrai, Abel: Cyrus a un peu raison…

— Et pas qu'un peu! Ils les achètent complètement, les peintres, il suffit d'y mettre le prix.

— Là, mes enfants je ne vous suis pas, mais pas du tout!

— Écoute, Abel! je ne sais plus par quel bout commencer. J'ai trop de griefs contre la peinture et le système qui l'entoure. Un jour j'écrirai ou bien tu devrais m'aider à écrire là-dessus. La peinture, Abel, crois-moi, c'est un signe très révélateur de notre époque. D'abord un peintre, n'importe qui, peut venir dans son atelier comme dans une boutique, entrer chez lui, il suffit de lui dire: "Monsieur, je viens vous acheter un tableau!…" et en avant les courbettes. Chaque peintre a son prix, mais tous sont achetables. Tu vois ce que je veux dire. Pour les jeunes comme moi, c'est une pure question de survie, une toile vendue c'est des couleurs, de quoi bouffer, mais pour tous, jeunes ou vieux, une toile vendue, c'est surtout le désir d'être aimé, compris, répandu. On croit avoir touché, on saute de joie et on s'aperçoit que l'acheteur fait un travail de décorateur, une pie qui ajoute tout simplement un objet à son petit monde.

– Non, je ne vois pas très bien, Cyrus... je te trouve confus. C'est curieux, toi qui es si clair en général, tu parles peinture et tu t'embrouilles, tu t'embrouilles.

– Écoute, Abel, je vais te donner un exemple, les Taradeau.

– Oui, mais la Taradeau c'est pour baiser avec les artistes !

– Oui, mon vieux Abel, c'est un des aspects. Je vais te raconter une petite anecdote. Bon, un jour on nous les présente, hein, chérie ?

– Oui, on les rencontre à un vernissage.

– Oui, c'est ça, chez Bellaventura, la galerie Bellaventura. On nous présente et elle qui aussi sec me dit : "Ah ! que je suis heureuse de vous rencontrer ! j'admire votre peinture" et son mari qui pendant qu'elle parlait fixait les bras de Lula en se léchant les babines.

– Ça y est, le voilà encore qui exagère !

– Si, si, je t'assure ! »

Abel commence à être passionné, il pianote sur son volant, tire une peau de chamois de la boîte à gants et époussette un peu le tableau de bord.

« Donc, elle me dit d'emblée en palpitant des cils : "Je rêve d'acheter..." elle dit acheter comme elle dirait vous acheter. Attendez, attendez, donc elle me dit : "Pouvons-nous venir dans votre atelier ?..." tu parles notre petite chambre... et moi qui commence à faire des calculs. Une toile vendue, ça fait tant de tubes, tant de jours de répit, tant de paquets de cigarettes... Bon ! on est tellement fauchés que j'en ai les lèvres qui tremblent, comment les embarquer sur l'heure chez nous ? Mais pas du tout, c'est pas ça qui les intéresse. Elle nous dit : "Voulez-vous venir dîner chez moi, tel jour ? vous verrez ma petite collection." Et je m'entends comme dans un rêve lui répondre : "Mais nous serions ravis, etc." Tu parles ! et Lula qui fait écho, et nous voilà larbinisés d'emblée. »

Abel secoue la tête. Lula rit. Abel se penche un peu et s'adresse à Lula :

« Dis, Lula, il est complètement maso ! je le connais, mon Cyrus, on le larbinise pas comme ça.

— C'est vrai il exagère, mais c'est quand même un peu ça.

— Attendez, laissez-moi continuer ! Donc on y va, on se trouve avec trois ou quatre peintres qui se regardent de travers. La clientèle, ça vous donne des âmes de boutiquiers. »

Abel est atterré. Lula rit.

« Si, si, je vous assure ! donc on prend des airs décontractés et le premier peintre attaque : "Alors, ça marche ?" Ça, en langage peintre, ça veut dire : Moi j'ai vendu plusieurs toiles cette semaine, et toi ? Là il faut pas hésiter, sans ça chaque seconde perdue est irrattrapable. Du tac au tac il faut répondre d'un ton dégagé : Pas mal ! Mais si tu hésites et que ta voix est mal assurée parce que tu es fauché et que le fumet de la soupe qui t'attend chatouille tes papilles, si tu as la moindre hésitation, il vaut mieux ne pas l'ouvrir, il faut vider ton verre, tousser, n'importe quoi. Bon ! donc une fois les préliminaires dépassés tu es tranquille pour quelques minutes, puis l'hôtesse qui va et vient lance : "Venez voir la dernière toile que j'ai achetée à un tout jeune peintre." Le verre à la main, faussement désinvoltes les peintres se lèvent, la suivent, ils font des manières, devant chaque porte.

— Cyrus, Cyrus ! tu es amer. Lula, il est amer, il est sur une mauvaise pente.

— Mais vous ne me comprenez pas, j'ai pas fini. Donc on y va une fois, deux fois, trois fois, dix fois et chaque fois la femme, lorsqu'on fout le camp de chez elle, après le dîner, la femme nous dit : "Au fait, cher Cyrus, il faut que nous venions... Albert, quand allons-nous la choisir cette toile ?" Mon cœur bondit, tu parles on a même pas de quoi rentrer en métro et il pleut et il neige et Lula a des escarpins troués, quoi tu connais. Bon, ils comparent leurs carnets de rendez-vous et finalement leur seul jour de libre c'est dans deux ou trois semaines. De quoi crever de faim tranquillement. On sourit, on minaude : "Mais quand vous voulez, plus tard même !" Tu t'rends compte ? On va jusqu'à leur dire : "Mais le seul jour qui vous reste on va pas vous le prendre." On se fait compréhensifs. Bon ! le jour est pris. Au revoir ! au revoir ! On se retrouve tous les deux sur le palier et on se regarde, la gorge serrée, au bord des larmes. Qu'est-ce qu'on va faire ? Angoisse. Angoisse. Tout à coup je prends une décision héroïque, je vais leur demander une avance tout de suite et... toc ! je sonne. Lula sursaute. J'ai la bouche sèche. C'est Albert, il est déjà en robe de chambre. Je bégaie que j'ai oublié mon paquet de cigarettes chez eux. On retourne au salon. Elle est à sa toilette, elle sifflote quelque part dans la salle de bains. On cherche, pas de paquet de cigarettes, en tout cas pas le mien, et pour cause il est dans ma poche. Je me dis : "Allez ! allez, vas-y, à brûle-pourpoint, demande-lui dix mille balles." Je l'accroche par le bras et je dis d'une voix rauque : "A... A... A... Albert !" et l'autre qui se doute, tu parles, fait semblant de ne pas entendre et se fout à quatre pattes pour chercher sous le canapé, sous les fauteuils. On échange un regard désespéré avec Lula et tout à coup on a le fou rire. Je respire un bon coup et je lui tape sur l'épaule. Je m'éclaircis la voix et je rebégaie : "A... A... A... Albert !" et l'autre qui s'enfonce sous le fauteuil, rampe sous le tapis, ressort de l'autre côté de la pièce, n'importe quoi pour ne pas entendre. Bon! on fout le camp, on rentre à pied, on fait des plans pour le lendemain. On transpire d'angoisse de ne plus pouvoir taper personne. Finalement ma Lula héroïque me dit: "Chéri, demain je leur téléphone et je les tape." Le lendemain Lula achète une bouteille de lait à crédit, monte la vider dans une casserole, redescend, va la déconsigner ailleurs et avec l'argent achète un jeton de téléphone. Ah! Lula! »

Abel approuve. Lula hausse les épaules, rit et continue le récit à ma place:

« Donc, je l'appelle. Allô? une voix d'Espagnole, Espagnole ou Martiniquaise, impossible de se comprendre... Madame est dans son bain et il faut que je retéléphone. J'insiste. Évidemment, je n'ai plus de quoi reprendre un jeton. Rien à faire! Madame est dans son bain, madame est dans son bain, et... elle raccroche. Je retourne chez l'épicière qui est gentille, je reprends une bouteille de lait à crédit. Elle me regarde étonnée. Bon! je remonte les sept étages, je la vide dans une autre casserole, je redescends, je la déconsigne dans une autre boutique et je recommence à téléphoner. Il a fallu trois ou quatre bouteilles de lait avant que je la joigne... Bref, je l'ai au bout du fil et je me lance: "Monique, hier nous avons oublié... hier en vous quittant, nous avons oublié de vous demander..." et je m'embrouille. Enfin je lui sors la somme et, elle qui s'exclame: "Ma pauvre Lula" et cætera, et cætera, la bonne ci, et la nurse ça, et finalement on transige à cinq mille francs. Rendez-vous est pris pour le lendemain, et là, écoute bien! rendez-vous aux Deux Magots pour prendre un verre avant le dîner. On prend donc un verre avec les Taradeau et ils nous glissent l'argent. On les remercie, on fond, ouf! quelques jours de gagnés. Bon! attends, attends! Les Taradeau nous demandent où on dîne ce soir. On se regarde, ça y est on est coincés. Bon! ils nous coincent. Le moment de payer le verre arrive, Cyrus veut payer, on fait des manières, on insiste, Albert finalement l'emporte. Il paie, on va au restaurant.

— Et pendant tout le dîner, je regarde Lula. Est-ce qu'il faut proposer de payer la note ou pas? L'addition arrive et... ça y est me voilà emporté. Albert est mou dès le départ et finalement, le salaud, il accepte que je paie. Trois mille balles qui foutent le camp! catastrophe! »

Lula, en riant, jette ses bras autour de mon cou et m'embrasse, m'embrasse, m'embrasse. Abel se met à chanter.

« Belleenfantamoureuseetvolage... »

La campagne est sereine, voilée d'une légère brume. Les champs des deux côtés de la route s'étendent à l'infini. Le soleil au bout de sa course merveilleuse flamboie au ras de l'horizon. Nous ne savons plus où nous sommes, nous avons roulé au hasard depuis La Ferté-Bernard. Je me sens tout triste malgré l'amour de Lula, malgré l'amitié d'Abel, malgré la campagne sereine. J'ai la gorge serrée. Chaque fois que je prends conscience que je suis peintre, je suis désespéré. Je regarde les champs, le soleil qui décline.

« Tu vois, Abel, au fond j'aimerais peindre comme Millet, peindre des lieux communs. »

Abel me lance un regard étonné:

« L'angélus?

— Oui, pourquoi pas? »

Abel hausse les épaules:

« Et pourquoi pas une crucifixion pendant que tu y es!

— Ah! non, pas une crucifixion! une crucifixion, il faut être chrétien pour comprendre, il faut être en quelque sorte initié, tandis que l'angélus, à part le titre, qu'est-ce que c'est? c'est des gens qui sont imprégnés par le calme du couchant et ça tout homme de tout pays, de tout temps avec ou sans religion et même plutôt sans, ressent ce que nous voyons autour de nous en ce moment. »

Nous roulons en silence. Tout à coup un chat traverse la route.

« Tiens, vous avez vu ce chat? j'ai manqué l'écraser. Tu te souviens, Cyrus, de mon oncle Desjardin? Eh bien, mon oncle, mon merveilleux oncle, tu sais celui qui venait à tous tes vernissages, eh bien mon oncle un jour comme chaque jour se promenait au soir tombant, il prenait le frais, pépère sous les marronniers, les pouces dans son gilet. Tout à coup il voit un merle, un beau merle qui sautille sur le trottoir, et derrière le merle se glissant à ras de terre, qu'est-ce qu'il voit? un gros chat qui se lèche les babines. Le chat se trémousse, se trémousse. Mon merveilleux oncle aussitôt tape du pied et l'oiseau s'envole. Un concierge qui avait vu la scène sort en trombe de sa loge et prenant mon oncle au revers lui gueule sous le nez: "Dites donc, vous, c'est mon chat!" Et mon oncle... ah! le merveilleux homme, mon oncle, de lui répondre en souriant doucement: "Mais, monsieur, c'est mon oiseau!" »

Au loin, la ville scintille. Nous plongeons dans le tunnel et débouchons sur la Seine.

Enfin nous voilà arrivés.

« Au revoir, Abel!

— Salut, Lula!

— Salut, mon vieux Abel!

— Salut, mon vieux Cyrus ! »

On s'embrasse, Abel redémarre. Tout à coup on le voit qui fait une marche arrière.

« Cyrus, Cyrus ! mon salaud tu as oublié de me donner l'adresse de Natacha... »

Bon alors... Donc les avions foncent sur la maison, ils frôlent le toit, passent, repassent. D'autres au ras de la mer effleurent les vagues de leurs fuselages. Les blindages sont durs et nets, le soleil les frappe en plein. Par moments, un éclat de lumière jaillit et nous aveugle. On voit très nettement les pilotes. Ils se tiennent raides hors du monde, au cœur de leurs mécaniques en folie. Ils foncent droit sur nous et, à la dernière seconde, basculent un peu, dérapent sur le côté évitant de justesse le toit. Les hélices font un voile délicat qui tremble devant le nez des machines. Les tôles bleutées sont rivetées, frappées de chiffres noirs et de cocardes. Quelqu'un hurle : « R.A.F..., regardez, c'est des Anglais ! » Natacha sautille à travers la pièce, elle exulte et bat des mains. Les trois jeunes garçons bondissent par la fenêtre et roulent dans le sable. Ils se mettent à courir de dune en dune en criant de toute la force de leurs poumons. Ils lèvent les bras vers le ciel et sautent à chaque avion qui les frôle. À mon tour je me précipite dans le sable chaud. Je ris, je roule, je me redresse vers les mécaniques en furie. Autour de moi des gens suivent les évolutions des avions, ils glissent le nez contre terre et aussitôt se relèvent. Sur l'immense plage ensoleillée je vois à l'infini des gens tomber, bouler et rebondir comme mus par le même ressort. Ils entrent dans la danse, ils prennent le rythme, ils plient le genou devant les machines. La mer impassible envoie mollement ses vagues qui viennent une à une toucher leurs pieds. Dans ses replis, bientôt, elle bercera des morts, les fera danser comme des petits bouchons sur sa frange joyeuse. L'océan majestueux et lisse les déposera et les reprendra, les posera et les reprendra, les roulera dans ses replis berceurs.

Une femme poursuit un enfant espiègle qui sautille dans le soleil. Il lève ses mains maladroites vers les avions, échappe sans cesse à sa mère qui l'appelle. Il est avide de saisir les monstrueux jouets. Il ne voit pas encore les dimensions des choses. Ses mains s'ouvrent et se ferment impatientes. Ses cheveux blonds volent dans le vent. Il rit, fou de bonheur. L'océan majestueux et lisse se courbe, glisse et roule jusqu'à ses pieds nus. Il court dans les gerbes d'écume et les avions inlassables foncent sur lui. Les mitrailleurs, les dents serrées, ajustent leur tir, leurs doigts se crispent, les mitrailleuses partent toutes seules, vibrent, les douilles éjectées frappent en cadence les blindages. Enfin ils replongent dans l'insouciance. À nouveau ils sont des enfants qui jouent. « Mamy!... Mamy! »

Le soir même, tout le monde a bouclé ses valises. Mon père et Pipa regagnent Paris. Ils me laissent à Mme Galapine. Il est convenu que je resterai quelque temps avec elle et Natacha. Les trois jeunes garçons sautent dans le premier train. La gare est prise d'assaut par des hommes avides d'aller offrir leur vie. Enfin les vacances, les vraies! On s'embrasse, on rit, un œil sur l'horloge pour ne pas rater le grand départ. Seuls quelques couples pleurent dans les coins sombres. Déchirés, ils tendent leurs mains, leurs doigts se touchent un instant encore et puis c'est le long oubli qui commence.

J'embrasse Pipa, mon père. « Au revoir! au revoir! Bon voyage! bon voyage! » Mme Galapine leur envoie des baisers aériens. Le train lentement s'ébranle.

Les villas au bord de la plage une à une sont désertées. La mer se fait chaque jour plus violente. Les grandes tempêtes d'équinoxe balaient les dunes, les changent de place, secouent la maison. De temps en temps un avion plonge, effleure le toit, bascule, joue dans le vent, remonte et pique deux ou trois fois vers les dunes qu'il mitraille de quelques rafales. Parfois un bruit de ferraille annonce un tank qui patrouille le long de la mer. Nous courons au-devant du monstre aveugle. Nous tapons avec des galets sur le blindage jusqu'à ce que, par les petites fentes, des doigts énervés s'agitent. Du haut de la tourelle entrouverte un homme nous crie de nous écarter, de ne pas les gêner, mais nous rions et Natacha lui jette du sable.

Une nuit, nous sommes réveillés par des coups de canon. Des éclairs jaillissent de la mer. On entend des obus filer par-dessus la maison. Natacha bat des mains. Mme Galapine nous supplie d'éteindre l'électricité. Au même moment, quelqu'un nous crie du dehors de respecter le couvre-feu, car un sous-marin allemand a fait surface devant la plage. Un bruit de ferraille se rapproche. Nous sautons par la baie malgré les cris de Mme Galapine et courons à travers les dunes. Nous distinguons vaguement un tank qui avance et cahote. La mer est basse, il rampe de flaque en flaque. Un éclair, une seconde on croit voir une masse sombre au loin sur la mer, le tank s'est mis à tirer. Je me jette à plat ventre, je claque des dents pendant que Natacha folle de joie sautille sur place. À son tour le sous-marin tire. On voit très nettement sa forme noire allongée sur la mer. Peu à peu les coups s'espacent, les combattants sont mous, ils ne croient pas encore vraiment à la guerre. Le silence tombe enfin. Le tank doit attendre, tapi quelque part dans une flaque. Natacha se couche à côté de moi, s'empare de ma main et veut que je la pose sur son sein. Je grelotte trop pour obliger les muscles de mon bras à tenir immobiles. Le petit thorax pourtant est tiède et rassurant.

Lentement le jour se lève. Une nappe de brouillard flotte et s'étire sur l'océan. Nous scrutons intensément la grisaille dans l'espoir d'apercevoir encore le sous-marin, mais il a dû replonger. Sur la plage, devant nous, des soldats sont rassemblés. Nous courons et arrivons juste au moment où l'un d'eux se jette à l'eau. Il nage avec vigueur vers une masse sombre qui disparaît et réapparaît dans les creux de la houle. C'est la tourelle du tank qui a été englouti par la marée. Les soldats gesticulent et crient pour encourager le nageur. Enfin on le voit s'accrocher au canon qui par moments émerge. Il prend pied sur le blindage, se dresse avec difficulté, perd l'équilibre, tombe à la renverse, revient, se hisse et retombe plusieurs fois. Enfin il rampe sur la tôle. On entend des coups sourds, il frappe le blindage avec son poing. La mer le soulève, il nage autour de l'épave, s'agrippe encore à la pointe du canon puis on le voit faire demi-tour et revenir lentement à la nage. Il accoste à quatre pattes, il est en caleçon kaki, sa peau est bleue de froid. Il fait un geste navré.

À marée basse une foule entoure le tank. Des gens enveloppés de couvertures courent dans le sable humide. Ils grelottent, se frottent les mains, soufflent sur leurs doigts. Le brouillard est de plus en plus dense. Des soldats noyés dans tout ce flou frappent la tôle à petits coups avec des galets et écoutent, l'oreille contre le blindage. On ne sait comment ouvrir ce cercueil. Un homme avec une barre de fer s'acharne sur les fentes, tape sur la tourelle qui résonne lugubrement. Il transpire malgré le froid. Son levier se tort, devient de plus en plus souple mais le monstre d'acier n'est pas entamé.

Une femme arrive avec un panier sous le bras. Elle sort un Thermos, des tasses et offre du café aux soldats. Pendant qu'ils boivent elle coupe des tranches de pain qu'elle distribue à la ronde. Les gens commencent à parler la bouche pleine. Un soldat lance une plaisanterie, quelques rires lui répondent. Des hommes se sont hissés sur les chenilles et sont assis les jambes pendantes. Un enfant à califourchon sur le canon introduit des petits cailloux par une meurtrière. Tout à coup il crie qu'il voit à l'intérieur quelqu'un qui le regarde. On se précipite, on l'écarte, un homme se penche sur la fente et pousse un sifflement. Il se tourne et dit qu'ils sont tous emmêlés là-dedans, ils ont dû se battre comme des rats pour sortir, que c'est affreux à voir. Il demande qu'on lui passe la barre de fer. Il farfouille un long moment par la meurtrière et crie qu'il a réussi à les remuer un peu, à démêler les cadavres. Tout le monde se tait.

Soudain on entend au loin un bruit de ferraille. C'est encore un tank patrouilleur qui cahote dans les dunes. Des gens courent au-devant de lui, gesticulent, le guident en hurlant. Le tank se traîne et vient s'arrêter contre le flanc de l'épave. Le couvercle de la tourelle se soulève et un jeune homme casqué de cuir apparaît. Tout le monde parle à la fois, on essaie de lui expliquer. Aussitôt il saute d'un tank à l'autre et regarde par la fente. Il demande si personne n'a un grand fil de fer. Un homme part en courant vers une villa. En attendant son retour, on sert au tankiste un bol de café. On toque avec un galet contre le blindage pour appeler ses compagnons qui sautent à leur tour sur l'épave et regardent par la meurtrière.

Pendant des heures ils s'acharnent, essaient de crocheter, mais en vain. Leurs casques ont roulé dans la vase, leurs vestes d'uniforme pendent à la pointe des canons. Brusquement des cris, les gens partent en courant. Une vague vient de mouiller tous les pieds à la fois. Une deuxième vague plus longue arrive, une troisième déjà la dépasse. C'est le sauve-qui-peut. En quelques minutes, les tanks baignent dans la mer, très vite l'eau leur arrive à mi-chenilles. Les tankistes ont filé au fond de leur engin, on les entend qui essaient de faire partir le moteur à la manivelle. La masse de métal vibre, on croit que c'est gagné, puis plus rien, la mer a noyé les bougies. Au même moment, un avion débouche au ras des vagues, passe au-dessus des deux tanks à demi submergés. L'équipage debout sur la tourelle fait des gestes désespérés vers le ciel. L'avion vire, revient, plonge, remonte, au-dessus des deux monstres, passe de plus en plus bas, frôle les hommes qui tendent les mains, les caresse de son ventre, et tout à coup, c'est la catastrophe. Son aile a touché l'eau, il vole en petits morceaux. Des bouts de métal pleuvent sur la plage, rebondissent de vague en vague. Les gens se sauvent en hurlant.

La mer enfin recouvre toute cette ferraille de ses imposants replis.

Ça bringuebale dans les dunes, voilà un nouveau tank qui arrive. Tout est à recommencer.

Enfin la voiture surchargée de bagages nous emporte.

Nous devons faire escale chez mes grands-parents à La Ferté-Bernard et de là regagner Paris par des petites routes bordées d'arbres, à cause des avions ennemis qui patrouillent. Mme Galapine, effondrée sur la banquette, meurt de peur. Sans cesse elle tend l'oreille. Natacha se moque d'elle et fait des bruits de moteur avec ses lèvres. À chaque instant, Mme Galapine sursaute et demande au chauffeur de bifurquer sous le premier arbre. Parfois un avion nous dépasse en rase-mottes, fait une chandelle et plonge sur nous.

Lorsque nous arrivons à La Ferté-Bernard, nous sommes dans un état de surexcitation extraordinaire. Mme Galapine se traîne jusqu'à la cuisine et s'écroule sur une chaise. Ma grand-mère s'agite, prépare du thé, sort son fameux gâteau aux noix, réconforte comme elle peut la voyageuse. Mon grand-père ricane, il attend que Mme Galapine finisse son thé pour la démoraliser. Il brosse un tableau pessimiste, noir, le plus noir possible de la situation. Mme Galapine est au bord des larmes et nous au bord du fou rire. Il lui explique que les avions allemands sont munis d'appareils de précision qui détectent les voitures à des kilomètres à la ronde. Ma grand-mère lui enfourne des tranches de gâteau pour le faire taire, mais lui les avale tout rond, trop pressé de continuer. Enfin, lorsque nous nous remettons en route, Mme Galapine s'effondre dans la voiture comme une condamnée. Elle fait un signe de croix et s'abandonne à Dieu.

La route est belle. Ce soir nous serons à Paris. Sans arrêt, nous croisons des convois militaires. Les conducteurs nous demandent leur chemin, ils ne savent plus de quel côté est le nord, ils veulent jeter un coup d'œil sur notre carte. Mme Galapine refuse, elle tremble qu'un avion allemand ne surgisse. Parfois un tank arrive à travers champs, il cahote dans les sillons, coupe la route et repart en zigzaguant comme si le conducteur était ivre. Mme Galapine, épuisée par tant d'émotions, finit par somnoler contre moi. Elle dérive, sa tête dodeline. Par moments, elle pousse un énorme ronflement qui la réveille. Elle sursaute et d'une voix tremblante s'inquiète. Natacha lui dit que ce n'est rien, juste un avion allemand qui s'est écrasé en flammes derrière nous dans un champ. La nuit lentement tombe, nous roulons tous feux éteints. Parfois quelques fenêtres éclairées laissent filtrer une pâle lumière bleue. Mme Galapine remue sur la banquette.

« Arrêtez de vous battre!... Natacha, laisse donc Cyrus un peu tranquille! Regardez, mes enfants, comme c'est joli toutes ces petites lumières bleues, nous devons approcher de Paris. Tu vas être bientôt chez tes parents, mon petit Cyrus. Ça leur fera une charmante surprise de te revoir! »

La main de Natacha se glisse inlassable sous mes vêtements, elle me pince, me chatouille. Je lui donne des tapes, elle éclate de rire. Depuis La Ferté-Bernard, elle est déchaînée. Lorsque la nuit est tombée, elle est devenue infernale. Sa main s'introduit par mon col, par la jambe de ma culotte courte, par ma chemise qui bâille. Mme Galapine s'est endormie, elle vacille et m'écrase. Je la repousse, mais sans cesse elle retombe sur moi.

Enfin nous voilà dans la rue noire.

« Au revoir, Mme Galapine !
— Au revoir, Cyrus !
— Au revoir, Natacha !
— Au revoir, Cyrus ! »

La voiture redémarre, j'entends encore le rire de Natacha, sa main s'agite joyeusement par la portière.

J'ouvre le portail, je me faufile entre les amas de pierres. Le volet à lamelles de la porte-fenêtre laisse deviner une légère lumière bleue. Je frappe. J'entends la voix de mon père qui s'inquiète. Je fais « BHOU ! » et j'éclate de rire. Pipa crie : « Mon Dieu ! c'est Cyrus ! » et mon père ouvre la porte. Il est stupéfait. Il ne comprend pas du tout comment je suis là en pleine nuit comme ça. Pipa apparaît derrière lui. Visiblement ils sont très contrariés de me voir arriver avec ma petite valise. Je leur explique que nous avons dû fuir impromptu la maison de Mme Galapine parce que des sous-marins allemands avaient fait surface et nous avaient pris pour cible. J'espère que le danger que j'ai couru va un peu les attendrir. Ils me regardent, les yeux vides, c'est évident ils pensent à autre chose. Ils cherchent par quel moyen ils vont se débarrasser de moi. Je commence à fabuler comme un désespéré. Très vite, j'en suis à cinquante sous-marins. Tous les tanks disponibles sont enlisés dans la vase. Des avions par escadrilles entières se désintègrent et volent en petits morceaux. Je parle des soldats qui se noient, des tanks engloutis par la marée. Ils ne m'entendent toujours pas, ils font des plans. On nous mitraille, je me roule dans le sable, je suis sur le point d'inventer des blessures terribles.

Au même moment, les sirènes nous assourdissent. On ne s'entend plus, je peux enfin me taire. Mon père et Pipa finissent fébrilement de s'habiller. Mon père n'arrive pas à enfiler son pantalon, il sautille sur un pied, se prend dans ses bretelles, manque tomber, se cogne à tout. Pipa s'enveloppe dans une couverture. Des gens déboulent dans la cour, foncent vers les caves, des vagissements, des cris, des gifles. On se passe les nerfs. Les glabulements ne s'arrêtent plus, ils escaladent toutes les gammes, je commence à claquer des dents. Enfin nous filons sous terre. On s'installe sur des bancs de fortune, on se fait face dans une lumière d'outre-monde. Nous nous regardons sans nous voir, nous n'existons plus. Le chef d'îlot passe la tête et demande d'une voix excitée si tout le monde a bien pris son masque à gaz. Mon cœur cogne de plus en plus fort. Dans un coin deux vieux s'agitent, farfouillent dans des boîtes et sortent leurs masques. Ils s'entraident en vacillant, leurs doigts s'accrochent aux mauvais élastiques. Ils se préparent au suprême carnaval. Ça y est, les voilà équipés. Ils ont l'air de deux affreuses mouches. Leurs yeux humides clignotent derrière les Plexiglas. Leurs groins les gênent, ils se tapent les mains contre les tuyaux accordéoniques. Ils mâchouillent dans les clapets, les sifflements de leur respiration deviennent insupportables. Un enfant horrifié par leurs allures macabres se jette en pleurant sur le sein de sa mère.

Mon père est assis près de moi. Il fait des grimaces à Pipa pour la faire rire. Ses doigts comme d'habitude font sauter l'éternelle bille d'ivoire. Les gens la suivent machinalement des yeux, joyeuse elle va et vient, fascine. Comme toujours, mon père racole tous les regards. La bille joue, saute, bref, tout le petit numéro. Les gens sourient, quelques voisins l'encouragent. Aussitôt, il ramasse l'attention comme on réunit toutes les rênes d'un attelage. Le festival commence. Des rires nerveux montent. Je claque tellement des dents que je manque lui couper le doigt quand il cueille la bille sur ma langue. Les visages creusés par l'angoisse s'illuminent. Hitler et ses blindés, les avions de l'apocalypse, l'invasion ne sont plus qu'un mauvais rêve. La vérité ? Cette petite bille qui sautille d'une bouche à l'autre. Elle est tiède, bien vivante, elle repousse le cauchemar. Elle court comme un fil heureux. Mon père tisse, infatigable. Les gens rient, se serrent, les genoux se touchent, la chaleur commence à passer, les doigts se frôlent, les coudes ne se lâchent plus. Les deux vieux enlèvent leurs masques et, prudents, les posent sur leurs genoux. Ils sourient comme des enfants, ils tournent le dos à la mort. Le gosse qui pleurait tout à l'heure se roule dans la poussière. Il imite mon père, fait sauter des billes. Les rires montent. Le chef d'îlot passe la tête de nouveau. Il fronce les sourcils, il est furieux. Quelle indécence !

D'alerte en alerte, la vie s'organise. À la fin, les gens de notre abri attendaient presque avec impatience ces rendez-vous. On se précipite au théâtre ! Chacun maintenant a sa petite place. On a pris ses aises. Des coussins, des couvertures restent en bas pour la prochaine. Certains bricoleurs ont installé des étagères, des accoudoirs, des appuis-tête. Mon père a descendu tout un attirail de magie qu'il laisse à demeure.

Mes parents ont décidé de me garder provisoirement auprès d'eux. Je vais un peu à l'école du quartier. Je couche au fond de la cour derrière les amas de pierres dans une sorte de soupente branlante où je me réfugie dès que je peux. Je dessine sans arrêt, je peins des sirènes. Une véritable obsession. Sur des fonds algueux bien verdâtres, je couche parmi les étoiles de mer des femmes à la peau bleutée. Leurs cheveux sont comme des voiles translucides et mouvants, elles tiennent des lyres faites de murènes enlacées. Un peu au-dessous du nombril, centre idéal de toute figuration humaine, leur pubis sans toison se perd dans une ébauche de cuisse. Pour moi commence la grande aventure : comment d'une ébauche de cuisse passer à une queue de poisson ? Ce fut ma première obsession de peintre. Comment situer le divin triangle dans le déséquilibre général ? Je dessine, je peins, je m'obsède. Je ne pense plus qu'à ça. Comment passer de la chair à l'écaille, de l'écaille à la chair, de la juxtaposition de petits éléments décoratifs à la douceur infinie de la peau, des duretés d'une cuirasse à l'abandon d'un corps dévoilé. Des feuilles de papier encombrent ma soupente, des queues de sirènes se tortillent de tous côtés. Je leur marche dessus. Je peins de face, de profil, de trois quarts ces femmes glacées et toujours ce passage difficile me fait trébucher. Enfin un jour j'ai l'idée de faire une sirène vue de dos. Ah ! lyrisme et exaltation ! La colonne vertébrale gracieuse, arquée, les fesses et... hop ! les écailles. J'ai escamoté la difficile transition. Les sirènes vues de dos envahissent les murs. Il y en a partout. Les écailles l'une par-dessus l'autre descendent sur le fuselage adorable qui se tord, se noue, ressort en convulsions pour se terminer en nageoires gélatineuses. Elles se roulent dans les froides voluptés des fonds glauques. Je vis dans un véritable aquarium peuplé de femmes-poissons qui me tournent le dos.

Mes parents ont passé un marché avec les concierges. Je mange chez eux dans la loge, je prépare mes devoirs dans ma soupente et, de temps en temps, entre deux clientes, je peux faire une incursion dans le taudis aux pendolents. Heureusement les alertes nous jettent les uns contre les autres au fond du caveau. Là au moins, tout le monde s'aime. On active la chaleur humaine, on transpire d'amour, on en claque des dents. Avec la DCA, ce fut un débordement. À chaque salve on se prenait les mains, les veines saillaient, les doigts devenaient blancs. On se serait étranglé d'amour.

Entre les glabulements et les sirènes vues de dos, l'école, les repas avec les concierges, je vis des moments inoubliables.

La concierge est une douce victime. Son mari, un timide, essaie de se mettre au diapason du monde. Presque chaque jour au moment du dessert il s'énerve. Il doit avoir un mauvais ulcère, il a des renvois, des aigreurs. Sous n'importe quel prétexte il se venge sur sa femme. Il se lève, le regard sournois, la prend aux cheveux et ça commence : « Je t'en supplie, Jacques ! je t'en supplie, Jacques ! Jacquot ! Jacquot ! coco ! coco ! » La radio pendant ce temps hurle. On diffuse les bonnes nouvelles : « Sur le front rien à signaler ! Quelques légers accrochages entre unités isolées ! » « Jacquot ! Jacquot ! » Parfait. Parfait. Parfois, en pleine bagarre, c'est la retransmission d'un discours du Führer. Synchronisation parfaite, épatante : « Hichmûltenzifürtm erdenzifranzouzenbittemurdermücht ! Ya ! » Vlan ! Vlan ! « Tiens, salope ! » Je casse mes noix, la vie est belle, tout le monde est enthousiaste. Crac crac crac, une dernière noix. Je file, le masque à gaz en bandoulière.

À l'école, tout va comme sur des roulettes. On s'exerce à mourir. On s'exerce à survivre. « Mes enfants, supposez que vous êtes bloqués au fond d'un abri qui prend l'eau, que faites-vous ? » On se regarde d'un banc à l'autre et, ça y est, le fou rire nous submerge, déferle sur la classe, gagne l'école entière, saute dans la rue. Les passants se plient en deux, touchés au plexus, ils ne peuvent plus avancer, les voitures s'arrêtent, les conducteurs rient le front sur le volant, les trains emportent à toute vapeur des cargaisons de soldats qui hurlent, grimacent et pleurent de rire. Le rire affreux gagne les premières lignes, les envahisseurs s'écroulent dans des hoquets hideux, les *tank-mench* se cognent aux blindages : « Ha Ha Ha Ha ! Hi Hi Hi Hi ! » Les stukas amorcent leurs fameux piqués, les pilotes crispés sur leur manche entendent tout à coup dans les écouteurs monter le rire insensé : « Hi Hi Hi Hi !... strufenchtroufff... chtrulfenchtoufff... HI HI HI !... HI HI HI ! » C'est Hitler qui se marre « HI HI HI HI ! » le rire le foudroie. Les aviateurs à leur tour commencent à rigoler, ils ne voient plus leurs cadrans, ils postillonnent, ils font marcher à toute pompe leurs essuie-glaces, mais ils ne comprennent pas, ces cons-là, que c'est de l'intérieur que ça dégouline ! Ils s'affolent et retournent à tire-d'aile vers leurs bases. Sur le terrain, c'est la folie, le fou rire a gagné tous les rampants qui se traînent dans leurs salopettes maculées. Sur mer, c'est pire encore, le roulis et le tangage, le contre-roulis et le contre-tangage, tout ce petit jeu de toboggan chatouille les contre-amiraux, les ordures en pleurent sur leurs contre-dunettes. Seul l'équipage d'un sous-marin ne rit pas, il y a longtemps qu'ils sont coupés du monde. Un officier, l'œil collé à son périscope, observe sur les dunes les jeux d'un enfant blond. « *sechs... funf... vier... drei... zwei...* »

« Cyrus à quoi penses-tu ? Cyrus ?

— À rien, m'dame ! je comptais.

— Eh bien, je t'apprendrais à ne penser à rien et à compter. Tu me copieras mille fois : *la guerre est un mal nécessaire*. Répète !

— La guerre est un mal nécessaire, m'dame ! La guerre est un malnénénénécessaire... cessaire est malnélaguerre... malné... ss... aaiirreeessttllaagguueerrrreeuunnmmaall... mal... guerrené... ss... est... un... guerre guerreguerremalmalmal nécessairenécessairenécessaire... la la la... *guerre guerre guerre guerre guerre guerreguerreguerre.* »

Enfin j'ai trouvé. Pourquoi ne peindrais-je pas des sirènes à moitié de dos et à moitié de face ? Je me mets au travail. D'alerte en alerte, je progresse. C'est magnifique. Je pousse des exclamations émerveillées. Le fond verdâtre, les algues balancées mollement. Parfait. Quelques poissons indifférents. Épatant. Bon, maintenant je commence la fameuse queue écailleuse, elle s'enroule, circonvule, se convulse, se roule et se dénoue. Superbe ! Les fesses : génial ! Le bassin... non pas comme ça ! vvvoi... là ! Épatant ! Torsion, petit pli voluptueux sur la hanche, le petit pli... Bravissimo ! là, épatant. Le torse de face... non encore un peu plus, encore plus... Bravo ! les bras un peu plus levés, encore un peu plus, encore un peu... une, deux !... une, deux !... une, deux !... une, deux !... une, deux !... levez les bras, aspirez !... baissez les bras, expirez! levez les bras, aspirez... soufflez! aspirez! soufflez! Elle nous donne l'exemple. Elle lève les bras, ses seins saillent sous son chemisier... pffffuu... expirez! Ses cheveux retombent jusqu'à ses coudes pendant que le bout de ses ongles touchent la pointe de ses escarpins blancs. Elle relève les bras, ses mains s'envolent au-dessus des arbres. Aspirez! seins qui se lèvent. Expirez! ses cheveux retombent, colonne vertébrale et omoplates qui saillent. Aspirez! seins qui saillent, menton levé, trachée qui saille. Expirez! vertèbres qui saillent, omoplates, trachée, vertèbres, trachée, vertèbres... une, deux!... une, deux!... une, deux!... omoplates... pliez sur le bassin!... une, deux!... une, deux!... une, deux!... bras étendus!... omoplates, côtes, omoplates, côtes. Au loin, le canon tonne, des avions en piqué ululent, lâchent leurs bombes... une, deux!... une, deux!... une, deux!... Sirènes, ciel voluté, c'est Elbeuf qui brûle. Depuis notre arrivée au château des Breneuses, nuit et jour, c'est le carrousel. Ululement des stukas, lâcher de bombes, chandelles, vertiges et volutes noires.

Pipa et mon père m'ont accompagné à la porte de Saint-Cloud. On nous a entassés dans des camions militaires avec nos sacs de montagne, gentiment installés sous la bâche. Des pleurs, des rires, des cris. C'est la belle aventure qui commence. On évacue Paris. Les enfants d'abord et après chacun pour soi. C'est le grand lâcher.

Mlle Mongola, surveillante de notre camion, grimpe auprès de nous. « Au revoir! au revoir! nous allons faire un joli voyage. Au revoir! au revoir! » Les camions démarrent tous feux éteints. Le long convoi emmène les gosses du quartier vers Elbeuf. Nous roulons au pas. Mlle Mongola est partout à la fois, elle ubiquite. Elle nous marche dessus, tapote toutes les joues, console au petit bonheur, embrasse au jugé. Elle nous encourage, soutient à tout prix notre moral. Elle joue à l'hôtesse, à la maman, elle distribue sa chaleur. Elle est insupportable. « Elbeuf, mes enfants! Les habitants d'Elbeuf s'appellent!... s'appellent? » On a envie de dormir, de silence, on aimerait profiter du voyage, mais elle est pire qu'une mouche « ...s'appellent?... ... s'appellent?... ... les... Elboviens? ou les Elbeuviens? Oh! regardez l'étoile filante. Non, c'est plutôt une fusée éclairante. Regardez comme c'est joli! Bon, mes enfants... Elboviens. Nous allons devenir des petits, des petits... des petits quoi? des petits Elboviens ou Elbeuviens? » Elle est infernale, inlassable, elle nous saoule. « Manufacture de draps fins, lainage, bonneterie, confection. 17 000 et quelques habitants... » Le petit voyage touristique gratuit avec hôtesse incorporée, voilà à quoi vire notre guerre. Un gosse au fond du camion gueule « CONNE! » Elle n'entend pas, elle gazouille, nous pourlichote, suinte de statistiques. En un mot nous emmerde toute la nuit.

Parfois le convoi s'arrête, puis on repart, on s'arrête de nouveau, on entend courir sur l'asphalte un soldat qui, de camion en camion, porte une consigne. Des avions passent. Un bruit de ferraille familier. Des tanks nous dépassent, dans une pluie de fer perdu. Des bouts énormes roulent sur la route; des roues dentées, des tourelles, des plaques de tôle jonchent les bas-côtés. Des rivets rebondissent, viennent frapper les ailes des camions. Moi! je sais où ils vont! Ils foncent vers la plage. Maintenant il doit y en avoir des milliers en panne dans la vase. C'est là-bas le centre de la guerre. Tous les avions disponibles y vont à tire-d'aile. Je rêve à ce point névralgique qui aspire toute cette mauvaise ferraille, j'imagine l'immonde quincaillerie rangée dans la glu... *tank tank tank tank tank tank... avion avion avion avion avion...* à l'infini.

Les camions s'arrêtent encore. On nous tend des quarts en fer avec de l'eau qui fume. Des dames roucoulent, grimpotent, nous forcent à nous envoyer la tisane. Elles font joujou avec les poupées : « Bois, mon petit chou ! » Elles nous bézicotent : « Bois, mon petit ! » Ah ! que la guerre a du bon ! on générorise. Ah ! qu'on aime son prochain. « Tu veux faire pipi, mon petit zange ? Regardez, mademoiselle l'infirmière-chef, ce petit chérubin qui veut faire pipi ! vous savez comment il m'a demandé ? il m'a dit : "Madame, ze veux faire un petit pisson !" c'est pas un petit cœur ? » Et voilà toutes les infirmières qui joignent les mains. Puis on nous distribue des tartines avec du miel. On se poisse, on s'en met partout, dans les cheveux, dans les yeux, on colle les uns aux autres et les infirmières nous marchent dessus. Elles zozotent en nous parlant, nous aident à nous décoller. Les camions en tremblent, de toutes ces dames en blanc qui jouent et minaudent.

Le convoi redémarre au pas. On dépasse des gens qui trottent sur la route. Ils traînent des charrettes, des landaus surchargés. Des vieillards portent des enfants à califourchon sur leurs épaules. Des cyclistes s'accrochent à la bâche. On voit leurs doigts qui entrent dans le camion. Ils parlent à Mlle Mongola, ils lui font des compliments, lui demandent combien d'années d'amour ça représente tous ces enfants, si elle en voudrait d'autres, qu'en ce moment le pays en a besoin.

Lorsque nous arrivons au château des Breneuses, le comte en personne nous accueille par un discours fleuri.

Les écuries ont été aménagées en dortoirs. Ça sent le crottin. À chacun sa mangeoire. Le comte nous passe en revue, nous chatouille le menton, nous demande si ses petits réfugiés chéris n'ont besoin de rien. Oh! il ne regrette pas ses chevaux. Au passage, il prend par l'épaule les infirmières sous leurs mignons voiles. La bonne odeur de foin et de crottin les excite, elles palpitent des narines, leurs époux sont loin, quelque part vers la ligne *Imagino*. Enfin on se dépense! enfin on se donne! Dans ce bel élan généreux, ah! comme on basculerait volontiers dans le foin.

Des surveillants-éplucheurs-balayeurs, tous plus ou moins amputés, invalides, résidus de la dernière guerre nous canalisent vers les pissotières : longues baraques de planches au milieu du parc à la française. On pisse en rang, travée par travée. Une, deux!... une, deux!... On se la secoue. Une, deux!... une, deux!... nous regagnons nos boxes. Enfin, on se couche sur les paillasses. On nous borde. Quand vont-ils nous laisser un peu tranquilles, tous ces gens si dévoués ?

Une, deux, levez les bras, aspirez! baissez les bras, expirez! une, deux!... une, deux!... vertèbres, trachée, vertèbres, trachée, vertèbres, trachée, une, deux!... une, deux!... une, deux!... Mlle Mongola tient à ce que tout son petit monde reste en forme. Elle nous donne l'exemple. On doit faire scrupuleusement après elle tous les mouvements... une, deux!... une, deux!... une, deux!... À moitié réveillés, nous courons en levant très haut les genoux. Le parc est humide de rosée, les arbres vénérables dégoulinent. Une, deux!... une, deux! Mlle Mongola est en tête de la horde. Elle court comme une folle. On arrive à peine à la suivre. Son voile mignon volette derrière elle. Elle lève les genoux très haut et bombe le buste. Elle a déjà deux tours de parc d'avance sur nous. On la voit au loin gambiller les coudes au corps. On tire la langue, on n'en peut plus. La voilà qui nous rattrape, nous dépasse, reprend un tour d'avance. Des gosses sont écroulés au bord des allées. Il y a longtemps qu'ils ont abandonné. Le peloton se disloque, les jambes vaguebullent, on est de plus en plus mous. Soudain une flèche. C'est le comte à vélo. Il est superbe, sa cravache sous le bras, il pédale à toute vitesse, le torse avantageux. Ses bottes brillent dans le soleil léger. Nous le voyons rattraper Mlle Mongola. Tout en pédalant, il se met à faire des gestes aériens, il montre la nature. Tout cela lui appartient : le ciel, les brumelettes qui s'effilochent, les arbres, ces vieux géants. « C'est un ancêtre à moi qui les a fait planter. Celui-ci! celui-là! celui-là! bien avant les croisades! » Mlle Mongola ne voit rien, les coudes au corps, elle fonce dans le joli matin. Ses jambes trinquebullent encotonnées de blanc, ses petits escarpins passés à la craie sont trempés de rosée, sa petite robe s'ouvre sur ses cuissettes. Le comte pédale de plus en plus vite. Elle le distance. Il s'essouffle. Mlle Mongola le sème, prend un demi-tour sur lui. Nous, on est tous écroulés au bord des allées. Là où nous sommes tombés nous sommes. On les encourage, on les excite. Mlle Mongola sprinte, elle est fantastique de grâce mécanique. Tout son corps se ramasse derrière ses seins qui fendent l'air. Ses jambes seules sont indépendantes, elles organisent l'espace, elles arpentent, découpent les pelouses de leur blancheur. Par moments, un léger coup de vent rejette sa robette mignonnette un peu plus haut et on voit l'éclair de sa cuissette blanche et potelée barrée par l'élastique de sa jarretelette. Elle rattrape le comte, le double. Il essaie de faire dérailler sa ferraille, de faire passer les pignons sur un autre circuit, il aimerait pédouler un peu plus vite, s'embrouille dans les vitesses. Sa cravache tombe à terre, il fait demi-tour sur son élan, se penche et du bout des doigts la ramasse. Numéro équestre à la cosaque, deux ou trois pédalis, zigzag et voilà qu'il bascule dans l'herbe, emmêle ses jambes dans son vélo, essaie de se relever, fait le galopin. Mlle Mongola roucoule, l'aide gentiment à se remettre debout. Maintenant la main sur le guidon de sa monture il fleurdelyse, papelimulle, comtefleurette à Mlle Mongola qui marche comme un petit soldat. Une, deux!... une, deux!... expirez! aspirez!... expirez! aspirez!... expfuuuu... aspfuuuu... expfuuuu... Nous suivons de nouveau deux par deux. On souffle exprès comme des phoques, on expire pire que des baleines. Mlle Mongola fronce le sourcil.

Le comte remonte sur son vélo, nous fait un signe mal assuré et le voilà qui pédalote vers un groupe d'infirmières. Elles arrivent vers nous en poussant une cantine de campagne. On nous distribue du café dans des quarts en fer, le comte goûte à la popote, se brûlote les moustiches. Mniam, mniam! il est aux anges. La guerre commence bien.

Hurlement de mort, c'est un stuka qui pique droit sur nous. Sauve qui peut, tout le monde plonge dans les buissons, on abandonne la popote fumante au milieu de l'allée. L'avion mouline sa grenaille, arrose les arbres. Des branches coupées net dégringolent autour de nous. On voit des jets de sable remonter l'allée. Un joyeux pointillage. La popote frémit, vacille. Du café brûlant se met à gicler par les trous. Des enfants crient. Toutes les infirmières sont collées au comte qui les réconforte. Il nous ordonne de nous mettre à plat ventre les mains sur la tête. L'avion fait une chandelle et le voilà qui repique droit sur la popote. Il la mitraille à la verticale, les balles remontent l'allée, la popote bascule sur le côté, il lui coule encore un peu de café par les trous. Du charbon de bois s'est répandu sur le gravier, ça fumaille. Le stuka refait encore deux ou trois plongées, s'acharne sur la popote, la déchiquette, la réduit à rien, s'amuse un moment avec le vélo puis s'en va du côté d'Elbeuf.

Chaque jour la situation devient plus précaire. Maintenant on ne peut plus mettre le nez dehors sans attirer tous les stukas. Ils sont embusqués dans les nuages et foncent au moindre mouvement. À tout propos ils élaguent les arbres, fignolent à la mitrailleuse. Le joli parc à la française est devenu méconnaissable. Passé au hachoir, il a perdu sa fière ordonnance, ses beaux dessins à la Le Nôtre. Pâquerettes rangées menu, acanthes entrelacées, tout le tarabiscotage maniaque a été systématiquement défoncé. Les avions, à chaque instant, reviennent s'acharner sur ce qui reste de couleur, comme si les dernières fleurettes étaient une insulte à la grandeur des choses.

L'exode devient général. Sur la route, c'est une colonne sans fin de familles en vacances, une caravane ininterrompue : cuisines ambulantes, petit matériel, mixeurs à lamelles, matelas, couvertures, pots de fleurs, canaris. C'est le joli départ printanier, la ruée vers l'oxygène. On ne pense pas encore aux bains de mer, mais c'est un peu dans l'air, vingt-cinq ans à l'avance. Les blindés allemands foncent, ils rêvent de la Grèce, de la Riviera, de la Côte d'Azur. Répétition générale. Au bord des calanques, torse nu, bronzé, on astique les canons comme aujourd'hui on entretient son fusil sous-marin. Maintenant les Mercedes ont remplacé les tanks, ça abîme moins les routes.

À l'heure où j'écris ces lignes, les *tank-mensch* au volant de leurs cossues Mercedes reviennent avec leurs compagnes faire la tournée des cholies plaches, le pèlerinage émouvant ; Siegfried bedonnant évoque la belle aventure. Napoléon avait, lui aussi, à l'exemple d'Alexandre de Macédoine et de César, emmené tout son petit monde en vacances. Camping, caravaning, déplacement et carnaval. C'est nécessaire de changer d'air. L'invasion des Huns ? grandes vacances ! Hannibal ? touriste ! À l'heure qu'il est, les Chinois préparent leurs bagages, rêvent d'Amérique. Les Américains de Chine. Les militaires français sont déjà à Tahiti.

Vivent les vacances ! À bas la rentrée !

Un matin, M. le comte réunit tout son monde et nous annonce dans son langage fleurdelysé qu'il est temps de quitter la tanière de ses aïeux, il nous dit qu'après bien des nuits d'insomnie il a pris la décision de nous diviser par petits paquets et de nous lâcher sur les routes en direction de Rouen. On doit faire le tri dans nos affaires, abandonner l'inutile, s'alléger au maximum, mettre nos chaussures les plus solides. Chaque infirmière choisit sa poignée d'enfants. On nous distribue du sucre et, un à un, les petits groupes s'envolent.

Sur la route de Rouen, c'est la presse des grands jours, on se croirait en pleine guerre de Cent Ans, c'est la foire nationale. Poussettes, brouettes, vélos chargés à la chinoise, carrioles à âne, voitures à bras. Le peuple de France déménage.

Le cœur battant, nous entrons dans le grand mouvement européen, on s'insinue dans le beau rythme, on entre dans la danse. Une, deux!... une, deux!... hop hop! Mlle Mongola a pris un très joli départ. Elle fend royalement la foule, nous suivons. Les gens nous regardent passer, les dépasser, disparaître dans la cohue. Ils s'arrêtent de marcher, ils en oublient leurs peines. Cette poignée d'enfants dans le sillage de l'infirmière aux gracieuses guiboles blanches, ça, ils ne l'oublieront pas.

Mlle Mongola, notre figure de proue, ouvrait le flot. Le comte touchait les gêneurs de sa badine, les tenait à l'écart et nous foncions, pliés sous nos sacs de montagne, en peloton serré, coude à coude, collés sur leurs talons. Parfois nous dépassions des convois militaires, des tanks, des camions avec canons à la traîne, tous en panne, moteurs à l'air. Sur de grands chiffons, au milieu de la route, des bielles, des pistons démontés, des écrous, des vis et des mécanos à quatre pattes. Autour d'eux des soldats découragés, les mains sur les hanches. On fait un crochet pour ne pas marcher dans la ferraille et, à la remorque des petits escarpins, nous filons sur Rouen. À ce train, au bout de quelques kilomètres, on commence à tourner de l'œil, à avoir un sale goût dans la bouche, la salive comme du sirop à force de croquer du sucre.

Peu à peu on a tout balancé, on a vidé nos sacs de montagne. Nos chemises ont rejoint sur les bas-côtés de la route tous les excédents de bagages. Depuis le temps que ça défile on peut trouver de tout dans les caniveaux, aussi bien un piano qu'une garde-robe complète, des sommiers, collections de timbres, illustrés, poussettes d'enfant, batteries de cuisine, tableaux de maîtres et tanks abandonnés.

De temps en temps dans les champs qui bordent la débâcle, on aperçoit un avion le nez planté profondément dans les sillons. Le comte tend sa badine et crie : « Avion allemand ! » Mlle Mongola ne tourne pas la tête, elle ne veut pas perdre le rythme. Il nous arrive d'enjamber une aile de bombardier tombée en travers de la route, ce qui oblige les petits escarpins à faire quelques pas sur le métal… toc toc toc ! ça sonne sur la cocarde et déjà elle est sur la route. Nous frappons du talon sur les rivets et sautons à notre tour sur le goudron fondant. Enfin le comte lève sa badine, Mlle Mongola oblique gracieusement et nous voilà tous écroulés sous un arbre, au milieu d'un champ. On tire la langue, on n'en peut plus, le cœur en folie, les poumons en feu.

Ululements, stukas en piqué. Sur la route, c'est l'affolement, le troupeau se bouscule, en un rien de temps plus personne. Tout le monde à plat ventre dans les fossés. Un stuka fait le va-et-vient, sème sa grenaille, s'acharne sur une poussette oubliée, éventre quelques valises et disparaît derrière un nuage. Il attend que tout le monde s'extirpe des caniveaux. Moteur en veilleuse il guette sournoisement.

Tout le long de la route on voit des têtes qui sortent des herbes, s'interrogent, hésitent et tout à coup c'est la ruée vers notre arbre. Ululement, le stuka qui n'attendait que ça pique droit sur nous, il fallait s'y attendre avec tout le foin qu'ils font sous l'arbre, toute cette agitation stupide. On nous piétine, on nous écrase, l'arbre en tremble. Les balles commencent à pleuvoir ainsi que des feuilles, des branches coupées et des glands. Le stuka fait deux ou trois piqués, puis repart s'embusquer à nouveau derrière son nuage.

Mlle Mongola pousse le cri de ralliement et la voilà partie à fond de train à travers champs. Le comte se lance sur ses talons, nous suivons. En quelques enjambées, nous sommes sous un autre arbre. Le stuka repique, arrose les mottes et remonte s'embusquer. D'arbre en arbre, Mlle Mongola nous entraîne jusqu'à un château d'eau qui s'élève dans la plaine. Nous nous écroulons dans l'ombre du monument. Nous ne pouvons plus faire un pas, nous sommes morts de fatigue. Ici nous ne risquons plus rien : l'envahisseur épargne les châteaux d'eau, les centrales électriques, les usines. Ils la veulent intacte, leur France. En effet le stuka tourne un moment autour de nous, on voit même l'aviateur furieux nous montrer le poing. Le comte agite sa badine et Mlle Mongola lui tire sa petite langue rose. Le stuka repart se venger sur l'asphalte, on le voit suivre la route, faire quelques allers-retours puis disparaître. Nous nous installons sous notre château d'eau. Le comte sort un pain de ses fontes et Mlle Mongola une boîte de pâté et un pot de miel. Tout en tartinant, elle nous explique que Rouen est un port de mer bien que loin de l'océan :

« Figurez-vous, mes enfants… »

Ça y est, elle est lancée…

« … Figurez-vous, mes enfants, que Rouen est la patrie de Corneille, de Fontenelle, de Boieldieu, d'Armand Carrel, de Géricault…, *Le Radeau de la "Méduse"*, de Flaubert… Salammbovarypécuchet… hi hi hi! et surtout, surtout qui y fit-on brûler? répondez! qui?… qui?… par les An… »

Et tous les gosses en chœur :

« … llemands!

— Non! les Anglais! et qui y fit-on brûler?… qui? » On hésite, on est finaud, on attend qu'elle la lâche sa première syllabe.

« C'est… Jea… Jea… Jea… »

On se regarde perplexes. Un malin :
« … not Lapin ! »
Éclats de rire.
« Non, mon petit chou… c'est Jeanne ?… d'A…? d'A…
— … gobert !… m'dame ! »
Le comte :
« Allons, allons !
— Avec quoi tire-t-on les flèches ?… Jeanne d'Ar… ?
— … balète !
— Non !
— … quebuse !
— Non ! vous êtes tous des petits ignorants. C'est Jeanne d'Arc ! Bon, maintenant, les gens qui habitent Rouen sont des Rouennais. Cour d'appel, archevêché, école supérieure, grand commerce, drap, cathédrale XIIIe siècle, Saint-Ouen XIVe siècle, Saint-Maclou XVe siècle, palais de justice XVe siècle, le Gros-Horloge, patrie de P. et Th. Corneille, etc. Henry IV en 1596 y tintuneassemblée desnotablesl'arrondissementa20cantons221communes422 390habitantslavillea6cantons. »

D'une traite, elle nous sort le dictionnaire par cœur. Pendant tout ce charmant discours, Mlle Mongola nous tend des tartinettes : pâté, miel ? on a les doigts qui collent, on ne sait plus à quoi s'essuyer, on arrache des poignées d'herbe, on se passe les mains dans les cheveux, on s'en met partout. Tout ce pain nous a assoiffés, pas d'eau ! Que faire ? Quand on pense qu'on est sous un château d'eau ! On louche en l'air. Le comte grommelle : « Quand on pense ! quand on pense ! » Il se lève, tapote d'un air pensif le ciment, l'éprouve de sa badine… ça sonne le plein, que faire ? Mlle Mongola suggère de faire un petit trou. Le comte est perplexe, il n'a jamais travaillé de ses mains. Tous les gosses se lèvent, palpent les parois. À force de scruter, de caresser, d'inspecter, de flairer, quelqu'un découvre un léger suintement, un fantôme de fente. M. des Breneuses s'empare d'une pierre, toque un moment et très vite se décourage. Non, il ne peut pas! il ne peut pas, non, non, il ne peut pas, c'est dans le sang. Il préfère crever de soif. On s'y met chacun son tour, on gratte avec des canifs, gravier par gravier, on entame le ciment et tout à coup des gouttelettes joyeuses suintent, glougloutent, se chevauchent. On se lèche les doigts. M. le comte nous écarte aussitôt et colle ses lèvres sur le béton. Il aspire, boirait tout le château. Enfin il se décolle, fait la grimace et crachote des petits bouts de ciment. Il trouve que ça ne coule pas assez vite. Il faudrait creusoter encore un peu. On s'acharne un moment et brusquement c'est l'inondation. Un geyser d'une force incroyable nous bouscule. « C'est toujours ça que les Allemands n'auront pas! » Impossible de boire, l'eau coule maintenant avec trop d'abondance. Il faut courir tout au bout du jet, la saisir au retomber. On jette nos masques à gaz, on remplit les boîtes à ras bord. On s'asperge, on roule, on rit, on passe au travers de la cataracte. Le comte lui aussi s'excite, asticote Mlle Mongola, la pousse en traître. La voilà trempée, sa robe lui colle au corps, elle est furieuse.

Ululement. Stuka en piqué. L'avion effleure, mitraille, remonte, chandelles, loopings, piqués, rase-mottes. Nous le voyons passer, repasser, impatient, un vrai requin. Il se cambre, se frotte aux arbres et soudain plonge sur un tas de ferraille qui arrive en bringuebalant d'une motte à l'autre. C'est encore un tank patrouilleur. Son canon dans des grincements terribles se dresse à la verticale. Il cherche le stuka dans son rétroviseur. La tourelle tourne sur elle-même et le canon commence à émulser ses obus. Le cloporte saute sur place, des rivets expulsés par le travail de la tôle ricochent à terre, des bouts de ferraille pendent à moitié déboulonnés. Encore un chapelet et le monstre va s'effondrer en miettes. Le stuka s'énerve, prend son élan, fonce de toute sa puissance, ses croix gammées en frémissent. Il concentre son tir, caresse la tourelle de son ventre, monte, descend, remonte. On a mal au cou à force de suivre ses évolutions. Le tank envoie encore deux ou trois obus et s'immobilise. Quelque chose ne va pas. Un soldat armé d'un marteau s'extirpe de la tourelle, se penche et commence à taper sur un bout de tôle qui coince. Il ne lève même pas la tête lorsque le stuka se précipite et sème ses hachures autour de lui. Il disparaît un instant dans les entrailles de sa machine, ressort avec une burette et se met à graisser tranquillement les rotules et les roulements pendant que le stuka plonge de plus en plus bas, mitraille plein gaz, mais lui, comme si de rien n'était, continue son petit bricolage. Une déflagration nous jette tous à terre. On voit l'avion soudain embrasé se disloquer, rebondir dans les sillons, s'éparpiller en miettes incandescentes, fuselage, ailes et ailerons indépendants.

Un silence impressionnant tombe sur la campagne. On entend le chant mélancolique d'un grillon et une alouette s'envole dans le ciel lumineux.

Brusquement, c'est la charge des réfugiés. Ils émergent par centaines des bas-côtés, se précipitent à travers champs vers le tank, s'emparent du héros, veulent le porter en triomphe. Il se démène, donne des coups de botte, hurle, griffe. Rien à faire, ils débordent tellement de gratitude qu'ils l'étoufferaient volontiers. On le traîne dans la boue, les femmes le couvrent de baisers. Il se défend comme il peut, jette des poignées de terre, court à quatre pattes, mais les sauvages le rattrapent et le voilà de nouveau qui passe de main en main, d'épaules en épaules. Enfin un de ses compagnons sort du tank, et tire un coup de revolver en l'air. Débandade. La foule loqueteuse s'éparpille, rejoint la route sur laquelle le mouvement a repris. La tourelle se referme et le tas de ferraille s'en va vers de nouvelles aventures.

Enfin la nuit tombe, nous touchons à l'étape prévue. C'est une maison de redressement au bord de la Seine. Toutes les infirmières sont là, l'état-major au complet. À part trois ou quatre enfants qui manquent à l'appel, tout est en ordre.

On nous fait entrer dans une salle dont les fenêtres sont garnies de solides barreaux. Des centaines d'enfants venus de tous les coins de France ont été jetés là par les événements. On les recense, on les trie, on prend leurs noms, leurs adresses. On nous attache autour du cou une étiquette avec écrit dessus notre nom et notre provenance. Mlle Mongola nous rassemble, nous tasse dans un coin. Autour de nous, c'est un brassage fantastique, un nœud inextricable. Certains enfants ont oublié leurs noms, leurs prénoms, ils ne savent plus rien. Ils errent d'un groupe à l'autre, les yeux fiévreux, la bouche ouverte. L'étiquette autour de leur cou est vierge. Une petite fille s'approche de moi et me demande si je ne la connais pas. Mlle Mongola la chasse. L'enfant va implorer ailleurs un signe de reconnaissance.

On nous distribue du café au lait, du pain. La confusion est extrême, on ne s'entend pas, on se parle par gestes. Enfin M. le comte arrive, il annonce qu'il a réussi à obtenir un train de péniches charbonnières pour nous remonter jusqu'à Paris. Nous exultons de retourner dans nos familles. La guerre, on en a marre, on n'en veut plus de toutes ces promenades. L'insécurité, on la laisse aux adultes. Mlle Mongola nous promet une jolie promenade : « Les Andelys, Vernon, Verneuil ! » Boucle par boucle, elle nous dessine la Seine à même le sol en trempant son petit doigt dans son quart de café. « Cette miette, c'est Rouen ! cette miette, Paris ! » Tous les gosses trempent leurs doigts dans leur café, éparpillent les miettes, se traînent dans les méandres. Le sol devient un champ de bataille d'escargots.

On nous entasse à ciel ouvert au fond des grandes cales vides. On s'accroupit dans la poussière de charbon. Le beau voyage se réduit à un défilé d'étoiles. Mlle Mongola, plus insupportable que jamais, nous nomme au fur et à mesure les constellations : « Pégase ! Andromède ! Le Bélier, la Balance ! » On aimerait tant dormir, on aimerait tant regarder le ciel en silence, on est si fatigués. Un gosse du fond de la péniche gueule : « CONNE ! » Elle n'entend rien. « ... La Croix du Sud ! Le Cygne ! La Lyre ! »

Le silence tombe enfin. Nous dérivons. Dans l'imposant rectangle largement ouvert au-dessus de nos têtes, les étoiles palpitent, vivantes. Nous voyageons en plein ciel, loin, très loin de la terre en folie. Le vaisseau emporte sa cargaison d'enfants de planète en planète vers une terre promise, vers la douceur, vers la douceur, vers la douceur. Les constellations une à une entrent dans le rectangle, passent majestueuses et disparaissent à la poupe. Parfois une étoile plus brillante jaillit, mes yeux troublés par les larmes la suivent et s'amusent des irisations imprévues. Mes yeux troublés par les larmes la suivent le plus longtemps possible.

Demain je serai peut-être auprès de Pipa et de mon père. Sont-ils restés à Paris? Paris existe-t-il encore? Seront-ils émus de me revoir? J'aimerais tellement le raconter à quelqu'un, ce mauvais rêve. Au milieu de la nuit, on nous transborde dans des camions militaires, on nous pousse, on nous tire sous la bâche et la lente procession tous feux éteints recommence. Maintenant nous roulons entre deux rangées ininterrompues de maisons. Elles ont l'air intactes. Je reconnais les fontaines de la porte de Saint-Cloud, je ne tiens plus en place. Lorsque le convoi s'engage dans l'avenue de Versailles, j'ai juste le temps d'apercevoir la ruelle où vivent mes parents. Pipa et mon père doivent être là, endormis sous les pendolents qui tintent de notre passage. Tous ces camions en marche ont dû les réveiller un peu. Pipa se retourne dans les draps tièdes, ses mains indépendantes, souples, ravissantes montent vivement se refermer sur la nuque de mon père qui lui chuchote en russe de douces paroles. J'ai une envie folle de sauter, de courir, d'échapper à cette procession absurde. Autour de moi j'entends les souffles réguliers de mes compagnons qui dorment. Parfois une vague lueur fait émerger des têtes, des doigts crispés, un genou, une mâchoire grande ouverte. Tous ces petits corps tassés au ras du plancher occupent bien peu de place sous les arceaux de la bâche.

Les charrettes cahotent sur les pavés, elles vont nous déverser dans un trou creusé à même la terre et d'autres charrettes viendront et d'autres et d'autres encore. On nous piétinera, on tassera à coup de talon tout ce qui dépasse et la terre pelletée par pelletée tombera sur nos nuques, nous recouvrira, coulera dans nos bouches, s'insinuera. Des camions arriveront, ils rouleront presque sur place en avant en arrière ; en avant en arrière, en avant en arrière pendant des heures jusqu'à ce que tous les os soient écrasés et que plus rien ne transparaisse du grand charnier.

Enfin on nous secoue, on nous tire, on essaie de nous réveiller, mais nous avons trop sommeil. Nos jambes nous soutiennent à peine, la résurrection est trop pénible, qu'on nous laisse en paix ! Mes paupières ne peuvent pas soulever le poids de toute cette terre. Mes yeux me brûlent, je tente de les frotter. Je lance mes genoux, je les vois vaguement qui sortent de mon thorax. Très loin, au-dessous de moi, je vois mes pieds apparaître et disparaître, ils ont l'air de glisser sur le quai scintillant. Entre les jets de vapeur, des diables chargés de valises et de sacs rapiécés longent la colonne d'enfants perdus qui avancent la tête basse. Des infirmières inlassables courent le long du triste troupeau, ramènent dans le rang des enfants qui rêvent et que le sommeil dévoie. On se heurte sans cesse les uns aux autres, on se marche sur les talons, on vacille, on titube, on se détache de la file, on trébuche, on tombe sur des gens qui dorment, sur des corps étendus à même le sol, arrêtés en plein mouvement. Des vieilles femmes gisent dans des poses indécentes, leurs jupes remontées jusqu'au ventre, elles ont l'air de courir. Des soldats recroquevillés les uns à côté des autres, le front sur leurs genoux, les mains pendantes, le fusil appuyé à l'épaule, sont alignés le long des murs. Des enfants blottis entre les bagages, roulés sur eux-mêmes, tournent le dos à ce monde en décomposition, de toutes leurs forces ils se referment comme des larves.

On nous pousse, on nous tire, on nous soulève, ça sent le crottin, la paille pourrie. On s'entasse à nouveau, on s'emboîte os contre os, on repart à la dérive. Le wagon résonne et tremble de tout ce mouvement. Enfin la porte coulissante est bouclée, le noir nous enveloppe. Accroupis les uns contre les autres, nous dormons enfin. Parfois dans les cadences mon front heurte un autre front. Mes doigts s'emmêlent dans des cheveux, palpent des petits crânes durs. Des coudes pénètrent dans mes côtes, des genoux dans mon dos, des mentons dans mes joues. Nous sommes soudés les uns aux autres par le va-et-vient qui nous secoue durement. Le train file dans les ténèbres extérieures, il longe en cahotant des couloirs sans fin. Les cadences nous tassent au ras de la paille, petites loques grises, petits fœtus, petits tas d'os blanchis.

À l'aube, le train s'arrête, la porte coulissante est ouverte, on nous tend des quarts brûlants. Des infirmières joyeuses nous tapotent les joues, nous invitent en roucoulant à sortir pisser contre les attelages. Deux par deux, une deux!... une deux!... nous descendons en titubant, nous sortons nos sexes et dirigeons le petit jet jaunâtre, le faisons jouer sur les chaînes, les tampons. Ça change un peu les idées. Nous mêlons nos trajectoires, essayons de pisser par-dessus nos têtes mais les infirmières nous pressent, il faut vite en finir, tourner le dos à cette poésie élémentaire, retomber dans la pesante grisaille. On nous propose aussi des soulagements plus sérieux. Des infirmières nous racolent. Elles traînent de wagon en wagon des chariots avec des tonneaux surmontés de chaises percées. Elles hissent à bout de bras des enfants somnolents qui se déculottent dans les hauteurs. On les voit faire des efforts, grimacer et sourire. D'en bas elles les encouragent, les pressent, les félicitent, leur tendent des morceaux de papier, les aident à sauter, à se reculotter... Au suivant!

Enfin on nous reboucle dans nos wagons, les targettes sont tirées et le train s'enfonce à nouveau dans les cadences. L'œil collé à un trou dans le bois, je vois le dégoûtant paysage, l'éternelle houle des longs voyages, les collines qui montent et descendent, les arbres affreux qui émergent et s'enfoncent dans les replis, tout le trafic écœurant d'une nature traversée trop vite. Des maisons entourées de minables clôtures, leurs cours tristes où s'étranglent des chiens à la chaîne, et des tas d'ordures, des tas d'ordures, tout ce qui reste des jours écoulés. De temps en temps, un incendie au loin rappelle la stupide empoignade. Le long des routes encore et toujours l'éternel flot des réfugiés, les convois en panne et dans les sillons les ridicules tanks patrouilleurs. Parfois un avion enfoncé dans la boue sert de refuge à une famille loqueteuse.

Brusquement, l'aube grise est transpercée d'un rayon de soleil. Tous les visages se tournent ensemble vers le miracle. Les soldats penchés sur les moteurs passent d'un air las leur main sur leur front. La horde des réfugiés s'arrête quelques secondes. Dans la plaine défoncée, des gens émergent de la glaise, bâillent, rassemblent leurs os. De tous côtés du métal étincelle, les culs de bouteilles dans les tas d'ordures lancent des feux.

Vers le milieu du jour, le convoi s'arrête. Les portes à glissières s'ouvrent, on nous sert à boire, on nous distribue un peu de sucre, du pain. Au moment où notre porte se referme, je sursaute, je viens de lire sur un panneau : FERTÉ-BERNARD. Je bondis, je hurle, je veux qu'on m'ouvre, je cogne contre les parois du wagon, je m'acharne, je fais un tel raffut que la porte s'entrouvre. Une infirmière passe la tête, s'étonne. J'essaie de me faufiler par l'entrebâillement, mais elle me barre le passage. Je lui donne un bon coup de pied dans le tibia. Elle se met à gueuler, ameute le monde. Je m'arc-boute, la porte glisse un peu mais déjà des soldats arrivent, me rejettent dans le wagon. Le piège est refermé, le convoi s'ébranle. Je bouscule mes compagnons, je frappe contre les planches. Le train accélère. Je me précipite comme un fou vers ma place, je colle mon œil au petit trou. Je veux voir. Les uns après les autres, tous les jardins en bordure de la voie défilent. L'espace d'une seconde je vois mon grand-père et ma grand-mère assis devant la maison. Sans un regard pour le train qui passe, ils mangent à l'ombre des acacias. Oui oui oui! Je suis sûr de les avoir vus. Nous prenons de la vitesse, les cadences se rapprochent. Je ferme les yeux et, les lèvres tremblantes, pendant des heures et des heures, j'évoque cette minuscule image lumineuse. Je me tasse dans mon coin, je me fais tout petit, je ne résiste plus, je m'abandonne au long voyage.

Un choc violent nous précipite les uns sur les autres. Nous voici arrivés en bout de ligne. On nous tire de nos wagons, on nous débarque au pas de course, on nous malmène, les taloches pleuvent. « Plus vite! plus vite! » Nous sommes trop lents au goût des infirmières, trop endormis. Ici, au Croisic, ça se passe à l'accéléré, pas de temps à perdre. Tous les trains les uns après les autres viennent échouer là. La Gaule entière se trouve acculée à l'océan, impossible d'aller plus loin, c'est le grand cul-de-sac. Toutes les armées sont venues morceau par morceau au fond de la nasse, tous les trains d'enfants réfugiés, les asiles de vieillards, les hôpitaux en vadrouille. De tous côtés ce ne sont que voiturettes d'invalides, brancards, opérés mal recousus, paralytiques à la dérive. Et il en débarque sans arrêt, on ne sait qu'en faire. À force de se tasser, de macérer sur place, on sent la haine qui transpire de partout. Pour un rien on se traite de sale Français, de lâche, de traître, de cagoulard, d'espion, de vendu. Au moindre prétexte les gens se prennent à la gorge, roulent en se battant jusque sous les bielles des locomotives. Les soldats se regardent de travers, retroussent les babines. À chaque train qui vient se heurter au butoir on s'attend à voir descendre les premiers Allemands. Les dames en blanc palpitent, secrètement pincées au cœur par des avant-goûts de viol. Du coup elles ne sont plus du tout maternelles, elles nous détestent d'être faibles, malheureux. Dès qu'un nouveau train entre en gare elles frémissent, se pomponnent, se prêtent leurs houpettes, se rimmelisent à la hâte et cavalent sur le quai poitrine en avant.

On nous a entassés dans une grande salle d'attente avec d'autres enfants venus d'un peu partout. Sans arrêt la porte s'ouvre et les infirmières poussent de nouveaux groupes de gosses effarés qui s'écroulent à terre et s'endorment aussitôt.

Soudain nous entendons des hurlements sur le quai. Nous nous précipitons aux fenêtres : une femme est en train de gifler un soldat anglais échoué là par malchance. « Salaud ! salaud ! » Son casque plat va rouler sur la voie. L'Anglais ne comprend pas, il ouvre des yeux étonnés, il rirait presque de l'énormité de la chose. « Sale Angliche ! vous nous avez bien lâchés ! » Les gens l'entourent, le poussent mollement aux épaules, se le renvoient. Une main brusquement l'attrape aux cheveux et le secoue avec rage. Il donne un coup de poing à l'aveugle, vingt poings s'abattent aussitôt sur lui. La foule se referme, l'absorbe.

Enfin des camions nous emmènent et nous abandonnent dans les cours d'école des villages avoisinants. Un vieil instituteur nous accueille, nous conduit avec des gestes mous dans une salle de classe. Nous nous écroulons sur les pupitres la figure dans les mains, exténués. Le vieil homme nous secoue, nous promet de bons lits, il nous demande nos noms, d'où nous venons. Il nous regarde, apitoyé, veut savoir depuis combien de temps nous sommes sans nouvelles de nos familles. Nous crions tous à la fois, chacun se plaint, raconte sa guerre. Nous en remettons, on ne s'entend plus, le vieux tape sur son pupitre avec une règle, impossible d'arrêter le flot. Nous n'en pouvons plus de garder tout ça pour nous. Malgré le vacarme, il parle d'une voix douce, dodeline de la tête. Peu à peu nous nous calmons et nous l'entendons nous expliquer que les Allemands vont réorganiser un peu ce monde sans nerf. Il lève les bras, agite ses mains molles, prononce à plusieurs reprises le nom de Pétain. « Les Anglais!… les Anglais, la nation la plus traîtresse du monde! » Il écrit sur le tableau noir : *Les Anglais les machines, les Français les poitrines.* « N'oubliez jamais cette phrase mes enfants! » Il larmoie, sa voix se fait de plus en plus inaudible, nos têtes roulent sur nos bras croisés, nous nous endormons sur nos pupitres, bercés par le murmure sénile.

Et les longs jours d'inaction commencent. Nous nous traînons dans la cour, écrasés de soleil, cherchant les coins d'ombre. Le vieux maître d'école nous réunit tous les matins dans la salle de classe où il nous lit de sa voix mourante un ou deux chapitres de *Pinocchio*. Il imite la voix de Pinocchio, du criquet, du chat, du renard, il joue à la baleine. La classe entière est sur les nerfs, à la fin on en pleure d'ennui. Parfois, il se prend tellement à sa lecture qu'il nous mime la scène. On a beau le siffler, le traiter de vieux con, rien n'y fait, il est sourd à nos insultes. À force de nous abrutir avec ces niaiseries, on a fini par l'appeler Pinocchio et il en paraît flatté. Après la petite heure de lecture quotidienne, lorsque nous sommes bien abrutis par ces histoires stupides, le vieux gâteux se lance sur un autre de ses dadas : l'ordre nouveau. « Vous verrez, mes enfants, ce sont les malins qui auront le dernier mot. Qui dit malin, dit intelligent. Laissons les Allemands instaurer l'ordre par la force, lorsqu'ils auront soumis tous les peuples du monde... alors, alors... » Il se frotte les mains, se lève et écrit au tableau noir : *le Français = peuple le plus intelligent de la terre reprendra en main les destinées du monde. Intelligence = Pasteur + logique = Descartes + génie = Victor Hugo × fantaisie latine = Français.*

Nous nous regardons, les yeux ronds. Pinocchio s'éclipse en nous recommandant de méditer ces pensées. Il nous abandonne enfin à nous-mêmes pour tout le reste de la journée.

À peine est-il sorti que Christian de la Maule se lève et met son sexe à l'air en criant : « Pétain ! qu'est-ce qu'elle bande ma p'tite bite ce matin ! » À tous les coups cette phrase déclenche le fou rire général. Comme Christian de la Maule est très grand, deux fois plus grand que le plus grand de nous tous, son sexe nous épate et il en joue. À tout propos il lui fait prendre l'air, le tape sur les têtes de ses voisins, l'introduit n'importe où, baise les taupinières, tous les trous sont bons à explorer, il suffit qu'ils soient à sa taille. Il en parle comme d'un personnage « Ma p'tite bite chérie voudrait baiser l'encrier ! » Et hop ! le voilà qui enfonce son gland dans l'encre bleue. La classe entière est secouée d'un rire infernal. Il ressort son sexe dégoulinant d'encre et va l'essuyer contre la carte de France punaisée sur le mur. Ça fait de grandes barres bleues des Alpes à l'océan. Christian de la Maule se tourne vers nous, lève la main pour nous faire taire et écrit au tableau noir en imitant Pinocchio : *2 couilles + 1 bite + 1 trou du cul = 1 Français*. Toute la classe en folie hurle de joie. Pour une fois voilà des choses écrites blanc sur noir faciles à comprendre. Parfois, lorsque nous faisons trop de bruit, Pinocchio passe la tête par la porte entrebâillée. Voyant Christian de la Maule son sexe bleu à l'air, devant le tableau noir, il s'excuse de nous déranger et s'éclipse sur la pointe des pieds.

En peu de temps, Christian de la Maule réunit les rênes du pouvoir. La cour de l'école et les classes deviennent son territoire exclusif. Il s'entoure de quelques acolytes dévoués, qu'il appelle sa milice. Il établit son quartier général dans une classe abandonnée.

Au début, ce qui n'était qu'un jeu, une singerie, prit très vite une terrible réalité. Chaque matin Christian de la Maule s'enfermait dans son « bureau » et ses hommes s'emparaient d'un ou deux souffre-douleur qu'ils traînaient et poussaient à coups de pied jusqu'à la salle de torture. Les cris, les supplications, les pleurs de leurs victimes ne faisaient que les exciter davantage. Toute la journée ce n'était que bruits de coups, gifles et bastonnades. Pendant ce temps, le reste du troupeau, accroupi à l'ombre, jouait aux osselets comme si de rien n'était. Parfois ce vieux fantoche de Pinocchio se glissait parmi nous pour voir si tout allait bien, mais il filait en vitesse sans vouloir remarquer les yeux pochés, les lèvres fendues, toutes ces traces de violence que les bourreaux faisaient subir à la moitié faible de l'école. Très rapidement, la chose parut tellement naturelle que même les gens du village voyant aller et venir des enfants éclopés aux lèvres enflées ne s'étonnaient plus. En quelques semaines Christian de la Maule devint le vrai maître, il faisait ce qu'il voulait au nom des Allemands que personne n'avait encore jamais vus.

Un jour, il me fit traîner jusqu'à son « bureau ». Les pieds négligemment croisés sur la table, il me demanda pourquoi je restais tout le temps comme ça à dessiner tout seul dans mon coin. Il trouve ça très déplaisant que je fasse bande à part. Je lui réponds que je veux devenir peintre. Tout à coup il a une idée : est-ce que je serais capable de dessiner une femme nue grandeur nature ? Je lui dis que oui et que même s'il le voulait je pourrais lui dessiner une sirène. Marché conclu, je dois peindre une sirène. On me procure tout ce que je veux, je m'installe dans une classe vide et je commence mon travail. Jour après jour je progresse. Fond verdâtre, les poissons, les algues… Parfait ! Dans la classe à côté, bruits de coups. Pleurs des suppliciés. Je n'entends rien. Parfait ! parfait ! Les grandes paupières bleues, le nez fin aux narines frémissantes… Ah ! merveille ! je suis en progrès. « Pitié ! pitié ! pitié ! » Je n'entends rien. Le cou gracieux, les seins, les seins, les deux seins… Un bruit de crachat à côté et la voix de Christian de la Maule : « Si tu ne le bouffes pas, tu vas passer un mauvais quart d'heure ! » Rires des tortionnaires. Le ventre, le nombril, centre idéal de toute figuration humaine, le nombril… Merveilleux ! Ils peuvent toujours torturer ! Ah ! le ventre légèrement bombé ! Coups de poing, pleurs, sanglots, hurlements. Ah ! oui, le joli ventre ! et enfin le renflement pubal m'emballe… « Attachez-le ! sale petit con ! » Où en étais-je ? ah ! oui ! le renflement pubien… Des bancs sont renversés. Et maintenant, le problème numéro un : comment passer de la chair exquise aux écailles ? Ah ! s'ils ne faisaient pas tant de boucan ! Je prends mon temps, je m'enferme tous les jours, je me mets hors jeu. Je ne suis plus de ce monde. L'art plane dans les hauteurs. Ils peuvent faire ce qu'ils veulent à côté, ici s'élabore un chef-d'œuvre. De temps en temps, Christian de la Maule se glisse derrière moi, il pousse un sifflement admiratif et reste un moment à me regarder peindre. « Pétain ! qu'est-ce qu'elle est bandante ta sirène ! Ah ! t'as du talent, mon salaud ! » et il ressort sur la pointe des pieds.

Extraordinaire ! Merveille des merveilles ! la chair se fond et comme par miracle devient écailles. J'ai réussi ma première sirène de face. La queue circonvule, se noue et se dénoue… les nageoires… *Chef-d'œuvre !* Je recule, je m'avance, je recule, je cligne des yeux. Non ! ce n'est pas possible ! ce n'est pas moi, ce ne sont pas mes mains qui ont fait ça ! Bonheur.

Pipa est exaspérée, mon père se mord les lèvres, ma grand-mère me donne assiettées de soupe sur assiettées de soupe, mon grand-père me fait des clins d'œil. Il est le seul à être ravi de mon arrivée impromptue à La Ferté-Bernard.

Je parle, je parle et je mange tout à la fois. J'absorbe, je mastique, je déglutis bruyamment. Ma voracité est extraordinaire. Je suis écœurant, je le vois dans leurs yeux. Avec mon crâne tondu, mes ongles noirs, je ne dois pas être agréable à regarder. Dès qu'ils m'ont vu, ils sont retombés sur leurs chaises, stupéfaits, ils se sont assis le plus loin possible de moi. Il faut dire que je suis tellement crasseux, je pue des pieds, c'est normal avec toutes ces marches et ces contremarches, le caoutchouc, il n'y a rien qui pourrisse plus. Nous sommes tous intimidés. J'ai grandi trop brusquement. Ils se sont écroulés dès que j'ai passé ma tête de forçat par la fenêtre. « Bhou ! » Moi qui croyais les faire rire. Ils se sont écroulés, assommés. Avec mon crâne tondu et mes ongles noirs, non je ne dois pas être agréable à regarder. Et puis toutes ces histoires interminables, ennuyeuses, lentes à venir, délayées dans une quantité incroyable de mots : Mlle Mongola, ses guiboles, ses escarpins... pas drôle du tout ! Le coup du château d'eau, ils n'y croient pas, plus j'en remets moins ils y croient et moins ils y croient et plus j'en remets. C'est malgré moi, je n'y peux rien, je suis tellement intimidé de leurs airs catastrophés. Je mastique, je parle, je palpite. À tout moment j'abandonne mon assiette pour les embrasser, je leur bave sur les joues, ils se raidissent, ils me repoussent. « Mange ! mange ! » Je raconte comment je suis passé en pleine nuit en camion devant leur rue. Ça ne les étonne pas. Là, je suis déçu, moi qui ruminais cette histoire pour eux. Je raconte la nuit dans le wagon à bestiaux et j'accroche ma grand-mère au passage par son tablier. « Écoute ! écoute, écoutez bien ! vous mangiez sous les acacias. » Non, ça ne les étonne pas que je les aie vus sous les acacias, mon grand-père et ma grand-mère, ça ne leur fait rien. Je recommence. J'ai dû mal raconter. Je recommence tout depuis le début. Tout ça, du délire ! « Mange ! mange ! après tu prendras un bain, puis une bonne nuit de sommeil et demain tu seras tout à fait bien. » Ma fuite à pied, ma longue marche jusqu'ici... ce n'est rien ! pure fable, fantaisie d'enfant poussé trop vite, affamé et crasseux. « Dors ! dors ! tout cela n'est qu'un mauvais rêve. Dors ! dors ! » Ma grand-mère me borde dans mon lit, m'embrasse gentiment. « Dors, Cyrus ! dors, dors ! demain tu verras... calme-toi ! calme-toi ! » Malgré moi je sanglote, sans doute ce ton apaisant, je ne m'y attendais pas. Elle m'attire contre elle et me berce. « Dors, dors, dors ! » Mes sanglots sont tellement affreux que Pipa, mon père et même mon grand-père passent la tête dans la chambre. La main de Pipa descend sur mon front. « Mais pourquoi pleures-tu comme ça ? » Et dans des hachures terribles je réponds mon éternelle phrase : « Personne ne m'aime. » Mon père rit et me donne gentiment une tape sur la tête. Pipa se penche et embrasse mes joues mouillées. Je les repousse tous, je ne veux pas de leur pitié, je ne veux pas de leur attendrissement. C'est malgré moi que je pleure. « Laissez-moi ! Laissez-moi ! Laissez-moi ! »

Quelque chose me chatouille le nez. Je tape, ça revient ! C'est insupportable. Je retape, ça revient ! Je retape, je sombre dans la douce inconscience et de nouveau le chatouillis exaspérant sur le nez, les paupières, les joues. Insupportable ! Je retape, j'entends un rire étouffé. J'entrouvre les yeux, je ne sais plus où je suis, je referme les yeux, j'essaie de me rassembler. Rechatouillis sur mes lèvres. Là, j'attends, et je tape à toute vitesse. Je sens quelque chose entre mes doigts, c'est une longue herbe. J'ouvre les yeux et je vois Pipa assise sur le lit. Elle est toute frêle, gracieuse dans sa robe d'été. Le soleil passe sous ses bras, dans ses cheveux, l'auréole jusqu'aux hanches d'une buée de lumière. Elle tire en riant sur la longue avoine que j'ai attrapée. Dehors sous la fenêtre j'entends mon père et ma grand-mère qui parlent, ils ont l'air énervés. J'entends des bruits de vaisselle et de couverts. Je ne fais pas très bien le lien. Le Croisic, un train passe au fond du jardin. La Ferté-Bernard. Je tire sur le brin d'avoine et je m'empare de la main de Pipa. Je ferme les yeux. Ah ! Pipa, ce n'est pas possible que je sois là avec vous. Sa main est chaude, ses longs doigts palpitent entre les miens. Il est très tard, j'ai dû dormir d'une traite plusieurs jours d'affilée, tellement j'étais fatigué. Je passe machinalement ma main dans mes cheveux et je sens l'affreuse brosse de mon crâne tondu, mes pieds me brûlent, je souffre de toutes les ampoules mises à vif qui frottent contre les draps.

Je me lève, je vacille. Pipa me donne une vieille robe de chambre et je descends dans le jardin en me cognant à tout. Je ne sais plus comment on descend un escalier, comment on dit bonjour à son père, à sa grand-mère. Ils sont là, sous les acacias, mon père a l'air furieux, ma grand-mère est toute rouge. Pipa hausse les épaules, et leur demande s'ils ont fini de se disputer. Mon père lui répond que jamais plus il n'adressera la parole à une sale bolchevik. Ma grand-mère se moque de lui et le traite de nazi. Mon grand-père leur dit qu'ils n'ont pas à se disputer puisqu'ils sont alliés. La situation paraît inextricable. Pipa est pro-anglais, mon grand-père inconditionnellement pro-soviétique, ma grand-mère soviétique mais violemment contre le pacte germano-soviétique, mon père est anti-anglais, avant tout puisque Persan. Au fond, lui, il est anti-tout et pro-n'importe quoi pourvu qu'il puisse contredire ma grand-mère et être libre de changer chaque jour d'opinion : pro-allemand avec les uns, pro-anglais avec les autres, anti-italien aujourd'hui, pro-japonais après-demain, anti-chinois hier. Le petit jardin sous les acacias devient le champ clos de la confusion internationale.

De temps en temps, un convoi passe devant nous. Aux fenêtres des compartiments, des centaines de jeunes soldats allemands nous font joyeusement signe. Ils sont heureux, ils roulent vers Le Croisic, ils partent en vacances, ils vont jouer sur les immenses plages océanes. Pâtés de sable et beaux canons luisants, avions, tanks et décomposition. Ça les aère, tous ces enfants blonds. Ils chantent en agitant leurs casques. Parfois ils croisent des convois de prisonniers français. Ça fait un beau chahut, on fraternise. « Gentils ! gentils ! gut, gut, gut ! good, good ! » Parfait, parfait. On joue aux quatre coins, bientôt les Russes... da, da ! Mon grand-père se tord de rire, il trouve que la guerre est une merveilleuse comédie. Il m'entraîne, il veut me montrer la maquette de son fameux sous-marin. Depuis que je suis passé avec Natacha et Mme Galapine, il l'a terminée. En effet la maquette est impressionnante. Il me fait tourner autour, palper le nez parfaitement lisse, les tourelles télescopiques, les crampons mouilleurs de mines. Il me montre aussi toute une série de dessins naïfs, il faut que je me mette tout de suite au travail, comme ça, pieds nus et en robe de chambre. Il sautille, manipule ses appareils. Il y en a moins qu'à Paris, mais il a réussi quand même à reconstituer son laboratoire. Il a bricolé tout ce qu'il a pu trouver dans la région. Des fils courent à même le sol, il en pend du plafond, ça fait des nœuds inextricables entre ciel et terre, l'éternel réseau délirant. Les cadrans tiennent avec des élastiques, des bouts de ficelle, du chatterton, des bandes Velpeau. Ça grésille de tous les côtés. Mon grand-père tapote les mauvais contacts, prend du courant dans les pattes, secoue les doigts. J'en pleurerais d'être là. Ah ! que j'aimerais rester pour toujours dans cette petite maison au bord de la voie ferrée. Ah ! que j'aimerais rester avec eux. J'embrasse mon grand-père. Ça crépite.

« Attends, je vais te le dessiner ton sous-marin, tu vas voir ! »

Je m'installe et je commence. Le fond verdâtre. Parfait ! parfait ! les algues mollement balancées. Épatant ! Superbe ! des poissons indolents, bien, bien ! Mon grand-père saute sur place. « Quel artiste il est devenu, notre Cyrus ! » Bon ! fonds glauques, coraux, madrépores, vallées englouties et ultraviolets qui tombent en diagonale. Divin ! Ici encore quelques poissons, j'en oublie le sous-marin, je suis emporté. Gorgones, coraux, carcasses de galions, étoiles de mer. Mon grand-père s'étonne. Les paupières bleues, là il ne comprend plus. Le nez, la bouche, le cou, les seins, il se tait, il attend. Je sens son souffle sur mon crâne. Le ventre légèrement bombé, le nombril, centre idéal de toute figuration humaine, le pubis et, hop ! les écailles, la queue qui circonvule et se termine par les délicates nageoires. Mon grand-père a les larmes aux yeux. Il court dans le jardin en brandissant la feuille de papier, il appelle ma grand-mère, Pipa, mon père. Ils n'en reviennent pas. Mon grand-père affirme que sous ses yeux en une demi-heure j'ai peint ce chef-d'œuvre. Ma grand-mère en est tout émue. Ce n'est pas possible, le petit Cyrus. Elle m'embrasse, presque intimidée. Pipa me regarde en souriant, mon père rit et fait sauter sa bille, il voit dans l'avenir, il lève les mains, il fait l'idiot, il s'imite par dérision, il caricaturise le mage. « Cyrus plus tard grand peintre ! Michel-Ange Molitor ! » Rire. Je me sauve, je me cogne à tout, je n'y vois plus rien, Michel-Ange Molitor a les yeux pleins de larmes, Michel-Ange Molitor refoule de ridicules sanglots, Michel-Ange Molitor se jette sur son lit défait. Michel-Ange Molitor les adore.

Et, de nouveau, jour après jour, je peins des sirènes. Maintenant, dans les fonds algueux, quelque chose d'inquiétant reflète les ultraviolets frisants : c'est le sous-marin de mon grand-père. Le nez lisse, la coque balandwine compressée à trois mille huit cents atmosphères, les tourelles télescopées dans l'architrave inférieure, le monstre est tapi parmi les algues. Autour de lui batifolent les sirènes nues, nombrils, seins et nageoires en pleine eau. Lentement un périscope monte vers la surface, un officier, l'œil collé à l'oculaire, cherche à distinguer les soldats allemands qui font des pâtés de sable dans les dunes. Les sirènes balantaïnent, balbuilent, jouent, agitent leurs bras blancs, cognent les blindages avec de petits coquillages, frôlent de leurs corps bleutés les sinistres tôles sur lesquelles s'étalent en rouge la faucille et le marteau. Mon grand-père est délirant, il chante *L'Internationale*.

Ma grand-mère nous appelle et ce sont les merveilleux repas sous les acacias. Les trains défilent : *canons canons canons canons. Mitrailleuses lourdes mitrailleuses lourdes. Soldats soldats soldats soldats soldats-lodatmitrailleuses lourdesolcanonmitasol...* Soldats soldats soldats par milliers expédiés vers les dunes. Ils nous font des signes joyeux, ils chantent, envoient des baisers à Pipa qui se raidit. Nous mangeons en faisant semblant de ne pas les voir. La voie ferrée n'existe plus, la guerre, les Allemands ? Illusion ! Parfois mon père, pour faire râler ma grand-mère, crie vers un convoi qui passe au ralenti un faux mot allemand qu'il a inventé « *zourksenzeferblaten !* » Hilarité des Allemands qui lui répondent, agitent les bras.

Pendant que mon grand-père, pareil à Dieu le père, s'enferme avec les forces obscures de la création, pendant que ma grand-mère mijote d'ultimes petits plats, pendant que mon père qui hait la campagne s'exerce et invente de son côté toute une nouvelle forme de magie à laquelle par la suite il donnera son nom, Pipa et moi partons faire de longues promenades dans la nature. Nous courons les bois et les champs comme deux enfants. Pipa rieuse, joyeuse, enfantine!

Pour la première fois de ma vie, je me détends, je me confie. Je ne peux plus m'arrêter, tout y passe, ma mère, Ardalion, les fourmis-lions, les bonnes sœurs, les limaces, tante Marguerite, Lydia. À part *arra!* et *sivadjirapâanasivadji*, je lui raconte toute ma petite enfance. Pipa m'écoute, s'attendrit, questionne. Tout ce qui touche à ma mère l'intéresse, chaque incident, les moindres paroles, les choses les plus insignifiantes presque oubliées. J'essaie de me rappeler les souvenirs les plus calmes, j'aimerais lui donner une image de ma mère un peu adoucie. J'évoque les soirées d'été lorsque, enveloppés de son châle, nous restions immobiles sur la pierre chaude en face des remparts. Tout au fond de moi, j'ai des regrets pour sa sauvage tendresse. Pipa le sent, elle m'attire sur son épaule, m'embrasse le front. Nous restons longtemps muets au milieu des herbes qui se balancent. Des papillons, des abeilles, des libellules volent autour de nous. Tout est calme, parfait, Pipa me caresse la joue longuement. Balancement. Balancement. Balancement. Tout à coup elle me demande si ma mère parlait souvent de mon père. Cette question m'embarrasse, j'essaie d'éluder, finalement je lui dis qu'elle le haïssait. Aussitôt je suis gêné d'avoir lâché un mot si fort. Je me mets à arracher des fleurs sur mon passage. Je les saisis à pleine main et je tire, effeuillant les tiges. Les pétales se dissolvent dans mes paumes et font une bouillie bleuâtre. Les herbes fleuries nous viennent jusqu'à la ceinture, nos jambes les écartent avec un bruit cinglant. Le champ devant nous monte en ondulant et va se perdre contre le ciel vide. Je suis écœuré de toute cette profusion végétale, de ce soleil humide, de cette nature bête. Pipa arrache les longues avoines et les mordille distraitement, les unes après les autres. Nous obliquons vers un petit bois où elle s'assied contre un arbre. Soudain un écureuil bondit, léger, gracieux il vole presque. Nous le regardons, émerveillés. Il est maintenant tout en haut des plus fines branches, une détente et le voilà sur une autre cime. Des geais, des pies, des corbeaux dérangés s'envolent en poussant des cris rauques. Pipa rit et brusquement elle rebrousse mes cheveux qui ont déjà un peu repoussé. Je m'empare de sa main et je joue un moment avec ses bagues. Nous restons muets, je ne sais pas pourquoi je suis un peu oppressé, un très vague malaise, quelque chose de trop flou, de trop subtil pour être formulé.

Le départ pour Paris approche. Mon grand-père emballe soigneusement ses appareils et surtout la fameuse maquette. Elle doit arriver intacte jusqu'au Kremlin par des chemins mystérieux.

Mon père exulte, enfin il regagne ses chers pendolents, sa tanière mirifique. Pipa est un peu triste, moi désespéré et ma grand-mère angoissée à l'idée des restrictions qui nous attendent à Paris. Il est convenu que j'emporterai dans mon sac à dos une énorme motte de beurre.

Le matin du grand départ, on bourre les valises de poulets, de canards, de jambons. Entre les combinaisons de Pipa, mon père dissimule du petit salé, des pattes de cochon, des tripes, des têtes de veau. Mon grand-père de son côté entortille tous ses fils électriques autour des lapins, des pigeons, des pintades, les déguise en appareils de précision avec cadrans ampèremètres et chatterton. Les canards, bourrés d'ampoules électriques, sont transformés en accumulateurs, leurs éléments négatifs reliés aux pattes positives sont branchés sur bobines de Ruhmkorff à trembleur discontinu. Des fiches s'enfoncent dans les chairs bleutées tenues avec du sparadrap et des bandes Velpeau. De quoi donner la nausée au chirurgien le plus solide. Des pigeons, des oies déguisées en galvanomètres à myographes semblent agités d'ultimes sursauts. Mon père regarde faire mon grand-père d'un œil amusé. Si un Allemand fourre son nez là-dedans, c'est la catastrophe !

Il est convenu que mon père et Pipa voyageront ensemble, mon grand-père et ma grand-mère de leur côté. Quant à moi, je ne connais personne. Je file avec ma motte de beurre aussi innocent qu'un boy-scout. Une fois dans le train, je pourrai venir m'asseoir auprès de Pipa et mon père mais, à la sortie, ni vu, ni connu, je me faufile, pfffuit !... d'accord, d'accord !

Nous partons comme des conspirateurs. La gare est bourrée d'Allemands. Pipa et mon père biaisent jusqu'au guichet, prennent leurs billets et foncent vers le quai. Mes grands-parents hésitent, entrent dans la gare ; en ressortent, puis enfin se glissent entre les uniformes et filent vers le quai où ils vont s'asseoir non loin de Pipa et mon père.

À mon tour, je prends mon billet, je fais l'idiot. Salut scout. Les Allemands s'écartent, me regardent, attendris. Ah! le gentil futur petit soldat! Je vacille avec ma motte de plomb. Salut scout, quatre doigts en l'air, trois doigts repliés. Poinçonneur. Toujours prêt! Pardon! excusez! On s'écarte. Me voilà sur le quai et je pose ma motte dans un coin.

De tous côtés, des gens qui ne se connaissent pas. Mines innocentes, sourires d'anges et sifflotements distraits. Des têtes de canards dépassent des manchons, des œufs se cassent sous les bras. Saucisses en poche, cervelas, boudins, salami normands, camemberts, toute la charcutaille en vadrouille. Jambons déguisés en guitares, chaussures trop grandes bourrées de tranches saignantes, religieuses dévidant des chapelets de haricots. Un carnaval alimentaire. Attirés par les fumets exquis, tous les chats de La Ferté-Bernard sont là: Miaou... miaou... miaou! Coups de pied. « Pschitt! va-t'en! »... miou... miou... marmiaou... mrrrrrriaou... et que je me cogne, ron... ron... ron... ron... les gens n'arrivent pas à s'en dépêtrer, c'est effroyable. Des matous montent sur les épaules et frottent leurs museaux, insisteurs ils quémandent la queue verticale, se dandinent, reniflent dressés sur leurs pattes arrière, se lèchent les babines... miou... miou... miou... « Pschitt! pschitt! » Coups de tatane en traître, rien n'y fait. Les Allemands se grattent la tête. Curieux tous ces chats! ils en restent pensifs. Ils ont beau les appeler: « Psik! psik! psik!... tsssi!... psssi!... psssi!... tsik! » Rien à faire, les chats ne connaissent que les Français. Chats patriotes après tout! Bizarre!

Je viens, je vais, je caresse tous les chats, mes mains sentent le beurre, ça a l'air de leur plaire... Miou... miou...

miou... un tout petit vacille, titube vers moi, il est encore tout trouble, à peine s'il tient debout... miou... bouche rose, langue friponne et nez froncé... miou... il insiste. Je le trouve tellement mignon que je le prends et mine de rien en passant devant Pipa je le jette sur ses genoux. Mon père fronce les sourcils et me fait signe de prendre le large. On ne se connaît pas. Des gens nous regardent. Curieux ce boy-scout qui jette les chats sur cette jeune femme brune.

Enfin le train entre en gare. Ruée des mottes de beurre, des saucissons, des jambons. Je traîne mon sac de plomb et par chance je trouve une place près de Pipa. Des chats sont montés dans le train et errent dans les couloirs... miou... miou... Tagada. Tagada. Ça y est, on file vers Paris. Les voyageurs poussent un soupir. Soudain, ... coin coin !... un canard sort la tête d'un sac posé sur les genoux d'une femme. Elle lui tape dessus, le canard disparaît. J'ai le fou rire. Pipa aussi. Autour de nous tout le monde est sérieux : Les gens regardent ailleurs, personne n'a rien vu. Chacun ses affaires. Au bout d'un moment... coin coin... le canard pince la manche d'un monsieur qui fait comme si de rien n'était. Bing ! la femme cogne un bon coup, le canard rentre la tête. Je ris dans l'épaule de Pipa. Le canard prudent reste pénard une petite demi-heure et de nouveau... coin... coin... Bing ! Les gens commencent à s'énerver : Un homme se tourne vers la femme au canard et lui dit que si elle continue à ne pas être maîtresse de son animal nous allons avoir des ennuis. En effet, dans le couloir un Allemand va et vient, en lançant des regards soupçonneux dans notre compartiment. Mon père éteint la lumière et tout devient bleu.

Je me blottis contre Pipa qui gentiment m'entoure de son bras. Le train taraude et bringuebale nous accordant insensiblement dans un même mouvement, soudés dans une unique chaleur, de plus en plus intimement liés par les imprévisibles secousses. Ma tête très vite a roulé sur son sein, le visage enfoui dans la soie de sa robe, les lèvres entrouvertes sur toute cette douceur parfumée, je somnole, délicieusement noyé. Les cadences folles nous font vaciller ensemble de plus en plus serrés. Je respire, oppressé, ému. Autour de mes lèvres, le tissu est humide de mon souffle et ma respiration me paraît brûlante. Je m'imprègne d'elle, je bois à même la tendresse, je pose des baisers muets, des fantômes de baisers. Dans un délire secret je palpite, je donne tout mon besoin d'amour. Je balbutie son nom « Pipa ! Pipa ! » Sa main est venue se poser sur ma nuque. « Dors ! dors ! » Mon cœur saute en folie. « Ah ! Pipa. » Dans le rythme assourdissant je divague toute la nuit murmurant avec désespoir : « Pipa Pipa Pipa Pipa Pipa Pipa ! », sans fin.

Personne ne se connaît. Les gens se sauvent dans les couloirs. On se bouscule, on se prépare à sauter en marche. Le train entre en gare. Sur le quai, des sentinelles baïonnette au canon sont postées tous les dix mètres. Angoisse. Pipa se lève, défripe sa robe, ses longs doigts passent sur les faux plis, reviennent, insistent. Je la regarde faire, le cœur battant. Mon corps entier fourmille. Elle me sourit, rebrousse mes cheveux. Je m'empare de sa main et l'embrasse passionnément. Elle me regarde étonnée. Pendant ce temps mon père a descendu les valises, on se sépare, rendez-vous devant la gare. Mon sac est plus pesant que jamais. Je pars en titubant. Pardon !... Excusez ! salut scout, tout le ridicule jeu d'arriéré.

Sur le quai, des quantités de gens pleurnichent devant leurs valises béantes. Des Allemands fouillent du bout de leurs bottes dans les petits linges. Des monceaux de volailles s'entassent à même le quai. Des voyageurs, leur mouchoir sur les yeux, essaient d'attendrir les brutes, parlent petit nègre, font des mimes minables, s'étonnent du mauvais tour : « Moi végétarien ! » Tous végétariens à mort, rien n'y fait. VERBOTEN c'est VERBOTEN. Des officiers fringuebullent, trémiquotent sur leurs bottes luisantes. Ils déploient toute leur coquetterie à humilier ces gens mal éveillés. Ils vont et viennent martiaux entre les volailles. Coup de pied désinvolte par-là, coup de botte par-ci. Valsez pigeons, oies et canetons, valsez mignons comme vos pauvres patrons ! Des souris grises, gretchen fouisseuses professionnelles, gardiennes de prison en vadrouille, talon plat et cul poreux emmènent des femmes en larmes vers les toilettes. Leurs mains impatientes se faufilent, goudouillent, tatouillent sous les jupes, dans les linons, cherchent le beurre et les brioches interdites, crochent les chapelets de saucisses maudites, godmichent les malheureuses en pleines victuailles. Les. Teutonnes ne se tiennent plus, elles rêvent de fers rougis au feu. Toc ! cloc ! grésillements, croix gammées pour marquer le troupeau. Schnell ! schnell et zourksenzeferblatten ! hop là ! hop là ! savonnettes par ici, pour s'en laver les mains ! YA ! Ah ! comment les oublier ces monstrueuses touristes de corsage ? Je vous reconnais, gentilles grands-mères berlinoises assises au coin du feu dévidant et filant. Je vous reconnais. YA ! YA ! Vous rêvez de la belle aventure. Ah ! les tatouages d'antan. Je vous reconnais, vieilles salopes qui à Saint-Tropppppp... floc floc ! barbotten dans les criken exquizen. YA ! YA ! Campingen. Brûlage ordures ? Danke schönnnnnnnne ! Messieurs dames, deuxième allée à votre main droite, à part les boîtes de conserve que vous déposez ici. Merci ! ça brûle tout ! Incinérateur premier choix.

Camping trois étoiles. Gut! Gut! Ils aiment ça. Peuple sain. Plastique. Stérilisation. Zourksenzeferblatten!

Donc chacun pour soi. Salut scout. Je me glisse, les soldaten s'écartent gentiment. Gut gut! sportiven, grand air. YA! Je file, je faufile, portillon. Excusez! Toujours prêt! YA! ouf! me voilà dehors avec ma motte de beurre. Je m'assieds dessus et j'attends mes parents.

Enfin je vois deux conspirateurs qui s'embrouillent dans les portillons, cognent toutes les jambes avec leurs valises : mon grand-père et ma grand-mère miraculeusement saufs. Je me lève, ils froncent les sourcils et me font signe qu'on ne se connaît pas encore. Ils me dépassent et vont se poster un peu plus loin. Ils s'asseyent sur leurs valises et attendent Pipa et mon père. Tout à coup, je m'effondre sur ma motte de beurre. Que vois-je? Pipa en grande conversation avec un officier chamarré, au moins un général. Ils sortent par le guichet, tout le monde fait le grand écart sur leur passage. L'officier supérieur se dandine, gestes volimulants, courbettes et claquements de talon. Et derrière eux, que vois-je? mon père qui gesticule en compagnie de la princesse Gorloff palpitante et ravie. À distance respectueuse, des ordonnances portent les fameuses valises. Une, deux!... une, deux! toute la mécanique nazie au service de notre charcutaille. Une superbe Mercedes glisse sur tapis roulant. Chauffeur gradé ordre teutonique, croix gammée et caetera... La princesse Gorloff, Pipa, mon père et le général s'engouffrent dans la limousine. Clac! valises dans le coffre, rutilances et chromes. Lunette arrière, une seconde j'entrevois le merveilleux profil de Pipa et l'engin tourne le coin de la rue.

Je regarde mes grands-parents, ils sont tout pâles. Ils se lèvent. Je les rattrape. Il faut filer à la maison en vitesse. Mme Gorloff avec un général allemand ?

Lorsque nous arrivons dans la ruelle noire, la Mercedes est arrêtée devant le porche. Toc ! Toc ! j'entre dans l'antre fumant. Mon père est en plein travail. Mme Gorloff est étalée parmi les cachemires, Pipa, comme d'habitude, allongée dans les coussins, et le général allemand, sa casquette posée à terre, lit des petits papiers persans en tenant le cierge rituel. Pipa fronce les sourcils et me fait signe de me retirer. Je fonce au premier prévenir mes grands-parents que l'Allemand est un client. Ma grand-mère est furieuse et mon grand-père éclate de rire.

Von Fridoleïn, un des bras droits d'un des bras droits de Hitler, l'Adolf, von Fridoleïn bien que nageant des deux bras parmi les huiles faisait de mauvais rêves, de méchants cauchemars. Une nuit, par exemple, il se voyait pendu par les Anglais. « Ah ! Ah ! Ah ! incroyablen. YA ! YA ! par les Anglais ! » Le lendemain, le voilà fusillé par des Juifs. « Ah ! Ah ! Ah ! encore plus incroyablen. YA YA Ah ! Ah ! Ah ! » Une autre nuit, il s'était transformé en Juif, et son double, von Fridoleïn lui-même, lui donnait le coup de grâce. « Ah ! Ah ! Ah ! Ah ! Ah ! cauchemarden, friktezibegloufften. YA YA ! » Il filait presque en robe de chambre voir mon père pour qu'il démêle un peu les choses. Avant tout être en paix avec les forces obscures.

Mon père ne refusait son assistance à personne. Chez mes parents, c'était le no man's land, une espèce de Suisse minuscule en plein Paris. Mon père restait assis dans son vieux fauteuil à faire sauter sa bille, pffffuit, pffffuit, pffffuit ! il laissait venir. Si c'était un résistant, il lui disait de faire gaffe, de raser les murs. Le résistant partait content et payait pour ce simple conseil. Si c'était un Juif, il l'engageait à réaliser tout ce qu'il pouvait sur l'heure et à se sauver le plus vite possible. Si c'était un collaborateur (et combien sont venus et revenus vomir chez le mage leur mauvaise conscience), il le pressait de retourner sa veste. Quand c'était von Fridoleïn, il se faisait tout petit, petit, pas fou, il aurait crié « Heil Hitler ! », n'importe quoi et surtout il le priait de bien essuyer ses bottes sur le paillasson, parce que sous le paillasson il y avait des actes de baptême qu'il avait mis à vieillir pour des Juifs. Des actes de baptême bien catholiques pour Juifs bien Juifs. Pas mal de curés sont venus aussi se renseigner dans le grand livre pour savoir de quel côté il valait mieux pencher. Il faut dire qu'avec Pie XII, ils ne savaient plus très bien. Ceux-là payaient en actes de baptême vierges.

Dans la cour, un curé sortait, un Allemand entrait, deux Juifs tournaient autour de l'arbre, des princesses russes fumaient dans les tas de pierres, sans parler des Américains parachutés qui voulaient eux aussi savoir. Mon père ouvrait la porte et criait « Au suivant ! » et il racontait les salades que tous ces gens voulaient s'entendre dire.

Depuis cette nuit dans le train, cette nuit inoubliable, cette première nuit d'amour imaginaire, je ne pense plus qu'à Pipa, je ne rêve que de la frôler, de respirer son parfum. À tout moment, je l'embrasse, elle ne sait plus comment faire pour désamorcer ce flot de tendresse, elle rit et plaisante, s'esquive. Mon père lui aussi se moque de ces débordements. J'ai réintégré ma soupente derrière les amas de pierres, je peins sans arrêt et mes progrès étonnent tout le monde. Chaque jour davantage, Pipa s'émeut de mes dons. C'est pour elle que je peins, je veux l'éblouir, la séduire. À tout moment il faut qu'elle vienne admirer mes sirènes dernière manière. Elle s'assied sur mon lit. J'ai envie de me blottir contre elle, je lui prends la main et je commence à jouer avec ses bagues. Pendant qu'elle me parle de mon avenir, je la projette, elle, dans un avenir dont je suis le maître. Je dérive, je ne réponds rien, je suis oppressé « Pipa! Pipa! » Je pose ma tête sur son épaule. « Qu'est-ce qu'il y a, mon petit Cyrus? » En m'appelant son petit Cyrus, elle me rejette dans l'enfance. Ces mots tout à la fois anéantissent tout geste audacieux et m'autorisent à me blottir avec une apparente innocence. Nous restons ainsi de longs moments les doigts entrelacés. Serré contre sa hanche, je défaille, le souffle coupé, les tempes battantes. Comme en jouant, je lui enlève sa bague chinoise et la fais rouler sur sa robe, je la reprends, la laisse rouler de nouveau sur ses cuisses réunies, prétexte à tout un jeu de main dans les plis et les replis. Pipa ne sait plus comment me contenir dans les limites de l'innocence, le moindre geste d'elle, je l'interprète, je le vois tel que je le désire. Le moindre de mes gestes veut être une caresse et va droit au but, paré de toutes les candeurs. Peu à peu Pipa évite de venir dans ma chambre, mais je la poursuis sans cesse. Lorsque mon père reçoit une cliente particulièrement coriace, je me glisse dans le cagibi auprès de Pipa et nous restons de longs moments penchés sur le même livre. Je bouillonne. « Concentration, concentration. » Mon père à côté écoute les litanies. Ma jambe est appuyée contre la jambe de Pipa. « Ma vie, maître, est un désert! désert, désert, solitude infinie. » Je les revois roulant sur le lino.

Je revois les mains de Pipa indépendantes, souples, ravissantes, monter, se refermer sur la nuque de mon père, se crisper. « Pipa, Pipa ! – Qu'est-ce qu'il y a, mon petit Cyrus ? – Plus tard j'aimerais trouver une femme comme toi. » Elle rit et me donne une tape sur la joue. Je m'empare de sa main, les yeux pleins de larmes, je l'embrasse longuement au plus profond de la paume. « Concentration, concentration ! » Elle joue avec mes boucles qui ont repoussé et me dit de monter chez mes grands-parents. « Maître, maître, ma vie est un désert sans fin, un désert infini, un désert, un désert. » Bzim ! la porte s'ouvre, Pipa compte la monnaie. Je file dans ma soupente et, encore tout brûlant, je me roule sur mon lit. « Pipa, Pipa, Pipa ! » Autour de moi les sirènes se tortillent dans les fonds glauques, se cambrent, jouent gracieusement de leurs bras blancs. Les algues vaguement balancées les frôlent, les frôlent, les frôlent et les sirènes sourient vers les vallées englouties, ploient leurs cous flexibles et rassemblent dans leurs mains leurs chevelures. Elles se recoiffent les bras levés, me dévoilent leur nuque, se cambrent, se cambrent et à nouveau déploient leurs cheveux translucides qui retombent lentement sur leurs omoplates. Dans un même geste, elles tendent les unes vers les autres leurs mains chargées de bagues. Leurs doigts se nouent, elles s'attirent, luttent pour rire, glissent sur le sable, tous leurs mouvements sont harmonieux et à chaque détente de leurs queues écailleuses des milliers de bulles s'envolent joyeusement autour d'elles, montent dans l'eau bleue, contournent les tiges des roseaux, se rassemblent sous les graminées, éclatent dans l'air transparent.

Le petit vallon devant notre maison est englouti, lui aussi. L'arbre admirable penche, ses branches souples masquent un peu les montagnes qui s'incurvent dans l'eau trop remuée. Les sirènes sont devenues floues comme sont flous mes souvenirs. Mes souvenirs troubles comme notre avenir. Tout se confond, je cherche un appui. Pourtant le mistral cette nuit a tout nettoyé. Les bourrasques ont durement secoué notre petite maison. Toute la nuit, j'ai flotté dans des demi-cauchemars. Ma main sans cesse est revenue vers le ventre de Lula, sans cesse dans mes cauchemars mes mains sont descendues le long de ses bras, de ses hanches, vers les creux de son ventre pendant que mes jambes se mêlaient à ses jambes. Sans répit à chaque vision le tranchant de ma main est venu toucher à la source de vie, le divin jardin aux replis fragiles. Heure après heure, je suis revenu sur son sein, je suis revenu boire les mouvements de son cœur, Lula! Lula! de ton cœur, de ton cœur. J'entrouvre les yeux, nous sommes au centre d'un diamant. Le ciel est barré des dernières traînées de condensation, je les vois de notre lit. Lula dort contre moi, ma main est de nouveau posée entre ses cuisses. Lula, Lula, tu dors? Toute la nuit des fusées ont grondé dans la stratosphère. Maintenant je sais distinguer leur sourde présence par-delà les bruits de la nature. De profonds ébranlements secouent encore les couches inférieures, se répercutent dans les rochers au nœud de toutes les tensions terrestres, montent en longs frissons. Le magma brassé par toutes ces infernales déflagrations reprend lentement sa place.

C'est curieux comme le petit vallon devant notre maison paraît tranquille et rassurant. Pourtant je n'ai pas rêvé.

Aussitôt levé, je suis sorti enveloppé de la combinaison de nylon, j'ai mis avec précaution les bottes à ions négatifs, oh! avec quelles précautions et lentement j'ai descendu les marches moussues jusqu'à notre source. En sortant de la maison, je me suis retourné et j'ai vu Lula restée derrière la fenêtre qui me regardait, inquiète. Elle me faisait des signes de prudence, de marcher doucement pour ne pas soulever la poussière, de respirer calmement. Arrivé à la source, je me suis penché sur le bassin. Tous les poissons flottaient le ventre en l'air et l'eau était voilée d'une légère pellicule irisée, preuve que nous avions été atteints par les retombées. Avec la plus grande délicatesse j'ai sorti la bouteille de son enveloppe de nylon et après avoir bien essuyé le robinet j'ai fait couler l'eau précieuse. Puis au ralenti j'ai gravi les marches entre les vieux murs sous les mimosas fanés, et j'ai longé les eucalyptus que nous avions plantés, Lula et moi, les merveilleux eucalyptus. Les aloès, hier encore si vigoureux, penchaient, leurs grandes feuilles retombaient, flasques, vidées de leur eau. En passant, je remarquai quelque chose de sombre entre les vignes sauvages. Je m'aventurai de quelques mètres : le chat gisait, le corps tout tordu, arqué en arrière, le poil hérissé, l'œil sanglant. Il semblait avoir été foudroyé. Ses babines retroussées découvraient toutes ses ravissantes dents. Je reculai lentement et c'est là que je sentis ma combinaison de nylon se déchirer à un piquant d'aloès. Je remontai le plus vite possible jusqu'à la maison. Lula m'attendait derrière la porte-fenêtre. Je lui criai à travers mon masque que j'avais eu un accident, qu'il fallait qu'elle m'apporte d'urgence les bandes adhésives et qu'elle prépare aussi les pansements. Je lui montrai le nylon déchiré. Elle entrouvrit légèrement la porte, fit rouler le paquet de bandes vers moi et referma rapidement. Je la voyais derrière la vitre qui me regardait avec des yeux pleins de larmes. Lula! je lui fis un signe pour la rassurer. Lula! ah! ma Lula! Soigneusement je recollai comme je pus ma combinaison. Il fallait à tout prix qu'elle soit étanche pour ne prendre aucun risque en me rinçant sous la douche. Lula suivait mes mouvements avec la plus anxieuse attention. Elle tapotait la vitre et me désignait les parties mal recollées. Je me tournai, me retournai et enfin me glissai sous la douche extérieure. Longuement, je lavai le nylon, je passai les bottes et les gants sous le jet. J'entrai ensuite dans le tambour. Deuxième douche. Tout a l'air d'aller. J'ai l'impression que la combinaison est parfaitement réparée. Enfin je peux me débarrasser de l'étouffant appareil. Je me précipite dans la cuisine. Lula m'aide fébrilement à enlever mes vêtements. Me voilà nu. Apparemment je n'ai rien. Elle me badigeonne et préventivement colle sur mon dos les fameux pansements. Et nous tombons dans les bras l'un de l'autre. Nous nous embrassons avec désespoir. Lula ne peut retenir ses sanglots. « Ah! ma Lula! ma Lula, ne pleure pas! ma chérie! » Je l'entraîne, elle m'enveloppe dans une robe de chambre. Nous nous asseyons sur le divan et restons un long moment muets. Nos doigts se mêlent et j'enfouis mon visage dans sa poitrine. Sous nos pieds, la terre tremble encore par moments. Oh! à peine quelques frissons. Je claque des dents, c'est la réaction, c'est écrit sur les paquets de pansements. Je m'étends et Lula me couvre de son corps, m'entoure de ses bras. « Lula, je t'aime! Lula, je t'aime! » Je répète sans fin ces mots. Litanie entre les grelottements déments. J'ai l'impression que mon corps est vide, une vague peau desséchée, tendue sur une armature de fils de fer. « Lula, ne m'abandonne pas! » Elle m'embrasse les yeux, le front, la bouche avec force, elle veut m'insuffler sa vie, elle croit au pouvoir de son amour. Comme des dauphins, nos langues jouent, s'enroulent souples, joyeuses, se cambrent, se dénouent, glissent l'une autour de l'autre mêlées dans leur eau. Je sens son palais infiniment soyeux, la frange de ses gencives, et toute la tiédeur de son corps qui s'ouvre. Lentement contre la peur, malgré la peur et l'angoisse, malgré l'angoisse et la peur, malgré l'horreur de notre mort imminente, malgré l'oppression, et la folie collective, malgré les grondements souterrains, les trémulsions du magma et le déchaînement simultané de toutes les forces obscures, malgré, malgré…

Ô ma Lula, sais-tu qu'autour de nous l'univers se décomposait atomes par atomes désenchaînés. L'univers se désagrégeait. L'arbre déjà transparent penchait devant la montagne. Les collines n'étaient plus que brumes et souvenirs. Tous les petits chemins où nous aimions tant marcher main dans la main se dissolvaient. Les roches les plus dures, les affleurements de marbre étaient déjà mangés par l'acide…

Et tu bondis vers la fenêtre! Voilà ton corps gracieux contre le ciel. Les bras grands ouverts tu respires et tu ris vers le petit vallon. Les aloès et les mimosas se reflètent dans la source où tout à l'heure nous irons puiser de l'eau. Les eucalyptus balancent leurs têtes couronnées de faux et les roseaux tranchants fléchissent devant toi. Une nouvelle journée commence. Je vais repartir éclairé par mon bonheur présent, je vais replonger dans les fonds glauques entre les vallées engloutis. Je renouerai mon fil. Je veux revivre par bribes le long cheminement qui m'a amené ici, près de toi, ma Lula, « dans la Vallée du Gazon diapré ».

Ma soupente maintenant est tapissée de portraits de Pipa. Je dessine comme un dément recommençant mille fois son image. Je la veux vivante. Je l'emprisonne sur le papier, sourcils arqués, paupières et regard fiévreux. Peu à peu, je me risque à dessiner ses seins, son ventre. Chaque jour davantage la peinture devient un acte de magie absolue. Je m'empare des apparences, je les façonne selon mes plus profonds désirs. Je suis le maître de son corps que je ploie dans les positions les plus extravagantes. Je réinvente la femme. Nouvel Adam, je la forge à partir de mes os, muscles et palpitations, je l'extirpe de mon corps nerf à nerf par la seule force de mon désir. J'éclaire, j'ombre, je fouille, je situe. La feuille de papier prend des résonances, s'incurve, se creuse. Cette femme sortie de mon rêve, façonnée par mon délire commence à me ressembler, ce regard s'apparente au mien, ses poses, ses déhanchements, je les ressens dans mes hanches et les limites de mes propres mouvements. L'espace autour d'elle est à l'image de mon vide et de ma solitude. Éclairée d'une lumière irréelle, elle émerge du néant. Je la fais se tendre vers moi dans un élan désespéré, mais nous restons séparés par la surface morte du papier, ces deux dimensions absurdes comme une vitre interposée entre mon rêve et moi qui peu à peu, tout au long de ma vie, m'ont conduit au dégoût de la peinture elle-même.

Donc, jour après jour, jouant avec son corps, je prends possession de Pipa à son insu, je la dévoile comme jamais elle ne fut dévoilée. Il faut imaginer toute cette folie sensuelle déchaînée sur fond de guerre, bombardements, DCA et pas de l'oie.

Les alertes nous précipitent les uns contre les autres dans les caves. La peur complice fait vaciller les frêles barrières, la pénombre des caveaux permet les espoirs les plus fous. Je rêve d'une bombe qui exterminerait tous ces gêneurs autour de nous pour nous laisser face à face. Oui, je souhaite ardemment la mort de mon père, de mon grand-père, de ma grand-mère, la mort de tous nos voisins, la mort de tous les habitants de cette terre. Le sol tremble sous nos pieds, les murs tanguent, les lumières s'éteignent, des femmes poussent des hurlements hystériques, ça y est nous allons rester seuls tous les deux. Pipa! seuls sur cette terre maudite.

Mais non, déjà il faut remonter de l'abri. « Au revoir! au revoir à la prochaine! » Du côté de Boulogne-Billancourt, le ciel est noir, mon grand-père se frotte les mains. « Parfait! Parfait! »

Déjà on peut voir entre les amas s'avancer la casquette plate de von Fridoleïn. Une, deux! une, deux! sur ses bottes luisantes, le manteau de cuir verdâtre barré de toutes sortes de sanglures, épaulettes, boutons, ceinturon, décorations, toute la quincaillerie, et dans tous ces vêtements martiaux, les faisant en quelque sorte tenir debout, von Fridoleïn en personne, oreilles écartées, torse bombé, fesses en cœur et rotules en éveil.

« Essuyez-vous les pieds! zourksenzeferblatten, général!
— Ah! Aah Aaaah! k'il est drôlen ce cher Mony! Ah! ah! ah! »

Von Fridoleïn rit aux larmes :

« Zourksenzeferblatten ! gomment a-t-il inventé ça ? dites-nous Pipa ! Ach ! Mony Mony ! chère Pipa ! »

Il me tatouille le menton.

« Bedit Byrus, chentil grand garçonne ! ah ah ah ah ! Ya ! Ya ! »

Brusquement, il bredouille :

« Ach ! Mony Mony grossen problemes. Führer pas gontent du tout. »

Il s'écroule dans un fauteuil, jette sa casquette sur le tapis, le manteau de cuir à la volée. Les cristaux clinquebullent. Pipa s'installe sur le lit et l'ennuyeux voyage commence. Von Fridoleïn pleurniche. On ne se rend pas compte combien c'est difficile d'être envahisseur. Non, on ne peut pas imaginer tous les « problêmen ». Et le voilà qui énumère : (index, médius, annulaire).

« Ya ! Ya ! Mony, emmerdements ! (auriculaire) grossen emmerdements ! »

Et il recommence (index).

« Ya ! Ya ! Français pas gentils ! (médius) Russes pas gentils ! (annulaire) Anglais, bire que pas gentils, insolents ! Ya ! Ya ! »

Mon père écoute, sourire en coin.

« Américains pas gentils ! (il se prend le pouce) Ya ! pas gentils ! pourtant grossen majorité Allemands ! »

Non, il ne comprend pas. Il se gratte la tête et tout à coup il lance :

« Mony, dites-moi, cher ami, est-ce que Roooooozvelt juif ? Rooozvelchtein ? Youde ? »

Il penche sa grosse tête, clignote des yeux et attend, la paupière humide.

Mon père lève les mains, tâtonne dans l'entremonde. Von Fridoleïn se léchote les babiches, il frémit d'avance. Dès que mon père lève les mains, le général von Fridoleïn devient un petit galopin anxieux.

Trois coups discrets, c'est Mme Gorloff qui rapplique, tortillante, cul sémillant, zieux étoilés. Elle saute d'entrée sur Pipa, la bécote goulûment: « Pipa! Pipa!, ma daragaï, petite Pipa! » Elle l'embrasse, la cajole. C'est fou ce qu'elle l'adore sa Pipa. Enfin, toujours frétillante, elle s'installe sur le lit, se pelotonne contre elle parmi les cachemires. Chut chut, le mage n'a rien vu, ses mains vont et viennent au-dessus de von Fridoleïn. Pipa, un doigt sur les lèvres, sourit à Mme Gorloff. Scène inoubliable. Ne bougeons plus! Merci!

Pendant ce temps, au premier, que fait-il mon grand-père devant ses appareils, à tripoter ses manettes? Écouteurs aux oreilles, il note mot pour mot tout ce que dit von Fridoleïn. Mon père est au courant, il tolère gentiment cet espionnage. Parfois même, de peur que là-haut mon grand-père n'ait pas bien entendu, il fait répéter à von Fridoleïn: « Combien de divisions? » Mon grand-père se frotte les mains, la moustache hérissée, il transcrit en code.

Sur le grand lit, c'est entre moi et la mère Gorloff à qui s'emparera des mains de Pipa. Je pose ma joue sur sa hanche et je caresse sa jambe avec mon doigt. Je suis les veines imperceptibles, je défaille de voir sa peau frémir. Ah! que j'aimerais continuer sous la jupe mon petit chemin. Je vais le plus haut possible, mais déjà Pipa se saisit de ma main, la pose ailleurs, la maintient dans les cachemires, nos doigts luttent gentiment pendant que la princesse Gorloff penchée lui chuchote des confidences.

Mon père, dans les fumées d'encens et d'Arménie, lance des ordres à von Fridoleïn. Il déplace les divisions par dizaines, expédie les blindés vers les plages de Vendée, participe comme il peut à la grande pagaille. Von Fridoleïn prend note, il soumettra à Adolf.

La joue sur la hanche de Pipa, je ne bouge plus. Bercé par tous ces murmures, je suis heureux et je savoure. Pour moi la guerre se joue au niveau des courbures, des déhanchements et des dévoilements du gracieux corps de Pipa. Mon amour incestueux, né dans les cahotements du train, cherche, depuis cette nuit mémorable, tous les rapprochements. Dès que Pipa s'installe sur le lit, pour moi, le voyage recommence. À peine se pelotonne-t-elle que je suis déjà là, ma joue posée sur sa jambe, sa hanche ou son épaule. J'ai l'air tellement innocent que Pipa ne sait comment me repousser. Elle lance des regards interrogateurs vers mon père qui fait comme s'il ne voyait rien. Le moindre mot serait trop lourd dans toutes ces demi-teintes. Peu à peu, par des jeux subtils, des mouvements imperceptibles, Pipa délimite les points interdits de son corps. Au quart de millimètre près nous nous comprenons. Plus les limites deviennent précises, plus le moindre écart m'enivre. Nous chinoisons. Tout un langage de frôlements se crée entre nous. Le geste le plus anodin pour peu qu'il sorte du cercle magique me met dans des transes folles. Je vis pour ainsi dire sur la corde raide, les nerfs arqués, les tempes battantes, le cœur trop gros. De son côté, Pipa plus rieuse que jamais s'amuse gentiment de moi, me tapote la joue, ébouriffe mes cheveux. Parfois je me saisis de sa main et la pose sur ma poitrine pour qu'elle sente les coups violents. Elle sourit et baisse ses immenses paupières. Non, elle ne sent pas. Je lui embrasse les doigts, je lui mordille les ongles un à un, je la dévorerais pour de bon. Si, si, elle éveille en moi des instincts cannibalesques venus du plus profond, des âges oubliés. L'amour et le désir d'absorption se mêlent, des éclairs violents strafulent ma moelle. Coït et mastication, digestion, déglutition, salive, muscles, nerfs, os, tendons bandés. Je suis déchiré, énervé en permanence.

Emporté par mon désir d'amour, je commence à voler de menus rubans, foulards, mouchoirs ayant appartenu à Pipa. Elle s'étonne de ne plus retrouver les choses à leur place. Tout ce qui me tombe sous la main, je le subtilise, je m'en empare, je l'emporte avec des frémissements. Je plonge mon visage dans ces linges parfumés et je reste des heures immobile à évoquer son image. Et de nouveau je me jette sur une feuille de papier et je fais surgir son corps gracieux sous mes doigts. Ah! que j'aimerais la peindre de tous les côtés à la fois dans une représentation unique, déesse hindoue aux cent bras, déhanchée, gracieuse, sourire sensuel, paupières mi-closes.

Un jour mon père fait irruption dans ma soupente. Il reste sur le seuil, foudroyé. Là alors, il n'en revient pas, toutes ces Pipas nues sur les murs. Ah! ça alors! Il se passe la main sur les yeux, jette un nouveau regard sur mes peintures. Ah! non, là, il n'en revient pas, il ne sait pas comment réagir. Je le vois qui rougit, veut parler, mais les mots ne viennent pas, il remue les lèvres, fait un geste découragé et vient s'asseoir à côté de moi sur le lit. Nous restons silencieux un long moment. Enfin il se lève, me regarde bien en face, sa main s'envole et je reçois une gifle formidable qui me renverse. « Cyrus! Cyrus! » il me presse contre lui, me demande pardon, essuie mes pleurs avec sa pochette, ne sait plus que faire pour me consoler. « Ah! Cyrus! Cyrus! » Il bafouille, navré, c'est malgré lui, il est désolé. « Mon fils, mon fils! » Il pleure sur mon épaule, à mon tour je le console. On se console l'un l'autre, nos larmes dégoulinent et tombent goutte à goutte sur nos genoux. Soudain il me prend aux épaules, m'écarte à bout de bras, me regarde longuement les lèvres tremblantes. « Ah! Cyrus, mon fils! toi, toi, rester mon fils pour toujours! » et le voilà maintenant qui éclate en sanglots et moi de même. Nous pleurons comme deux imbéciles. Il pleure son angoisse d'être père, il n'en peut plus de me voir là tout le temps dans les pattes de Pipa, il n'en peut plus. Enfin il s'ébroue, se recoiffe, se tapote les yeux avec son mouchoir et s'éclipse.

À partir de ce jour, je le sens préoccupé. Il rumine. Il m'observe en douce, je surprends des regards mauvais, je l'énerve, c'est évident. On s'évite. D'instinct je vais le moins possible chez eux, je passe mes journées dans ma soupente ou bien chez mes grands-parents. Je reste des heures durant dans la cuisine à regarder ma grand-mère aller et venir au milieu de ses casseroles. De temps en temps, elle me lance quelques mots en réponse à mes interminables questions. Je veux tout savoir de sa vie, de l'enfance de Pipa. Elle me parle de la Russie pourrie, de sa jeunesse privilégiée.

Parfois quelques coups discrets sont frappés à la porte et une voix éraillée crie un nom prestigieux. C'est une épave de la cour des tsars qui rapplique, une vieille à moitié décomposée, toute palpitante, les narines au vent. À peine entrée, elle flaire autour des casseroles, ramasse des graillons qui traînent dans l'évier, des miettes, des bouts de nouille sur les bords des assiettes sales. Ma grand-mère l'installe, lui sert de la soupe fumante, des topinambours, du café de glands grillés, n'importe quoi plutôt que de la voir picorer dans les ordures. La vieille se déplie, se frottille les mains, passe une langue rapide sur les rides qui convergent vers le trou de la bouche. Et la voilà qui engloutit, clap, clap, sa pâtée en un clin d'œil. Elle lèche l'assiette, se pourliche, en redemande des yeux. Ma grand-mère lui refile une louche, clap, à peine le temps de faire ouf! que l'assiette est de nouveau luisante, comme neuve. Encore une louche, clap! Ma grand-mère est navrée. Et l'autre de se pourlécher les babiches et de minauder que c'est gourmandise pure et simple. Que, toute jeune déjà, elle raffolait des topinambours, du café de glands grillés. Elle s'embarque sur la galère aux souvenirs. Elle énumère les bijoux, les fourrures, les chevaux, refait pour la millième fois ses antiques comptes : les terres, les serfs, les hectares en cadeau de fiançailles. Elle rigole de toutes ces richesses perdues. À la fin, elle rit tellement qu'elle en pleure. Son doigt machinalement pique les miettes sur la table, un va-et-vient continu, un picorage d'oiseau. Mon grand-père passe la tête par la porte entrebâillée. « C'est bien fait pour vous ! et encore heureux qu'ils vous aient laissé la vie ! » La vieille s'esclaffe : « Taisez-vous, sadiste ! » et elle repart dans ses souvenirs.

Vers cinq heures, la cuisine est pleine. Toutes les antiquités russes du quartier sont là réunies. Ma grand-mère sert des infusions à la saccharine. C'est la foire aux souvenirs, il ne manque que le tsar pour qu'ils soient tout à fait en famille.

De ces réunions vint mon malheur. Un de ces vieux oiseaux parla un jour d'une merveilleuse pension tenue par l'amiral Chalapine et Titine, sa femme la célèbre héroïne qui de ses blanches mains avait tué plusieurs marins sur la mer

Noire. Mon père dressa l'oreille. C'était exactement ce qu'il fallait pour son Cyrus adoré.

Trois jours après j'étais bel et bien bouclé chez l'amiral, bel et bien et pour quelques années chez l'amiral Chalapine, entre parenthèses aucune parenté avec le chanteur. Bel et bien bouclé à Bétigny-les-Râteaux.

Ici commence un nouveau chapitre de ma vie.

Ils ont dû pousser un joli soupir quand ils ont tourné cette page, mes parents.

Ça commence bien.

Lorsque nous arrivons à Bétigny-les-Râteaux, le train s'arrête en plein champ. La gare vient d'être bombardée, ça fumaille de partout. Des locomotives plantées, verticales, nez en terre, roues en l'air, laissent encore échapper de furieux jets de vapeur. Des wagons entassés les uns sur les autres encombrent ce qui reste des voies. Des rails tordus, enchevêtrés, noués ont été projetés sur les toits et sur les pylônes d'où ils retombent comme des lianes d'acier.

En chemin mon père me dit que, de toute façon, tout le monde a tort. Les Allemands ont tort, les Anglais ont tort, les Français ont tort. Tout le monde sans exception. Le seul problème, c'est de passer au travers sur la pointe des pieds en remuant le moins de vase possible. « Surtout, Cyrus, jamais parler politique dans nouvelle pension. D'accord avec tout le monde. Compris ? » Son accent, que j'aimais tant, maintenant m'horripile. Il égrène les bons conseils, les sentences. J'essaie timidement d'interrompre le flot de paroles, mais mon père ne m'entend pas et nous nous taisons. Nous n'avons plus rien à nous dire.

Nous avançons entre deux rangées de petites maisons toutes identiques. Petit jardin, petite boîte aux lettres, petit jardin, petite boîte aux lettres, le même chien derrière chaque grille. La déprimante impression de marcher sur place. Enfin nous arrivons devant une énorme bâtisse dont le toit d'ardoise dépasse des arbres vénérables. Nous sommes soulagés de nous quitter. Adieu, adieu.

Dans le bureau de l'amiral Chalapine, un portrait grandeur nature du tsar en famille, barré d'un crêpe noir, occupe tout le mur du fond. Le tsar avec sa barbiche pointue ressemble à un fox-terrier et sa femme, la tsarine, à une petite chienne molle. Leur portée d'enfants les entoure. Ils me regardent tous avec des yeux anxieux. L'amiral Chalapine parle. Il me prévient qu'ici nous sommes sur un navire de la Russie blanche. Il lève le doigt au plafond :

« Il y a Dieu ! »

Il pointe le doigt vers le portrait et se signe.

« Le tsar ! »

Il se frappe la poitrine, et lui, l'amiral. Il fait un geste circulaire.

« D'ici, partent tous les ordres ! »

Maintenant il va me présenter à son épouse. Ses yeux s'attendrissent.

« Notre petite mère à tous ! »

Il soulève une tenture, toque à une porte et appelle la fameuse Titine. Une femme aux yeux bigles accourt, se jette sur moi, m'embrasse :

« Bienvenu ! bienvenu ! »

L'amiral me présente :

« Cyrus, fils de… de… quel est le prénom de ton père ?
— Mony ! »

Les voilà bien embarrassés. On ne peut pas dire Cyrus-Monynovitch, Cyrus-Monyvitch non plus. Titine essaie de me fixer dans le feu croisé de ses yeux, et me donne une tape sur la joue.

« Petit Barbare ! et le nom de ta mère ?
— Elle est morte ! Adèle !
— Ah ! bon, voilà qui est mieux, Adèle, mais Cyrus, ce n'est pas un nom. Nous allons te rebaptiser. Cyril ou Sergeï, qu'est-ce que tu préfères ?
— Je ne sais pas. »

J'entends l'amiral :

« Nous avons déjà cinq Sergeï, va donc pour Cyril ! À partir d'aujourd'hui, tu t'appelles Cyril ! »

Titine fait un signe de croix sur ma tête et me voilà encore une fois rebaptisé.

« Béni sois-tu, Cyril ! »

L'amiral ouvre la porte et hurle dans le couloir :

« Matelot ! »

Un jeune garçon accourt, claque des talons et se fige dans un salut martial. Ses yeux rieurs se fixent sur moi et, profitant d'un bref instant où l'amiral lui tourne le dos, il me fait un clin d'œil rapide. Sa main posée contre sa tempe d'un mouvement preste se referme et l'index pointé donne trois petits coups contre le front. L'amiral se retourne, la main est déjà revenue dans un salut parfait.

« Repos ! »

Le jeune garçon se détend. L'amiral fait les présentations :

« Voilà le jeune matelot Nicolaï-Stephanovitch Roubaud ! Cyril Rubioza ! »

Nicolaï Roubaud me tend la main et me broie les doigts en me souriant malicieusement. Il fait un nouveau clin d'œil rapide et ses lèvres remuent. J'ai l'impression qu'elles prononcent « louftingue ».

« Roubaud! vous serez responsable de la mise en activité du mousse Cyril Rubioza. »

L'amiral hésite, perplexe :

« Dis-moi, Rubioza ce n'est pas un nom juif? dis-moi, mon petit Cyril, ton papa ne serait-il pas juif par hasard? »

Titine éclate de rire :

« Voyons! voyons amiral, voilà que ça te reprend! Allez mes enfants, allez, allez! »

Et elle nous fait signe de sortir.

À peine sommes-nous dans le couloir que Roubaud part d'un rire silencieux. Il se frappe le front de son index et bégaie :

« Louff's! com-plè-te-ment-louff's! »

Et il m'entraîne en se tordant de rire. Nous montons un escalier, traversons un dortoir immense où s'alignent des lits en fer. Tout en marchant, Roubaud me dit que l'amiral est un sale con merdeux et que sa femme Titine est une encore pire merdeuse avec ses yeux tordus.

« Celle-là, méfiance! une vraie salope, tu verras! les surveillants? tous des ordures! le cuisinier, le pope? immondes merdeux, les pensionnaires? presque tous fils de collaborateurs merdeux. À fusiller! »

Il crache et rit :

« Ah! tu t'rends pas compte, mon pauvre vieux, où t'es tombé! »

Il me donne une claque sur l'épaule.

« Tiens tu me plais! »

Enfin, nous arrivons devant une petite porte au fond d'un couloir sombre. Il me chuchote rapidement :

« Tu vas voir celui-là, c'est le Borgne. Tu te mets au garde-à-vous et tu la fermes! laisse-le causer, cette merde ambulante, c'est tout ce que je peux te dire. »

Et le voilà qui frappe à la porte en criant de toute la force de ses poumons :

« Matelot Roubaud accompagnant le mousse Cyril Rubioza pour le présenter à Votre Honneur sur ordre de l'amiral Chalapine! »

Un petit homme chauve nous ouvre et d'une voix douce nous invite à entrer. Il se frotte les mains, sourit, me pinçote la joue.

« Entre, Cyril, entre, et toi aussi insupportable Nicolaï Roubaud, entrez, entrez mes enfants, entrez, mes chéris! »

Et tout à coup il hurle :

« GARDAVOUS! »

Je fais un bond et imite Roubaud qui s'est raidi, poitrine bombée, main contre la tempe. Le petit homme nous sourit gentiment et, d'une voix molle, murmure :

« Je pense que votre camarade Roubaud vous a déjà dit de quel abominable surnom ils m'ont affublé? »

Il penche la tête et m'observe avec un air tendre

« Allons, dites-moi, mon petit Cyril, Cyril comment? »

Je chuchote :

« Rubioza! »

Il hurle :

« Votre Honneur! »

Et, reprenant sa voix douce et mielleuse :

« Votre Honneur, compris? dites-moi, mon petit Cyril, notre camarade Roubaud Nicolaï, sale caboche. »

Il toque sur le front de Roubaud.

« ... notre charmante sale caboche que voilà vous a-t-elle dit comment ils m'appellent lorsque nous avons le dos tourné ? »

Et le voilà qui ostensiblement nous tourne le dos. Roubaud en profite pour me faire un clin d'œil éloquent et portant prestement le doigt à son front me montre par signe que nous avons affaire à un autre fou. Au même moment, le Borgne se retourne.

« Que faites-vous avec votre doigt sur votre front ? »

Et Roubaud d'une voix plaintive :

« Votre Honneur, je me frottais à l'endroit où Votre Honneur vient de me cogner. »

Le Borgne hausse les épaules et reprend :

« Vous l'a-t-il dit ? vous l'a-t-il dit ? »

Il penche la tête, ses yeux se font tendres et il hurle :

« S'il vous le dit, cette ignominie, je vous conseille de l'oublier car je m'appelle... »

Et il chuchote tout contre mon visage :

« ... je m'appelle Votre Honneur ! un point c'est tout ! compris ? Bon ! tous des petits vicieux sans respect. Allez, filez ! »

La porte claque et nous nous retrouvons dans le couloir. Nous retraversons le dortoir et montons, en nous tordant de rire, un vaste escalier en colimaçon. Sur le palier, nous nous heurtons à un homme habillé de noir qui attrape d'un mouvement sec Roubaud aux cheveux et l'immobilise. Il me lance un regard glacial et, s'adressant à mon compagnon :

« Je vois que la bonne humeur règne, qu'est-ce qui vous fait rire comme ça ? »

Il courbe un peu Roubaud qu'il tient toujours aux cheveux jusqu'à ce que son front touche ses genoux.

« Hein ? pourquoi toute cette bonne humeur ? »

Il le lâche enfin et dit en me montrant :

« C'est le nouveau ? »

Et Roubaud au garde-à-vous :

« Oui ! le mousse Cyril Rubioza, colonel !

— Bien, bien, Cyril. Bienvenue parmi nous ! allez, et plus de rires déplacés. »

Pour finir le périple, nous arrivons dans une immense salle d'études où, autour de deux larges tables, sont assis une cinquantaine de pensionnaires. Sur le seuil, Roubaud hurle :

« Je présente à cette merdeuse compagnie Cyril Rubioza ! »

Toutes les têtes se lèvent et la salle entière part d'un vaste éclat de rire. Un homme pâle, aux cheveux bouclés, yeux de poupée et lèvres sensibles, vient au-devant de moi.

« Enchanté de vous voir, Cyril. Savez-vous que j'ai beaucoup entendu parler de votre père par une amie à moi, la princesse Gorloff ? »

Il me pose gentiment la main sur l'épaule.

« Vous êtes bien le fils de Mony Rubioza ? Faites connaissance avec vos camarades. Roubaud, présentez notre nouvel ami et ensuite rejoignez-moi dans mon bureau. »

Très intimidé, je fais le tour des deux grandes tables, je serre toutes les mains : Roubaud me pousse et, à chaque nom, fait un commentaire qui déchaîne les rires de tous les enfants. Enfin, lorsque la tournée est terminée, nous ressortons et retrouvons dans le couloir le surveillant aux yeux de poupée. Il nous entraîne dans un petit bureau et s'asseyant devant un piano fait quelques rapides gammes. Ses doigts volettent gracieusement sur les touches. Tout en pianotant il me demande si j'aime la musique, si j'aime lire, si je sais dessiner. Lorsque je lui dis que je veux devenir peintre, ses yeux s'illuminent.

« Parfait! parfait! et sait-il chanter, notre jeune artiste? »

Il tape sur une note et me dit de chanter :

« Dooooooooooooo... »

Et de tenir aussi longtemps que possible :

« Dooooooooooooooooooooooooooooooooo...

— Bravo! bravo! bonne oreille, nous en tirerons quelque chose de cette voix-là! »

Et ses mains recommencent à voleter sur les touches. Il continue à me poser question sur question.

Soudain on frappe à la porte et un pope entre dans un flot de parfum. Justement il cherche le nouveau. Il me bénit, me tend sa main à baiser, me presse contre lui, me caresse la tête, m'englobule dans ses voiles, me pourlichote, me palpe les épaules, le ventre, les cuisses. Il ne se tient plus, il faut tout de suite que je monte dans sa chambre. Après nous visiterons la maison, la chapelle, la cuisine, les caves. Il m'entraîne. Roubaud me chuchote au passage : « Fais gaffe à la femme à barbe! » Et me voilà dans le sillage parfumé. Odeur d'encens, huile rance et icône véreuse. Nous grimpons d'escalier en escalier et suivons d'innombrables couloirs. De ma vie je n'ai vu une maison aussi compliquée, sûrement conçue par un architecte russe. À peine si le pope lui-même s'y retrouve dans ce labyrinthe. Il se trompe, revient deux ou trois fois sur ses pas, hésite, repart, il marmonne : « À droite, à gauche, attention à la marche, baisse la tête, donne-moi ta main. » Ses gros doigts brûlants s'enroulent autour de mon poignet. Il me tire vers les combles. Enfin il soulève sa robe et en soufflant fortement par le nez plonge sa main dans la poche de son pantalon, sort une petite clef et ouvre la porte d'une minuscule chambre. Les murs sont encombrés d'icônes et de vieilles photos jaunies. Il me pousse sur le lit et vient aussitôt s'asseoir contre moi. Il me prend la main et commence à entremêler nerveusement ses doigts aux miens. Il me regarde en riant silencieusement dans sa barbe. J'essaie de me reculer, mais il passe son bras sur mes épaules et me maintient d'autorité collé à lui. Il se racle la gorge et me demande d'une voix troublée si je me caresse souvent. Il me semble bizarrement que j'ai déjà vécu cette scène dans ses moindres détails. Je pourrais presque dire d'avance ce qui va se passer, j'ai le sentiment que le pope va se mettre à crier: « Pine, bite! pine, bite! pine, bite! » Comme l'automate de la plage. Ses mains, en effet, essaient d'enfoncer les miennes au plus profond de sa robe pendant qu'il gémit d'un air désespéré: « Ah! ce n'est pas bien... ce n'est pas bien! vieux vicieux, ce n'est pas bien! pas... pas... pas... pas... » et le voilà qui pousse un hurlement « CHRIST! » Il ferme les yeux, reste un long moment sans bouger, la respiration courte, un très long moment parfaitement immobile pendant que de grosses larmes vont se perdre dans sa barbe. Enfin il s'ébroue un peu et, s'emparant d'une de mes mains, il la porte à ses lèvres et me demande pardon. Je ne sais que répondre. Il se frappe la poitrine: « Vieux dégoûtant! vieux dégoûtant! pécheur impénitent! Christ miséricordieux foudroie sur place ton serviteur sans volonté! » Il tombe à genoux et s'incline en heurtant le sol de son front: « Amin! » Il se relève tout joyeux, se met à fouiller dans un tiroir, en sort une chaînette à laquelle pend une croix et me passe autour du cou la chaîne glacée qui coule comme de l'eau contre ma peau. Signes de croix, bénédictions, nous repartons à travers la maison. Ici le dortoir des petits, ici le dortoir des grands, les chiottes, encore des chiottes, le réfectoire, ici la cuisine, les salles de classe, encore des chiottes. On grimpe, on descend, on visite la galère de la cale aux superstructures, de la poupe à la proue, d'un bord à l'autre. Devant chaque icône, le prêtre se signe. Génuflexions, bénédictions.

Une cloche au loin sonne, sonne, le pope m'entraîne au réfectoire. Dès qu'il apparaît, cinquante enfants debout autour des tables braillent une prière musicale. L'amiral bat la mesure. Amin ! Le pope bénit à toute volée les assiettes et c'est la ruée sur la bouffe. Les trocs commencent. Les surveillants ont beau taper sur les tables pour faire baisser le ton, rien n'y fait. Certains gosses ont entrouvert des mallettes bourrées de provisions, pain gris, pain blanc, pain allemand, viandes froides, fromages, chocolat. Roubaud me pousse du coude : « Regarde ces ordures, fils de collaborateurs merdeux qui se remplissent la panse ! » Pendant que les capitalistes font entre eux leur petit troc, le cuisinier obèse commence la tournée des tables. Il traîne ses savates et vacille des uns aux autres. Deux gosses grimaçants portent une énorme marmite fumante dans laquelle il plonge sa louche jusqu'au coude. Floc ! il lance la pâtée. Au suivant ! Floc ! des gouttes jaillissent au plafond, de la sauce tiède nous retombe dessus, c'est la mousson ! Des batailles sournoises commencent, coups de pied sous la table, grognements de bêtes, chacun ronge son os, babines retroussées. Même les surveillants sont prêts à mordre. Ils mastiquent, le regard mauvais. Peu à peu on n'entend plus que le bruit effrayant des mâchoires en mouvement. En un rien de temps les assiettes sont nettoyées. Seuls les fils de collabos en ont laissé. Leurs voisins déshérités lorgnent sur les restes. Des marchés sont conclus, les reliefs changent de propriétaires. Les surveillants tolèrent, les yeux luisants d'envie.

J'en ai froid dans le dos rien que d'y repenser. Me voilà prisonnier du rythme désespérant, réglé d'avance à tout jamais. Du matin au soir tout se succède avec une régularité maniaque. Prières, repas, études, exercices militaires, coucher, lever, pisser, chier.

Pendant des années ce fut le lot abrutissant.

Tous les quinze jours arrive mon tour de permission. En attendant ce jour heureux, je ne rêve que de Pipa, je meurs à petit feu, je me mine, je me vide, je crois expirer d'impatience. Chaque nuit, je me tends, je divague, je joue de moi-même, arqué sur le noir comme un pont fragile. Je me balance, j'essaie de prendre pied sur l'autre rivage mais, chaque fois, le plaisir fou m'interrompt dans mon exploration. Je me liquéfie, balbutiant, blublutant, tanguant, hanté ténu, ténu plus ténu que le plus fragile fil fluide, petit, petit, tout petit dans l'immense vide, seul, seul, seul à en être déchiré de sanglots. J'aimerais dépasser le plaisir, savoir ce qu'il y a au-delà de cette jouissance, au-delà de cette strafulante chaleur, j'aimerais ouvrir les portes inconnues, plonger en plein magie, que mon sexe soit la clef d'un autre univers. À force d'insister j'atteins à une seconde jouissance puis à une troisième, mais aucune porte ne s'ouvre et je reste prisonnier inconsolé. Dans le dortoir, mes compagnons sont actifs eux aussi. Ils explorent comme moi, nerf après nerf, toutes les possibilités de leurs corps. De temps en temps une voix geignante laisse échapper un prénom féminin, quelqu'un rit, un soupir, un sanglot.

Baaaaaaaaaah! Écœurantes années, je vous hais!
Je vois l'amiral dégueulasse et sa Titine bigle. Le Borgne, vingt-cinq ans après ces événements, une fois par semaine au moins, revient encore rôder dans mes rêves. Le colonel, le pope, l'immonde pianiste qui, dès la nuit tombée, déguisé en femme, hantait la maison, toc toc toc toc, on entendait ses escarpins. Le cuisinier obèse, qui se soûlait avec de l'alcool à brûler, de l'éther, n'importe quoi. Baaah! Baaaaaaaaah! Roubaud qui riait tout le temps et qui est mort, Roubaud mon meilleur ami, même lui, je ne le regrette pas. Balinov qui pleurait au moindre prétexte, Bielev dont le père était un des chefs de l'organisation Todt. Grolsky le fils du sous-marinier et Toporovsky qui pissait dans son lit. Non! je n'ai aucun attendrissement à évoquer vos noms. Je revois cette vaste bâtisse. Je la revois comme une arche perdue sur un océan fabuleux, insensible aux courants, insensible au flux des marées, aux lunes changeantes et aux constellations, en marche vers une Russie fantôme, vaisseau pourri avec son amiral à moitié décomposé, accroché au gouvernail, soudé à cette barque maudite. Sa femme Titine, le regard liquide, appuyée sur le sextant, essaie de retrouver la route, le Borgne penché sur la carte marine se retient à chaque tangage au rebord vermoulu, mais tout est tellement pourri sur ce navire que des morceaux entiers du bois lui restent dans les mains. Des vagues prodigieuses, des creux lisses et noirs menacent à chaque instant d'engloutir l'épave. Des oiseaux

de mer tournent inlassables, nous accompagnent de leurs cris, leurs yeux pointus scrutent le pont, scrutent le pont nuit et jour. Brusquement un cormoran plonge et arrache un morceau de chair du visage de l'amiral, crrrrra ! Titine fait de grands gestes, mais ses mains sont déjà mortes. Le colonel, sanglé dans son habit noir, tousse, il vomit par-dessus les bastingages. Des poissons gracieux sautent hors de l'eau, arqués, lumineux, ils attrapent au vol ses entrailles, ses poumons, son cœur. Assis à la proue, le pope peigne ses longs cheveux de femme, sa barbe flotte au vent et sa croix pectorale lance des feux vers les icebergs blanchâtres. Sirènes dans la tourmente. Des bombes explosent un peu partout, des geysers immenses montent et nous éclaboussent, mais le vaisseau fantôme continue bien droit son voyage dément. Parfois une forteresse volante en feu frôle nos mâts, on voit les aviateurs se jeter dans le vide et tomber entourés de flammes. Notre immonde amiral ne lève même pas la tête. Trop absorbé par son rêve, il croit voguer vers sa Russie perdue.

J'entrouvre les yeux, je suis en permission chez mes parents. J'essaie de raconter mes histoires de vaisseau fantôme, ça ne les intéresse pas. Mon père rigole, Pipa me caresse la joue, ma grand-mère, les larmes aux yeux, me dit de prendre patience. J'ai des migraines épouvantables. « Gardez-moi, gardez-moi un jour ou deux, je vous en supplie, je suis malade, gardez-moi, gardez-moi ! » Mais impossible de les apitoyer sur mon sort. Mon père rigole, Pipa me caresse la joue : « Pipa, Pipa ! je suis malade. Pipa je te jure Pipa que je suis malade. » Elle rit. Je suis fou d'elle mais je n'ose plus la toucher, finies les caresses clandestines. Le train de ma première nuit d'amour imaginaire a dû sauter sur une mine. Il ne reste rien de tous ces parfums, de cette chaleur. Je retiens mes pleurs dans le métro qui me ramène vers ma galère.

Me revoilà à fond de cale dans la barque pourrie, l'immonde radeau. Cauchemar, mort et décomposition. Partout des cordages dans lesquels nous trébuchons, génuflexions, signes de croix, des oiseaux picorent mon front, mon ventre, mes épaules. Amin! le Pope envoie son encensoir à la volée. Roubaud est mort, mon seul ami est mort, Roubaud mon ami d'enfance. Roubaud le rieur, Roubaud qui trouvait tout tellement merdeux. Adieu, Roubaud! La terre résonne sur le bois. Amin! L'amiral est satisfait, Titine aussi. Très belle cérémonie pour un orphelin. Le vaisseau de haut bord par tous ses sabords tire une salve de ses mille huit cents canons pourris, lof pour lof, bord sur bord, les voiles frémissent et claquent contre le mât. « Un homme à la mer! » J'ai sauté, mais on me harponne, je me débats, je veux ressauter, on me reharponne. Et le long voyage dans le brouillard continue. Maintenant on me surveille, « petit sournois ». Le Borgne me hait, l'amiral m'ignore lorsqu'il me rencontre. Je ne suis plus que le fantôme d'Arthur Gordon Pym qui erre dans l'ombre des coursives. Le colonel joue à la roulette russe. Mort, mort et décomposition. Parfois pour rire, il me vise. Tac! le barillet saute d'un cran. Le colonel tousse et un jet de sang tombe sur mon cahier.

Titine
Ma pine
Tonton
Mirliton
Les couilles

> D'l'amiral
> Sont pendues
> Au plafond

Nos voix montent dans le silence. Nous chantons nos prières païennes pendant que le navire bercé par une vieille houle d'outre-mer talonne sur son ancre.

> Et toi ma gonzesse
> Prête-moi tes fesses
> Pour faire du yoyo – o

Le Pope lance son encensoir, pffffuit, pffffuit!

> Et toi Gustave
> Prête-moi ta bett'rave
> Pour qu'j'la mette
> Au chaud – aud

Amin! Nous nous tordons de rire, nous grinçons, haineux.

> Traîne pas tes couilles par terre
> Ça fait de la poussière

Régulièrement, tous les quinze jours, je vais passer le dimanche chez mes parents. J'embrasse Pipa, les larmes aux yeux. Un sanglot unique, énorme, m'étouffe lorsque je la revois, Pipa. Pipa. Dans le métro qui m'emporte vers elle, je frémis d'impatience. Je me jure que cette fois-ci, oui cette fois-ci je saisirai la première occasion pour l'embrasser sur la bouche. Je l'attirerai contre moi et je lui dirai: « Pipa…! » C'est tout. Non, pas un mot de plus, mais je lui dirai « Pipa » avec tant de feu, tant d'amour, tant de passion qu'elle tendra son visage vers le mien et que mes lèvres iront violemment se mêler aux siennes. Je frémis, je palpite. Autour de moi les voyageurs indifférents se tiennent à la barre verticale, je vois leur reflet macabre déchiré par le sinistre DUBO-DUBON-DUBONNET placardé dans le boyau interminable. Soudain une jambe de femme vient contre mon mollet, insiste. Je deviens fou. Je sens dans mon dos la chaleur de son corps. Je la vois dans le reflet, oh ! vaguement, cheveux vertigineux crêpés à la dernière mode. J'imagine sa jambe sur semelles de bois, à lamelles triple épaisseur, compensées. J'ai une envie folle de me retourner, de prendre dans mes bras cette bandante personne, de lui dire : « Pipa... hem !... hem ! » Oh ! juste une répétition générale pour ne pas déconner au moment du grand moment, pour qu'avec Pipa ce soit de l'irrésistible, du chatoyant.

Montparnasse-Bienvenüe, correspondance. Le beau rêve est détruit : une horrible talapouine me dépasse dans le couloir, il ne reste plus rien du beau cul de mon rêve.

Je me mets à courir, je veux arriver le plus vite possible, voir Pipa tout de suite, tout de suite, la contempler, la boire, la dévorer. C'est aujourd'hui que je l'embrasse, je me le jure.

Chuuuuut ! sur le pas de leur porte, je trouve mon père en larmes. Il n'est pas rasé. Pipa est mourante. Pipa, ma Pipa agonise. Mon père titube, sanglote. Je suis assommé. Enfin je pénètre dans le mirifique taudis. Sur le lit, parmi les cachemires en désordre, elle est là. Ses mains sont devenues transparentes, elles sont posées sur le rabat du drap, immobiles.

La bouche, sa bouche est ouverte, cette bouche que j'ai tant embrassée en rêve, ouverte dans une horrible grimace. Ah! elle ne peut pas reprendre souffle, ah! la respiration lui manque. Ses côtes se soulèvent, tendent la chemise légère, je vois ses seins. Ah! Pipa! Pipa! Je me précipite, elle bat l'air de ses bras, mon père l'aide à se tenir assise, ma grand-mère glisse un oreiller. Pipa! Pipa! Nous mourons par elle, nous souffrons d'elle, je ne peux plus reprendre souffle, sa respiration me manque. Pipa, Pipa. Je couvre sa main de baisers, je veux lui transmettre ma chaleur, ma vie.

Enfin elle se calme. De nouveau elle repose sur les oreillers, ses cheveux noirs sont répandus autour d'elle; accusant l'extrême pâleur de son visage. Je la contemple dans la pénombre. Ses immenses paupières se sont enfoncées dans les orbites. Une affreuse pensée me tenaille. Se peut-il, se peut-il que tout ce qui fait saillir sa peau soit un jour… se peut-il qu'un crâne se cache sous toute cette douceur, derrière ces lèvres… AAAAAh! Mon front vient toucher sa main et je pleure de toute mon âme. Je me révolte contre la mort.

Les sirènes glabullent, déjà les bombes tombent sur Boulogne-Billancourt, les gens galopent à travers la cour, se ruent vers les caves, bruit de gifles, des enfants pleurent. Nous sombrons, tout vacille, nous sommes noyés dans des flots de poussière, les rideaux se soulèvent à chaque déflagration, palpitent, montent et descendent à travers la chambre. Tous les cristaux tintent. Pipa dressée sur le lit cherche à reprendre sa respiration, elle repousse mon père, ma grand-mère, leur sollicitude insupportable. Elle tousse, le front posé sur ses genoux repliés, et nous fait signe de nous écarter, de la laisser.

Le soir venu, on me chasse, il faut repartir vers ma pension pourrie. Je les hais de ne pas vouloir de moi. Dans le métro, des larmes coulent sur mes joues, ces éternelles larmes. DUBO-DUBON-DUBONNET, DUBO-DUBON-DUBONNET. Il me semble que tous les spectres se mettent eux aussi à pleurer. Je les vois renifler dans les reflets écœurants. On nage dans les larmes, les rames flottent sur des torrents de larmes, tout le monde pleure, on patauge dans les larmes.

Lorsque je reviens, quinze jours après, Pipa me reconnaît. Elle me sourit gentiment. Je me précipite sur ses mains, je sanglote. Elle me caresse la tête. À genoux contre le lit, je pleure en silence. Pipa est attendrie, elle rit faiblement : « Mon pauvre Michel-Ange Molitor, mais ne pleure pas comme ça, mon pauvre petit, là, là, là, calme-toi. Tu vois, je vais mieux, sèche tes pleurs, va, va... » Je me cogne à tout, je sors dans la cour, je monte presque à tâtons en répétant sans arrêt : « Moi qui la croyais morte ! moi qui la croyais morte ! moi qui la croyais morte ! » Je me jette dans les bras de ma grand-mère et nous pleurons longtemps enlacés. Mon père nous rejoint, le voilà qui sanglote lui aussi. Mon grand-père passe la tête et les larmes aux yeux se moque de nous. Pipa est sauvée, je serre mon père adoré dans mes bras. Ah ! que je les aime tous !

Quinze jours plus tard, cette fois-ci Pipa m'accueille dans la cour. Elle s'est levée pour me faire la surprise. Les voisins aux fenêtres sont émus. Mon père renifle bruyamment, sa Pipa lui est revenue d'entre les morts. Je la garde un long moment contre moi, les lèvres tremblantes, les yeux embués. Pipa! Pipa! Nous rions et soudain, imitant le geste familier, je la soulève et fais le tour de l'arbre. Tout le monde rit, des applaudissements partent des fenêtres. Pipa se tient à mon cou, elle est joyeuse, confiante. Mon père court autour de nous, affolé et m'aide à la porter jusqu'à la chambre où nous la déposons sur le lit. Elle s'étonne de ma voix qui mue, se moque de me voir sortir si rapidement de l'enfance, me détaille comme si elle ne m'avait pas vu depuis des années. Ses mains s'amusent avec mes cheveux, le col de ma chemise, vont, viennent, palpent sans arrêt comme pour s'assurer de la réalité. Sans cesse mon père la respire, la caresse, l'embrasse. Nous restons ainsi un long moment tous les trois.

Enfin des coups joyeux sont frappés à la porte et mes grands-parents entrent, portant à bout de bras un mirobolant gâteau aux noix, une surprise confectionnée à partir de rien, pur chef-d'œuvre de magie culinaire. Pour faire encore plus d'effet, mon grand-père l'a couronné d'invraisemblables bougies de son invention qui clignotent dans les courants d'airs. Au comble de l'excitation, il cavale sur place, les rallume sans arrêt dans un ballet d'étincelles. Pipa s'est étendue tout habillée sur le lit, toutes ces bougies font scintiller ses yeux. Elle sourit émue.

En plusieurs voyages nous descendons un déjeuner fabuleux pour ces temps de guerre, un vrai miracle d'ingéniosité. On félicite ma grand-mère qui sourit rose de confusion. Pipa se tapote les yeux avec un petit mouchoir de dentelle. Mon grand-père avec des gestes mystérieux pose une serviette sur une cocotte et imitant mon père fait quelques passes ridicules, pffffuit, pffffuit et hop! nous dévoile un poulet. Bing! Pipa éclate en sanglots, moi aussi de la voir pleurer, ça y est les vannes sont re-grandes ouvertes, tout le monde resanglote et rit tout à la fois. On s'embrasse; on s'étouffe de baisers. Enfin voilà le bouquet. Mon grand-père sort une bouteille de mousseux de sa fabrication, nous fait admirer l'étiquette qu'il a rehaussée à la gouache, fait sauter le bouchon et nous trempons nos doigts dans la mousse qui déborde, ça porte bonheur. On lève nos verres à notre Pipa adorée et le joyeux pique-nique sur le bord du lit commence. On rit la bouche pleine, on repleurniche encore un peu, snif, snif! on ne sait plus très bien, avec toutes ces émotions, où est la frontière entre les rires et les pleurs. On réajuste les voix qui déraillent, on chavire, ressuscités tous que nous sommes.

Je suis assis par terre contre le lit. De temps en temps je m'empare de la main de Pipa et la porte à mes lèvres. J'ai la tête qui tourne, je suis soûl. Lorsque nous en arrivons au fameux gâteau, je me mets à engloutir les bougies. J'ai l'impression d'être tellement drôle que je me roule par terre. Ma voix qui mue rend mes rires insupportables. On essaie bien de me faire taire, mais je ris de plus belle, mes cordes vocales s'emmêlent dans un gâchis affreux. On me traîne dans le cagibi. La tête sous le robinet, je pleure de rire. À la place de me calmer; l'eau froide m'excite encore plus. Pour couronner le tout, voilà que je me mets à dégueuler, sur les cachemires. Mon père me gifle pour me dégriser. Je lui crache à la figure et lui crie que c'est de sa faute si Pipa a manqué mourir.

Maintenant, nuit et jour, c'est un flot ininterrompu de forteresses volantes. Elles foncent dans les splendeurs naturelles de l'air vers l'Allemagne, déverser leurs cargaisons, faire leur macabre travail. Des aviateurs recroquevillés dans leurs carlingues vont répandre oh! sans haine, les hideux, le feu, la mort et la poix des interminables agonies. Parfois un avion déchiqueté passe au ras des arbres, on voit très distinctement des hommes accrochés à l'épave. Ils ne peuvent pas se résoudre à sauter. Des automitrailleuses sillonnent les routes, partent à travers champs, à la poursuite des aviateurs suspendus à leurs parachutes. Ils ont beau agiter les bras, les mitrailleuses les hachent menu. Ils peuvent toujours demander grâce, les pauvres petits pantins qui ne veulent pas mourir, ils peuvent toujours hurler, supplier sous leurs corolles blanches… tac tac tac! les uns après les autres ils sont démantelés par la grenaille. On voit peu à peu des morceaux se détacher, tomber sur les pavillons, dans les petits jardins paisibles. Les gens ne savent que faire de tous ces bouts de viande qui dégringolent du ciel. On arrache une main encore tiède de la gueule du chien. On fait des enterrements microscopiques, un doigt ici, un pied là, le voisin une oreille. Parfois on trouve un stylo made in USA ou bien une montre, en acompte sur l'avenir. Les femmes, pour le bel été, taillent des robes dans les parachutes, d'autres préfèrent cacher les parachutistes eux-mêmes. On surprend d'étonnantes confidences:

« Vous ne pouvez imaginer quel chaud lapin c'est… De Chicago, il faut dire qu'il est!

— Les miens, deux vrais tourtereaux… hi hi hi! ils ne veulent plus descendre du grenier! »

À la fin on ne sait plus comment les nourrir, ces Apollon tombés du ciel, tous les chats de Bétigny-les-Râteaux y passent.

Les bombardements deviennent si féroces qu'on ne quitte plus la cave. Les surveillants s'énervent, pleurnichent pour un rien. Le vaisseau fantôme est sur le point de couler. Finie la belle discipline, plus de garde-à-vous ni de repos.

Je décide de prendre « la clef des champs ». Empoignant mon carton à dessins, je saute le mur et je m'enfonce dans les bois de Bétigny-les-Râteaux. Les bois de Bétigny-les-Râteaux, à force d'y avoir manœuvré sous les ordres de l'amiral, j'en connais chaque buisson, chaque repli. Il y a longtemps que j'avais repéré un trou de bombe. C'est là que je m'installe. Je domine toute la plaine à perte de vue. Quelques feuilles sèches dans lesquelles je m'allonge, le ciel au-dessus de moi, je suis parfaitement heureux. Je passe ainsi quelques jours à contempler la plaine. Au loin, je vois les immenses hangars à zeppelins de l'aérodrome d'Orly. Sans relâche les avions déversent leurs bombes et font demi-tour. Toutes les DCA aboient méchamment. La nuit, des centaines de phares anti-aériens croisent et décroisent leurs faisceaux. C'est un va-et-vient incessant sur la plaine infinie.

Je sursaute, quelqu'un me regarde à travers les buissons. Je ne bronche pas.

« Bonzou-our ! »

L'homme a une voix bizarre.

« Coucou-ou ! venez-ez, approchez-ez ! »

Écartant les buissons, je m'avance. Il a l'air ravi de la rencontre.

« Bonzou-our ! bonzou-our ! Quelle charman-ante rencon-ontre en plein boi-a » !

Il chantonne en parlant, ses yeux sont luisants et il passe sans arrêt sa langue sur ses lèvres. Un dialogue anodin s'engage. Face à la plaine, nous nous renvoyons des mots. Ses yeux me gênent, ils font un va-et-vient à la verticale, de mes pieds à ma bouche, de ma bouche à mes pieds, à toute vitesse pendant que sa langue inlassable continue son travail horizontal.

Il fouille dans sa poche et sort tout un jeu de photos brochées qu'il me tend.

« Regardez-ez ! mais si ! si ! regardez-ez ! faites sauter les pa-ages comme ça-a ! à toute vitesse comme ça-a ! comme ça-a ! comme ça-a ! »

Je regarde et je reçois un choc. Ce sont des photos qui recomposent image par image un petit film. Je vois un homme nu derrière une femme, complètement nue elle aussi. La femme se cambre et tend son cul à l'homme qui s'élance vers elle le sexe pointé, puis recule, avance, recule, avance. Ils rient tous les deux la bouche grande ouverte en regardant de biais vers l'objectif. Les photos se succèdent, défilent, rapides, animant le couple d'une vie hallucinante.

Le pouce de l'homme les fait sauter de plus en plus vite devant mes yeux.

« Alo-ors, ça te plaît-aît ? »

Et de sa main libre il m'attrape brutalement aux couilles. Je pousse un hurlement, je me dégage et bondissant sur mon carton à dessins, je dévale vers la plaine. Je l'entends derrière moi qui me crie en riant :

« Tu ne sais pas ce qui est bon-on ! tu ne sais pas ce qui est bon-on ! petit con-on ! petit con-on ! petit con-on ! »

Sa voix se perd dans les glabulements de toutes les sirènes.

C'est le fameux bombardement de Bétigny-les-Râteaux qui commence. Par vagues serrées, les forteresses volantes inaugurent le grand lâcher final. Des trains de bombes, torpilles, fusées, rockets, shrapnells, éclats gros comme des navires pleuvent sur les labours. Toute l'astucieuse machinerie à mixer les morts se met en branle. Je m'aplatis, je rampe, mon carton à dessins à la remorque. Cloc ! le voilà percé d'un éclat. Toute mon œuvre à ce jour poinçonnée au même moment. Mes mâchoires claquent. Je meurs de peur et je ris à ne plus pouvoir avancer. La ferraille pleut autour de moi, grésille dans la rosée limpide. Et les usines entières se déversent sans relâche. Toutes les zones industrielles de Brooklyn à Sing-Sing, les quartiers honteux, échelles de fer, gratte-ciel en morceaux, ponts suspendus sont balancés par-dessus bord sur Bétigny-les-Râteaux. À coups de pied, on nous les expédie du ciel. L'Hudson en tronçons, acier liquide, boulons et contre-écrous se fichent en terre. Tout le trop-plein. Ford, General Motors, se débarrassent des invendus. Voitures entières s'enfoncent dans la glèbe, explosent en plein Millet. Cadillac, pare-brise, en miettes, portières, roues de secours, V8, culbuteurs, soupapes et vilebrequins dégringolent avec tous les chevaux de l'Apocalypse dans un rythme, une pulsation, syncopée. Disques explosifs, stylos piégés, chewing-gums à retardement, machines à laver, machines infernales déguisées en bloc opératoire, frigos incendiaires, vieilles fabriques de chaussures, gares de triage abandonnées avec wagonnets, rails, locomotives, autoroutes démodées, cimetières de ferrailles pourries, marteaux-pilons, fils de fer phosphorescents pour blessures incurables, déluge barbare exporté en plein angélus. Enfer du ciel!

J'essaie de reprendre souffle, mais les halètements de l'atmosphère sont tellement denses que je n'arrive pas à entrer dans le joli rythme. Arythmique? Yes! Braaaaoum! Une énorme bombe s'enfonce à quelques mètres de moi entre les sillons. Je tremble tellement que je ne peux pas me lever, hypnotisé. Toute luisante, elle est là comme dans un cauchemar, le nez en terre, ailerons galbés sur fond d'azur. Héraldique. Je m'arrache à la boue, je vole, j'astrobulle, je ne touche plus terre, je fonce entre les pavillons en miettes. D'instinct je file vers mon vaisseau fantôme. L'amiral, accroché à la roue, lutte dans la tourmente. Le Borgne auprès de lui montre la terre promise entre les trombes folles. Les torpilles explosent de tous les bords à la fois. Je trébuche sur des corps, je hurle, je hurle qu'une bombe, qu'une bombe énooooooorme est tombée à l'orée du bois, énooooorme! é-n-o-r-m-e! que d'une minute à l'autre elle va exploser et nous anéantir tous. Je piétine, je fous des baffes au pope, des coups de pied à l'amiral. Rien à faire, impossible de les réveiller. Le pope continue de peigner ses longs cheveux d'immonde sirène barbue. L'amiral criblé d'éclats monte et descend dans la houle profonde, entre les crêtes et les embruns, le pianiste dénudé par les souffles pend à demi hors du sinistre radeau et sa tête roule de droite et de gauche, de droite et de gauche. L'énorme cuisinier gît sur le pont le ventre fendu. Le colonel invective Dieu et ses démons. Ils ne me voient pas. Nous ne sommes plus dans le même monde. Il y a trop longtemps qu'ils sont morts, pourris sur pied, dévorés par les crabes et les oiseaux de mer.

Moisis, putréfiés, presque liquides, ils se répandent sur le pont, quelques muscles tressaillent encore vaguement, et plus rien.

Des enfants errent désemparés, trébuchent dans la puissante houle, s'accrochent aux haubans, pleurent d'être prisonniers du navire en perdition. Je les secoue, j'aimerais les entraîner, mais eux non plus ne me voient pas. Nous ne sommes plus du même côté de l'univers.

Enfin la tempête s'est calmée. Bétigny-les-Râteaux ne compte pas ses morts. Il ne reste rien des petits pavillons, de toute cette coquetterie banlieusarde. Dans la poussière et les décombres, seuls quelques géraniums viennent d'éclore tout neufs en souvenir des jardinages paisibles.

Cette fois, c'est pour toujours. Je me sauve!

Adieu Bétigny-les-Râteaux! Adieu! Adieu! finie mon enfance. Je veux vivre ma vie. Sans regret, je file vers Paris.

III

Montparnasse-Bienvenüe! Bienvenue à Cyrus Rubioza!

Mon carton troué sous le bras, je remonte le boulevard Montparnasse. Je sautille d'un pied sur l'autre, fou de bonheur. Enfin libre, enfin libre, Montparnasse-Bienvenüe! Bienvenue! Bienvenue! Bienvenue à Cyrus Rubioza! Je parle tout seul, je chante, je divague. Des vagues profondes m'étouffent. Trop de bonheur. Des vagues plus profondes que tous les sanglots passés. Je suis délivré de la pesanteur. Cette soudaine liberté m'enivre. Je saute par-dessus les bancs, par-dessus ce chien, hop! par-dessus les bicyclettes, hop! par-dessus la rue. J'en ris tout seul.

Me voilà à Montparnasse, ce quartier universellement connu pour être celui de tous les génies de la peinture. Tous ces gens autour de moi sont peintres, c'est évident. Ces femmes avec leurs cabas? peintresses. Cette concierge qui balaie le trottoir, quelque chose comme Rosa Bonheur ou Vigée-Lebrun. Et cet agent de police? flic-peintre certainement, un genre Grünewald. Et ces soldats allemands? allemands-peintres. Ya, ya! peintre SS. Et ces gens qui achètent leur journal devant la station Vavin? Le Brun, Champaigne, Hogarth, La Tour, Véronèse! Tous ces badauds qui traînent, je connais leurs œuvres par cœur grâce à la page des Arts de mon Petit Larousse. Ce vieillard sur le banc, Titien, *La Descente de croix*. Et ce type qui fout une baffe à cette femme au coin de la rue Delambre, ne serait-ce pas Delacroix? ou Géricault? La tête me tourne à déambuler comme ça en plein Olympe. Tiens, celui-là, c'est Ruysdael, je lui lance: « Bonjour, monsieur Ruysdael! » L'autre me répond: « Bonjour, jeune homme! » et soudain s'arrête étonné; Ces éboueurs, mais c'est Goya et Jérôme Bosch, drôles de gueules, je leur ris au nez. Et cette terrasse de café remplie de consommateurs? Vinci, Véronèse, Vuillard, Vélasquez, Vermeer, toute la page des V réunis! Maintenant, voyons un peu les R: Rousseau, Rigaud, Rembrandt, j'y glisse Rubioza (ni vu, ni connu)... Rubens, Ruysdael, re-Rembrandt et en avant les S et T. Seurat, *La Parade*, Signorelli, Sisley, Silberechts, le Tintoret, Turner, TitienLadescentedecroix, Rubioza, Cyrus Rubioza, pas mal!

Regardez! vous voyez ce jeune homme, ce jeune garçon qui passe en sautillant joyeusement? ouvrez l'œil, attention, et le bon! Bibi qui passe, eh bien, c'est le futur génie de la peinture, le grand peintre Cyrus Rubioza, sans blague! Connaissez-vous sa biographie? Écoutez! Encore tout jeune, quinze ans à peine, point, il se sauva, virgule, de pension, et n'écoutant que son fol enthousiasme, partit vivre à Montparnasse. Affrontant les pires difficultés matérielles, deux points, la faim la misère le froid et l'angoissante solitude, il s'obstina guidé par son seul génie admirable... Yes! Je commence à donner des coups de pied dans une boîte de conserve vide. BING! Les gens me regardent passer, il faut dire que je fais un boucan infernal. Yes, donque guidé par son seul génie, BING! il traversa des difficultés sans nombre, BING! des épreuves, BING! terribles. BING! VLAN! BING! DZIM! BANG! des épreuves, des épreuves... me voilà en panne, des épreuves, des épreuves éprouvantes... et... épouvantables... je fais des passes avec ma boîte de conserve, je la fais valser d'un trottoir à l'autre... épouvantables, mais guidé par son amour fou pour la peinture, Cyrus Rubioza... CLOC! voilà la boîte qui disparaît dans un égout. Tant pis! Où en étais-je? Ah! voui! don-que disais-je Cyrus Rubioza guidé par son amour fou de l'Art vécut comme tous les génies une vie misérable, dédiée à... à... et cette vie misérable ne fut... ne fut... qu'une suite... une suite de quoi?... une suite d'épreuves et de larmes... de larmes... et puis un jour qu'il était comme ça dans son taudis... qu'il était au bord du plus total désespoir, ça faisait bien dans les deux ans, deux ans et demi qu'il n'avait pas mangé autre chose que des bouillons Kub, toc toc toc, trois petits coups élégants sont frappés à la minable porte. Il était donc comme ça, assis tristement... toc toc toc! « Entrez! » et... Oh! miracle! qui voit-il? Là, j'ai le choix pour la biographie, je suis à la croisée des chemins, ou bien je fais entrer Pipa qui a eu vent de mon génie et a plaqué mon père pour Bibi... J'en ai un serrement de cœur, Pipa, Pipa! Elle s'élance dans mes bras, nous roulons à terre et je la possède. Donc je suis là devant mon chef-d'œuvre inachevé, toc toc toc, deuxième solution : une femme entre, splendide mais parfaitement inconnue, solution assez excitante. Elle entre et aussitôt s'élance dans mes bras. Ses lèvres parfumées contre mes lèvres me murmurent : « Cyrus, Cyrus, je vous aime! pour votre génie! » Nous roulons sur le tapis et je la possède avec concentration. Toc toc toc, c'est

Pipa qui entre, elle croit se trouver mal en me voyant enlacé avec une femme sur le tapis, il faut dire qu'elle venait de plaquer mon père... sans arrêter de... avec concentration en tous sens... BING! une autre boîte de conserve. BANG! CLANC! je la fais valser sur le trottoir, elle rebondit joyeuse et scintillante. Donc je lui dis: Pipa, Pipa, trop tard, trop tard! CLINC! BING!... toi que j'ai tant aimée. Remarquez le passé compliqué de ce verbe. BING! Pipa porte ses mains à ses yeux et éclate en sanglots. CLINC! BING! De toute façon, je suis bien décidé à ne plus la revoir, ni mon père, ni ma grand-mère, ni... CLINC! mon grand-père. Je ne veux plus jamais les revoir. J'ai les yeux pleins de larmes rien que de penser à eux. Ah! les salauds! Je m'acharne sur la boîte de conserve, je l'écrase avec mon talon, j'en fais une galette que j'enfonce sauvagement dans le goudron. Des gens se sont arrêtés. Ils regardent cet adolescent loqueteux qui aplatit méchamment une vieille boîte de conserve sur le trottoir. J'insiste tellement qu'à la fin des dames au cœur sensible veulent s'interposer entre moi et ce qui reste de la boîte. Tant d'acharnement est insupportable. Tant de haine les font frémir. Une vieille dame me prend par le bras, me tire. « Venez, venez mon petit! laissez ça tranquille, venez! » Je m'arrache à ses mains vénérables et je retourne donner encore quelques coups de talon dans la chose informe. Un, pour toute ma famille, un, pour la pension immonde, un, pour ma mère et un bon dernier pour l'univers tout entier que j'envoie au diable avec ses Allemands, ses Américains, ses Anglais et ses Russes.

Enfin, un peu calmé, je m'en vais vers La Closerie des Lilas. Plus je me rapproche de l'Observatoire, plus il y a d'Allemands. Ils marchent avec nonchalance deux par deux le képi sur l'œil. Ils envoient leurs lourdes bottes en avant et font sonner tous les clous de leurs talons. Ils semblent avancer à la remorque de leur propre ferraille. Leurs pantalons bouffent autour de leurs genoux. Il est évident que leurs uniformes ont été récupérés sur des morts, car rien n'est à la taille de ceux qui les portent. Elle est loin, la belle prestance des premiers jours de l'Occupation. Leurs vareuses à poches multiples sont retenues par tout l'astucieux harnachement « *Gott mit uns* » auquel sont suspendus la baïonnette, le revolver, le quart de fer-blanc, le masque à gaz et toutes sortes d'autres conneries. Ils font les cent pas, meublent comme ils peuvent les heures vides qui les séparent de la mort. Demain c'est la Russie.

Devant chaque hôtel, placides comme des bovidés, ils piétinent d'une botte sur l'autre. Le pressentiment de leur mort imminente les pousse vers les chambres tièdes des putains. Ils les serreront très fort sur leurs poitrines et s'enfonceront dans les muqueuses. Ils farfouilleront avec leurs sexes en pleine bouillie humaine. Ah! un peu de chaleur! Ils se voient morts. Ils serrent les dents, ils défoncent les chairs fragiles. Demain c'est la Russie. Les putains crient de plus en plus fort, mais ils n'entendent rien. Ils se voient recroquevillés, gelés dans le blizzard, morts. Mort. À cette pensée, chaque soldat frissonne. Chaque soldat serre cette femme inconnue, s'accroche à elle comme à une bouée, sanglote, l'embrasse à pleine bouche, veut la fouiller de sa langue, l'explore le cœur battant. La putain aimerait le consoler, au fond elle serait bien volontiers maternelle, mais comment faire la maman les jambes en l'air? Le soldat, le visage enfoui dans les cheveux graisseux, chevauche en plein cauchemar. Il se voit abandonné dans un sillon, la neige lentement le recouvre, les joyeux flocons poussés par le vent se tassent dans tous les petits creux de son visage, s'enfoncent dans son nez, remplissent sa bouche. À cette vision ses reins se détendent avec une telle force que la putain surprise le mord à l'oreille. Il s'ébroue, veut se débarrasser de toute cette neige, s'excite, farfouille de plus belle. Il fonce à travers les lignes ennemies. C'est la grande percée. La tête de pont du Kouban, les panzers de Guderian font la jonction avec les troupes de Rommel. Tous les canons du mur de l'Atlantique pointent vers le ciel, l'acier est plus dur que le diamant. Le soldat donne un dernier coup de reins terrible. Enfin il s'est répandu. Il pompe de plus en plus lentement. Fini le rêve héroïque, il faut se retirer. Les panzers sont flasques. Finie la grande épopée. Au suivant! Lorsqu'il passe le seuil de la chambre, la putain déjà livrée à de nouvelles caresses lui lance du fond de son lit : « J'espère que ton copain sera moins agité que toi. Mais qu'est-ce qu'ils ont tous à vouloir me passer au travers comme ça? Hé! doucement! » Elle lance au soldat qui déjà s'enfonce en elle : « Piano! piano! » Mais la grande percée continue et de nouveau les immenses plaines, le blizzard, la neige et la mort hantent la chevauchée.

Donc je remonte lentement le boulevard vers la Closerie des Lilas. Soudain, je me sens touché à l'épaule et je vois un officier allemand qui me sourit en montrant mon carton à dessins :

« Peintre?
— Oui, oui, peintre!
— Gut! gut! »

Il se frappe la poitrine.

« Moi peintre aussi, ya ya! moi peintre! bluktenzider-flangel Zézanné... ya! »

Il me détaille des pieds à la tête et fait : « Tsit, tsit, tsit, tsit, tsit ! » d'un air navré. En effet je suis loqueteux. De la boue jusqu'aux oreilles, les coudes et les genoux en lambeaux à force d'avoir rampé sous les bombes, l'artiste qui revient du motif. Il m'entraîne vers un banc et me demande d'ouvrir mon carton. Il aimerait bien voir quelques échantillons de ma production. Je me casse les ongles à défaire les attaches. D'autres Allemands se sont approchés. L'officier s'impatiente et de son épée tranche les trois nœuds.

« La guerre au zervice de l'Art ! »

J'ouvre mon carton. La première Pipa nue est en effet curieusement transpercée, l'éclat lui est passé au travers du corps. Je tourne la page qui tient à la suivante par les barbes de la déchirure, je la décolle doucement, deuxième Pipa nue, presque toute la tête a été emportée. Je feuillette rapidement mon œuvre, c'est une catastrophe, même les sirènes ont été touchées au cœur. Je referme lentement mon carton. L'officier passe son doigt par le trou, fouille un moment d'un air songeur. Ils ont tous eu la même idée, ils se voient la panse trouée. Les uns après les autres ils s'éclipsent et me voilà finalement seul sur mon banc, délivré.

Soudain j'ai le sentiment qu'on m'observe. Je lève les yeux. En effet dans une boulangerie une grosse boulangère derrière son comptoir me sourit et me fait gentiment signe de venir. Je me retourne, oui c'est bien moi ! Je ramasse mes affaires et j'entre dans la boutique. Ça sent merveilleusement bon, je défaille de faim. Je titube, la tête me tourne, cette odeur de pain chaud me fait venir les larmes. La boulangère me demande ce que me voulaient tous ces Allemands. J'essaie de lui expliquer. Toute ma lamentable histoire arrive en vrac. Je ne peux plus m'arrêter. La femme compatissante m'entraîne dans l'arrière-boutique, me console gentiment, me coupe des tranches de pain.

Lorsque je suis un peu calmé, elle me pose des questions. Je lui dis que mon père est magicien. Le merveilleux est entré dans sa boutique. Plus je la sens intéressée plus j'en remets et plus ça lui fait plaisir. Elle dirige mon récit hors du vrai chemin. Enfin, c'est elle qui parle et je l'écoute resservir mon histoire à une femme qui vient d'entrer. L'autre s'émerveille du nombre d'épreuves que j'ai surmontées. Nous nageons en plein Eugène Sue. Les traîtres pullulent à tous les coins de rue. Des bateaux fantômes passent dans les arrière-plans pendant que ma mère couchée sur une table d'opération est livrée à des chirurgiens sadiques. La Suisse devient une steppe pelée traversée de troupeaux errants. Et toujours mon père resurgit aux moments palpitants. En magicien qu'il est, il machine sans arrêt des coups en vache.

Pendant ce joli discours, la boulangère continue gentiment à me couper du pain qu'elle beurre généreusement. Ça faisait des années que je n'avais pas vu de beurre. Je me rattrape, je mets les bouchées doubles. Je mange pour l'avenir.

« Regardez comme il dévore ! Alors comme ça hier vous étiez à Bétigny-les-Râteaux ? Ça a dû être quelque chose comme bombardement. Il paraît qu'on a retrouvé dans les champs une bombe énorme qui n'a pas explosé, il paraît que depuis hier les allemands tournent autour sans savoir comment la désamorcer. »

Clinc! Quelqu'un est entré dans la boutique. La boulangère va servir le client. Par un jeu de miroirs, je la vois qui rend la monnaie à un gros garçon joufflu. Mais c'est Fedia

Grolsky! un de mes vieux copains de pension. Il compte les tickets sur le comptoir.

Grolsky avait été renvoyé par l'amiral sans que personne n'ait jamais su les raisons de ce renvoi. Avec lui Vlad le rouquin avait été mis à la porte. Du jour au lendemain ils avaient disparu.

Je bondis.

« Grolsky! ça alors! »

Grolsky encore plus étonné que moi de me voir sortir de l'arrière-boutique :

« Ça alors Cyril Rubioza! Mais qu'est-ce que tu fous là? »

La boulangère est ravie de ce coup de théâtre, elle sourit derrière son comptoir. Pour elle, le conte de fées continue. L'autre femme est sortie de l'arrière-boutique. C'est passionnant.

Grolsky m'apprend qu'il étudie le dessin à l'académie Vavin. Je lui raconte en quelques mots que le matin même je me suis sauvé de pension. J'ai sauté le mur après que Bétigny-les-Râteaux a été ratiboisé par un formidable bombardement. Je lui dis que je veux vivre ma vie à Montparnasse et que ma vie, évidemment, c'est la peinture. Grolsky me serre encore une fois dans ses bras et me propose de le suivre sans tarder jusqu'à l'académie Vavin.

Nous quittons la boulangère qui me glisse un pain sous le bras et me fait promettre de revenir lui dire bonjour. Dès que nous nous retrouvons sur le boulevard, Grolsky me félicite de ma conquête. Je le regarde étonné.

« Mais tu n'as pas vu comme elle te boit des yeux, la boulangère? moi à ta place je la passerais à la casserole, ça vaut le coup pour du pain. »

Lorsque je lui réponds que je la trouve moche, il rit : « Attends, attends d'être à jeun ! » Puis il s'enquiert de l'amiral, de Titine, du Borgne et énumère tous nos compagnons de pension : « Ah ! c'était le bon temps ! » Le voilà qui nostalgise. Je ne suis pas d'accord. Pour lui les années passées sur le bateau amiral sont une source inépuisable de merveilleux souvenirs.

« Tu te souviens, le jour où le Borgne s'est cassé la gueule dans le grand escalier ? »

Et le voilà plié en deux de rire.

« Et le jour où l'amiral vous avait surpris Roubaud et toi sur le toit en train de démonter le paratonnerre ?

— Si je m'en souviens !

— Ah ! mon vieux Cyril ! »

Il rit tellement qu'il s'effondre sur un banc. Grolsky qui était déjà pas mal gros est devenu énorme depuis la dernière fois que je l'ai vu. Lorsqu'il rit, ses yeux bleus, naturellement bridés, disparaissent dans les bouffissures. Il souffle fort par les narines. C'est fou ce qu'il a l'air mal à l'aise. On croirait un gros poisson hors de l'eau.

« Eh ! Grolsky tu sais que ton renvoi avec Vlad est resté un mystère ? qu'est-ce qui s'est passé au juste ?

— Oh ! c'est une histoire à laquelle je n'ai rien compris, je suis complètement passé à côté, Vlad aussi d'ailleurs. Tu te souviens qu'on était voisins de dortoir. Bon, eh bien, une nuit, comme ça, Vlad me réveille très excité et me chuchote de venir voir jusqu'à la fenêtre, qu'il se passe dehors quelque chose d'extraordinaire. C'était l'été et la lune éclairait comme en plein jour. Donc à moitié réveillé je me glisse jusqu'à la fenêtre, et mon vieux qu'est-ce que je vois ? je vois, tu sais sur le grand cèdre, je vois un parachute énorme qui s'était pris dans les branches, et, écoute-moi bien pendu entre ciel et terre, un type !

— Quoi ?

— Oui mon vieux ! Tu t'rends compte ! un type, et le type se débattait dans toutes les ficelles comme une araignée. Aussitôt, Vlad et moi, on s'habille en vitesse, on saute par la fenêtre et on cavale vers le cèdre. Entre-temps le type s'était presque complètement dégagé de ses harnais et pendait comme un acrobate la tête en bas. En nous entendant arriver, on le voit qui se raidit, l'oreille au guet et ne bouge plus. On s'avance doucement, et v'là Vlad qui lui chuchote : "Good boy ! good boy !" en se frappant la poitrine et en me montrant. À ces mots, le type finit son rétablissement, dégage sa cuisse et lentement se laisse descendre à bout de bras. On l'aide à prendre appui et le voilà près de nous. Alors là, écoute bien, tu devineras jamais, c'était un nègre ! Tu t'rends compte ? un vrai nègre !

— Tu me racontes des blagues ?

— Je te jure, Cyril, c'est vrai ! Que ma mère meure sur l'heure si je mens. »

Il crache par terre la main levée et continue :

« Imagine un peu nos gueules. Donc le nègre nous serre la main "cinq you ! cinq you ! good boy ! good boy !" qu'il nous remercie en américain. Puis il nous demande s'il est en Allemagne. Il répétait sans arrêt Hambourg, Hambourg. Quand on lui dit qu'il est à Bétigny-les-Râteaux, il commence à avoir un fou rire silencieux, un fou rire fou. Il roulait des yeux, un fou rire silencieux qui n'en finissait pas. Bon, enfin, il se calme, et nous fait comprendre qu'il faut à tout prix qu'on l'aide à récupérer son parachute pour le faire disparaître. Vlad et moi on grimpe dans le cèdre et on commence à démêler les ficelles, quoi un boulot! Enfin le parachute tombe par terre, on descend, plus de nègre! On cherche partout, dans les buissons, derrière la maison, il s'était cavalé. On revient sous le cèdre et Vlad me dit qu'il faut plier le parachute et le planquer pour le revendre en morceaux. Quant au nègre, au fond tant mieux qu'il se soit cavalé. Bon, on ramasse le parachute, on en avait plein les bras de tout ce tissu, des ficelles, des harnais. En plus on trouve par terre une espèce de masque à oxygène et un peu plus loin un revolver lance-fusées. Bon, on fait un paquet de tout ça, quand soudain Vlad me saisit par le bras et me tire derrière le tronc du cèdre. Alors, là, écoute, c'est là que tout se détraque, complètement, écoute! Donc Vlad me tire derrière le cèdre et qu'est-ce que je vois? Titine! oui, Titine qui passe la tête au coin de la maison, elle regarde à gauche, à droite…

— Quoi? Titine? Titine dehors en pleine nuit?

— Je te jure, oui Titine! On la voit passer la tête au coin de la maison et courir pieds nus à travers la cour.

— Pieds nus? »

Au souvenir, de cette scène, Grolsky éclate de rire. En attendant qu'il se calme, je grignote un morceau de pain.

Autour de nous sur le boulevard, c'est un va-et-vient de plus en plus serré d'Allemands. Nous sommes assis juste en face d'un hôtel. Des souris grises, nichons ronds et talons plats s'engouffrent d'un pas martial par le tambour. Toute leur chair frémit sous les tailleurs boutonnés au ras du col. Un coup de cul et elles tournoient entre les vitres. Il en entre, il en sort, le tambour est toujours plein. Grolsky, comme moi, est fasciné par toutes ces femmes blondes qui valsent dans le tambour. Les yeux brillants, il me pousse du coude en me montrant l'hôtel d'un mouvement de menton :

« Tu t'rends compte là-dedans, c'est un bordel pour gradés. Un Allemand qui est dans le même atelier que moi, tu sais ce qu'il m'a raconté ?

— Non !

— Eh bien, là-dedans, tu les vois ces souris grises ? Il paraît qu'à peine entrées elles sont prises en main, déshabillées et... et... »

Au même moment un planton qui avait remarqué nos regards s'avance vers nous et nous fait signe de circuler, de ne pas rester là comme ça sur notre banc. Nous nous levons et Grolsky m'entraîne à pas lents vers l'académie Vavin.

« Tu vas voir, le modèle est un peu moche cette semaine mais elle a de beaux seins, et surtout elle ne bouge pas. »

À peine sommes-nous dans la rue Vavin que nous croisons des quantités de gens avec des cartons à dessins sous le bras. Grolsky serre des mains, cligne de l'œil à droite et à gauche. Il semble connaître tout le monde. Je le tire par la manche :

« Et alors, Titine, dans la cour ? »

Je voudrais bien connaître la suite, mais il est déjà trop tard car nous arrivons devant une petite entrée encombrée de gens. Grolsky est comme chez lui, il bouscule tout le monde, se fraie un passage et m'entraîne au premier étage par un escalier branlant. Il me fait signe de ne pas faire de bruit et sur la pointe des pieds nous nous glissons dans le sanctuaire.

Jamais je n'oublierai ce moment. La première chose qui me frappe, c'est le silence, un silence tendu que je n'ai trouvé en aucune autre circonstance. Aucune foule en prière n'atteindra jamais à cette tension passionnée. Aucun culte ne réunira autant de ferveur, de fascination, d'amour. Une femme est debout sur une estrade, les yeux clos, elle offre son corps lumineux. Les bras levés, elle est en catalepsie. Grolsky me pousse du coude et me chuchote : « Elle est moche, mais elle pose bien, tu verras. » Des gens se retournent, les yeux absents ils semblent émerger d'un rêve. « Fous-toi dans un coin, dessine si tu veux, à tout à l'heure ! » et il se glisse jusqu'à son chevalet.

Je suis ému d'être au cœur du mystère. Avec des gestes minuscules, j'entrouvre mon carton et après avoir sorti une feuille de papier, je me mets à dessiner. Finies les sirènes, finies les Pipa nues. Il faut sortir de la route idéale, il faut puiser aux sources. Elle a les seins trop gros, allons-y pour les gros seins. La tête sur un cou trop court, allons-y pour le cou court. Pas de grandes paupières, allons-y pour les pas grandes paupières. De là où je suis, je vois le nez en raccourci et les deux trous de nez immenses, indécents. Les bras levés dans un geste qui voudrait être gracieux, les mains posées en l'air, petit doigt replié, très déplaisant maniérisme. Bon, maintenant les hanches, pas lyriques du tout avec le nombril pas du tout le centre de toute figuration humaine. Bon, le nombril, et au-dessous le frisouillis de la touffe de poils. Je n'aurais jamais cru que c'était si abondant, si animal, une vraie limaille qui mange la peau blanche. Des frisottis resurgissent sur les cuisses, sur les mollets, sous les bras, autour du nombril, en étoile. Même les cheveux crêpés en hauteur semblent une résurgence de cette fourrure agitée. Non, je n'aurais jamais cru qu'une femme, c'était si poilu. Bon ! lignes ondoyantes et alors, là, étonnement des étonnements, plus je regarde plus je découvre un entrelacis de veines bleuâtres sous la peau fragile, sur les aines, incroyable, et sous les seins un vrai delta. Si je voulais être fidèle à la nature, je ne devrais dessiner que poils et veines, sources limpides, ruisseaux, rivières clapotantes sous les lichens, fleuves évanouis zigzaguants et capricieux, tout un réseau d'eau azurée. Réseau fou, flou, entre les touffes de dure limaille, lavis d'encre de chine et végétation barbare, nénuphars sous les durs ajoncs, maquis fiévreux et doux méandres, mâchefer et miel.

Enfin la femme a un long frisson, elle se réveille de sa léthargie. Aussitôt ses mains viennent pudiquement se poser sur son sexe et sur ses seins. Elle se baisse, toute sa chair tremblote pendant qu'elle s'enroule dans un tissu. Sans transition, la pudeur est revenue avec les mouvements de la vie. À peine s'est-elle enroulée dans son tissu qu'aussitôt tous les fils de tension sont rompus. Les gens s'agitent, se lèvent. Ils ont le regard trouble, ils reviennent d'un autre monde. Leurs gestes sont imprécis, vagues. Comme écrasés par la pesanteur, ils ne savent plus au juste où ils sont.

Grolsky se fraie lourdement un passage jusqu'à moi « Fais voir ! » Il pousse un sifflement et son énorme bras se pose affectueusement sur mes épaules « Ah ! mon vieux ! » il reste un moment sans voix « Ah ! mon vieux !... » il ne trouve pas les mots « Ah ! mon vieux !... » puis il me traîne jusqu'à son chevalet. Je pousse un sifflement et reste moi aussi sans voix. Il me regarde « Marrant, hein ?... » Autour de nous les gens rangent leurs affaires. C'est la pose de midi. L'atelier se vide lentement. Nous sortons dans la rue et remontons jusqu'au carrefour Vavin. D'instinct, nous retournons nous asseoir sur le banc en face de l'hôtel. C'est toujours le même va-et-vient d'officiers et de souris grises. Le tambour tourne de plus en plus vite et les femmes de plus en plus vite s'engouffrent joyeusement. Les officiers chamarrés claquent des talons, les souris rendent le salut et sautent dans le tambour. Je les imagine nues. Leurs corps doivent aussi avoir des seins trop lourds et des veines bleues sur les aines mais, comme elles sont pour la plupart blondes, les poils de leurs sexes...

« Dis Grolsky, t'as déjà vu des modèles blonds ? »

Grolsky me regarde étonné.

« Oui ! pourquoi ?

— Non, je dis ça à cause des poils, ça doit tout changer ?

— Quoi tout changer ?

— Non, je dis ça parce que... Oh, c'est trop con. Qu'est-ce qu'il t'a dit l'Allemand ? tu disais tout à l'heure que dès qu'elles entraient là-dedans elles se déshabillaient et... et après ?

— Eh bien, il paraît que dès qu'elles sortent du tambour, de l'autre côté, à l'intérieur, elles sont prises en main, déshabillées, coiffées, baignées, parfumées, puis on leur fout des bottes de cheval, et, à poil comme ça, juste avec les bottes, il paraît qu'elles se fouettent entre elles pendant que les généraux se rincent l'œil et se font tout seuls des trucs. Tordus quoi !

— C'est pas ton Allemand qui est un peu tordu ? Il t'a raconté des blagues.

— Sur la tête de ma mère, qu'elle crève tout de suite si c'est des blagues. Et, parfois même, certains généraux plus tordus que les autres ils se font foutre des trempes à coups de serviettes-éponges mouillées. Il m'a même dit le nom d'un général connu, attends, attends... oh ! j'sais plus, c'est un nom de grand musicien, attends... »

J'essaie d'imaginer tous ces hommes si fringants dans leurs uniformes en train de se faire donner la fessée comme des petits galopins.

« Non, mon vieux Grolsky, franchement je ne te crois pas. Et Titine ? comment ça s'est terminé avec Titine ?

— Titine ? mais je t'assure que pour les Allemands... eh bien, Titine on a pas eu le temps de faire ouf! qu'on a été tous les deux roués de coups et traînés dans le bureau de l'amiral. Ils nous ont laissés comme ça enfermés dans le noir, je sais pas moi, des heures, et puis tu sais je t'assure que le coup des généraux allemands c'est tout à fait possible. D'ailleurs si tu me crois pas... »

Au même moment, le planton de tout à l'heure revient. Nous nous levons en haussant les épaules et partons.

« Tu sais ce qu'elle faisait dans la cour, Titine ? non ? eh bien, nous non plus. On ne l'a jamais su parce que comme je te l'ai dit on a été attaqués par-derrière et traînés par le Borgne et le colonel jusque dans le bureau de l'amiral. On est restés des heures et des heures dans le noir, puis l'amiral est venu et a commencé à nous cuisiner pour savoir si on avait vu quelque chose. On avait beau lui dire qu'on avait vu un nègre pendu à un parachute, il s'en foutait. Ce qu'il voulait savoir c'était si on avait pas vu autre chose.

— Quoi, autre chose ?

— J'sais pas! c'est bien ça que je ne comprends pas. Autre chose. Le parachute, le nègre, c'était rien à côté, tu t'rends compte ? il fallait que ce soit important cette autre chose. »

Nous marchons un moment en silence.

« De toute façon, mon vieux Cyril, ils étaient tous tellement dingues. Rien que le Borgne, un trou comme il avait dans la tempe, tu sais ça laisse des traces à jamais. D'ailleurs tous les Russes blancs, trou à la tempe ou pas, c'est tous des dingues.

— Oh! ça c'est vrai!

— Tiens, prends mon père, et même ma mère, Dieu sait si je les aime, eh bien, il faut bien le dire qu'ils sont complètement siphonnés, tout aussi dingues que les autres. Mon père, je te l'ai déjà dit, non? eh bien, mon père, jusqu'à la Révolution, il était commandant d'un des uniques sous-marins de la Russie tsariste et après il a beau avoir été chauffeur de taxi pendant près de vingt ans, hein? eh bien, tous les dimanches, il s'installe dans la cuistance et il attend l'équipage.

— Quel équipage?

— Tous, du plus petit au plus grand ils arrivent les uns après les autres timides comme des souris, tout l'ancien équipage de son sous-marin. Ils arrivent depuis plus de vingt ans, ces cons-là, chaque dimanche, tu t'rends compte? Et toute la journée ils boivent et ils radotent, et tu sais de quoi ils parlent depuis vingt ans? Eh bien, ils discutent, autour des cartes marines périmées, s'ils auraient dû tel jour à telle heure plonger ou faire surface. Quoi, des conneries, des conneries comme tu ne peux pas t'imaginer! qu'ils auraient dû vider les ballasts ou pas vider les ballasts, qu'ils auraient dû larguer la torpille n° tant ou pas la larguer. Incroyable. Je te jure que quand j'arrivais en permission du bateau amiral et que je tombais en plein sur l'équipage du sous-marin fantôme, crois-moi, je me marrais... à en pleurer et, le métro entre les deux, j'avais l'impression d'être dans la machine à remonter le temps. Et puis un jour, mon père, il trouve dans un journal la photo d'un sous-marin allemand, un tout récent, je sais pas si tu connais le 2518… 1 600 tonnes ?

— Oh ! moi tu sais les sous-marins, à part celui que mon grand-père, avait inv…

— Donc mon père tombe par hasard sur cette photo de 2518, 1 600 tonnes, il en est resté sur le cul. Ça lui a foutu un coup de vieux instantané, terrible. Il a convoqué l'équipage et il leur a montré l'engin, ils en étaient tous malades. »

Tout en parlant nous avions remonté le boulevard et nous nous trouvions justement devant la boulangerie. En passant nous faisons à travers la vitre un petit salut à la boulangère. Dès qu'elle nous voit, elle se précipite et tout excitée nous chuchote qu'ils ont débarqué. Elle repart aussitôt annoncer la nouvelle à une cliente. Incroyable nouvelle. Sur le boulevard autour de nous les Allemands vont et viennent comme si de rien n'était. Ils claquent des talons, se renvoient leurs saluts, font sonner toute leur ferraille. Devant les hôtels de passe réservés, des soldats placides attendent leur tour. Je les montre à Grolsky.

« Tu crois que c'est vrai ? tu crois qu'ils resteraient là à attendre comme si de rien n'était si les Américains avaient débarqué ?

— Bien sûr, mon vieux Cyril, regarde ce que je t'ai raconté de mon père et de l'équipage. Un jour, ils sont restés sur place, ils n'ont pas vu que les choses avaient changé. Eh bien, les Allemands, pareil ! ils vont être balayés en moins de rien, les Américains c'est l'ordre nouveau. Je te dis ça parce que le frère de ma mère, eh bien, il est devenu américain, un des rares Russes à s'être fait naturaliser. Eh bien, mon vieux Cyril, juste avant la guerre, il était venu en France faire une tournée, c'est un grand représentant, eh bien, il était venu en France et dans sa valise tout était minuscule, tu vois ce que je veux dire ?

— Non, je ne vois pas !

— Si, les chaussettes par exemple, compressées, pas plus grosses qu'une boîte d'allumettes. Là-bas, les chaussettes, tu les mets trois fois, et tu les jettes. Et l'oncle Vadim il nous a expliqué que c'était ça l'avenir. Oh ! il était très intelligent, l'oncle Vadim, tout ce qu'il disait, c'était formidable. Je m'en souviens encore. D'ailleurs ma mère, tout le temps, elle ne fait qu'en parler de son frangin d'Amérique !

— C'est drôle, tu sais que moi j'ai failli devenir américain parce que quand ma mère est morte il y a une bonne femme, une vraie dingue, une espèce de bonne femme qui avait un ranch plein de gosses... d'ailleurs à chaque Noël elle m'envoyait des centaines de cartes de vœux et des kilos de paillettes multicolores, d'ailleurs ça me rappelle une histoire que je te raconterai, eh bien, c'tte bonne femme complètement conne voulait m'emmener en Amérique et m'adopter.

— Eh bien, mon vieux, t'aurais dû y aller.

— J'sais bien, mais c'est à cause de mon...

— Et non seulement t'aurais dû y aller, mais t'aurais dû y courir. »

Tout à coup, il s'arrête et me lance :

« Dis donc à propos, avec tout ça, où vas-tu coucher ce soir ? »

Je hausse les épaules. Je ne sais pas et je m'en fous.

« Tu sais que dégueulasse comme tu es là aucun hôtel ne voudra de toi. Donc je te propose d'aller dans un bistrot prendre un café... »

Il fait sonner des pièces de monnaie au fond de sa poche.

« ... et tu te nettoies un peu dans les chiottes, ensuite on te trouve une chambre, hein ? qu'est-ce que tu en penses ? et puis après je t'emmène chez mes parents pour bouffer. »

Et il commence à me bourrer de tapes qui me font tituber sur le trottoir. J'ai beau râler, il insiste. Avec ses grosses pattes d'ours, il m'assommerait à force d'affection. Enfin il se calme et nous continuons à marcher en silence un petit moment.

« Dis-moi, mon vieux Cyril, est-ce que tu t'rends compte qu'ils ont débarqué, que tout ça touche à sa fin ? Encore quelques jours, un mois au plus et la guerre est finie. Les Américains sont à Berlin dans un mois au pire.

— À moins que les Russes n'y arrivent les premiers.

— Les premiers où ?

— Mais à Berlin !

— Les Russes, ça, ça m'étonnerait !

— Tu sais pourquoi je dis ça ? C'est parce que chez mes parents, la veille du jour où je me suis cavalé dans les bois, eh bien, un général allemand qui vient toujours se faire dire l'avenir, un des plus importants, un con pire que tout ce que tu peux imaginer, incroyable, eh bien, tu sais ce qu'il disait à mon père ? il lui a dit que les Russes seront à Berlin d'ici peu et que Hitler était en train de devenir fou, qu'il avait des crises. En tout cas les Allemands ils ont une trouille des Russes, tu ne peux pas imaginer. Et tu sais ce que mon grand-père... »

Grolsky rit.

« L'inventeur ?

— Oui, tu sais ce qu'il dit depuis toujours ? Eh bien, il dit que les Allemands, ils laisseront les Américains débarquer sans tirer un seul coup de fusil pour qu'ils arrivent avant les Russes à Berlin. Il faut dire que, mon grand-père, il a toujours de drôles d'idées.

— Ah! il est marrant ton grand-père. Tu ne m'avais pas raconté qu'il avait inventé un paillasson qui fout des décharges dans les pieds? Comment c'était?

— Non, il avait inventé un paillasson qui vibrait électriquement, mais il devait y avoir un faux contact quelque part, alors...

— Ah oui! formidable! ah oui! »

Et Grolsky, se met à gambader sur le trottoir comme s'il recevait des décharges électriques dans les pieds. Il en profite pour me donner deux ou trois tapes bien sonnées.

« Je t'ai raconté le coup de la dent?

— Quel coup de la dent?

— Eh bien, l'autre jour, mon grand-père se prend les pieds dans tous ses fils électriques et... et... »

Grolsky s'arrête et me regarde rire.

« ... et... et il se casse la gueule et... et... en se relevant qu'est-ce... qu'est-ce qu'il voit par terre? une de ses dents de devant! »

Nous rions tellement tous les deux que nous perdons le souffle misérablement.

« ... par terre... une de ses dents de devant cassée! eh bien, tu sais ce qu'il a fait? eh bien, il s'en est fait une autre! une fausse, en une demi-heure... avec le... le... »

Je hoquette.

« ... le manche de sa brosse à dents! »

Et dans un rire infernal je termine cette stupide histoire.

« Il l'a taillée sur l'heure dans le manche en os, il l'a limée et il se l'est coincée. Comme ça... quand il se la lave... »

Je fais le geste de me laver les dents, incapable de prononcer un mot de plus.

En pension, déjà, mon grand-père était légendaire. Au retour de chaque permission, mes compagnons attendaient les nouvelles histoires. Souvent on me redemandait les mêmes dix fois et, invariablement, elles obtenaient le même succès. C'était sans arrêt : « Cyril, raconte quand ton grand-père faisait ci ou ça. » À la fin je n'avais qu'à dire MON GRAND-PÈRE pour que tout le monde soit instantanément hilare. Ceci pour expliquer le fou rire incroyable qui nous terrasse en ce moment. Enfin, nous arrivons à nous calmer et essuyons nos larmes.

« Et alors ton grand-père qu'est-ce qu'il disait ?

— J'sais pas, j'sais plus, qu'est-ce qu'il disait ? qu'est-ce que je disais qu'il disait ?

— Mais si ! tu disais qu'il disait au sujet des Russes, ton grand-père.

— Ah ! oui, eh bien, d'après lui, les Allemands ne bougeront pas le petit doigt pour empêcher les Américains de débarquer, et ils les laisseront arriver jusqu'à Berlin, parce qu'ils ont une trouille des Russes affreuse.

— Eh bien, tant mieux ! comme ça, ça sera plus vite fini.

— Penses-tu, d'après lui c'est au contraire quand ils arriveront tous à Berlin que la guerre commencera pour de bon, quand les Russes seront face aux Américains. Alors là, c'est à ce moment-là qu'ils mettront en action toutes leurs nouvelles armes, et mon grand-père, pour lui, ça ne fait pas un pli, ça sera les Russes les grands vainqueurs. Tu sais le général allemand, celui dont je te parlais, tout à l'heure, von Fridoleïn, tu sais ce qu'il disait à mon père ? Il disait que les

Allemands étaient prêts à se mettre avec les Américains pour taper ensemble sur la gueule des Russes. »

Grolsky m'interrompt :

« Tu sais, mon père, ce qu'il croit ? Exactement le contraire. Il croit que le peuple russe en a marre de Staline et qu'il est sur le point de se révolter, et, à ce moment-là, il ferait alliance avec les Allemands pour taper ensemble sur la gueule des Américains. Ma mère, ça la rend folle quand il commence à se lancer là-dessus. Oh ! de toute façon, tout ça... »

Nous remontons la rue de la Gaîté et entrons dans un bistrot. Je file aux chiottes où je fais un peu de toilette. Puis nous repartons, cette fois à la recherche d'un hôtel qui voudrait bien de moi. Après avoir erré d'hôtel sordide en hôtel plus sordide et d'hôtel plus sordide en hôtel innommable, nous finissons par échouer dans un tout petit innommable au fond d'une ruelle sans nom quelque part derrière la rue Vercingétorix.

La patronne est tellement pauvre que les quelques pièces que Grolsky lui met dans la main suffisent à payer une bonne semaine de loyer d'avance. Nous montons derrière elle, dans l'escalier visqueux. Lorsqu'elle s'aperçoit qu'après avoir jeté un coup d'œil sur la chambre et y avoir déposé mon carton à dessins nous redescendons, elle s'étonne. C'est bien la première fois que deux « gens » montent dans une chambre sans rien y faire. Enfin elle me prévient que si je veux amener des « personnes », il faudrait chaque fois gentiment lui refiler une petite miette. Là je ne comprends pas ce qu'elle veut dire. Enfin elle nous quitte sans ajouter un mot. Nous l'entendons qui traîne ses pantoufles jusqu'à son trou sous l'escalier.

Nous ressortons dans la ruelle et Grolsky me propose d'aller chez ses parents voir un peu s'il n'y aurait pas un repas à glaner pour moi. Nous décidons de me faire passer pour un copain de pension dont la famille aurait disparu dans le dernier bombardement de Boulogne-Billancourt. On invente tout en marchant une petite histoire pour cœurs sensibles.

« Là, ma mère ne résiste pas, tu verras, du coup, tu pourras venir bouffer à chaque repas. Les orphelins, ça la bouleverse. Quant à mon père, il roupille tout le temps à moitié, mais, s'il parle politique, tu fais comme si tu étais à fond pour les Allemands. Avec ma mère, c'est le contraire. De toute façon, inutile de parler du débarquement parce qu'alors là, entre mon père et ma mère... »

Une petite femme aux yeux très cernés vient nous ouvrir. C'est la mère de Grolsky. Dès le seuil il lui balance notre histoire. Aussitôt la femme est bouleversée. Des larmes plein les yeux, elle me fait entrer dans un minable salon. Nous nous lançons des regards perplexes derrière son dos. On a dû y aller un peu trop fort. Nous ne nous attendions pas que notre petit conte produise un tel effet. À peine sommes-nous assis qu'il faut que je recommence en détail le récit.

Horrible histoire. Je m'embrouille. Grolsky me fait les gros yeux. J'hésite. Je m'empêtre.

« Et comme ça, mon pauvre enfant, vous n'avez plus personne au monde ? »

Je baisse les yeux. Grolsky s'énerve.

« Mais maman, puisqu'il te l'a dit, à part une vague tante en Amérique. Hein ? hein ? »

Il me cligne violemment de l'œil.

« Hein ? hein, Cyril ?

— Pauvre! pauvre! »

Elle penche la tête, les mains jointes. Sincèrement, elle est bouleversée.

« Mais il faut aller à la mairie de Boulogne-Billancourt.

— Maman, il y a été, puisqu'il te dit qu'on a rien retrouvé. Hein? hein, Cyril? »

Je baisse les yeux et hoche la tête. Je suis en admiration devant l'aisance de Grolsky. Sous sa graisse, il est d'une vivacité extraordinaire.

« Donc, comme ça, il ne vous reste plus qu'une vague tante en Amérique? Et vous ne connaissez ni son nom ni son adresse?

— Maman! puisqu'il te le jure sur la tête de sa mère. »

Il crache et lève le bras à ma place.

« Il n'a plus personne. Un point c'est tout, à part cette vague tante. Hein, Cyril? Mais de toute façon je t'assure, maman, qu'il s'en fout. Hein, Cyril que tu t'en fous? »

Grolsky qui croyait couper court, du coup nous enfonce. Sa mère bondit.

« Fedia, comment peux-tu dire une horreur pareille?

— Mais, maman, puisque je te le dis. Hein, Cyril, que tu t'en fous? »

Je transpire tellement que j'en ai le dos glacé. Comment allons-nous nous en sortir? Tout à coup quelqu'un remue dans la chambre à côté et une voix profonde lance:

« Mais qui est là? Avec qui parlez-vous? »

Et je vois au même moment entrer un homme d'une taille extraordinaire. C'est évidemment le père de Grolsky, ils se ressemblent trait pour trait, mais tout est plus vaste si c'est possible chez son père: les mentons, les bras, les gestes, la voix. La pièce semble rétrécir brusquement, les meubles vaciller. La mère de Grolsky se lance, barbote dans l'émotion, parfaitement à l'aise au milieu de ces supposés malheurs. Le commandant s'est enfoncé dans un fauteuil et écoute, les yeux mi-clos. « Bien! bien! bien! » Il tourne, croise et décroise ses pouces sur son énorme ventre de Bouddha. « Bien! bien! bien! » Je m'étonne qu'un homme aussi vaste ait pu faire le métier de chauffeur de taxi. J'essaie de l'imaginer se glissant derrière un volant de voiture. Impossible. Quant à l'introduire dans un sous-marin, je n'y arrive pas. La mère de Grolsky me parle, mais je n'entends plus ce qu'elle dit. Je vois le père de Grolsky coincé dans son sous-marin, le corps dépassant de l'écoutille essayant de faire entrer ou sortir cette masse impressionnante de viande. Le commandant Grolsky coincé à mi-corps et le sous-marin obligé de plonger... en plein dans un banc de poissons qui joyeusement s'envolent parmi les bulles.

Je reçois une tape formidable sur l'épaule.

« Hein, Cyril, que ta tante d'Amérique est complètement conne? mais maman puisqu'il te le dit! elle a beau avoir un ranch. Hé! Cyril? réveille-toi! Ah! maman, tu es impossible, mais il ira en Amérique rejoindre sa tante si ça lui plaît. Hein qu'elle est vraiment très conne? Hé, Cyril?

— Oh! Fedia? Fedia! comment oses-tu employer? Oh! Fedia! »

Je hoche la tête, toujours d'accord. Je la revois, la tante Marguerite, avec ses aquariums et ses gros yeux huileux. Je me demande ce qu'elle a bien pu devenir, elle doit explorer, grimper, fouiner, tapoter avec sa bague. Je l'imagine sirène, toquant sur les parois du sous-marin du commandant Grolsky.

« Mais, maman, puisqu'il te le dit.

— Et comment s'appelle-t-elle ? »

Je m'embrouille.

« Tout ce que je... tout ce que je peux... on l'appelait... en tout cas moi, tante Marguerite... oh ! même tout le monde... tante Marguerite, c'est tout.

— Tante Marguerite ? Tante Marguerite, c'est tout ?

— Mais, maman, puisqu'il te le dit !

— Écoute, Fedia, laisse-moi parler, mais tu es infernal et laisse ton pauvre camarade répondre. Dites-moi, mon pauvre Cyril, cette tante Marguerite était la sœur de qui par rapport à vos pauvres parents ? de votre maman ? »

Ses yeux se mouillent.

« ... de votre pauvre papa ? »

Là je suis foutu, je ne sais que répondre. Je transpire, ma chemise est trempée.

« Mais maman il te l'a déjà dit !

— Ah ? je ne me souviens pas, il me l'a déjà dit ?

— Mais si, hein, Cyril, que tu lui as déjà dit ? tu lui as dit que c'était une sœur de ta mère. »

J'approuve en rougissant.

Enfin le père de Grolsky remue, toute la chambre en tremble. Il lance de sa voix tonnante en me regardant bien en face de ses petits yeux bleus :

« Elle est en Amérique ? »

Je hoche la tête, terrorisé.

« Bon, alors, si elle est en Amérique, pourquoi vous fatiguez-vous à parler. L'Amérique c'est plus loin que... »

Il cherche une comparaison pour illustrer sa pensée, fait un geste las et retombe dans sa somnolence. Nous sommes soulagés de cette intervention. Nous espérons qu'elle a mis fin à l'embarrassant interrogatoire, mais pas du tout. Pas du tout. Cette femme au visage si sensible se repaît de mes malheurs. Elle ne peut pas lâcher comme ça ce sujet passionnant. Elle tourne à nouveau vers moi ses yeux battus et joignant les mains remet ça.

« Allllllooooors ? »

Elle ne sait plus quelle question me poser mais il est évident qu'elle en reveut.

« Alllooors ? et… et… où étiez-vous pendant… pendant le… le malheur ?

— Je… je… j'étais…

— Ah ! maman, tu vois pas que tu le tues de questions ? Mais il était à Bétigny-les-Râteaux.

— Comment ? il était en pension ? mais comment se fait-il qu'il en soit sorti ? »

Là, elle nous a eus.

« Il a été renvoyé par l'amiral. »

Elle bondit, outrée.

« Comment l'amiral l'a renvoyé ? renvoyé alors qu'il venait de perdre toute sa famille ? »

Grolsky se prend la tête à deux mains et gronde.

« Maman ! maman ! maman !… grrrrrrrrrr… Ah ! tu es tuante ! grrrrrrrrrrrrrr… »

Il essaie de gagner du temps. Je lance avec la force du désespoir :

« De toute façon, madame, l'amiral a perdu la raison lors du dernier bombardement qui… que… »

Elle ne m'écoute pas. L'amiral, elle le déteste depuis qu'il a renvoyé Fedia sans explications. Elle est donc ravie d'avoir un grief de plus contre lui.

« Ah! ça ne m'étonne pas de cette brute. Non non non, ça ne m'étonne pas du tout. Mais où va-t-il dormir?

— Maman ne t'inquiète pas, on lui a déjà trouvé une chambre, une chambre formi... hein, Cyril, qu'elle est formidable la chambre qu'on t'a trouvée? »

Ça y est, nous voilà au bord du fou rire. Par bonheur, le père de Grolsky remue à nouveau.

« Alors, tout va bien, que faut-il de plus à un jeune homme normalement constitué? Que faut-il de plus qu'un lit et de temps en temps un bon repas? »

Enfin, il est temps de passer à table. Grolsky me fait un signe de victoire. À peine sommes-nous assis que le feu roulant des questions reprend. Je mâche lentement pour gagner du temps. Péniblement, je me traîne jusqu'au dessert. J'ai une boule dans la gorge et mes doigts pétrissent nerveusement des petites miettes de pain. Jamais repas ne fut plus péniblement gagné.

Soudain on frappe, un homme entre vivement, claque des talons et se raidit au garde-à-vous.

« Débarquement! Commandant! Américains débarqués! »

Grolsky me jette un regard et cligne éloquemment de l'œil vers la porte restée entrouverte. Je bondis et dégringole l'escalier. Arrivé en bas, je suis aussitôt rejoint par Grolsky hilare. Nous nous asseyons sur la dernière marche et explosons de rire. Il y avait trop longtemps que nous nous retenions. Nous sommes submergés et lorsque la concierge nous chasse à coups de balai, c'est à peine si nous pouvons nous traîner jusqu'au trottoir. Enfin il est temps de nous quitter. Rendez-vous est pris pour le lendemain matin à l'académie Vavin. Je file vers mon hôtel, j'ai tout juste le temps d'y être avant le couvre-feu. « Salut! salut à demain! salut! »

À peine ai-je tourné le coin de la rue qu'une angoisse affreuse me serre le cœur. Je prends soudain conscience de ma totale solitude. Cette première journée de liberté a été tellement mouvementée que je n'ai pas eu le temps de me rendre compte de ce qui m'arrivait. Que vais-je devenir? Les rues sont désertes à l'infini. Par moments, tout au bout des rangées de maisons, j'entrevois par une échancrure le couchant d'un rouge violent et le soleil énorme au ras des toits. Des martinets strient le ciel en poussant des cris durs. J'ai le sentiment de courir dans un entrelacs de fils d'acier. J'essaie à tout prix d'éviter les jointures des pierres appareillées qui bordent les trottoirs. Tout me paraît dangereux, pointu, coupant. J'esquive, je zigzague entre des rasoirs imaginaires. Mes tempes sont lourdes et mes yeux troublés. Tout en courant, je martèle des phrases au rythme de mes talons, puis des mots sans suite, puis des syllabes, puis des sanglots. Ah! elle est bien loin, la joie de ce matin, cet enthousiasme qui me faisait taper comme un fou sur de vieilles boîtes de conserve. Je file la poitrine en feu dans une ville déserte. Des lumières s'allument derrière les vitres peintes en bleu et le ciel prend une profondeur tragique. Je pense à cette affreuse petite chambre entrevue tout à l'heure. L'idée d'y passer la nuit me donne un haut-le-cœur. Si je n'y avais pas laissé mon carton à dessins je n'y retournerais plus. Sans Grolsky que serais-je devenu? Il m'a soûlé avec ses tapes d'ours, ses rires, ses marches, ses histoires sans fin. J'aimerais être à demain, retrouver sa lourde présence, ses bourrades amicales, sa graisse si rassurante.

Après avoir tourné dans des ruelles tordues, m'être trompé et retrompé, je finis par retrouver mon innommable hôtel. La vieille n'a même pas un regard pour moi lorsque je passe devant son trou sous l'escalier. Je dérape sur les marches, je m'accroche à la rampe gluante. Tout vacille. Je me jette sur le lit de fer et commence une séance de pleurs qui dépasse de loin tout ce que j'ai jamais connu jusqu'à présent. Le lit secoué par mes sanglots grince et grelotte, je manque d'air, je suffoque. À tâtons, je me lève. Aussitôt je me cogne au mur. La chambre est tellement étroite que j'en touche les limites de mes bras ouverts. Je palpe à l'aveugle et fais ainsi le tour de mon réduit. Je ne trouve pas la fenêtre. Je fais une seconde fois le tour des murs, pas de fenêtre. Cette découverte me glace. Je refais une troisième fois le tour en tâtant, je sens la porte, un angle, un bout de mur lisse et froid, un autre angle, un tout petit bout de mur, un angle encore, un mur lisse et froid, de nouveau l'angle et la porte. J'explore à la verticale, je cherche l'interrupteur, je remonte le long du dormant de la porte aussi haut que je peux, pas d'interrupteur, rien ! J'essaie de l'autre côté, rien ! Je refais glisser mes doigts de haut en bas, toujours rien. J'ouvre la porte : dans le couloir le noir total, même pas un rai de lumière. Je recommence ma lente exploration. Je palpe méthodiquement d'un angle à l'autre. Je me dresse sur le lit et me mets à tâter le plafond à la recherche d'un fil électrique qui doit certainement pendre quelque part. Je vacille les bras levés dans le vide absolu. Le lit aux ressorts défoncés se creuse irrégulièrement sous mes pieds, je titube un long moment, croyant à chaque instant tomber, enfin je touche le fil et l'ampoule glacée vient me heurter au visage. Surpris par le contact, je lâche tout et retombe assis sur le lit. Je suis tellement écrasé, de solitude que j'ai envie de hurler, réveiller l'hôtel entier, courir dans le couloir, frapper à toutes les portes. Après m'être bien attendri sur moi-même, je décide de reprendre mon exploration. Je me dresse et recommence à battre l'air de mes bras à la recherche de l'ampoule. Enfin, après l'avoir frôlée dix fois, j'arrive à la saisir. Je remonte avec précaution le long du fil graisseux, je palpe, je palpe, il pend du plafond tenu par un clou replié. Un peu plus loin deuxième clou replié et me voilà descendant le long, du mur. Je descends lentement jusqu'aux barreaux du lit, toujours pas d'interrupteur. Je tâte entre le lit et le mur, plus, rien. Je reviens au fil, je redescends, pas d'erreur il s'enfonce dans le mur. Je transpire d'angoisse et m'assieds. Je bascule sur le côté, recroquevillé. Peu à peu les murs s'écartent, s'éloignent à des distances prodigieuses, je dérive, mes mains sont loin, de plus en plus loin, loin, loin. Mes pieds, eux aussi, commencent à reculer mes jambes s'allongent, ne m'appartiennent plus. Mon corps flotte, infinimes extrémités sont devenues minuscules de vagues petits grumeaux sans os sans peau, sans chair. Mon oreille repliée sous ma tête me fait mal. Comment remuer ? Comment déplacer ce corps trop grand ? Impossible de me soulever, impossible de bouger. Ma langue, elle aussi gagnée par le gigantisme, prend de telles proportions qu'elle remplit ma bouche, déborde de mes dents, retombe dans mes joues, les gonfle de ses bourgeonnements. En peu de temps tous les vides sont comblés par les immondes excroissances. Je tente désespérément de soulever ma tête mon oreille me fait mal. Repliée contre le dessus-de-lit, coincée sous ma tête, je la sens qui se fendille, qui se dessèche. J'aimerais remuer ma main, tout là-bas, tout au bout de mon bras filiforme. Impossible, mon bras est plus grêle qu'un fil hâtivement noué à mon épaule par un électricien pressé. J'essaie de trouver le commutateur qui fera revivre mes doigts. Pas plus de commutateur que d'interrupteur. MAMAN!... Et me voilà assis dans le noir secoué de sanglots. Je tâte autour de moi. Le mur lisse, un angle. Ah oui! prisonnier de l'innommable. Coup au cœur. Une lueur filtre sous la porte. Je saute sur la poignée. Le couloir est inondé de lumière. Un bruit de pas, on monte l'escalier. C'est la vieille, je vois sa tête qui émerge lentement au ras du plancher des gens sont derrière elle, un, couple. Il me semble les avoir vus quelque part. La vieille s'arrête, étonnée de me trouver là. J'essaie de lui expliquer que... je ne sais comment lui dire. Je fais le geste d'allumer la lumière. Enfin elle comprend. « Minute, un instant, le temps de montrer la chambre à ces personnes. » Elle leur ouvre et le couple aussitôt se jette sur le lit. Elle les enferme à clef et traîne ses pantoufles jusqu'à mon réduit. Tous ses os craquent lorsqu'elle se met à quatre pattes. Ses mains disparaissent sous le lit, elle racle avec ses doigts, ça fait, des bruits secs, d'affreux frôlements. Des loulous s'enfuient de tous les côtés, viennent se coller à ses pantoufles. Elle essaie d'attraper quelque chose de blanchâtre et d'assez volumineux, elle s'essouffle, fait des mouvements de plus en plus saccadés. Je me propose de l'aider, mais, d'un coup de coude, elle me rejette contre le mur. Au même moment la lumière s'éteint dans le couloir et nous sommes plongés dans le noir. Elle ne bouge plus, je la sens là à quatre pattes qui m'épie je devine sa respiration. Je pousse un cri et je me réveille, assis sur le lit, le front inondé de sueur, les lèvres tremblantes.

Très loin, dans une autre chambre, j'entends le rire clair d'une femme. Ce rire me calme instantanément. De nouveau je m'allonge sur le lit. Quelque part une femme rêve, elle a dû se retourner en riant, ses bras ont émergé des draps tièdes, sa main s'est posée sur la nuque de son amant endormi, sa jambe dans un mouvement gracieux est venue sur la hanche du dormeur. À cette vision une chaleur merveilleuse m'envahit. J'imagine la jambe souple et chaude pesant sur ma hanche et le souffle chatouillant mes lèvres. Ma main instinctivement remonte au creux des jambes entrouvertes. Je me demande comment est fait un sexe de femme. Je cherche à me rappeler la phrase du fameux livre. Comment c'était? Ah! oui. *Ses doigts lentement pénètrent dans le nid tiède...* était-ce tiède ou brûlant?... *nid tiède!* mais nid tiède, ça n'explique rien. Comment c'était? Ah! oui! *nid tiède à la jointure des cuisses...* cuisses, cuisses, cuisses. Ô, mot magique! Ô, mot divin! Ô, cuisse! Ô, seins! Ô, ventre! je défaille à vous évoquer, mots plus beaux que tous les mots d'amour! À *la jointure des cuisses?...* j'aimerais bien comprendre comment se fait exactement cette jointure. À quel endroit commencent les fameuses lèvres? J'essaie d'imaginer une bouche dissimulée entre les cuisses, mais je n'y arrive pas. Une bouche sans visage. Impossible. Le seul souvenir qui puisse un peu m'aider, c'est celui de la petite arpenteuse suisse. Je la revois déroulant sa ficelle et comparant la longueur de nos sexes. Au-dessus de nous, la neige tombe sur la lucarne et, dehors, le blizzard racle les banquises à l'infini. J'entends nos rires charmants, cristallins, je la vois qui relève sa jupe, fait tomber sa culotte dans la poussière et commence à introduire dans sa fente rose tout ce qui lui tombe sous la main. J'ai beau réunir tous mes souvenirs, impossible de voir avec netteté comment cette fente s'ouvre, comment les cuisses s'articulent sur ce vide.

Les cailloux, les brindilles, les plumes disparaissent... absorbées par le mystère. Je vois la petite fille avec ses taches de rousseur sur le nez, la bouche ouverte en train de rire, il lui manque une dent (preuve de la justesse de ma mémoire), je dirais même que c'était l'incisive gauche de lait. Mon regard descend, saute par-dessus la jupe roulée autour de sa taille. Je vois parfaitement son ventre tendu, ballonné, le nombril saillant, le renflement de son pubis lisse et la naissance de la fameuse échancrure. Puis, le mystère commence. Les cailloux, les plumes, les bouts d'écorce disparaissent comme par enchantement. La neige à son tour s'engouffre en tourbillonnant, puis le village, maison par maison, tout entier y passe, la Suisse à son tour est absorbée avec ses vaches et ses montagnes par le petit vagin mâchouilleur. Il est insatiable, planète par planète, il avale l'univers. À des années-lumière de notre terre, je le vois aspirer comme poussières des galaxies entières... gloub! plus rien! La lyre vient d'y passer. Centaurus, Orion, Bételgeuse, tous nos repères disparaissent. Même l'étoile du Berger s'éloigne, soudain décrochée... gloub! l'aspirateur fait le vide, nettoie tous les coins, va, vient, absorbe d'un hémisphère à l'autre, fait le ménage cosmique, s'amuse sur le tapis usé des constellations... plus de Pluton, plus de Licorne, plus d'Hydre, plus de Sextant. Adieu la Coupe, le Corbeau... gloub! dans le vagin. Ophiucus, l'Écu de Sobieski, le Capricorne, la Baleine... Adieu, adieu, adieu, ainsi s'en vont les mondes. Bientôt plus besoin d'astrolabes, ni de cadrans azimutaux, les lunettes équatoriales coudées pourront pourrir sur leurs pieds de béton. Le vagin baladeur approche. Attention... la Lune, attention, attention... NÉANT.

Rire de Lula endormie. Ses bras qui émergent des draps tièdes, mains sur ma nuque, jambe souple et brûlante qui se pose sur ma hanche. Jambe souple et brûlante, lourde de tout son poids indépendant : Lèvres gonflées de mots inachevés, venus de cet autre monde où jamais je ne te verrai, ma Lula. Pourquoi riais-tu ? dis-moi, dis-moi ! Ah ! que j'aimerais connaître les raisons de ce rire venu d'ailleurs, de ce rire étrange. Étais-je avec toi ? dis-moi, dis-moi Lula ? mais déjà elle s'est rendormie. Paupières closes, elle vogue vers d'autres rivages. Lula ! Lula ! ses lèvres remuent contre mes lèvres, son souffle sur mes lèvres, sur mes lèvres... Ma main dans un geste familier va de ses seins à son ventre. Lula, Lula, pourquoi riais-tu ? Ah ! que j'aimerais savoir pourquoi tu riais ! pourquoi riais-tu ? Elle murmure contre ma bouche et tout son corps palpite. Elle aimerait bien échapper un instant au sommeil pour me répondre, mais elle ne peut pas émerger de ce bien-être, de toute cette sensualité. Le poids de sa chair la noie, elle vogue souriante, confiante. Sur la frange de nos deux mondes, elle se berce de sa respiration. Ah ! que je suis ému ! ah ! toute cette fragilité ! Lula, Lula, ma Lula, sais-tu que ton rire me rappelle un rire entendu autrefois ? tu m'entends ? écoute-moi... tu sais, quand je m'étais sauvé de pension, tu sais le jour du débarquement... Lula, tu m'entends ? j'étais dans cette chambre d'hôtel, cette affreuse chambre, tu sais, tu sais, ma Lula ? sans fenêtre, tu sais, tu te souviens ? toute cette nuit de cauchemar passée à chercher l'interrupteur, et ce rire lumineux, léger, sensuel, merveilleux, rire lointain, venu d'une autre chambre... tu sais ? sais-tu ? ce rire m'a ramené à la vie. Si, si ! ah ! ma

Lula rieuse! Ton corps souple et ensommeillé, ton corps de poupée molle, oui, oui, de poupée molle. Qu'importe si je me répète puisque maintenant je souhaite ardemment que tout se répète à l'infini, oui identiquement à jamais. Ton corps souple et ensommeillé de poupée molle, combien je le désirais déjà.

Lula, Lula, écoute-moi, ma Lula, écoute-moi, Lula rieuse, connais-tu cette nouvelle d'Edgar Poe? cette vision de l'univers, vision inspirée, superbe, tu m'entends? où toutes les galaxies, toutes les planètes, tous les corps célestes lancés à des vitesses prodigieuses fuient vers un point unique, point névralgique où les forces obscures de la Création... Oh! beaucoup plus loin qu'Orion, à des années-lumière, ma Lula, ma petite Lula endormie, des années et des années-lumière, tu m'entends? où les forces obscures de la Création dans leurs pulsations fabuleuses rappellent à elles toutes les planètes de l'Univers, toutes les planètes, les nébuleuses, les systèmes les plus délirants d'astres, de soleils, de lunes, les groupes les plus compliqués aux mouvements subtils. Oui, Lula, oui oui, et nous avec, oui, à des vitesses hors de notre compréhension, et plus nous nous rapprocherons de ce point, plus notre vitesse deviendra folle, ma Lula, et, lorsque toute la Création aura été absorbée, il n'y aura plus qu'un immense magma pétri de tous les astres liquéfiés, une nova immense parcourue de frissons et cette nova d'une densité fabuleuse explosera, projetant aux quatre coins de l'Univers des parcelles de matière. Et tout recommencera, ma Lula, toute la folle organisation, ma beauté, ma chérie, longtemps, longtemps après notre mort, et nous n'y serons plus, d'années-lumière en milliards de milliards d'années-lumière.

Au récit de mes angoisses, Grolsky éclate de rire et m'envoie son lot habituel de tapes.

« Alors, comme ça, mon vieux Cyril, t'as fait le con toute la nuit à palper les murs ? pourquoi tu n'as pas gueulé dans le couloir ? D'ailleurs, le manque de lumière n'a jamais empêché personne de dormir, la preuve, les aveugles, hein ? Non, mon vieux Cyril, moi je sais ce que tu as, t'es trop nerveux. Tu sais ce qu'il te faut ? un bon baisage ! Hein, t'as jamais baisé ?

— N... non... »

J'essaie de changer de conversation.

« ... et tu sais ? pour l'interrupteur, je l'ai trouvé ce matin, comme ça, j'allonge le bras en me réveillant, toc...

— Tu vois, c'est bien ce que je te dis, il faut que tu baises. De pas baiser, ça fait... comment dire ? quoi, ça développe trop l'imagination. »

Me prenant amicalement par l'épaule :

« Tiens, regarde-moi... »

Il baisse la voix.

« ... je suis calme hein ? eh bien, avant de baiser pour la première fois, j'étais comme toi, à chialer tout le temps, toujours à rouler des yeux devant chaque femme qui passait. Tiens, regarde comme tu te retournes tout le temps. Non, mon vieux, il faut que tu baises, et pas qu'un vague coup, non, régulièrement, une semaine d'affilée, soir et matin au moins. »

Grolsky me donne une tape affectueuse et reste un moment pensif.

« Dis-moi, et la boulangère ? Tu sais que son mari est prisonnier ? ça serait du facile. »

Je fais une grimace dégoûtée.

« Bon ! ça, c'est ton droit, là, les goûts et les dessous c'est pire que les pleurs et les couleurs. La seule chose, ouvre l'œil pour les maladies.

— Tu sais un jour ce que mon père m'a dit ? Il était en train de nettoyer un petit revolver. Tout à coup, il me fait signe de sortir avec lui dans la cour et, comme ça, le revolver à la main, il me demande si j'ai déjà couché avec une femme. Tu te rends compte ? je lui réponds que non, et tu sais ce qu'il me dit ? Je te préviens, qu'il me dit, si tu attrapes une maladie, tu vois ce revolver ? il y a une balle pour toi et une autre pour moi, et il me sort deux balles de sa bouche.

— Quoi ? ton père, le magicien ? il t'a dit ça comme ça ?

— Sans blague ! tu te rends compte ? une balle pour toi et une balle pour moi.

— Mais dis-moi, ton père, c'est un vrai magicien ? il peut vraiment faire ce qu'il veut ?

— Oh ! ça oui ! il fait pffffuit ! et il s'arrange toujours pour que ça soit un miracle. Oh ! pour ça oui ! il fait ce qu'il veut, sans parler de l'avenir, il est tellement malin.

— Au fond c'est une espèce de Mandrake ?

— Oh ! encore mieux que ça ! mon père, c'est un drôle de type, parfois je le hais et parfois je me laisse prendre. C'est un charlatan, mais un charlatan génial. Un jour il m'a raconté une histoire qui aurait tout à fait pu lui arriver, c'est arrivé à un copain à lui, en Perse. Mon père avait un copain très fauché, un étudiant, ça se passait à Téhéran et ce copain un jour tombe sur une annonce. On demandait un professeur de français, écoute bien, de français pour les deux fils d'un riche seigneur des montagnes, quelque part dans un coin perdu du Caucase. Le copain de mon père, remarque bien, il ne savait pas un mot de français, y va. Bon! Après plusieurs jours de voyage à cheval, il arrive chez le riche propriétaire. Le vieux est ravi, c'est rare un professeur de français, surtout dans ces montagnes perdues. Donc, avant de l'engager, il lui demande, pour se faire une idée, pour se rendre compte un peu, il lui demande de parler français, oh! juste pour voir, et le copain de mon père, aussi sec, commence à raconter n'importe quoi, tout ce qui lui passe par la tête. Le riche propriétaire est enchanté : un professeur de français qui parle si couramment. Et voilà le copain de mon père engagé. Attends, attends! c'est là que l'histoire est marrante. Écoute. Donc, il apprend aux deux enfants, qui se révèlent très doués, un faux français de sa fabrication, mais c'est là que ça se corse. À table, partout ils commencent à parler français et le copain de mon père, un vrai génie au fond, retenait tous les mots qu'il inventait au jour le jour, les notait en douce le soir, tu te rends compte, il a fallu qu'il invente une grammaire avec des règles, un boulot fantastique et, à table, c'était à qui demanderait en français : talagloup ik nich nich!... passez-moi le pain... trpouklop blick blick!... merci... y a pas de quoi... et ainsi de suite. Attends, c'est pas tout. Enfin au bout de deux ou trois ans les gosses parlaient couramment cette espèce de français et pas que les gosses, lui-même, le père s'y était mis, la mère, les domestiques. Donc au bout du deux ou trois ans, le père décide d'envoyer ses deux fils terminer leurs études au collège français de Téhéran... passer l'examen d'entrée... »

Grolsky, à cette idée, est gagné par un tel fou rire que je ne peux pas terminer mon histoire. Je vois à sa joie de plus en plus délirante qu'il la mène tout seul à son terme.

« Ah! Cyril! non, non! glibulstrf gadouzig! traduction : mon vieux t'es trop marrant! »

Et nous voilà parlant couramment français.

« Eh, Cyril, kloubibil?

— Snif ratapoil pic talapine coucouille! » Comme on peut le voir notre français glisse très vite. Sur ces belles paroles, nous entrons à l'académie Vavin et grimpons jusqu'à l'atelier. Par intermittence, le rire remonte des profondeurs. Je vois devant moi les épaules de mon copain, silencieusement secouées, et, à mon tour, je suis repris par le fou rire. Les traits sur la feuille blanche zigzaguent dangereusement.

Pourtant tout devrait nous inciter au respect, au silence. Sur son estrade, le modèle officie. Les yeux clos, bras levés, elle dévoile tout son réseau de veines.

Un brusque courant d'air. Le modèle ouvre les yeux. Valentine, la concierge-muse de l'académie, vient d'entrer dans l'atelier pour percevoir les cotisations. Encadrée de ses deux enfants, elle ondule sur ses mules. Elle va nonchalamment des uns aux autres dans un tintement continuel de pièces de monnaie. Son fils et sa fille lui ressemblent tellement qu'ils pourraient être pris comme exemples à l'appui des théories de Rodwitz sur la parthénogenèse. La mère reproduite à un grain de beauté près a deux exemplaires. À les voir, on peut être assuré qu'un soir d'orage une simple étincelle a dû déclencher le processus de gestation, la foudre a fait office de père.

Valentine ondule donc des uns aux autres. Les hommes lui baisent les mains, des pièces de monnaie tintent, les dames l'embrassent sur les deux joues, petite scène familière qui fait chaud au cœur dans toutes les académies. Soudain l'œil de Valentine se pose sur moi. Expression interrogative. Elle vient de repérer l'intrus loqueteux. Grolsky aussitôt s'avance et lui parle à l'oreille. La voilà souriante, main tendue pour baisemain obligatoire. Elle est ravie que je sois un ami de Nounours-Fedia. Je suis ici chez moi, je peux dessiner en paix, nous nous arrangerons toujours pour l'argent. Elle me donne une tape sur la joue et rieuse repart indolemment continuer sa tournée. Grolsky me pince le bras et me chuchote que c'est sa maîtresse, une vieille amie d'enfance de sa mère. C'est à cause d'elle qu'il est venu à la peinture.

« Tu peux pas imaginer, mon vieux Cyril, la sensualité de cette femme. »

J'en oublie d'avaler ma salive.

« Tu peux pas imaginer, telle qu'elle est, comme tu l'as vue, eh bien, mon vieux, sous sa robe de chambre, elle est toujours complètement à poil. Elle a un corps, non, tu peux pas imaginer! Tu sais, ma mère l'a toujours appelée la belle Valentine. Elle l'a été et elle l'est encore, non, tu peux pas imaginer! Tiens, mon vieux Cyril, c'est une femme comme ça qu'il te faudrait pour démarrer, une mère, tu vois ce que je veux dire, une femme attentive, douce et pas emmerdeuse, avec des seins lourds. »

Lorsque la pause de midi arrive, il m'entraîne chez Valentine qui habite avec ses deux enfants dans un petit réduit, suspendu entre l'étage et le rez-de-chaussée.

« Tu comprends, c'est à cause d'elle que j'ai commencé à peindre. Attention, baisse la tête! »

À peine entrés dans le réduit, nous sommes assourdis par une terrible musique. Un vague œil-de-bœuf éclaire d'un jour gris un lit informe sur lequel je distingue avec peine Valentine allongée parmi de vieilles fourrures en charpie. Près d'elle, un énorme chat cligne ses yeux d'or. Le fils et la fille, assis devant un piano, jouent à quatre mains.

Valentine nous invite à prendre place auprès d'elle. Elle pousse un peu le chat qui se met à fouler la couverture en ronronnant. Elle prie ses enfants chéris de nous jouer l'œuvre à quatre mains qu'elle adore, du génial Scriabine. Attirant Grolsky contre elle, sans se gêner, elle lui prend la patte et la fourre aussitôt entre ses cuisses sous la robe de chambre. Quelques tapotis coquets, ni vu, ni connu, le vêtement bord sur bord, la voilà installée. Nous pouvons causer. Les enfants coulent les premiers accords, leurs mains se croisent, volettent légères. Touchotis sur l'ivoire, des petits doigts dans les tonalités extra-hautes, contre-pédalis pour les basses. Introduction très Europe centrale.

« Avant tout, appelez-moi Valentine, ici pas de madame ! Maintenant, votre prénom. ?

— Cyril ! ou plutôt Cyrus, madame !

— Pas de madame ! Cyrus, quel merveilleux nom ! presque un nom d'étoile, très, très joli. Vous entendez, mes enfants ? jouez un peu moins fort, il s'appelle Sirius. »

Elle palpite, ferme les yeux, semble oppressée. Grolsky doit drôlement la chafuster pour qu'elle soit à ce point haletante. Sa voix mollit, sa respiration se fait spasmodique.

« Sirius, votre ami Fedia, ce gros nounours, m'a dit que... que vous avez... »

C'est à peine si elle peut articuler. Grolsky, les joues cramoisies, regarde le plafond avec un sourire idiot.

« ... que vous vous êtes sauvé... AAAAAAAh... jouez plus fort, mes chéris ! »

Valentine n'attend plus de réponse, les communications sont coupées, elle se propulse dans les intermondes. Les doigts agiles de ses enfants sont déchaînés, ils remontent, descendent les touches à une vitesse démente. Un ensemble parfait. Une mitrailleuse musicale. Croches, bécarres, clefs anglaises, clefs de sol et métronomes sont lancés à toute volée. Petits doigts en marteau sur les notes aigres, pouces en rallonge sur les noires, triples croches, mains qui se croisent, longs accords dans les basses sphères, quatre omoplates qui volettent, moignons d'ailes sous les tricots troués, musique au vitriol venue droit du ghetto, tirlipidules, tirlipidules, frémissants oiseaux-mouches, vingt trémulseurs qui retombent sur l'ivoire, cadence de plus en plus haletante, clavier de nerfs qui sautent hors de la peau.

Ça y est, elle est pantelante. Fedia, le bon nounours, l'a menée par la main jusqu'à la grève. Elle est devant l'océan. Quelques larges remous lèchent encore le sable. Ses lèvres remuent, sa langue bulbulle.

Les enfants, tête contre tête, plaquent les derniers accords. Dans les aigres, ils continuent bien encore à pointiller, mais maintenant il y a du nougat dans les profondes, une mastication au niveau des basses, quelque chose comme de la guimauve. Les dièses commencent à coller aux dents, les touches en défense de mammouths (celles de l'extrême gauche) sont appuyées plus souvent, ça freine la mécanique. Les omoplates volettent moins vite. Nous nageons de plus en plus dans le glauque. Encore quelques pianotis des petits doigts sur les touches en os de chat (celles de l'extrême droite), mais c'est plutôt vers les mammouths que ça gladouille. Lentissimo, lentissimo et *baoum!* grand accord final... non, pas tout à fait trois microbules coups sur l'os de chat et *rebaoum!* ils l'ont eu.

Entre-temps Valentine s'est doucement remise de son jouissif concerto. Elle tapote la joue de son Fedia-nounours. Elle garde bien encore un peu sa bonne patte, mais c'est pure nonchalance. Ses cuisses sont trop lourdes pour les décroiser. Elle scande de sa mule et, les yeux mi-clos, caresse le chat. Enfin les enfants ont fini de jouer. D'un même gracieux mouvement, ils pivotent vers nous. Nous les applaudissons.

Un jour Grolsky essaiera de m'expliquer le mécanisme complexe de l'entrecuisse.

« Tu verras, mon vieux Cyril... c'est pas si compliqué que ça en a l'air à première vue. Surtout pas d'affolement, d'abord, tu as les... comment appeler ça ? les deux bords. »

Il dessine dans l'air deux parenthèses.

« Bon, t'as les deux bords, tu écartes et là, tiens, pense à des pétales de... de... tu écartes et, dessous, y en a encore.

— Y en a encore quoi ?

— Mais des pétales, espèce de con ! Sous les pétales, tu as d'autres pétales, et encore, et encore, et encore... comment te dire ? Tiens ! oublie tout ce que je viens de te dire, ça va t'embrouiller. Est-ce que t'as déjà vu une moule ?

— O... O... Oui... oui... avant la guerre !

— Parfait ! Eh bien, imagine des moules qui se seraient avalées les unes les autres. »

Je ne comprends rien aux explications de Grolsky mais, plus il est confus, plus je suis fasciné.

Donc les enfants viennent de pivoter vers nous.

Valentine me donne une tape attendrie sur la joue et, plissant tout son visage, me demande si j'aime la musique.

Énervé par ce long et stupide concert, je lui réponds exprès que non. Elle sursaute.

« Mais pourquoi ? comment peut-on ne pas aimer la musique ? »

Je fais un geste vague.

« Tous ces tirlipidules ! »

Valentine hausse les sourcils. Maintenant, je déraille sur ma mère. Je raconte comment elle s'excitait sur son violon rabougri, comment de son bras raide elle pourfendait l'univers avec son archet, comment à moitié moribonde elle s'acharnait à hurler en musique, à hurler à la mort comme une bête.

Tout à coup je me sens tellement triste que je commence à pleurer sans raison. J'ai l'impression d'être soûl. Valentine me caresse gentiment la joue. Grolsky me donne une tape.

« Mais t'es complètement con, mon vieux Cyril ! Qu'est-ce qui te prend de chialer comme ça ? Je ne connais personne d'aussi changeant que ce con-là. Il se marre comme un dingue, il fait le clown et tout à coup le voilà qui chiale, il doit avoir quelque chose dans les nerfs. Ah ! t'es trop compliqué. »

Entièrement d'accord. Trop compliqué pour m'y retrouver moi-même. Entre ma mère et mon père, j'ai de qui tenir : exaltation, pleurs, rires et sanglots.

« Oh ! vous savez d'ailleurs ma mère, je m'en fous. Au fond, je l'aimais pas.

— Comment, vous ne la regrettez pas ?

— Oh ! non.

— Il n'aime pas la musique, il n'aimait pas sa mère, mais qu'est-ce qu'il aime donc ton ami ? dis-moi

Chouchou-Nounours-Fedia ? dis-moi, gros fripon, sais-tu que tu as un drôle d'ami ? qu'aime-t-il au juste ? »

Grolsky me regarde interrogativement.

« C'est vrai ! Tu sais, Valentine, je crois qu'il n'y a qu'une chose qu'il aime, c'est dessiner. Hein Cyril, au fond, hein ? Tiens, raconte un peu à Valentine comment tu dessinais pour ton grand-père. Tu sais, tu ne peux pas imaginer, Valentine, comme il est marrant quand il parle de son grand-père. »

Pour faire plaisir à Grolsky, j'essaie de parler de mon grand-père, mais tout ce que j'en dis me fait venir les larmes. Le coup du paillasson électrique m'émeut à un tel point que je suis obligé d'abandonner. L'histoire des compteurs reste, elle aussi, inachevée. Le départ de La Ferté-Bernard appelle d'autres images. Au souvenir de Pipa, je me tais. Je reste un long moment la tête basse, assis au bord du lit. Je me sens angoissé, j'étouffe dans ce réduit. Grolsky s'étonne. J'ai l'impression que mes lèvres sont trop épaisses. Je me sens mal, et, je ne sais pas pourquoi je pleure à nouveau.

Valentine m'attire sur son sein, m'embrasse gentiment le front. Au lieu de me calmer, sa douceur me bouleverse. Je sanglote avec rage, je ne veux pas de pitié. Je la repousse. Les grosses pattes de Grolsky se posent sur mes épaules, me maintiennent avec sollicitude. Ils veulent me consoler de force. Je suis écœuré par l'odeur aigre de cette femme à demi nue. J'entrevois à travers mes larmes sa cuisse émerger de la robe de chambre entrebâillée. Grolsky me donne des tapes sur le dos comme si j'avais avalé de travers. Valentine m'a fait une prise tellement serrée que, le nez dans ses seins, je ne peux plus bouger. Il faut que je respire tout de suite un grand coup. J'essaie, mes poumons se remplissent un petit peu mais impossible de faire le vrai plein. J'essaie encore, rien à faire... Je me secoue, je me débats, mais ils me tiennent et je ne fais que m'enliser davantage. Plus je me débats, plus j'ai le sentiment d'être aspiré par des sables mouvants. Je donne un coup de reins désespéré et profite de ce mouvement pour prendre une ultime goulée d'air. Rien à faire. Ma bouche se remplit de ces trop-pleins de chair. Je nage dans des tremblotements gélatineux. Avec mes coudes, je tente encore de me dépêtrer, mais eux aussi s'enfoncent dans l'inconsistant. Je suis pris entre deux montagnes molles. Grolsky, derrière moi, pèse sur mes épaules de toute sa graisse amicale et partout ailleurs Valentine et encore Valentine et cette odeur aigre qui me donne la nausée. Mon estomac se révulse, un spasme affreux, un râle grotesque et un flot emplit ma bouche. Je hurle, mais mes cris se perdent. Enfin d'une ruade je me libère. Ouf! un grand coup, mais déjà les voilà qui me recouvrent. Je crache, je bave, je transpire de l'acide. Une main glisse sur mon front. Je murmure: maman... J'entrouvre les yeux. Noir absolu. Non, pas tout à fait. Une vague lueur. Je me redresse avec difficulté. Un rai de lumière passe sous la porte. Je m'allonge jusqu'à l'interrupteur. Tout bascule. Je retombe le front en sueur et fixe l'ampoule qui pend au-dessus de moi. J'ai déjà vu quelque part ce fil électrique accroché au plafond par un clou replié. Toc, un coup de marteau et le clou s'est replié. Pas bête, il fallait y penser, c'était risqué parce qu'en tapant trop fort on pouvait couper le fil à la repliure: courant dans les pattes. Mal terrible à la tête, spasme, de la bile coule sur l'oreiller. Mes cheveux sont trempés, je grelotte, mon lit cliquette. Comment suis-je revenu ici? Comment suis-je rentré? Pendant des heures je claque des dents. Parfois un glissement de pantoufles dans le couloir me rappelle la vieille. Elle a dû sortir de son trou sous l'escalier, elle va et vient, ses pieds raclent les planches visqueuses avec un bruit de rabot. Je me revois très vaguement en train de monter l'escalier. Elle n'a même pas levé les yeux sur moi, pourtant je vacillais et m'accrochais à la rampe. Non elle ne m'a même pas regardé. Un peu avant, je remontais la rue de la Gaîté, c'est ça oui, la rue de la Gaîté, un long trottoir sans fin sur lequel je titubais. Les passants faisaient des petits bonds pour m'éviter. Combien de fois me suis-je arrêté pour vomir? J'essaie de compter, je m'embrouille. Je recommence cent fois mes comptes écœurants. Et avant? et avant? avant de remonter la rue de la Gaîté? Je descendais de chez Valentine. C'est ça, avant de monter je descendais, cette idée me donne une violente nausée, je monte, je descends, je monte, je descends de chez Valentine. Oui c'est bien ça, on s'était donné l'accolade, Grolsky m'avait embrassé sur les deux joues. À demain, à demain une tape et j'étais descendu sur cet élan. Pourquoi avais-je pleuré comme ça? J'en rougis et me retourne en quelques pénibles saccades. Où en étais-je? Ah! oui la vieille. Non, j'étais sorti de chez Valentine où j'avais chialé. Pourquoi as-tu chialé comme ça? Je me retourne encore; vertèbre par vertèbre et me recompose dans mon bain de sueur. Je frissonne et reprends le triste ravaudage de mes souvenirs. Donc, je me suis mis à chialer en parlant de mon grand-père, c'est ça, et par-dessus tout, le départ de La Ferté-Bernard. Un coup violent au cœur, je gémis, Pipa! Pipa! et me voilà de nouveau en sanglots. Grelottements sanglots, honte et fièvre. Un long noir Grolsky, l'amant de Valentine, cette idée me fait sourire et rire dans mon jus. Maintenant je me rappelle très clairement que Valentine; après ma stupide crise de larmes... ça y est ; je me retourne vertèbre par vertèbre et me recompose dans mon bain de sueur, vertèbre par vertèbre je me recomposerai et me décomposerai des centaines et des centaines de fois et je rougirai de mes stupides pleurs. Donc Valentine, après ma stupildipidule crise de larmes, après ma stupide chialerie à la con, Valentine s'est levée et a disparu dans un cagibi qui lui sert de cuisine. Sa voix nous parvenait mêlée à toutes sortes de petits bruits réconfortants de vaisselle. Je salivais et mon estomac me rappelait que depuis le repas chez les parents de Fedia je n'avais rien avalé. « Il n'aime pas la musique, il n'aime pas sa mère ; mais qu'est-ce qu'il aime donc, ton ami ?... » Donc elle avait disparu dans une espèce de penderie qui lui sert de cuisine. Je radote. Sa voix nous parvient mêlée à toutes sortes de petits bruits de vaisselle. Je commence à saliver et mon estomac me rappelle que je n'ai rien avalé. En quelques instants le guéridon est recouvert d'une serviette sur laquelle sont étalés toutes sortes de restes hétéroclites. Les sucreries voisinent avec les bouts de pain. Des rognures de fromage collent à des rogatons de viande. Une cuisse de poulet entamée, des morceaux de fruits, des pastilles de saccharine, des pommes de terre cuites... Je suis, à ce souvenir, soulevé par une violente nausée. Oui, c'est ça, des pommes de terre cuites, le tout jeté pêle-mêle, sur la serviette. Valentine verse à la ronde du thé brûlant et chacun puise avec les doigts dans ce trésor de souris. Tout en grignotant, elle nous explique que tout cela vient d'une cantine d'officiers allemands où sa sœur sert les repas. Ainsi, lorsqu'elle débarrasse les tables, glisse-t-elle dans la poche de son tablier les restes pas trop entamés.

« Et voilà les restes des restes ! »

Je revois ma main indépendante aller du guéridon à ma bouche, de ma bouche au guéridon. Un bout de fromage ersatz, curieux fromage. Ma main retourne au guéridon, un bonbon ersatz, curieux bonbon ersatz, je picore dans les miettes, pain allemand noir un peu moisi dans les trous. Tiens, une pomme entamée ! au moment de la mordre, je vois la trace parfaitement nette d'une rangée de dents. Je me dis : un officier a dû la croquer, au même moment un soldat est entré et a hurlé : « Débarquement ! Zourksenzeferblatten », tous les officiers ont bondi et ont filé au bordel. C'est comme ça que cette pomme est restée presque intacte, grâce au débarquement. La sœur de Valentine en passant entre les tables, hop ! dans la poche ventrale. La pomme est tombée au milieu des rogatons. Cette pomme m'obsède. Je revois les empreintes des dents teutonnes, deux incisives de lapin, deux canines d'hyène, un peu de sang, oh ! presque rien, juste une gouttelette aspirée par la pulpe du fruit comme par un buvard. Il devait avoir les gencives fragiles, l'officier. Je ris et je grelotte. Où en étais-je ? Ah ! oui, une gouttelette de sang dans la pulpe du fruit. Écœurant ! J'avais fait sauter le bout de pulpe rosi avec l'ongle de mon pouce avant de mordre. Je m'en souviens parfaitement puisque je m'étais aussitôt essuyé les doigts sur la serviette qui recouvrait le guéridon. Exact. Flot de bile. J'allonge la main et j'éteins. Et qu'est-ce que je disais à Valentine à propos de ma mère ? Ma mère. Je la vois qui remue les lèvres. Elle essaie de me dire quelque chose. Des heures et des heures, je la regarde en grelottant remuer ses lèvres pâles. Qu'est-ce qu'elle peut bien vouloir me dire ? Enfin je comprends, le porte-monnaie est tombé. J'allonge le bras hors du lit pour le ramasser, je tâte par terre, pas de porte-monnaie. Pourtant ma mère insiste.

Je recommence à tâter le sol, rien. Je grelotte tellement que j'ai un mal fou à replier mon bras et à le faire rentrer sous le drap. Vingt fois, trente fois, je refais ce stupide mouvement, tâte le sol, tâte le sol et soudain je sens la tête chauve de la vieille sous mes doigts... AAAAAAA... MAMAN..., Je me redresse sur le lit, j'allume et sanglote, le front sur ma chaussure.

Dans le couloir, la vieille traîne inlassablement ses pantoufles. Je l'entends qui se mouche, crachote. Ça me donne envie de pisser. Je me dis, vas-y tout de suite, elle t'aidera et après tu seras débarrassé de toutes ces obsessions. Tu mets ton pantalon. Et me voilà en train de chercher mon pantalon. Pas de pantalon. Je cherche, je cherche, impossible de mettre la main dessus. Je tâte mes jambes sous les draps, non, elles sont nues. Sous mon oreiller ? non, pas sous mon oreiller. Je racle le sol. Il est là, par terre, collé au plancher. Impossible de le décoller. Tant pis, me dis-je, je mets juste ma veste, je vais pisser et, enfin soulagé ; je pourrai guérir en paix. Ma veste, ma veste, ma veste, est-ce bien comme ça que ça s'appelle ? ne serait-ce pas plutôt svete ? C'est ça ! svete ! non c'est pas svete, c'est vechte. Mais est-ce un V ou un double V ? ou un triple V ! Je tends la main, non, ce n'est pas un triple V puisqu'elle n'est pas là. Ne serait-ce pas plutôt chevste ? ou tschveste ? J'essaie toutes les combinaisons possibles. Tevchte ? Je tends la main, non, elle n'est toujours pas revenue. Pas plus de tevchte que de chveste. Je recommence toutes les combinaisons possibles. Tevchte ? Je tends la main, un triple V, rien. Chvvvste ? pas de résultat. Wwwwechte ? rien. Ah ! je suis trop seul, trop malheureux ! Des rangées infinies de centuples V commencent à fonctionner. Curieux embiellage.

WWWWWWWWWWWWWWWWWWWW
et hop! au bout de la chaîne dans le panier je vois
tomber... este. Ah! bonheur infini! je rayonne.
WWWWWWWWWWWWWWWWWeste! où est ma
WWWWWWWWWWWeste? oui, c'est ça, j'ai retrouvé
ma WWWWWWWWWWeste. Mais, à peine la
vois-je qu'elle est emportée sur un chariot blanc par
une infirmière. Je crie, je me débats : « Rendez-moi ma
WWWWWWWWWWWWWeschte! puisque je vous dis,
rendez-moi ma chte! les doubles V, je les ai! Rendez-moi ma
CHTE! » On ne m'écoute pas. Je me lève. Tout vacille. Je
retombe sur le lit. On me maintient. Une main aux paumes
parfumées passe sur mes yeux. Un fin mouchoir, plus fin
qu'aucune dentelle, plus fin que les plus folles batistes passe
sur mes yeux, passe sur mes yeux, de mon front à mes yeux,
de mes yeux, à mon front. Je tends la main, j'essaie d'articuler Pipa et c'est CHTE qui sort de mes lèvres. Je recommence CHTE! CHTE! CHTE! ô ma CHTE! Mon père se
penche sur moi, me caresse le front me soulève avec douceur.
Voilà une manche. Mon bras se casse et je le lance dans le
tuyau. Emportée par la pesanteur, ma main ressort aussitôt
de l'autre côté : Je remue l'épaule, je me tortille, impossible
de trouver le trou de la deuxième manche. Mon front roule
contre la joue de mon père. Gentiment il s'empare de ma
deuxième main et l'introduit dans l'échancrure. J'agite le
bras, j'agite le bras, je transpire, je m'énerve, je me secoue,
il ne ressort pas. Je suis dans une impasse, prisonnier de la
doublure. Effrayant travail pour en ressortir. Comment faire
remonter ce bras mort, brisé, tendons coupés? Découragé,
je reste un long moment la tête sur l'épaule de mon père.
Il attend patiemment que je reprenne souffle. De temps en

temps, il essuie avec sa pochette les gouttes de sueur qui coulent dans mes yeux. Sueur, larmes, bile et bave se mêlent pour me brûler. Ah! maman!... ce soupir à bout portant le fait sursauter. Il me chuchote qu'il est là, qu'il m'a retrouvé, lui qui me croyait mort. Il va m'emmener tout de suite, des vélos-taxis nous attendent dehors. Il faut que je fasse un effort, un tout petit effort pour passer l'autre manche et après tout sera facile, simple, léger. Un craquement, la doublure se déchire ma main est tirée avec force, elle émerge cireuse, presque transparente, elle ne m'appartient plus. Maintenant les jambes dans le pantalon. Impossible. Jamais je n'y arriverai. Mon père insiste; me force à m'asseoir. Tout se dérobe dans une rotation terrible, on me relève. Je suis lourd et docile, un sac de sciure gonflée. On me rebascule, on me traîne, j'entrouvre les yeux, je suis dans le couloir. Devant moi s'ouvre le trou de l'escalier et tout en bas la vieille qui sourit. Je ferme les yeux et mon cerveau commence à rebondir. À chaque marche, toutes mes vertèbres s'entrechoquent. J'entrouvre les yeux, la vieille ricane tout près de mon visage, je la dépasse dans un éblouissement et m'effondre au fond de la minuscule remorque. On m'enveloppe, on me boucle aussitôt. À travers le Plexiglas, mon père me fait des petits signes. Je le vois à son tour se plier dans un deuxième vélo-taxi et nous roulons un moment côte à côte. Devant nous, les cyclistes dansent, leurs mollets s'agitent avec une régularité écœurante, montent, descendent, montent, descendent. Je ferme les yeux. Des doubles V montent et descendent à perte de vue. Par moments, j'aperçois mon père dans sa ridicule boîte à roulettes. Il m'encourage, me sourit piteusement, articule des mots dont le son ne me parvient pas. Nous nous traînons à ras de terre entre les rangées de maisons. Dans ce décor désolant des passants marchent. Parfois nous rattrapons une patrouille de soldats allemands, ils avancent en cadence, toutes les mains se balancent ensemble tirées par le même fil, toutes les bottes retombent et se relèvent dans un bruit de fer perdu, les fusils montent et descendent entre les doubles V. Je ferme les yeux et grelotte. Ô Chte! Chte! Ô ma Chte! je me murmure le nom de Pipa. Maintenant nous roulons dans un désert. Les maisons ont disparu. Plus de passants, plus rien, il ne reste qu'une plaine blanche contre laquelle se déhanche la silhouette grotesque du cycliste qui me tire. Son pantalon bouffant retenu aux genoux monte et descend, monte et descend, couvre et découvre la selle de cuir dressée devant moi plus effrayante qu'une tête de serpent.

« Cyrus! Cyrus! mon pauvre petit Cyrus!

— Ô Chte! Chte! Chte! Chte! »

On me soulève, on m'emporte, je reconnais vaguement les amas de pierres. La main de Pipa s'est posée sur mes yeux. Je m'enfonce dans les cachemires, les pendolents tintent, on m'enveloppe, j'entends, très loin, les voix de ma grand-mère, de mon grand-père, de Pipa, de mon père. Ils parlent tous ensemble.

À peine suis-je guéri que Pipa tombe malade. Définitivement malade, malade pour toujours, malade à jamais. Pendant plusieurs années, un fantôme souriant a attendu la mort au fond de l'antre mirifique. Le fantôme de cette Pipa rieuse, légère et gambadeuse est resté gisant pendant plusieurs années sous les pendolents à attendre la mort. À l'ombre de cette lente agonie, mon père recevait les clientes et Pipa, les yeux clos, les mains sagement posées sur le rabat du drap, assistait, à moitié déjà basculée hors de ce monde, au minable carnaval. Les cierges, l'encens, les papiers persans, tout le cirque désolant, l'extra-lucide-clairvoyante comédie se jouait sur la descente de lit. Les bonnes femmes impitoyables s'incrustaient, tapotaient les coussins, s'installaient au pied du lit pour pomper de la distraction à même ce demi-cadavre. Pipa souriait sous ses immenses paupières, souriait, et ne disait rien. Les bonnes femmes parlaient, parlaient, parlaient pour deux, pour quatre, pour dix, pour mille pendant des heures. Parfois Pipa se soulevait faiblement sur son coude, ployait son corps gracieux jusqu'à ce que son front touche le drap, ses cheveux se répandaient, et un râle profond la secouait. Mon père lâchait tout, se précipitait, la soutenait, essuyait les lèvres tachées de sang. Il sanglotait quelques secondes, sa joue contre la joue de Pipa.

Ces nécrophilesques quémandeuses d'avenir, ces impitoyables gloutonnes, ces oisives, à la fin, à force de s'être refilé la bonne adresse, faisaient la queue devant la porte. Il en arrivait sans cesse. C'était à celle qui palperait Pipa à travers les cachemires, à celle qui lui prendrait la main, qui lui volerait son mouchoir ensanglanté... mais oui, mouchoir de dentelle pour plus tard se vanter : « Voui, voui, la femme du mage... Mouchoir recueilli par moi-même sur le lit d'agonie, excellent porte-bonheur recueilli le jour même où il m'avait prédit... vous savez ? » Oui, elles en étaient arrivées à voler ses mouchoirs sanglants pour les porter en amulettes. Elles l'auraient volée entière pour se la partager, paratonnerre contre les forces obscures, parcelle de chair par parcelle de chair, esquille par esquille, bouclier contre le mauvais œil. Je sais de quoi je parle. J'ai vu et je n'ai rien oublié. Je sais par cœur des phrases entières prononcées dans le taudis aux pendolents. Je sais de terribles questions, de terribles souhaits formulés par des femmes pomponnées, entre masseur et confesseur, entre cocktail et vente dominicaine, entre bonne renvoyée pour un sou volé et sous donné sur les marches de Saint-Philippe-du-Roule. Je vous reconnais sans même avoir besoin de me retourner, au son de votre voix, au miel de vos paroles, au fiel de votre miel, à votre parfum, à vos bontés étalées, à votre sollicitude penchée, à vos bonnes intentions intéressées.

Bon !

Parfois elles insistaient : « Pipa, Pipa, dites-moi, ma chérie, vous qui n'êtes presque plus de ce monde, n'est-ce pas que j'ai bien fait ? » Elles la secouaient : « Dites ? Dites, Pipa ? N'est-ce pas, vous me comprenez ? » Pipa finalement entrouvrait ses yeux immenses et hochait la tête en signe d'absolution.

Donc Pipa hoche la tête, mon père hoche la tête, tout le monde hoche la tête. Pourtant, pourtant j'aurais tellement souhaité les voir secouer négativement la tête. Ah ! que n'aurais-je donné pour voir mon père montrer la porte à ces goules voraces. À chaque cliente, je suppliais mon père d'arrêter le défilé. Il haussait les épaules et Pipa murmurait : « Tu verras plus tard, tu verras ! » elle souriait : « Peintre, c'est pire que tout ! » Et je leur jurais que jamais, jamais je n'accepterais de hocher la tête. Je ne savais pas alors que l'acte même de, peindre était un acte de muette approbation, de participation. Je ne savais pas encore que d'ajouter un seul objet à ce monde où on vénère tant les objets était un hochement de tête, une courbette, un agenouillement.

Pendant ce temps, les troupes américaines avançaient sur Paris et les Allemands pliaient bagage devant les ambassadeurs de Wall Street.

Nuit et jour, des milliers de camions fonçaient vers l'Allemagne. La grande retraite était amorcée. Ah, ils l'auraient emportée motte à motte, s'ils avaient pu, leur chère France. La Seine et ses doux méandres entre Berlin et Stuttgart, ça ferait un joli coup d'œil. Et la Côte d'Azur quelque part en Prusse, plus besoin de guerre, les vacances à domicile!

Dans les cours des immeubles, toutes les petites mains cousaient des drapeaux. On teignait les draps disponibles en rouge, en bleu. On brûlait les portraits de Pétain, on l'avait assez vu, le gâteux. Les cadres étaient soigneusement mis de côté. On sortait les bottes de cheval, les jambières, les vieux ceinturons, les bérets basques, sans parler des armes vénérables qu'on décrochait des panoplies. Armés de cimeterres, on s'exerçait de tous côtés à pourfendre et à estoquer. Chacun voulait in extremis avoir à son tableau au moins un Teuton ou au pire une souris grise.

Mon grand-père ne se tenait plus. Il cavalait sur place en découpant des faucilles et des marteaux dans des tôles galvanisées. Il chantait *L'Internationale* en russe et tous ses appareils déchaînés lançaient des éclairs en mesure.

Parfois un avion anglais frôlait les toits. Il lâchait au-dessus des cours des tracts claironnants. Les gens se battaient, roulaient sur les drapeaux inachevés, se faisaient des prises féroces pour être les premiers à lire ces messages de réconfort.

Toute cette excitation, ces cris, ces fanfaronnades m'ont tourné la tête. Je suis de tous les côtés à la fois, au chevet de Pipa et chez mon grand-père, dans la rue, dans la cour, de nouveau chez mon grand-père et encore au chevet de Pipa. Avenue de Versailles je me mêle aux milliers de badauds muets devant le défilé ininterrompu des troupes qui roulent vers la Normandie. De là, je file assister au déménagement d'une caserne, je fonce voir un tank en panne porte de Saint-Cloud, puis je reviens raconter à Pipa. Je grimpe chez mon grand-père, je redescends embrasser la main de Pipa et repars vers, le viaduc d'Auteuil où des gens déterrent déjà les premiers pavés. Je suis partout à la fois, le cœur en folie, la cervelle en feu. Tous les gamins du quartier sont dans le même état que moi, on ne peut plus les tenir.

Soudain un bruit de fusillade fait bondir tout le monde. Mon grand-père descend quatre à quatre, file entre les amas, je suis sur ses talons. J'entends vaguement ma grand-mère nous crier d'être prudents. Mon père n'a même pas le temps de m'intercepter. Déjà mon grand-père a tourné le coin. Aux premières détonations, tous les vieux du quartier sont sortis de leur trou. Ils ont envahi les rues. Toutes les gueules cassées des anciennes guerres, les manchots, les amputés sont de la course. L'odeur de la poudre a annulé le temps, ils se croient à Verdun, ils ont repris de l'allant, plus de fauteuils à roulettes, plus de béquilles, les premiers coups de feu les ont réveillés... PAN!

Arrivés aux abords du lycée Claude-Bernard, nous nous heurtons à une foule de badauds essoufflés. Les crépitements de la fusillade les font trépigner. Au fond, tout ce petit monde brûle de s'étaler à plat ventre, ramper sous les balles, risquer un peu sa vie, crever dans un caniveau, mais pas tout à fait pour de bon. Au fond, ils aimeraient revenir aux jeux de leur enfance : petit Jojo qui fait le mort. La nostalgie des récréations heureuses brille dans tous les regards. Ah! qu'on aimerait se rouler par terre, oublier ses vêtements respectables, s'écorcher les genoux, redevenir morveux, cracher ses dents de lait, s'appeler Riri, Toto, Loulou, Jojo, Mimi. Ah! qu'on aimerait ne faire le mort que d'un œil!

La rue qui débouche devant le lycée est tellement encombrée de monde qu'on ne peut plus avancer. Le bruit de la fusillade nous parvient de la cour intérieure du lycée. Des coups de feu s'égrènent avec mollesse, ne se répondent pas, on dirait que quatre ou cinq tireurs s'amusent à décharger leur fusil en l'air. Des hommes postés à l'angle de la rue passent la tête, jettent un œil prudent sur le boulevard, surveillent le lycée. Une colonne de fumée s'élève bien droite d'entre les toits des grands bâtiments et va se perdre dans le merveilleux ciel d'été.

Devant sa loge, une concierge en savates a capté toute l'attention. Elle raconte d'une voix surexcitée comment elle a vu les Allemands abandonner cette caserne qui leur avait servi pendant toute l'Occupation. Elle mime comment ils entouraient les camions surchargés. Le doigt sur la détente imaginaire elle avance, l'œil de traviole. Les gens rigolent. Les rires la fouettent. Elle crie : « Schnell, schnell ! », donne des coups de pied, sa savate s'envole. La foule apprécie. Elle sautille sur le trottoir et hop ! cueille sa savate de son pied nu. Épatant. Très remarqué. On fait cercle autour d'elle. La respiration oppressée, les joues en feu, elle s'excite, elle hystérise, ses seins en tremblent sous son tablier. Sur ses grosses jambes elle va et vient, s'ébroue, revient, repart, chante les premières paroles de l'épopée. Elle s'insinue dans l'histoire par la porte entrebâillée, écarte les gonds à coups de savate. Elle se voit devenue figure immortelle :

> Sur ce trottoir, devant cette bouche d'égout
> La concierge du n° 6 de cette rue entraîna
> Le peuple de Paris à secouer le joug abhorré
> De l'immonde occupant !

Pendant ce temps, dans le lycée, la fusillade continue. La foule maintenant habituée commence à empiéter sur le boulevard. Des héros sont poussés au cul. Deux pas en avant, cinq en arrière, cinq en avant, cinq en arrière et voilà le concierge du 18 qui ouvre tout grand le portail du lycée. Débandade des badauds qui courent s'embusquer. Des yeux se glissent, au ras des caniveaux, des bérets basques dépassent des égouts, des retraités coudenterrent, ondoient au niveau des pavés, d'autres se font filiformes et bondissent d'arbre en arbre. De chaque coin de rue, des têtes prudentes dépassouillent. On aimerait bien voir ce qui se passe dans cette cour. Un type aux mollets jambiérisés fend la foule, traverse le boulevard et entre comme chez lui dans le lycée. Stupéfaction. La concierge du 20 lance à la ronde : « C'est le trépané du 13 ? » (la concierge du 13 se rengorge). Du coup le concierge du 18, celui qui avait ouvert le portail, se précipite dans la cour à la suite du trépané. Aussitôt, il ressort en hurlant qu'il lui faut des volontaires. Mouvements divers dans la foule. Le mot est suspect. Je cherche mon grand-père, j'ai juste le temps de le voir s'engouffrer dans le lycée. Je bondis à sa poursuite. Spectacle fantastique. Une immense cour entourée de bâtiments rectilignes. De chaque fenêtre pendent des uniformes, des drapeaux frappés de croix gammées. Au centre de la cour, un tas énorme de vêtements verdâtres, de papiers, de couvertures, de matelas se consume en dégageant une énorme fumée et, entassé par-dessus le tout, un enchevêtrement hétéroclite d'armes et de munitions. De temps en temps, une balle explose dans les foyers qui couvent, deux ou trois balles claquent à leur tour, puis une petite accalmie avant qu'un nouveau chapelet ne détonne. On traîne à l'écart des caisses de grenades, et des matelas chargés d'armes et de cartouches. Des mitraillettes sont jetées en vrac le long des murs, des mitrailleuses à moitié démontées gisent sur le pavé. On se passe de main en main des grenades, des fusils, des revolvers. Chacun fait son choix. Certains héroïques badauds pissent en rigolant sur les armes qui fument et grésillent. On retrempe l'acier.

Emporté par le mouvement général, je ramasse un fusil dont la crosse brûle encore. Hop! en bandoulière. Quelques chargeurs, et mes poches sont transformées en arsenal.

À la nuit tombante, nous arrivons à la maison. Mon grand-père, la moustache roussie, les cheveux en bataille, le visage noir de fumée, est superbe. Pipa s'en étouffe et mon père est furieux de me voir entrer armé. À peine commençons-nous à raconter que des coups rapides sont frappés à la porte. Et qui voyons-nous? Coiffé d'un chapeau tyrolien, plume verte dans le ruban, gestes flous, l'allure grise des plus louches anonymats: c'est von Fridoleïn en civil. Inouï!

Il pleurniche: « Ach! mes amis... Deutschland kaput! Ach mes amis, mon cher Bony! sauvez-moi, reconnaissance éternelle. Bony, Bony! » et le voilà qui s'effondre dans les cachemires. On se regarde, perplexes. Mon grand-père est enchanté, enfin voilà du palpable, le premier Allemand en déconfiture. Von Fridoleïn parle, parle, parle. Les flots furieux sautent d'une pierre à l'autre, sautent et ressautent, cascadent entre les galets moussus, frôlent les branches basses des sapins, les jolies branches noires qui oscillent au ras du courant. Des biches courbent leurs cous gracieux, leurs mufles touchent l'eau, elles lapent la neige fondue, lapent, lapent, lapent. Von Fridoleïn se passe la langue sur les lèvres, il parle, il parle, il parle, il ne peut plus s'arrêter.

Il faut à tout prix qu'on sache qu'il aime la vie, qu'il veut revoir ses forêts. Il enfonce ses doigts dans la mousse humide, il est galopin de Prusse. « Mutter! mutter! » Non, non, il ne veut pas être fusillé, ni pendu. Sanglots amers. Lui si « sensiblen » il n'a jamais pu regarder un cadavre en face. Lui mauvais militaire, plutôt du bord des musiciens : « Ach, ach, mes amis! Hitler fou, dément, fou démentiel. Pouah! » Pourquoi ? pourquoi ? il nous le demande, l'a-t-il entraîné lui, le petit Frantz, l'a-t-il enlevé à ses profondes forêts, à son médiéval château ? qu'on le lui dise un peu ! mais pourquoi ? Ach ! comme il l'aimait, sa nature noire et sapineuse. Les écureuils, ses mains imitent. Pan-pan ! il l'a eu. Il nous regarde, tout fiérot. Et les biches, il épaule. Pan ! mortes. Un petit faon ? il hésite, non il le laisse et puis non. Pan ! Et ce sanglier ? Pan-pan ! Le voilà lancé, il extermine toute la forêt. Il abat les arbres à coups de canon, laboure la mousse, dynamite les torrents. Oh ! il les aime trop toutes ces merveilles de la nature, il les aime tellement qu'il veut les anéantir. Ach ! Les bouleaux aux troncs graciles ? à coups de mitrailleuse. Les montagnes, les glaciers, les pics les plus escarpés, il les balaie du revers.

Mon père est effondré. Pipa dérive, les yeux refermés sur sa fièvre. Mon grand-père ne tient plus en place, me lance des clins d'œil. Le fusil sur mon épaule me pèse, mais je n'ose pas bouger. Le bruit de la crosse sur le sol risquerait de tout détruire et le moment est tellement... comment dire ? tellement tragico-théâtralo-héroïquo-délirant.

Von Fridoleïn fait un geste las : « Ach ! mes amis ! » Enfin il s'explique. Voilà ce qu'il vient demander. Il vient supplier mon père de le cacher, le temps que les Allemands abandonnent Paris. Non ! il ne veut pas retourner en

Allemagne, il veut se rendre. Mon père s'étrangle. Mon grand-père fait un bond formidable. Oui, oui, il veut se rendre mais pas aux Français. Non! pas aux Français, il veut se rendre aux Américains. Il supplie mon père de le cacher le temps que les Américains occupent Paris. Il se méfie des résistants de dernière heure. Il ne veut pas figurer sur un tableau de chasse individuel. Un frisson terrible le secoue. Lui, gibier? Non, non, non! impensable. Il veut être considéré, rester général jusqu'au bout. Un homme. Ya! Il se passe la main sur le front pour écarter le cauchemar.

On frappe à la porte. Affolement. Von Fridoleïn fonce se cacher dans le cagibi. Mon père ouvre. C'est un voisin, le chef d'îlot. Méconnaissable. Il claque des talons. Lui le mou, le vasouilleux, le voilà transformé en trinquebullant officier. Il nous rappelle qu'il est de la réserve et, surtout maintenant, il peut le dire : c'est lui le colonel Michel-Ange, radio-Londres. Motus! travail souterrain très efficace. Il reclaque des talons et nous prévient que tous les hommes valides et invalides doivent se tenir à ses ordres. « Compris ? » Au passage, il me félicite de mon beau fusil. Demi-tour droite, la porte claque derrière lui.

C'est le jour des métamorphoses.

À peine est-il sorti que von Fridoleïn passe un œil. Donc, c'est entendu on planquera von Fridoleïn jusqu'à l'arrivée des Américains. Mais où? Grand problème. Il nous apprend qu'il n'est pas seul. Sa femme est dehors dans « Kamionette bagaches ». Folie!

Mon grand-père a une idée. Il connaît une vieille Russe qui a une chambre de bonne inoccupée à deux rues d'ici. Je suis stupéfait de voir mon grand-père « collaborer » d'aussi bon cœur. Je sors sur ses talons. En deux mots, il me rassure. Il veut mettre de côté von Fridoleïn pour l'expédier à Moscou dès qu'il en trouvera le moyen. Bravo! Parfait! Dzim-Boum, le monde est fou!

Après maintes allées et venues de conspirateur, von Fridoleïn et sa souris sont installés sous les toits. Je me coltine la montée des bagages. Ce sont de grands paquets allongés et surtout une espèce de caissette très lourde que je traîne avec mon père de marche en marche jusqu'au septième. La chambre est nue. Pas de lit, pas de chaise, rien. Qu'à cela ne tienne, aucun problème pour la literie. Von Fridoleïn aussitôt coupe les ficelles qui maintiennent les longs paquets et déploie à même le sol de somptueux tapis et des tapisseries non moins somptueuses. Mon père palpe, évalue. Les tapis, ça le connaît. Von Fridoleïn est tout fiérot : « N'est-ce pas, Bony ? pièce unique de kollection ! » Mon père hoche la tête. De sa vie il n'a vu tapis plus beaux. Même en Perse, il n'en reste plus de pareils. Von Fridoleïn s'affaire, déroule, secoue, défait amoureusement les petits plis, rebrousse les poils, se traîne à quatre pattes, souffle sur les poussières. La chambrette est transformée en souk. Von Fridoleïn, se frotte les mains, fait des courbettes, vante la fraîcheur des couleurs, les voluptés du dessin. Sa moukère ne dit mot. Elle nous fixe de ses yeux glacés. Au fond, elle est inquiète, elle aimerait bien savoir ce que nous pensons de tout ça. En ces temps instables, c'est pure folie que de tenter le monde. Maintenant von Fridoleïn a enlevé ses chaussures et nous déroule des gobelins. Ses gros petons se posent sur les bergères, sur les oiseaux, les arbres, les montagnes bleutées, sur les rivières, les petits villages et les fleurettes des premiers plans. Il nous montre de bien charmants détails, passe le doigt sur un corsage, l'introduit presque entre deux seins, nous fait admirer les fossettes d'une Lison. L'immonde se roule en pleine France. « Regardez, mes amis ces betits boutons, dignes de Banurge! » Il nous cligne de l'œil.

Érudit avec ça! Il chantonne en déroulant un autre gobelin :

> Et Ron
> Et Ron
> Bedit Badabon

Scène superbe : Suzanne et les vieillards. Il se vautre sur la femme nue, tire la langue aux vieux voyeurs :

> Vous n'aurez bas
> L'Alsace et la Lorraine
> Hi hi hi hi hi hi hi...

L'idée lui paraît tellement marrante qu'il rit à en pleurer, le front sur l'épaule de Suzanne. Nous nous taisons, atterrés.

Le lendemain matin, à la première heure, mes parents me chargent d'aller voir les séquestrés, leur porter un peu à bouffer, savoir s'ils ont bien dormi. En chemin, je croise des hommes aux mines résolues qui, le fusil sous le bras, scrutent les toits. Ça tiraille de tous les côtés. Je fonce quatre à quatre au septième. Pas de temps à perdre, je veux être de la fête. Je frappe en code et lance le mot de passe convenu la veille : « Zourksenzeferblatten. » Aussitôt von Fridoleïn entrouvre la porte. Je me glisse.

Enveloppés dans leurs richesses, ils ont admirablement dormi. La souris d'ailleurs est encore allongée dans les flots gobelineux. Un chiraz en guise d'oreiller, elle rêvasse lasse. Les yeux congelés au plafond, elle fume une cigarette. Son beau bras, qu'elle a fort blanc, émerge des fleurettes, va, vient, revient, ne tient pas en place. Je vois la touffe de poils blonds sous son aisselle. Je suis fasciné. Elle me sourit, la glace craque. Je tends le bidon de soupe chaude à von Fridoleïn. « Gut, gut! épatant! merci, Byrus. » Il en sert un bol à sa moitié qui se redresse un peu sur sa fabuleuse couche. Elle commence à boire à petites gorgées. Soudain, une cendre tombe sur un ramassis de petits linges qui traînent à terre. La voilà affolée. Elle jaillit des paysages bleutés, son corps émerge des lices, nu jusqu'à la hanche. Elle secoue tous ses dessous. Porte-jarretelles, bas, culotte valsent. Von Fridoleïn, déjà à quatre pattes, tapote du plat, sauve les atours. Pendant ce temps mon regard se perd dans toute cette chair blanche, plonge au plus profond, du côté des vieillards, aux pieds de Suzanne, entre les joncs et les saules. Mais déjà tout est rentré dans l'ordre et von Fridoleïn finit d'expédier sa soupe. Il est convenu que je leur en porterai encore vers midi. Au moment où je pose la main sur la poignée, il me demande d'un air faussement indifférent des nouvelles des Américains. Je lui réponds que personne ne sait rien, que, pour l'instant, on nettoie les toits où se sont embusqués les tireurs. Il fait des courbettes, me remercie platement : « Au revoir! au revoir, cher Byrus! allez vous amuser avec votre fusil! »

Dzim-Boum! le monde est fou. Ne voilà-t-il pas qu'il m'encourage à aller faire des cartons sur ses compatriotes? J'en ris tout seul en volant dans l'escalier.

À peine suis-je dans la rue que des balles sifflent dans le joli soleil matinal. Aussitôt je m'encoigne. Les coups de feu cessent. Un bond, me voilà sous un porche. Deux types avec des fusils s'écartent un peu et me font signe de ne pas les gêner. Derrière eux, une petite vieille me prend aussitôt à témoin. Elle râle parce que les deux résistants ne veulent pas la laisser sortir. Les deux types ne la regardent même pas, un œil vers les toits, le fusil pointé, ils lui filent des coups de coude quand elle devient trop remuante.

« Allez, grand-mère, patience, patience, grand-mère, patience, patience ! »

Elle est furieuse.

« Je veux sortir ! na ! je veux sortir ! »

Elle tape du pied. Les deux hommes haussent les épaules. Sifflement des balles dans le joli soleil matinal. Un des types ricane :

« Vous avez vu, grand-mère ? si on vous avait laissé décaniller, à l'heure qu'il est vous seriez petite passoire sur le trottoir. Et non seulement que vous seriez passoire devenue (il me cligne de l'œil) mais en plus on l'aurait eue sur la conscience, cette vieille écervelée !

— Et non seulement qu'on l'aurait eue sur la conscience mais encore... tiens je l'ai vu, l'ordure ! attends, attends, bouge pas, tiens, regarde, tiens, là, entre ces deux cheminées, attendez, attendez, bougez pas ! »

Il lève lentement son fusil et vise sans plus respirer. Au même moment la vieille le bouscule. Le coup part de travers. Exaspéré, il se retourne et la prend au collet :

« Je te préviens, vieille connasse, fais gaffe ou je te fous une tarte ! tiens j'sais pas c'qui m'retient...

— Ça va, ça va, ça va, écrase. »

C'est son copain qui concilie.

Ils posent leurs fusils et se mettent à rouler des cigarettes. Ils se tournent vers moi et me proposent d'en rouler une.

J'accepte avec joie et maladroitement je confectionne un monstre informe. Ils allument chacun leur cigarette et au moment où je me penche pour prendre du feu le plus vieux souffle la flamme.

« Jamais trois ! »

Il prend la boîte des mains de son compagnon et me donne du feu. Pendant que je tire une première bouffée, il répète sentencieusement :

« Jamais trois ! et tu sais pourquoi jamais trois ? eh bien, c'est à cause des tranchées. Ça date des tranchées de quatorze, parc'que, quand ils étaient la nuit dans les tranchées face à l'ennemi, les poilus se refilaient du feu, comme nous, et chaque fois que, comme ça, y s'refilaient du feu, ils avaient remarqué que le troisième à tous les coups prenait une balle en pleine poire. À la fin c'était devenu comme une superstition, ils s'allumaient plus que deux par deux et en effet plus personne ne se faisait descendre. Cette histoire les tracassait, les tracassait tellement qu'un jour, un soir comme ça, une nuit, trois casse-cou décident de s'allumer trois cigarettes avec une seule allumette, comme avant, pour voir. Bon, le premier y s'allume, ça va, le deuxième, le troisième, pas de coups de feu. Quand ils racontent ça à leurs copains, personne ne voulait les croire. Ah ! vous nous croyez pas, qu'ils disent ? très bien, très bien. Ils prennent chacun une cigarette et ils grattent une allumette, le premier, le deuxième, tout va bien, le troisième, et TOC ! en pleine poire. Le voilà mort. Alors vous avez compris pourquoi c'était toujours le troisième qui était descendu ? »

Le copain a une idée :

« Ça s'rait pas par hasard le plus jeune ?

— Et pourquoi tu voudrais qu'ce soit le plus jeune ?

— J'sais pas moi, y prenait du feu le dernier par politesse ou j'sais pas moi...

— Ah! mon pauv'vieux! ah! non, tu n'y es pas du tout, oh! mais pas du tout. Et pourtant c'est simple. Les boches en face, qu'est-ce qu'ils faisaient? ils voyaient l'allumette qui s'allumait. Bon, ils visaient, la p'tite flamme allait du premier au second, ils visaient au poil et toc! au troisième le coup partait. Oh! c'est qu'ils ont beau être cons, les boches, ils ont des tireurs d'élite.

— Ton histoire, mon vieux, ton histoire, tu me permettras, eh bien, je la trouve complètement conne. Hein qu'elle est complètement conne? »

Il se tourne vers moi, je ne sais que répondre. Je tire sur ma cigarette éteinte et je commence à crachoter des brins de tabac.

« Et tu sais pourquoi elle est conne, ton hist... »

Il n'a pas le temps de finir sa phrase qu'une balle vient ricocher sur l'angle du porche, faisant tomber à ses pieds un éclat de pierre.

« Ah! la vache de vache! non, mais le salaud, un peu plus... »

Et le voilà qui gueule dans la rue les mains en porte-voix :

« Ordure! lâche, salope! on t'aura! on te crèvera les yeux! Immonde! »

Une autre balle, aussi bien ajustée que la première, fait voler de nouveau un éclat de pierre. Les deux hommes se reculent, livides. Ils ne peuvent pas rester indéfiniment comme ça à se faire canarder. L'un d'eux a une idée : et si on montait sur le toit? Aussitôt ils foncent dans l'escalier. Je les entends parlementer avec des locataires. J'hésite. Je jette un coup d'œil dans la rue et je saute sous le porche d'à côté. La vieille de tout à l'heure est là, elle parle avec une autre vieille. Il y a aussi une femme qui sourit, toute palpitante dans une robe d'été à fleurs. Il est évident qu'elle vient de courir. Un vieux monsieur la regarde d'un air désinvolte, appuyé sur sa canne. Il me fait gentiment une place et me laisse un bout de mur contre lequel m'adosser. Il me demande si je viens de loin comme ça. Je lui réponds que j'arrive du porche voisin. Il me dit que lui aussi était resté un long moment à côté et me désignant discrètement la vieille, me chuchote : « Ma femme a eu un petit incident avec les tireurs. J'ai filé aussitôt et elle vient à peine de me rejoindre. » Tout en me parlant, je remarque qu'il s'adresse plutôt à la femme au sein palpitant, mais elle semble ne rien entendre. Elle piétine et jette de rapides regards au-dehors. Elle ne tient pas en place. Sa silhouette dans la lumière me fascine. Je vois avec émoi au travers de sa légère robe d'été la jointure de ses jambes. Soudain elle s'envole dans le soleil matinal. On entend le bruit de ses talons puis plus rien. Je m'élance et en trois enjambées je suis sous le même porche qu'elle. Elle m'envoie un regard clair et rieur et disparaît. Le bruit de ses talons puis plus rien. Je fonce et me retrouve dans une entrée coquette : moquette, lustre en verroterie, glaces. La femme au sein palpitant est là en train de se refaire une beauté. J'aimerais bien lui parler, lui dire que sa robe, j'sais pas... il paraît que c'est ce qui marche le mieux comme introduction. Je croise ses yeux dans la glace, sourire furtif et ironique, je suis bouleversé. Un coup d'œil à sa coiffure, top, top, quelques petits tapotis sur les cheveux extravagamment relevés et déjà elle s'est envolée. Moi qui venais tout juste de préparer une fameuse phrase... je bondis dans le soleil, quelques coups de feu m'accompagnent et me voilà plongeant dans un couloir bondé de gens. On se serre, on me fait place, on se marche sur les pieds. Elle n'est pas là. Aussitôt, je ressors, trois pas sur le goudron, une entrée vide, je fonce dehors. Je visite les porches suivants... personne. De porche en porche, je finis par tourner le coin de la rue. C'est pas encore pour aujourd'hui la grande rencontre.

Tout en marchant, je dessine mentalement la hanche de la femme de von Fridoleïn. Je me rêve entre les gobelins, mêlant mon corps aux courbes voluptueuses tout à l'heure, entrevues, en plein Suzanne, à la barbe des vieillards, parmi les saules et les joncs. Je m'imagine dans les hautes lices bleues, quelque part entre chaîne et trame. J'ai la gorge serrée, mon cœur bat à grands coups. Allez, chiche, je remonte, j'y vais. Qui sait, peut-être qu'ils seraient d'accord les Fridoleïn's... peut-être, qui sait, qu'ils seraient tout à fait d'accord ? qui sait ? peut-être qu'elle a fait exprès de se découvrir jusqu'à la hanche ? qui sait ? qui sait ? peut-être qu'ils sont très vicieux ? Je pense à Grolsky et à ses histoires incroyables au sujet des souris grises. Le fameux hôtel. Je revois la touffe blonde sous le bras blanc. Allez, je fais demi-tour. Mon corps vibre de toutes ces images évoquées. Je refais en sens inverse tout le parcours. En tournant le coin de la rue, je tombe sur un attroupement. Des gens se penchent aux fenêtres, d'autres accourent, très excités. Quelqu'un dit : « Ils l'ont eu l'immonde et ils viennent de le balancer par-dessus le toit. » J'essaie de voir, impossible. Trop de monde. La foule oscille, agitée de mouvements contraires. On se pousse, on s'écrase. Une voix aiguë crie : « Accrochez-le là, là, que tout le monde le voie ! » Entre les têtes, j'aperçois vaguement les deux tireurs de tout à l'heure. Ils sont en train de soulever le plus haut possible une masse de vêtements informes de laquelle émerge un visage qui me paraît minuscule, blanchâtre, inconsistant. La chose ballotte un instant entre les mains tendues. Il me semble voir une bouche ouverte, des trous de nez, quelques touffes de cheveux qui pendent d'un crâne à moitié chauve. Puis plus rien. La foule se déplace, suit agglutinée au paquet macabre. Autour de moi, des enfants aux joues roses dansent et sautillent. Les gens, accoudés aux fenêtres, font des grimaces dégoûtées. Enfin un homme prend pied sur le rebord d'un rez-de-chaussée et tente d'accrocher le mort à une aspérité de la pierre par un lambeau de vêtements, mais chaque fois le cadavre trop lourd glisse et retombe sur la foule qui s'écarte en glapissant. On transporte le corps, on lui fait cortège. Dix fois on le hisse mais chaque fois il glisse et retombe aussitôt. Je suis écœuré, j'ai envie de vomir, pourtant j'avance machinalement, porté par la foule compacte. Quelqu'un se penche d'un premier étage, fait des signes et lance un bout de corde. On lie le mort par le poignet et on le suspend le long de la façade contre laquelle il reste pendu le dos tourné à la foule, la main ouverte vers le ciel, piteuse comme une patte d'oiseau.

Ma bouche se remplit soudain d'un flot fade. J'ai beau avaler, il m'en vient, il m'en vient sans fin. Je me débats, je joue des coudes. De l'air, de l'air! La foule devient grise, le ciel, les maisons, tout devient gris. Le front en sueur, enfin je me dégage et cours vomir à l'écart.

« Ça va pas ? »

Devant moi un jeune garçon le fusil à l'épaule, les mains dans les poches, me regarde en souriant. Je me redresse lentement et m'essuie le visage du revers de la main. J'aimerais lui dire que ce n'est rien, que ça m'arrive souvent, mais je suis tellement écœuré que je ne peux pas parler. Il sort un paquet de cigarettes allemandes, en allume une et me la met d'autorité entre les lèvres, ensuite il s'en envoie une habilement dans le bec et prend du feu à la cigarette qu'il vient de me donner.

« Tu comprends, j'ai presque plus d'allumettes, allez, fume, c'est du foin, mais rien de tel pour ce que tu as. C'est la première fois que tu vois un mort ?

— Un comme ça, oui ! »

Roubaud, ils lui avaient noué une serviette sous le menton, et ses mains, ils les avaient jointes, liées par un chapelet. Ils avaient planté un crucifix de guingois entre ses doigts raides. Au fond c'était presque pareil, une comédie d'un autre genre.

« Au fond, c'est le deuxième.

— Oh ! je dis ça, parc'que un mort, deux morts, trois morts, quatre morts et au cinquième, ça fait plus rien. »

Il fouille dans une musette qu'il ramène sur son ventre. Elle est pleine de grenades, de balles et enfin il en sort un morceau de pain.

« Tiens, bouffe ! ça va te remettre, allez, salut ! »

Et, me tournant le dos, il s'en va tranquillement se mêler à la foule. Tout en mâchant une bouchée de pain, je pars de mon côté sans un regard en arrière.

Dès que j'entre dans la cour, mon père se précipite sur moi, il est furieux. On n'a pas idée de disparaître comme ça pendant des heures. Je remarque que la cour a été transformée en atelier de couture. Toutes les femmes de la maison sont là à tirer l'aiguille. Des drapeaux français, anglais, américains inachevés sont étalés dans la poussière. J'aperçois ma grand-mère qui se traîne à quatre pattes et découpe des bandes bleues, rouges et blanches. Mon grand-père, assis en tailleur, a l'air de faire de la dentelle. Il me crie en rigolant : « Américain ! » en me montrant de loin une jolie petite étoile blanche. Le voisin-chef-d'îlot va des uns aux autres, fait sonner toute sa ferraille. Il encourage, félicite, un peu plus il donnerait des bons points. Il ne tient plus en place, fait des demi-tours martiaux, se prend les pieds dans les chiffons, manque s'étaler, emmerde tout le monde. Lorsqu'il m'aperçoit, il hausse les sourcils : comment, comment je ne suis pas armé ? comment je n'ai pas mon fusil ? « Allez, allez tout de suite, garde-à-vous ! Parfait ! Bravo, Cyrus ! Tenez puisque vous êtes debout, allez donc vous poster un peu avenue de Versailles et attention, si vous voyez des Allemands… à plat ventre ! et vous rappliquez me prévenir. Parfait ! Rompez ! et au pas de course ! » Mon père m'accompagne jusqu'au portail et me glisse de ne pas faire l'imbécile.

À peine suis-je posté au coin de l'avenue qu'on me frappe sur l'épaule. C'est le jeune garçon à la musette.

« Alors, ça a l'air d'aller mieux que tout à l'heure ? »

Il rit et allume encore une cigarette qu'il m'enfonce d'autorité entre les lèvres, puis il en envoie une autre dans sa bouche et me demande du feu.

« Encore trois allumettes, et après… nitchévo ! »

Je m'étonne.

« Nitchévo ? tu parles russe ? »

Il rit joyeusement.

« Un peu, tovaritch. Da da, un tout petit peu nitchévo, tovaritch, daragoïmoï. »

Quand je lui dis que je parle russe, moi aussi, il me serre dans ses bras et me dit qu'il rêve d'aller en Russie, qu'au maquis il avait rencontré des Russes et que, chaque fois, il en avait profité pour prendre quelques petites leçons. Et le voilà qui me sort des phrases totalement incompréhensibles. Il a l'air déçu quand je lui avoue n'avoir pas compris un mot de ce qu'il m'a dit. Il pose son fusil, s'assied les pieds dans le caniveau et commence à fouiller longuement dans sa musette. Enfin il extrait d'entre les grenades et les balles un petit carnet sur lequel est transcrite phonétiquement en russe *L'Internationale* d'un bout à l'autre.

« Ça, tu vois, c'est un type formidable qui me l'a dictée, un évadé. Il avait traversé l'Allemagne à pied, je sais pas si tu te rends compte ? à pied ! Il s'était sauvé d'un camp terrible, un camp où les boches, leur faisaient subir des choses incroyables, mais incroyables, tu ne peux pas savoir !

— Comment ça ?

— Ah ! il m'a raconté des choses, mais des choses à faire pleurer, non c'est incroyable. Ah ! je t'assure qu'il y a de quoi tuer jusqu'au dernier des boches, il y a de quoi les effacer de la surface de la terre, ces salauds-là, les rayer, crrrac ! »

Il fait un geste du plat de la main.

« Jusqu'au dernier boche, femmes et enfants compris, les vieux, j'en parle pas, c'est les pires. Tu sais ce qu'il disait, ce Russe ? il disait, il disait que le jour où tout ça sera fini, le jour où on découvrira ces camps, ces endroits organisés où il paraît que c'est par milliers qu'ils les enferment, tu t'rends compte des milliers, ça fait beaucoup... eh bien, le jour où on découvrira ce qu'ils ont fait là-dedans, à tous ces gens, eh bien, mon Russe, il disait que ce jour-là, même les hommes les plus doux de la terre seront pris d'une telle haine qu'ils seront les premiers à vouloir les exterminer jusqu'au dernier, oui jusqu'au dernier Allemand. Tu entends ? Les plus doux, il disait que les plus doux, les plus inoffensifs deviendraient les plus acharnés et tu sais pourquoi les plus doux? eh bien, parce que c'est eux qui seront le plus profondément atteints. Voilà ce qu'il disait. Tu vois ce qu'il voulait dire? tu te rends compte? Il disait qu'après la guerre il ne restera pratiquement plus personne pour témoigner de ce qui s'est passé dans ces camps, derrière les barbelés. Tu ne peux pas imaginer les choses incroyables qu'il a vues là-bas. Il nous racontait des tortures... eh bien, les Chinois avec leur infernale imagination, c'est rien à côté. Et tu sais ce qu'ils font dans ces camps, les gens? eh bien, ils écrivent tout ce qui se passe, ils tiennent un compte exact et ils l'enterrent pour qu'on n'oublie pas, oui pour qu'il reste une trace de toutes ces souffrances. »

Il allume une cigarette qu'il me donne et, comme d'habitude, me demande du feu.

« Encore deux allumettes et après? après on sera peut-être morts. Et toi, d'où sors-tu avec ton fusil brûlé? »

Je lui raconte comment j'ai trouvé ce fusil.

« Est-ce qu'il y avait des mitraillettes?

— Oui! oui, plein!

— Tu es sûr?

— Sûr!

— Et tu crois qu'il en reste?

— J'sais pas moi!

— Allez, on fonce, viens! »

Et nous voilà partis au pas de course vers le lycée Claude-Bernard. Tout en courant, il me dit que si on pouvait avoir une mitraillette chacun, on tuerait tous les boches qu'on veut. Arrivés au lycée, nous nous heurtons à quelques types brassards frappés de la croix de Lorraine. Mon compagnon parlemente un moment avec eux et leur raconte qu'il arrive tout droit d'un maquis de Corrèze. Les types rigolent.

« Dis donc, ta maman, elle s'appellerait pas Mlle Corrèze par hasard? Regardez ces deux moutards! si vous voulez vous rendre utiles, allez garder les prisonniers aux usines Renault. Et ça voudrait des mitraillettes? Bonjour à Mlle Corrèze! »

Nous repartons sous les rires insultants. Mon compagnon ne dit plus rien. Tout à coup je pense à von Fridoleïn et à sa souris, j'ai une envie irrésistible de parler d'eux. Je me retiens, je me retiens et finalement je m'entends dire :

« À propos de prisonniers allemands... Eh, dis, tu m'entends? Qu'est-ce que tu ferais si tu savais où se cache par exemple, je ne sais pas, moi, un... un général allemand, une huile? »

Mon compagnon hausse les épaules et ne lève même pas les yeux sur moi. Nous marchons encore un petit moment en silence et de nouveau je m'entends dire :

« Suppose qu'il est enfermé dans une chambre de bonne, qu'est-ce que tu ferais?

— Écoute, tovaritch, arrête de dire des conneries.

— Oui, mais suppose juste un instant que ce soit vrai. Qu'est-ce que tu ferais?

— Je te répète, tovaritch, que tu dis des conneries plus grosses que toi. Au fond, je sais pas ce que je ferais, de toute façon t'es trop con! Un général dans une chambre de bonne, laisse-moi rire... »

Il hausse les épaules et nous continuons à déambuler. De nouveau, je m'entends dire :

« Suppose qu'il soit planqué avec sa souris, une souris grise.

— Eh bien? »

Il s'arrête et me regarde avec pitié tout en fouillant dans sa poche.

« Tiens, une cigarette! ça te réveillera. Plus qu'une allumette, donne un peu de feu! merci! passiba! c'est pas comme ça en russe?

— Non pas tout à fait!... sssssspassiba... un S devant.

— Sssssspassiba?

— Ouais!

— De quoi on parlait? c'était passionnant.

— Je t'avais posé une question, je t'avais demandé...

— Ah! oui tes conneries? tes histoires de général.

— Mais suppose que ce soit tout à fait vrai, suppose, suppose que je te dise, tiens, on tourne dans cette rue, puis après dans celle-là, puis celle-là, puis celle-là, là-bas et que je t'emmène jusqu'à une chambre de bonne sous les toits. Là, je frappe et je dis le mot de passe: *zourksenzeferblatten* par exemple, et...

— Comment tu as dit?

— Zourksenzeferblatten!

— C'est du russe?

— Non, c'est un mot comme ça que mon père a inventé pour se foutre des Allemands.

— Répète un peu!

— Zourksenzeferblatten!

— Comment? Zourksékéberflafla... bla... comment? dis-le moins vite!

— Zour-ksen-zé-fer-blatten!

— Zourks... quoi?

— ... ksen!

— ... ksen!

— ... zé!

— ... zé !

— ... fer bla !

— ... fer bla !

— ... ten !

— ... ten ! ferblatten ! et le début, comment c'était ?

— Zourksenzeferblatten !

— Formidable ! ça c'est un mot formidable, dommage que ça soit pas du russe ! et t'es sûr que ça ne veut rien dire ?

— Si, puisque je t'ai dit que c'est devenu une espèce de mot de passe.

— Un mot de passe ?

— Mais oui ! avec le général allemand.

— Quel général ?

— Celui que j'ai dans une chambre de bonne. Il roupille sur des tapis et sa souris est roulée à poil dans des gobelins.

— Qu'est-ce qu'il raconte ? je suis tombé sur un dingue. Heureusement que tu parles russe. Allez, tovaritch, t'as d'l'imaginationsky ! »

Nous sommes arrivés porte de Saint-Cloud. La place est vide. Depuis les derniers bombardements, les fameuses fontaines avec leurs bas-reliefs ne sont plus qu'un amas de pierres. Par endroits apparaît une main, un visage, un sein. Nous restons un long moment à contempler ces vestiges. Mon compagnon me montre du pied une tête de serpent sculptée sur un fond de feuillage.

« Tu crois pas que ça représentait le paradis terrestre ? Regarde ce serpent et, là, cette main ouverte ? »

À peine a-t-il prononcé ces mots que nous entendons des cris et voyons une petite troupe avancer vers nous à vive allure. Des hommes armés de mitraillettes poussent devant eux deux femmes complètement nues, le crâne rasé. Des croix gammées ont été grossièrement barbouillées en bleu sur leurs fronts, leurs seins, leurs ventres. Les larmes et la peinture mêlées ont fini par faire une bouillie qui doit leur brûler les yeux, car sans cesse elles se frottent les paupières. Nous accompagnons un moment la troupe et, tout en marchant, demandons naïvement pourquoi on traite comme ça ces deux femmes. Les types pressent le pas. Nous, de notre côté, ralentissons l'allure. Le groupe sinistre a vite fait de nous laisser sur place et de disparaître au premier tournant.

Nous ne disons plus rien. De nouveau, je me sens écœuré. Nous longeons des rues vides. Parfois une voiture bondée d'hommes en armes passe à toute vitesse. Des tireurs, allongés sur les ailes, ont l'air de figures de proue.

Mon compagnon hoche la tête d'un air navré.

« T'as vu comme la peinture leur avait dégouliné partout ? Non, moi je comprends pas ! On fusille ou on emprisonne, mais tu vois je trouve qu'on n'a pas le droit d'humilier, humilier comme ça, tu vois c'est tout à fait le genre de truc... »

Il est interrompu par des hommes qui s'avancent vers nous le fusil à la main. Ils nous demandent d'où nous venons, si nous savons où en sont les événements. Nous les accompagnons jusqu'au viaduc d'Auteuil où s'élève une barricade. Des gens armés de barres de fer déchaussent les pavés et les entassent tranquillement contre une camionnette à gazogène renversée en travers de la rue. Des matelas, des sommiers, des vieilles tables ont été jetés pêle-mêle les uns sur les autres. Assis sur des sacs de sable, des hommes, le fusil entre les jambes, font paisiblement une belote pendant que des enfants surexcités tournent autour d'eux. À notre arrivée, tous les yeux se lèvent.

« Alors ? alors, quelles nouvelles ? »

Une jeune femme accoudée, mollement à sa fenêtre, lance en riant :

« La guerre est finie et vous voilà tout tristes ! qu'est-ce que vous voulez de plus ? ils sont partis, bon débarras ! »

Les joueurs lui envoient des baisers et l'un d'eux fait le geste de voleter.

« Ah ! voilà encore notre pigeonne du premier ! crrrrou... crrrrou crrrrrou... vous avez de la chance que je ne sois pas un zoiseau, je m'envolerais pour vous bécoter sur place. »

La femme plisse les yeux et roucoule de toute sa chair :

« Gardez vos ailes pour d'autres occasions !

— Vous avez tort, meugnonne, par ces temps troublés, les vrais hommes se font rares.

— Les vrais hommes, peut-être, mais les zoiseaux de votre espèce... vous voyez ce que je veux dire, ne manquent pas. »

Elle plisse très fort tout son visage dans une voluptueuse grimace.

Soudain, un avion passe au ras des toits en lâchant des tracts. Le cœur battant, tout le monde accompagne du regard les papillons de papier qui volettent et palpitent dans le soleil. Les uns après les autres, après avoir beaucoup oscillé, être venus et revenus au gré de la brise, ils disparaissent par-delà les maisons. Les gens poussent des rugissements, déçus. Heureusement un dernier tract tournoie au-dessus de la rue, hésite, on l'encourage, on le supplie, on l'insulte : oui, oui ! par ici ! par ici ! Non, non, non, non, non ! voilà, très bien, bravo ! et hop ! il finit par se coller contre une gouttière. Aussitôt toute la maison est mobilisée.

Il faut s'en saisir coûte que coûte avant qu'il ne reparte. Déjà des gens se penchent avec des balais. Le bout de papier frémit sur place et fait un léger bond jusqu'à un balcon. On crie, on appelle, mais la fenêtre du balcon reste close. On lance des graviers contre les vitres. À la fin, un rideau s'écarte et une petite vieille les cheveux en désordre colle son nez contre le carreau. Les hurlements redoublent. Elle clignote des yeux un peu effrayée de voir tous ces visages levés vers elle. Elle ne comprend pas et se tape la poitrine de son index d'un air interrogateur. Tout le monde rugit. Timidement la petite momie entrouvre la porte-fenêtre. Il faut un bon moment pour lui faire comprendre ce qu'on attend d'elle. Enfin elle ramasse le tract et le jette dans la rue comme s'il lui brûlait les doigts. Quelqu'un crie « vieille connasse ! » et le jeu stupide recommence. Le carré de papier oscille mollement, frôle toutes les mains qui se tendent, remonte le long de la façade, redescend et s'en va traîner au ras de terre, poursuivi par une meute de gamins déchaînés. Finalement, on arrive à extraire du nœud d'enfants le bout de papier miraculeusement intact. Un homme le brandit et escalade vivement la barricade pour le lire à la foule. Aux premiers mots tout le monde est déçu : c'est *La Marseillaise*, paroles et musique in extenso. Le type, furieux, chiffonne le papier et crie vers le ciel : « Hé ! ducon, tu crois qu'on la connaît pas ? » et le voilà qui se met à la chanter d'un bout à l'autre. Aussitôt toutes les poitrines scandent « le glorieux chant ». Mon compagnon chante, je chante, la femme aux bras voluptueux chante, les joueurs de cartes chantent, le quartier entier rugit. Lorsque les voix s'apaisent, on entend encore pendant un bon moment dans les cours et les rues derrière les maisons le dernier couplet renvoyé en écho par les populations émues.

Sur ce bel élan, nous faisons nos adieux aux barricadeurs si accueillants. Nous envoyons du bout des doigts un baiser à la jeune femme au sourire froncé qui, toujours appuyée sur ses bras nus, nous observe de sa fenêtre. En réponse, elle fait descendre au bout d'une ficelle une bouteille de vin qui instantanément est vidée à sa santé: « Au revoir! au revoir! Adieu! adieu! »

En route vers l'inconnu, vers la Seine qui coule sereine, tout au bout du grand viaduc. Longtemps encore, en nous retournant, nous apercevons le joli bras qui s'agite vers nous au-dessus de la barricade. Sous les arcades du viaduc, nos pas résonnent lugubrement. Je regarde mon compagnon qui avance pensif en mordillant sa lèvre inférieure. Une mèche de cheveux blonds lui retombe sans cesse sur l'œil. Je lui demande comment il s'appelle. Il me répond qu'on l'appelle Bébert mais que, là-bas, en Corrèze, on l'appelait le Chat.

« Le Chat, parce que je montais très bien aux arbres. Tiens, quand tu verras un arbre, fais-moi penser, je te ferai une démonstration. Pour grimper, je suis imbattable, quand j'étais petit on m'appelait aussi la Mouche, parce que je grimpais partout. Dis, tu trouves pas qu'elle avait un joli sourire?

— Oui, bizarre, t'as remarqué comme elle fronçait toute sa figure, le nez, les yeux, tout?

— Tiens, non, elle fronçait toute la figure? non, c'est curieux, je n'avais pas remarqué. Je trouvais qu'elle avait un joli sourire, c'est tout. Je suis de l'avis du type qui faisait le con, tu trouves pas qu'on avait... en tout cas, moi je trouve, tu trouves pas qu'on avait envie de l'embrasser ? dis-moi, t'as couché avec combien de femmes ?

— Zéro ! et toi ?

— Zéro ! »

À mon tour je lui demande s'il a été amoureux.

« Oh ! amoureux... demande plutôt quand je n'ai pas été amoureux, et toi ?

— Oh ! moi, je suis amoureux de la même femme depuis... Oh ! la, la, ça va faire quatre ans, amoureux terrible, à devenir fou. Je ne peux pas entrer dans la chambre où elle est sans avoir envie de pleurer, il faut dire que... que maintenant elle est malade, condamnée... c'est sans espoir. »

Je marche un long moment la tête basse. Enfin Bébert le Chat me demande :

« En russe, je vous aime, ça se dit pas... attends... ya vassloublou ?

— Ouais ! presque !

— Comment presque ?

— Il faut un i devant chaque ou.

— Comment ça ? h ?

— Liiiiioubliiiiiiou !

— Lioubliou ?

— Épatant !

— Et toi tovaritch, comment tu t'appelles ?

— Moi... oh la la ! on m'a appelé Boris...

— C'est russe ?

— Ouais ! puis Cyril. On m'a même appelé Sirius dernièrement, mais mon vrai nom est Cyrus.

— Comment t'as dit ? répète !

— Cyrus !

— C'est ça ton vrai, de baptême ?

— Ouais ! »

Le Chat a l'air ravi. Il ajoute en rigolant :

« Alors comme ça, t'en vaux six ?

— Six ? six quoi ?

— Un Russe, deux Russes, trois Russes, quatre Russes, cinq et six Russes ! donc à nous deux nous valons sept Russes ! ça commence à faire une fameuse bande ! »

Il est ravi de sa trouvaille et répète trois ou quatre fois cette dernière phrase. Nous longeons toujours le viaduc d'Auteuil. De temps en temps, nous dépassons des hommes postés sous une arcade, le fusil à la main. Ils nous posent la question rituelle : « Du nouveau ? » Nous haussons les épaules et continuons notre chemin sans répondre.

Enfin, nous arrivons sur les quais. C'est le désert à perte de vue, le vide intégral d'un côté comme de l'autre. Le Chat s'arrête, sort une cigarette, l'allume et, suivant sa fraternelle habitude, me la donne tout allumée en me demandant du feu.

« Terminé, dernière allumette, nitchévo, espérons tovaritch que ce n'est pas la dernière cigarette. Bon, armons nos fusils ! »

Il rit lorsque je lui avoue ne pas savoir comment engager la balle dans le canon. Il me montre patiemment la manœuvre, puis, le doigt sur la détente, nous repartons sur le pont et d'arcade en arcade traversons le fleuve paisible. À peine touchons-nous l'autre rive que nous entendons des bruits métalliques qui semblent provenir du quai en contrebas. Nous nous penchons par-dessus le rebord de pierre et faisons aussitôt un bond formidable en arrière. J'ai tout juste eu le temps d'apercevoir un camion allemand arrêté.

À toute vitesse nous courons nous cacher sous le viaduc. J'ai la tremblote et mon compagnon est tout blanc.

« T'as t'as t'as vu ?

— Ou-ou-oui… le le camion.

— Ils sont en pa pa pa panne !

— Tu tu tu crois ?

— Tttttt'as vu ? ou t'as pas vu ?

— Jjjjjjj'ai juste… appppperçu la bâche.

— Moi j'ai vu le camion et un soldat penché sur le moteur ?

— Tttttu crois qu'ils sont en train de démonter le moteur ?

— Sans doute ! »

Le Chat réfléchit un petit moment en se mordillant la lèvre inférieure.

« On a deux solutions, ou bien je rampe jusqu'à la rambarde et je balance une grenade sur le tas, ou bien… ou bien tu crois que tu saurais viser assez bien ?

— Oh ! moi, tu sais, je n'ai jamais tiré.

— Comment jamais ? jamais, jamais ? tu as quand même fait des cartons dans les foires ?

— Nnon, jamais ! tu sais moi, j'ai toujours vécu enfermé, sauf, sauf, sauf en Suisse…

— Ça va, ça va, écoute, regarde ! tu mets ton fusil comme ça, là dans le creux, là, tu vois ce cran ? non, ferme l'autre œil, le gauche, non ton gauche à toi ! Vvvvoilà ! Bon, tu vois ce cran ? eh bien, il faut que tu fasses venir ce petit bitogno là en prolongement. Bon ! quand tu vois le bitogno dans la fente, là, tu peux tirer, à condition que le type que tu veux descendre soit dans le prolongement de la fente et du bitogno… compris ? ensuite, après chaque coup, puisque ton fusil n'est pas à répétition, après chaque coup tu fais ça... ça éjecte la douille et tu introduis une autre balle... clac! c'est ça! bon! ensuite vise si possible le type dans les yeux ou au milieu du corps. Tiens, imagine une croix, eh bien, tu tires un peu au-dessus de l'intersection; tu vois c'est l'estomac ou les poumons, le type comme ça en quelques secondes il se noie dans son propre sang. Tu sais, c'est pas si facile que ça à tuer un homme, ne crois pas, surtout si tu ne fais que le blesser, un homme qui souffre, il n'y a rien de plus démoralisant, là y a de quoi dégueuler, pour toi qui dégueules facilement! »

Il reste de nouveau un moment pensif.

« Bon, écoute, tu restes là, moi je rampe jusqu'au coin là-bas. Je balance une grenade par-dessus bord et je recavale jusqu'ici. Les boches, ces cons-là, vont grimper voir un peu... au fur et à mesure qu'ils passent la tête, je les tire et s'ils arrivent tous ensemble on leur balance toutes nos grenades. Tiens en voilà quatre!

— Mais je ne sais pas comment ça marche.

— Quoi? mais dis-moi, qu'est-ce que tu fous là? tiens tu ferais mieux de rentrer chez toi tout de suite, tu es tout à fait le genre à te faire tuer par la première balle, tiens, regarde! écoute, tu dégoupilles et tu lances aussitôt, comme une pierre, mais attention, ne la fais pas tomber à côté de toi! tu sais lancer une pierre? fais voir comment tu ferais? mais non! tiens tu es trop con, pas de la main gauche!

— Mais... je suis gaucher!

— En plus, il est gaucher! Ah la la! Bon, bouge pas, je reviens tout de suite. »

Il file jusqu'au coin du viaduc, jette un coup d'œil pardessus le rebord et je le vois qui s'accoude et reste comme ça à regarder tranquillement sur le quai en dessous. Il me fait signe de le rejoindre. Je fonce plié en deux et me penche à côté de lui. Un clochard, assis les jambes pendantes sur l'aile du camion, est en train de fouiller avec ses doigts dans une grosse boîte de conserve. La bouche pleine, il nous explique que les Allemands ont abandonné le camion au début de la matinée et qu'il est le seul à avoir osé venir jusque-là. Les yeux brillants, il fait un geste du pouce vers la bâche et ajoute que le camion est plein de boîtes de conserve : « Un vrai trésor ! » Bébert le Chat lui demande s'il est résistant. L'autre s'esclaffe :

« Pas si con ! »

Le Chat lui dit qu'alors il n'a rien à faire ici.

Le clochard se sauve par un escalier de pierres qu'il grimpe à toute vitesse. Arrivé en haut, il nous fait un petit signe ironique et disparaît.

À peine sommes-nous descendus sur le quai qu'un profond grondement nous assourdit. Le Chat écoute quelques secondes et s'illumine.

« Ça, c'est le canon ! le canon, tu te rends compte ? C'est eux ! »

Il saute joyeusement et m'entraîne par le bras jusqu'à l'extrême bord du quai, sort une grenade de sa musette, la dégoupille et la jette en plein milieu du fleuve. Une superbe gerbe s'élève.

« Tu as vu ? voilà comment ça marche, tu as compris, t'entends ? écoute le canon… formidable ! »

Le tir maintenant est régulier. L'air palpite. Des bouffées sonores bouchent et débouchent nos oreilles qui pulsent en cadence.

« Ça, tu vois, ce que tu entends ? c'est les chars américains. Ils doivent être à deux kilomètres d'ici, pas plus... Tiens, regarde ! tu vois comment ça marche ? »

Il balance une deuxième grenade dans la Seine.

« Ça mérite bien le feu d'artifice ! Eh bien, mon vieux Trente-six Russes, ce soir tu verras ton premier Américain ! tu te rends compte ? »

Il ne tient plus en place, donne des coups de pied à toutes les pierres qu'il expédie dans l'eau.

« Allez, on fout le camp ! on va essayer d'avoir un dernier boche avant la fermeture ! »

D'un pas vif nous longeons le fleuve. Il coule sans un pli. Parfois un poisson mort, le ventre, en l'air, passe rapidement.

D'un coup d'épaule le Chat m'a projeté à terre. Il est déjà à plat ventre à mes côtés.

« Tu as vu ?
— Non, quoi ?
— Le le le... le tank ! t'as pas vu ? le Tigre ?
— Quel... que-que-quel tank ? »

Je recommence à claquer des dents. Mon compagnon est devenu tout pâle. Il chuchote presque sans bouger les lèvres :

« Regarde bien ! en face, tu vois le quai ? un peu au-dessus ! tu vois l'angle de la maison ? à droite, un petit arbre ? bon, là, tu vois pas ce truc gris qui dépasse ? tu vois pas que ça bouge ? regarde ! Aïe, ils pointent leur canon vers nous.

— QQQQQQQQuel cccccanon ? »

Au même moment, une violente explosion nous fait bondir et détaler sans un regard en arrière. Nous atterrissons à plat ventre derrière un tas de sable. Au loin le canon bat toujours largement la mesure. L'air paraît dense, élastique, malléable, d'une épaisseur écœurante. D'une épaisseur vraiment très écœurante. D'une épaisseur tellement écœurante que ça y est, voilà…, je vomis. Le nez dans le sable, je vomis de l'eau, de la bile et surtout une quantité de salive visqueuse, gluante, qui déborde en fils de bave de ma bouche; de mon nez. Les yeux pleins de larmes, je me tourne vers le Chat et le supplie de me laisser tranquille, d'arrêter de me taper comme ça sur le dos, que ça ne sert à rien. Je claque des dents, tout mon corps est secoué de frissons. Une profonde vague, une secousse et un flot puant de vinasse jaillit, aussitôt absorbé par le sable. Une vague encore plus profonde me rejette en avant. Je patauge dans le sable rosâtre. L'odeur insupportable me fait encore vomir. Secoué de spasmes, je me tords couché sur mon fusil. Ah! que j'aimerais m'ouvrir, me retourner comme une peau vide, m'étaler bien à plat.

« Allez, mon vieux! là là, tiens ton fusil. Ah, tu m'as fait peur… mais qu'est-ce qui t'a pris? c'est le vin de tout à l'heure qui t'a pas réussi. Tu sais que moi aussi, un peu plus, à te voir, je dégueulais. Attends là, rentre ta chemise… non, derrière. Allez, viens, suis-moi! Il ne faut pas rester là! Quelle idée de dégueuler comme ça un jour historique! »

Lorsque je reprends mes esprits, nous sommes de nouveau sous le viaduc. Je contemple le ciel bleu, le merveilleux ciel bleu découpé par l'arche. Très loin de temps en temps des coups de feu nous rappellent que des hommes en armes parcourent cette ville apparemment vide. Parfois une explosion ou un tir rapide nous fait instinctivement tourner la tête. Un klaxon joyeux monte et décroît. Arrivés au premier pont, nous jouons à pile ou face si oui ou non nous le traversons. Le sort nous envoie sur la rive droite: Nous longeons des maisons et au passage tirons des sonnettes, mais personne ne bronche. Le fusil à la main, nous avançons un long moment. Enfin, nous apercevons un homme à plat ventre qui nous fait signe de raser les murs : En quelques sauts, nous sommes auprès de lui. Aussitôt il nous engueule :

« Petits cons, vous n'êtes pas fous ? vous avez de la chance qu'ils ne vous aient pas descendus. Ils commandent tout le quai avec leurs mitrailleuses et non seulement les quais mais toutes les rues en enfilade, et vous vous baladez comme si c'était dimanche. »

En face de nous, l'île Seguin s'allonge, hérissée de canons antiaériens et de miradors. Une immense porte blindée donne sur un pont qui enjambe le bras de Seine et vient toucher le quai à une cinquantaine de mètres devant nous. L'homme nous apprend que trois fois dans la matinée les assiégés ont fait des sorties meurtrières en automitrailleuses.

« Ces cons-là s'accrochent à leur île, tiens, regardez, en voilà deux sur le pont ! vous ne voyez pas leurs casques au ras de la rambarde ? »

Rien. Le pont paraît vide. À force de fixer il me semble pressentir un vague mouvement quelque chose de très flou, un glissement gris sur gris, moins qu'une ombre. Soudain le Chat sursaute, il les voit, ça y est. Aussitôt il épaule et tire. Le coup de feu immédiatement réveille toutes les mitrailleuses. Nous nous rencoignons, des éclats de pierre tombent à nos pieds. Le type est furieux.

« Mais petit con, pourquoi tu as tiré ? tu ne vois pas que ça les rend fous. Ça faisait bien une heure qu'on avait la paix et il faut que ces moutards redéclenchent tout le bordel ! »

Le Chat tire à nouveau. Brusquement, le pont qui semblait vide grouille d'Allemands en retraite. Tenant leurs casques d'une main, ils cavalent fusil au poing. C'est à celui qui franchira la porte blindée avant les autres. Ils s'écrasent, se bousculent. La porte se referme et de nouveau tout retombe dans une immobilité de carton-pâte.

« Petits cons, d'où sortez-vous ? sous les ordres de qui que vous combattez ?

— En tout cas, pas sous les tiens, ça c'est sûr ! Allez, salut ! tu viens, Russe ? »

Quelques bonds nous amènent au coin d'une longue rue qui va se perdre vers Boulogne-Billancourt. Soudain une petite voix nous fait lever la tête. Tout en haut d'une maison, une femme se penche et regarde vers l'île en nous faisant signe de nous sauver. Au même moment nous entendons un formidable bruit de moteur et la porte blindée s'ouvre, livrant passage à une automitrailleuse lancée à plein régime. Les premiers tirs nous font détaler. Nous volons jusqu'au coin de la première rue au détour de laquelle un homme nous intercepte et nous pousse à l'abri, dans une entrée particulière.

En quelques enjambées, nous débouchons dans un petit jardin invraisemblable. Comme dans un rêve, nous nous retrouvons devant une table dressée sous des plantes exotiques. Le thé est servi. Un énorme chat assis, les yeux mi-clos, parmi des tasses de porcelaine, se pourlèche les pattes. Nous sommes tombés en plein Vuillard. Une vieille dame nous montre le mur mitoyen et d'un geste tranquille nous invite à prendre pied sur la précieuse table pour faire le saut de l'autre côté. En une seconde nous voilà à califourchon entre deux mondes : une jambe pendante dans la courette d'un ferrailleur. Nous n'avons même pas le temps de faire passer notre deuxième jambe par-dessus le faîte du mur que la porte par laquelle nous venons d'entrer s'ouvre brusquement, livrant passage à une poignée de tout jeunes résistants armés. Ils entourent un homme aux cheveux blancs qui semble le chef de cette joyeuse troupe. Il s'avance vers la vieille dame et lui fait un ridicule baisemain. Les rires redoublent. Ce vieillard fait le pitre. Pour lui, la Libération est un bain de jouvence. Les premiers coups de feu ont dû le faire sortir du fond de quelque appartement cossu. Le revolver à la main, il est superbe. Il nous invite à nous joindre à sa bande. Une traction avant attend devant la porte. Deux jeunes guerriers sont restés allongés sur les ailes, mitraillettes en position.

Nous nous entassons joyeusement dans la voiture qui démarre à grand bruit. À peine roulons-nous que notre nouveau chef fait passer à la ronde une boîte de chocolats. Il se présente : « Colonel Valerie. » Il nous apprend qu'il est historien et qu'il se réjouit de pouvoir, au lieu de faire un simple constat, donner un léger coup de pouce personnel à l'Histoire. La voiture fonce à folle allure, conduite par notre guerrier-historien, qui ponctue chacune de ses paroles de comiques coups de klaxon. Nous filons vers les usines Renault où il a installé son quartier général. Il nous traite de petits imprudents et nous gronde paternellement de nous être aventurés si près de l'île fortifiée. Sans son intervention miraculeuse, ajoute-t-il, nous serions à l'heure qu'il est effectivement entrés dans l'Histoire. Toujours à vive allure, nous pénétrons dans les usines Renault. Notre voiture traverse en trombe d'immenses ateliers déserts dans lesquels pendent, accrochées à des chaînes, des carcasses de camions. Le colonel Valerie évite les pièces détachées qui jonchent le sol, zigzague en souplesse entre les moteurs abandonnés et prend des virages étourdissants au ras d'imposantes machines mortes. Puis, ralentissant l'allure, il nous fait admirer une double rangée de chars d'assaut inachevés. Fascinés, nous ne prononçons pas une parole jusqu'à ce que nous ayons émergé à l'autre bout du monstrueux alignement. « Stop ! » Nous voici arrivés. La voiture s'est arrêtée net contre une table : c'est le bureau du colonel Valerie.

Un peu à l'écart, gardés par quelques ouvriers en salopette, une vingtaine de prisonniers allemands, les mains sur la tête, le col ouvert, dépouillés de leurs vareuses, attendent d'un air résigné. Le regard fuyant, ils piétinent d'une botte sur l'autre dans leurs uniformes fripés. Ils ne ressemblent plus du tout aux héros plastronneurs des beaux débuts. Ils se méprisent d'avoir été vaincus par des guerriers aussi peu reluisants que ceux qui les surveillent mitraillette au poing.

Dans un coin à part, plusieurs officiers ont été rassemblés. Leurs belles décorations leur ont valu le respect. Ils ont droit à déambuler les mains dans les poches entre des limites tracées à la craie sur le sol. Prisonniers « sur l'honneur » d'un ridicule jeu de marelle qu'ils respectent scrupuleusement, ils vont et viennent, faussement désinvoltes, affectant d'ignorer la racaille qui les entoure. Ce manque d'apparat les écœure. Ces hommes en salopette ne devraient pas avoir droit au port des nobles armes.

Aussitôt descendu de sa voiture ailée, le colonel Valerie va saluer ses vaincus de marque. On claque des talons, on se présente. Des cigarettes sont offertes à la ronde. L'interrogatoire prend des allures de coquetèle. Un peu plus, le colonel Valerie les inviterait tous à une chasse en Sologne. Les voilà même qui se mettent à parler en anglais. Les ouvriers font cercle, ils se poussent du coude, on est en train de leur escamoter leur gibier.

Soudain, une énorme motocyclette bondit dans l'atelier. Plus nerveuse qu'un cheval des pampas, elle se cabre et dans un bruit formidable vient s'arrêter au milieu des ouvriers en armes.

C'est le premier Américain.

Avant même de prononcer un mot, il se met à distribuer des paquets de cigarettes. Il en sort de ses multiples sacoches par cartouches entières. À peine arrivé, le voilà qui commence son boulot de représentant. On se presse autour de lui, on le palpe, on détaille sa moto. La selle de rodéo cloutée, bordée de franges de cuir, obtient un joli succès ainsi que l'immense pare-brise en Plexiglas avec son tablier de peau, piqué de fétiches. Aussitôt le colonel Valerie s'avance vers l'éclaireur et lui souhaite la bienvenue. Nous voilà en plein Fenimore Cooper. Le sauvage chewingumise une longue phrase paresseuse : « Navei-vou-pas-tropp-soufferte-de-l'occupachtionn ? » Tout le monde se regarde et un éclat de rire général submerge l'assistance. Même les Allemands ne peuvent s'empêcher de sourire. L'Américain sans quitter sa monture fait signe à l'un d'eux de s'avancer et à la stupéfaction de tous se lance aussitôt dans une longue conversation en allemand. Fini, les mains sur la tête ! la comédie s'est relâchée, fini, les airs abattus. Les vaincus reprennent du poil de la bête. La bouche pleine de chocolats ils ricanent. Qu'est-ce que l'Américain a pu leur dire pour les remonter comme ça ? Un officier SS traduit en anglais ce que le sauvage vient de leur dire en allemand et le colonel Valerie nous fait la suprême traduction : « Allemands, Américains, Français, Anglais tous unis contre l'ennemi commun, le communisme ! Ya ! » Instantanément les mitraillettes et les fusils sont pointés. Un ouvrier s'avance et prévient que cette fois-ci on ne les baisera plus.

L'Américain fait une énorme bulle avec son chewing-gum : PUP... PUP... CRISPIZ... BUBBLE... STRUMPH... PUP... puis d'autres bulles encore plus grosses POP POP POP... PUP POP PUP... GLOP... et laisse tomber du bout des lèvres : « *My balls on your nose would make a nice pair of glasses!* »

Voilà donc ce que nous a dégoulinandé le premier Martien. Voilà les premiers mots de ce Christophe Colomb à cheval sur son Indian. Phrase historique lancée à la face de ce monde antédiluvien. Casqué, guêtré, sanglé de cuir, clouté d'or, ce nouveau Pizarre distribuait sa camelote aux occupés qui n'en revenaient pas d'être si soudainement désoccupés. Et il recommence à puiser dans ses sacoches sans fond. Il balance à toute volée des cigarettes, du chewing-gum, des œufs en poudre, du crispiz rice, du pop-corn, du Coca-Cola et des poignées de dollars : Aussitôt, tous les petits poissons se pressent autour de lui, se bousculent, roulent à terre, rampent, se battent méchamment. Le Martien impassible continue à jeter à pleines mains. Les résistants ont posé leurs armes dans le cambouis, babines retroussées, ils sont sur le point de s'entre-déchirer. Je reçois en pleine visage une poignée de paillettes. Me voilà aussi gagné par la folie générale. Je me jette dans la mêlée et remplis mes poches de vent martien : Youp! une poignée de PUP et youp! un BUBBLE... Hop là! à moi ce joli GLOUP, par ici! ce CRISPIZ, ce SUPER-GLOP m'appartient, et ce PLOP à Bibi aussi! Ah! c'est à pleurer. Bataille de chiffonniers pour du zéphir, gonflures, multicolores chiures, clinquants vencoulis, peinturlure et bulles de savon.

Donc, avec vingt ans d'avance, nous rampons dans le cambouis pour une poignée de paillettes. Il faut dire qu'à l'époque nous avions plus d'excuses que maintenant. Au sortir des temps gris, un rien de couleur vous aveugle. Nous voici donc sautant à pieds joints dans l'ère du superlatif. Super-vent. Super-néant.

Donc, le premier Américain est à cheval sur son fabuleux engin clouté d'or.

Donc les occupés récemment désoccupés se battent dans le cambouis pour une poignée de paillettes.

Donc les SS font patte de velours.

Donc Bébert-le-Chat... mais où est donc Bébert-le-Chat? Je le cherche partout, mais il a disparu. Je sors dans la rue, pas de Bébert-le-Chat. Écœuré par le spectacle, il a dû foutre le camp. Je traîne dans Boulogne-Billancourt, pas de Bébert.

Tout en déambulant, je pense à von Fridoleïn et à sa souris. Depuis le temps qu'ils sont enfermés...

« Haut les mains! lâche ton fusil! pose ton fusil! »

Je me retourne, un petit homme noueux aux cheveux en brosse me couche en joue.

« Pose ton fusil par terre! là.

— Mais... mais... mais je... je...

— Je compte jusqu'à trois. Un, tu es un homme, deux!... mort, si tu ne poses pas immédiatement ton fusil. Bien! Maintenant avance de trois pas, encore un, bien! lève les mains et pose-les sur ta tête! »

J'essaie de discuter, mais il ne veut rien entendre.

« Tu t'expliqueras au commissariat. Tu n'as pas de brassard? Bon, allez, avance! et les mains sur la tête. Marche! »

Les lèvres tremblantes, j'avance le long des rues vides. L'homme a ramassé mon fusil qu'il a accroché à son épaule. Par moments, il me pousse brutalement du canon de son arme et l'enfonce entre mes omoplates. Chaque fois que j'ouvre la bouche, il me donne des coups impatients sur les vertèbres.

« Ta gueule et marche ! »

De temps en temps, la voix dure derrière moi m'ordonne de tourner à droite ou à gauche, pas un mot de plus. J'essaie de lui parler du colonel Valerie, il ne veut rien entendre, des usines Renault, de l'île Seguin, de Bébert-le-Chat. Il me dit de la fermer une fois pour toutes. Nous croisons de rares passants qui s'étonnent de mon jeune âge et demandent si je suis un milicien. L'homme, derrière moi, ricane et ne répond rien. Puis, nous abordons des rues où les gens reconnaissent le résistant qui m'a capturé, lui tapent sur le dos, le félicitent. Les mains toujours posées sur la tête, maintenant j'avance sous les injures. Un petit garçon crache sur ma veste et se sauve en riant, quelqu'un m'envoie un coup de pied dans les jambes, je trébuche, on s'esclaffe autour de moi. Soudain une femme m'attrape par les cheveux. Une gifle formidable me sonne l'oreille et, au même moment, je reçois un crachat en plein sur la bouche. Une autre gifle, une terrible explosion et je me retrouve en train de sangloter à quatre pattes. Un coup de pied dans l'estomac me coupe la respiration. Je ne peux plus reprendre souffle. Ah ! quelle bouillie misérable. Je ne peux plus respirer, je ne peux plus respirer, je ne peux plus respi…, je m'enfonce dans le noir, je tombe, je sombre, au secours ! au secours ! je m'accroche au bord d'une falaise, mes jambes pendent dans le vide, des pierres roulent, mes doigts glissent. Une secousse, je bascule.

Un dernier hurlement, j'entends très loin des femmes rire et me voilà projeté dans le trou vertigineux.

Un fil de bave coule de mon nez, ça me chatouille. J'ai beau essayer de le couper, il ne fait que s'allonger davantage. Je renifle bruyamment, ça résonne. J'entrouvre les yeux. Des hommes sont penchés sur moi et ricanent. Très loin, très loin, j'entends des voix mêlées aux saccades grêles d'une machine à écrire. Je vacille sur ma chaise, je vais retomber dans le gouffre noir. Quelques giffles rapides me font émerger. À travers une buée grise, je les vois penchés sur moi. Une nouvelle série de claques sèches me dévissent, me tordent sur ma chaise, m'enroulent autour d'un axe cotonneux. Une poigne énergique me saisit aux cheveux et me maintient solidement la nuque contre le dossier pendant que de l'eau coule sur mes yeux, dans mon cou, sous ma chemise, se glisse entre mes vêtements, descend en sinuant jusqu'aux plis de mon ventre. Je tente de me relever, mais on me maintient sur ma chaise. Une voix enrouée ricane quelque part, d'autres voix lui répondent. Du revers de ma manche, je m'essuie le visage, les yeux, le front. J'ai de la bave partout, elle me colle les paupières et, plus j'essuie, plus elle se répand. Une gifle m'ébranle. À travers une buée grise, je les vois penchés sur moi. Ils flottent au milieu des papiers peints de la pièce tapissée. Je reconnais l'homme qui m'a arrêté, oui, c'est bien lui, je le reconnais. Assis sur le coin du bureau, le fusil entre les jambes, il me fixe. Ses lèvres remuent, j'entends sa voix dure. À côté de lui, un agent de police tape à une vitesse fantastique, sur une machine. Il enregistre la déposition mot à mot. De temps en temps il répète en écho la dernière partie de la dernière phrase. L'homme raconte ma capture. Un récit monstrueux coule avec la plus grande facilité de ses lèvres minces. Il débite, épisode par épisode, le roman d'une poursuite mouvementée. Son rêve envahit mon cauchemar. Je tente de l'interrompre. Je nie énergiquement. En réponse, je reçois une formidable gifle. Je secoue la tête, non, non, non. Je reçois une autre gifle qui me sonne pour un moment. L'homme, imperturbable, négligemment appuyé sur le coin du bureau, parle, parle, parle. Je tente vainement d'arrêter le cours de son incroyable histoire, mais je sanglote trop fort pour nouer les mots. L'homme, comme si de rien n'était, continue à servir sa démente histoire. Oh! ça faisait un moment qu'il me suivait, oh! ça faisait un bon moment qu'il avait repéré mes regards louches.

« Mais, moi, je cherchais Bébert-le-Chat... »

Ça les fait ricaner.

« Ça s'rait pas un milicien des gouttières ton chat. »

Je secoue la tête : « Mais je cherchais Bébert-le-Chat, moi ! » Une gifle. « Non, non, non, le colonel Valerie, oui ! Colonel Valerie ! » Personne ne connaît. J'insiste : « Si, si, si ! » Une gifle. « Non, non, non ! » Je secoue la tête. « Dans les usines, dans les usines ! Dans les usines, son quartier général, les usines... » je l'ai sur le bout de la langue « ... les usines... », un trou de mémoire. « Les usines... » j'en transpire. Une gifle. « Si, si, si, tout près d'ici, usines à voitures !... mais si, l'usine où ils fabriquent des chars ! » Une gifle. Sanglots. Les flics se tordent de rire, tous les noms de voiture y passent.

« Bon ! ça va, assez rigolé. Enlève tes lacets ! »

Je ne comprends pas.

« Enlève tes lacets, ta ceinture ! »

On déboutonne ma veste. Ma ceinture est brutalement tirée hors des boucles de mon pantalon.

« Allez ! tes lacets ! »

Je me penche et maladroitement je défais mes lacets. Aussitôt je suis saisi au collet. On me relève. Mon pantalon glisse, je le remonte. On me bouscule. Un long couloir dans lequel je traîne les pieds. Plusieurs fois, je rattrape mes chaussures qui me quittent. Une dernière bourrade et c'est fini, me voilà bouclé dans une cellule pleine de gens assis côte à côte sous une lumière crue.

On se pousse, on me fait place sur les banquettes scellées aux murs.

« Allez, pleure pas comme ça ! t'as pas de mouchoir ? tiens, essuie-toi la figure ! »

On me tend un mouchoir que je passe un peu partout au hasard sur ma figure. De profondes saccades me secouent, de terribles sanglots d'enfant. Autour de moi, ils sont une dizaine serrés sur les banquettes passées au Ripolin. On se croirait dans une clinique. Le plafond, les murs, la porte, les banquettes, tout reluit sous l'épaisse couche de peinture blanche. La violente lumière joue sur les stries vernissées laissées par le pinceau. Sur ce fond luisant, les figures de tous ces hommes mal rasés, alignés face à face, paraissent encore plus sinistres.

Au fond de la cellule, une cuvette de chiottes immaculée. Régulièrement, toutes les cinq minutes, la chasse automatique se déclenche, faisant sursauter tout le monde. Et de nouveau le bruit régulier de l'eau remplissant le réservoir jusqu'à ce que la chasse explosive fasse encore sursauter tout le monde, et de nouveau le bruit de l'eau, et la chasse et l'eau, et la chasse et l'eau pour l'éternité. Invitation directe au suicide. De temps en temps, un guichet à glissière s'ouvre dans la porte et un flic jette un coup d'œil. Les voilà tous qui pleurnichent, supplient. On ne peut pas les garder comme ça sans au moins prévenir leurs femmes, leurs petits enfants. Le flic ricane et lance :

« Inutile de vous agiter, sales collabos, vous y passerez tous, chacun votre tour ! »

Clac ! le guichet est refermé.

Contre moi, un vieux squelette se ronge les ongles en regardant sans arrêt sa montre, il a l'air d'être en retard à un rendez-vous. Il remue ses pieds et les racle sur le sol comme s'il marchait assis. En face, un homme au buste de gorille dort la bouche ouverte, la nuque appuyée au mur, plus terrible qu'un mort. De là où je suis, je vois jusqu'au fond de sa gorge, du palais à la glotte toute l'humide et luisante fragilité. Le vieux me pousse du coude et me chuchote que c'est un milicien, quant à lui il est là depuis plus de trois jours pour rien. Il rit piteusement et jure qu'il n'a jamais rien fait. Jamais de politique. Jamais pris parti pour personne car, pour lui, seule la France compte. Non, il ne comprend pas ce qui lui arrive. Tout le monde ricane. Terrible injustice. La seule chose... c'est qu'il n'a jamais aimé les Juifs. Tout le monde approuve. D'ailleurs, c'est à cause d'un Juif, « un sale youtre », qu'il est là. Ça y est, il se lance dans une histoire interminable. Tout en parlant, il gigote les jambes, regarde sa montre et ronge à toute vitesse ses ongles dans les temps morts de son immonde discours. « D'ailleurs, c'est les Juifs qui ont mis le monde dans ce pétrin ! » Ça, ils sont tous d'accord. « Et pas que les Juifs d'aujourd'hui, mais depuis toujours ! » Il patauge dans la Bible, prend l'accent juif pour mieux appuyer sa haine, crache, écœuré, prononce Rébeeeecca en bêlant, Abraaaaaaham en se pinçant le nez. Tout le monde rigole. Il agite ses mains en crochant les doigts comme s'il raclait de l'or. Et tout à coup, hors de lui, il hurle vers la porte :

« Et ces imbéciles qui nous emprisonnent, nous, Français ! Police ! police ! au secours ! Vive la France ! Vous n'avez pas honte de fusiller des Frrrrrançais ? Ah ! si on était youpins, on serait à la fête, mais les honnêtes Frrrrrrrrançais, on les boucle, on les égorge, on les fusille. Sales flics ! Vendus ! pourtant vous les aimiez bien les Allemands ? Rodchildes ! Valets de Rodchuilde ! Pouah ! »

Dérangé par ces cris, l'homme au buste de gorille ouvre un œil, se racle la gorge et de nouveau sombre dans sa léthargie.

Les hurlements du vieux ont réjoui toute la compagnie. Chacun maintenant parle « du Juif », de cet ennemi rampant. On imite haineusement. Les bouches se tordent, on grimace, on postillonne. Les premières mesures de *La Marseillaise* naissent spontanément de toute cette haine et les voilà aussitôt debout à brailler en chœur l'hymne sanglant.

Soûlé par les terribles rugissements, je ferme les yeux, je vacille contre le mur lisse. Affreuse envie de vomir. Comme d'habitude, ma bouche se remplit d'eau, je transpire, je transpire. Ah ! que je suis mal, mal, mal. Je demande si c'est vrai qu'on va nous fusiller. Tout le monde ricane. Fusiller ? Oh ! ça c'est sûr ! Le vieux est certain qu'on va tous y passer. Il en remet, la bouche amère, il nous enfonce tous sous terre. Il nous décrit morts, le corps troué, couché dans notre propre sang, puis en train de pourrir. Là, il est à son affaire.

Ses pieds raclent le sol de plus en plus vite, comme s'il enterrait des excréments derrière lui. Je suis tenaillé par une angoisse insupportable : se peut-il que je meure sans avoir serré le corps d'une femme dans mes bras ? que je meure sans avoir fait l'amour ? que je meure sans avoir connu cette chaleur, que je meure sans avoir connu la douceur et le parfum, que je meure sans m'être répandu au plus profond. Un bond, et me voilà penché, la figure pendante, en train de vomir dans la cuvette. Des spasmes affreux me déchirent, me font me tordre, secoué, sur l'émail. Mes cheveux effleurent le fond souillé. Des flots de bile mousseuse coulent et vont se mêler aux traînées de merde qui strient le goulot entartré. Une explosion et la cataracte s'engouffre, tourbillonne, m'éclabousse de sa fraîcheur. Ça va mieux, beaucoup mieux. Je reste un long moment le menton appuyé au rebord de la cuvette. Je n'ai pas la force de me relever. Mourir avant d'avoir fait l'amour... Je regarde les bulles qui tournent au fond du récipient. Ah ! que j'aimerais me laisser glisser dans cette eau, me dissoudre et partir à jamais au fil des égouts, emporté par la prochaine chasse, partir sans retour. Sortir. Ne plus être. Sortir de ce monde. Une explosion et de nouveau la joyeuse cataracte bouillonne sous mes yeux. Une main plonge un mouchoir dans le flot tourbillonnant et on m'emporte pendant que le mouchoir mouillé est délicatement posé sur mon front. Pipa ! Pipa ! je pleure doucement sur la banquette, je pleure en silence ma Pipa perdue, ma Pipa malade que jamais je ne reverrai. Ah ! je n'ai rien fait, pourquoi suis-je ici ? je marchais innocemment à la recherche de Bébert-le-Chat. « Je cherchais Bébert-le-Chat ! » Sans fin je répète cette phrase, je répète sans fin cette phrase en pleurant doucement sous la lumière crue.

On m'essuie la figure, on me débarbouille de toute cette morve qui, à force, avait séché dans mes sourcils et sur mon front, à force avec ma manche de l'avoir répandue. On déboutonne mon col, on m'apaise. Tous les prisonniers se penchent sur moi, me caressent le front, relèvent avec douceur mes cheveux mouillés, l'immonde vieux m'entoure même de son bras. Sous la lumière crue, entre les murs immaculés, leurs sourires sont des grimaces, leurs gestes du guignol, tout vire à la parodie. On s'apitoie cent fois plus qu'il ne faudrait, on me voudrait à l'agonie pour faire honte aux bourreaux. Ah! combien ils me plaignent d'être là. Eux encore, ils ont vécu leur vie, mais moi, si jeune. Au bord de la crise, le vieux accuse, le doigt pointé vers la porte. Sa voix monte par saccades. Tout à coup au milieu du bel envol la chasse explosive se déchaîne. Du coup l'immonde vieux se met à bafouiller, ne trouve plus ses mots, hésite quelques secondes, fait un geste découragé, se lève et traîne ses pieds jusqu'à la cuvette. Tout en grognant il extirpe son sexe de son pantalon et reste un long moment immobile les yeux levés au plafond. Ça n'a pas l'air de venir, il s'énerve, racle des pieds, reluque sa montre. Un bruit aigrelet. Enfin ça y est! enfin c'est venu! Tout le monde sourit. Une odeur d'urine fraîche envahit la cellule. Il soupire, se détend. Encore quelques saccades et hop! il la secoue violemment. Finich't?

Maintenant, ils veulent tous pisser à la fois. Ils s'agglutinent à la tinette. Ils sont quatre, cinq, six ensemble coude à coude. Tous ces jets réunis font un bruit net, dur et tranchant. Lorsqu'ils se sont tous bien vidés, bien rebraguettés, bien réinstallés sur les banquettes, l'homme au torse de gorille qui jusqu'à présent n'avait absolument pas bronché, se lève, va jusqu'à la cuvette, se déculotte et paisiblement commence à chier. Un silence écrasant tombe, tout le monde baisse les yeux pendant que la chaude odeur de merde nous enveloppe. Plus personne ne respire. On écoute le son des plongeons que font les étrons dans le fond de la cuvette. L'homme somnole un long moment assis. Plusieurs fois la chasse lui part sous les fesses, il ne sursaute même pas. Peu à peu on s'habitue à l'odeur sucrée et grasse, on reprend respiration in extremis. Enfin le chieur toussote, entrouvre les yeux et se baissant un peu cherche la poche de son pantalon dans l'amas informe roulé autour de ses jambes. Il palpe longuement, tâtonne, farfouille et, apparemment, ne trouvant pas ce qu'il cherchait se rendort. Toutes les mains s'enfoncent dans les poches, fouillent à la recherche d'un morceau de papier, mais les flics n'ont rien laissé. Le vieux recommence à grincer : « Ah ! ce n'est pas supportable d'abaisser les gens comme ça, pire que des bêtes. » Tous approuvent : « ... pire que des porcs, parfaitement ! » De nouveau l'homme s'agite sur son siège, entrouvre les yeux :

« Je les emmerde ! »

Tout le monde rigole, ha ! ha !

« Ça, vous pouvez le dire !

— Il emmerde même tout le monde.

— Et non seulement il emmerde tout le monde mais il reste là assis comme un... pouah ! »

Le chieur, profitant d'une chasse, plonge la main derrière lui, se lave le cul et se reculotte sans un mot. Puis tout en essuyant distraitement ses doigts sur son pantalon il revient à sa place et aussitôt se rendort.

Peu à peu les conversations se renouent sur la tortueuse suite de malheurs qui ont conduit chacun jusqu'à cette effrayante cellule. Eux qui aimaient tant leur patrie, voilà où ça les a menés. Ils sont intarissables. Leur ennemi n° 1 bis, puisque le 1 c'est le « youtre », le 1 bis, c'est le « résistant » qui d'ailleurs la plupart du temps est juif.

« Ah! frapper dans le dos, ça les connaît! Police! Au secours! Vive la Frrrrrrrrance! (Sanglots.) À bas la finance internationale! Hou, hou! de l'air, de l'air, de l'air! Hooooo! »

Ça y est, voilà le vieux qui remet ça. Ah! il étouffe dans tout ce Ripolin. Il fait le geste de regarder sa montre, puis, découragé, se plie en deux, le front posé sur ses genoux, les mains sur la tête, montrant par cette attitude qu'il ne veut plus rien savoir du monde.

Le silence tombe enfin.

Recroquevillé dans mon coin, je somnole. Lorsque j'entrouve les yeux, je les vois assis face à face dans cette lumière cruelle. Bouches ouvertes, ils dorment, gris comme des cadavres. Je glisse d'un cauchemar à l'autre. Il n'y a plus de réalité, plus d'avenir ni de passé, plus rien qu'un immense marais desséché dans lequel j'erre. La vase se fendille sous le violent soleil blanc, se craquelle avec des bruits secs. J'ai soif. Toutes ces fissures forment un réseau sensible et capricieux, un dessin d'une finesse extraordinaire, plus délicat que des veines à fleur de peau. Résille aveuglante sous le soleil glacé, réseau palpitant, entrelacs de nerfs dans les glabulements…? Les sirènes, les sirènes!… Ils sont tous debout à courir sur place. Le vieux frappe des deux poings contre la porte, il hurle que c'est un affreux crime de nous laisser là, enfermés. Au même moment, la DCA se déchaîne. Brusquement, la porte est ouverte et les flics, mitraillette au poing, nous bousculent, nous font nous aligner une main sur la tête, l'autre retenant nos pantalons. L'un derrière l'autre, nous sortons de la cellule en traînant piteusement les pieds. Tous les canons de la création sont au travail, ils pulsent l'air de leurs folles cadences. Au loin, les premières bombes tombent, non, la guerre n'est pas encore finie. Les flics s'énervent, deviennent brutaux, nous n'allons pas assez vite. Ils enfoncent sauvagement leurs mitraillettes dans nos côtes : « Raoust ! schnell ! ordures ! on va pas crever à vous attendre, sales collabos ! » On avance comme on peut dans des escaliers sombres et d'infinis couloirs, on se déhanche, on traîne les pieds, on rattrape les godasses qui s'échappent, les falzars qui tombent, un minable branquebullage d'arriérés perclus.

Enfin nous voilà dans l'abri. On nous ordonne de nous asseoir le long d'une longue table vide, les mains bien à plat devant nous. Les flics s'installent en face et posent leurs mitraillettes pointées vers nos poitrines. Un ébranlement continu secoue les murs et le sol. Les Allemands doivent être en train de démolir le centre de Paris. L'Arc de triomphe, les Champs-Élysées, l'Obélisque, le Louvre, les grands magasins, tout ne doit plus être que décombres fumants. Le vieux ricane, ha, ha, ha ! son vœu le plus cher, ah ! son vœu le plus cher, c'est qu'ils détruisent Paris d'un bout à l'autre, qu'ils rasent la Frrrrrance, parce que les Frrrrrrrançais ne la méritent plus. Ah ! combien il serait heureux, mais heureux, mais heureux qu'il n'en reste rien de ce beau pays. Il essuie une larme et se frappe la poitrine *Mon beau pays !* et de sa voix bêlante le voilà qui chante *Ma Normandie* en prenant l'accent juif. Les flics rigolent. « Ah ! il est trop marrant, ce vieux con, ça, pour imiter les Juifs, c'est un as. » Tous les prisonniers hochent. « Ah ! oui ! ça, ah ! ça oui, tellement marrant que c'est à croire qu'il l'est ! » L'immonde vieux est lancé, il racle la table de ses doigts crochus, nous refait tout son insupportable numéro. Les flics sont d'accord, pour ce qui est des Juifs, d'accord, d'accord. Le vieil épouvantail est ravi.

« Mais alors ? (qu'il bave) mais alors, pourquoi nous retenez-vous en prison ? mais alors, pourquoi vous nous menacez ? »

Au loin, les bombardements ont cessé. On peut entendre encore de temps en temps des tirs de DCA, mais le grand labourage semble terminé. Nous restons tous un long moment à écouter les bruits de la surface. Une terrible gifle. Un flic vient de frapper l'homme au torse de gorille.

« Allez, réveille-toi, ordure ! »

Il regarde autour de lui d'un air ahuri.

« ... ordure ! Garde tes yeux ouverts et les mains sur la table. De toute façon, tes yeux tu devrais en profiter pour regarder, sans ça, moi je te les crève, tes yeux. Regarde bien autour de toi parce qu'avec tout c'que t'as sur la conscience, je te promets que tu reverras pas le soleil de demain, t'entends ? comme les quarante-deux types que vos patrons ont fusillés au Bois. »

Il le refrappe sur les lèvres.

« Oui, le joli soleil, t'entends ? Eh ! le milicien ! tiens, regarde, tu connais ? des mitraillettes comme ça, vous en aviez hein ? si je la laissais tomber sur la table, là, le canon bien tourné comme ça vers ta sale panse d'ordure, qu'est-ce que t'en dirais ? »

Clac ! la mitraillette tombe sur la table. Le milicien affolé recule sa chaise. Aussitôt toutes les mitraillettes sont pointées sur lui.

« Allez, reste à ta place et bouge pas ! »

Heureusement la fin de l'alerte met un terme à ce viril divertissement. Nous réintégrons notre cellule où chacun reprend son somme.

Maintenant le milicien se lève sans arrêt, va s'asseoir sur la cuvette, revient, retourne. Chaque fois que j'entrouve les yeux, dans mon demi-sommeil, je le vois en train de se déculotter ou de se reculotter d'un air lugubre. Il pousse des soupirs va, vient, regagne son coin, revient à la cuvette, repart, se heurte aux jambes des dormeurs, ne tient plus en place. Enfin, il se calme et reste pendant des heures, les yeux grands ouverts, à fixer le plafond.

Soudain, la porte est brutalement ouverte. Deux hommes en civil, revolver au poing, entrent dans la cellule, nous secouent, nous obligent à rester debout, nous demandent nos noms, nos adresses, l'un d'eux consulte une liste sur laquelle il griffonne sans arrêt. Lorsqu'ils ressortent et que la porte est à nouveau bouclée, nous constatons que le milicien et deux autres prisonniers ne sont plus là. Le vieux grince méchamment tout en raclant des pieds.

« Qu'est-ce que je vous disais ? hou… ça y est ! ha ha… ça y est ! les voilà qui commencent le massacre, hou… comme en Russie, parfait, parfait, une balle dans la tête, parfaitement. Pan ! terminé, terminus, hou… fini ! Ah ! pauvre Frrrrrrrrance ! pourrrrrrie… hou… ha ha… »

Lorsque la chasse explose ; tout le monde sursaute et s'affaisse dans un même mouvement sur les banquettes. Les murs luisants commencent à tourner lentement très lentement, très lentement et la cuvette s'éloigne, s'éloigne à une distance extravagante. Loin, très loin, des petits pantins se penchent et se relèvent, se penchent et se relèvent, se penchent et se relèvent. Je passe ma main sur ma figure, non, tout est de nouveau à sa place.

« Cyrus Rubioza ! »

Je me frotte les yeux, le cœur battant.

« Lequel de vous s'appelle Cyrus Rubioza ? »

Je me lève, le corps secoué de violents tremblements. Un flic me tire par le bras et me traîne à moitié endormi dans le long couloir. Les mains crispées sur mon pantalon, je titube. On me pousse, j'entrouvre les yeux, je reconnais le bureau tapissé de papier peint.

Mon père est là. On me bouscule vers lui.

Mon cauchemar tourne court.

On me rend mes lacets, ma ceinture, le commissaire de police me fait un vague sermon, et nous voici dans la rue.

Les remontrances de mon père, le piteux retour dans le petit matin, tout est noyé dans le sommeil irrésistible.

Lorsque nous arrivons dans la cour, l'aube éclaire déjà vaguement les amas de pierres. Derrière les persiennes à lamelles, une pâle lueur montre que Pipa nous attend.

Soudain, mon grand-père surgit devant nous :

« Alors toi, un peu plus devenir soldat inconnu ! »

Zourksenzeferblatten ! Toc ! Toc ! Je me glisse, me voilà de nouveau en pleine conspiration. Von Fridoleïn est tout pâle, il faut que je le rassure, il n'a pas fermé l'œil de la nuit. Ce bombardement allemand l'a frappé. Il a tout vu par la lucarne. Il tremble que ses compatriotes ne réoccupent. Je le tranquillise : les Allemands ? mais ils sont loin ! Je lui raconte comment les tanks de Leclerc ont traversé Paris, comment ils ont fait un peu le ménage et filé sur Berlin. Ah! bon, ouf! le voilà soulagé. Alors comme ça je suis sûr de ce que je dis? Bon, il me croit.

Pendant tout ce dialogue, la belle Fridoleïne roulée dans ses rarissimes gobelins m'observe en fumant avec grâce. Elle semble ne pas avoir bougé depuis la dernière fois. Tous ses petits dessous si énervants sont à la même place, ses bas, sa culotte, tout son fantastique harnachement putanesque. Donc elle est toujours aussi nue entre Suzanne et les vieillards... Oulala! la respiration m'en manque. Nue dans ses chiraz et gobelinesques tissages, elle palpite des châsses et respire... (Je précise qu'elle respire parce que je vois ses seins soulever et abaisser les gobelins qui les voilent.) Donc, elle respire une main sous la nuque, touffe de poils hérissés.

Je la fixe d'un air stupide. Elle sourit, allonge le bras et tapote sa cigarette pour faire tomber les cendres le plus loin possible de tous ses jolis petits chichis. Ah! c'est qu'elle y tient à toutes ces dentelles si exaspérantes. Quel meilleur sauf-conduit en ces temps de guerre?

Le jour même, tout était arrangé. Mon père avait réussi à joindre Violetta qui, bien sûr, tenait déjà « quelqu'un à elle » au gouvernement provisoire. Pas de problème.

Je dois conduire nos séquestrés au coin du viaduc d'Auteuil et de l'avenue Michel-Ange où une voiture les attendra et en prendra livraison, avec, c'est juré, tous les égards et les manières.

Je file les prévenir. Von Fridoleïn, la voix tremblante, me demande si c'est bien aux Américains que nous le livrons. Pieux mensonge. Ya, ya! Américains, Américains! Parfait, il paraît rassuré. Je reviendrai à cinq heures précises les chercher.

Lorsque j'arrive, ils sont prêts. La gretchen s'est mis du rose sur les pommettes, s'est fait les yeux, la bouche, le nez, une coiffure à la Britany Gleen. Elle est entrée dans son plus seyant tailleur de fräulein surbandante. Talons hauts et bas d'outre-monde. Tif-Tif! un ultime coup de houppette, une œillade de biais dans le poudrier coquille Saint-Jacques, et clac! dans le sac.

Von Fridoleïn, par contre, ne s'est pas rasé, il a l'air d'une cloche, manifestement il va au supplice. Et, en avant pour le bal! Nous longeons silencieusement le viaduc, les escarpins mignons martèlent de leur joli rythme notre triste promenade. Sans cesse; von Fridoleïn nous prie de l'excuser. Il pissote contre toutes les arches. Il est vert de peur. Enfin, nous arrivons au rendez-vous. La voiture est là; moteur au ralenti. Des résistants, mitraillettes en bataille, attendent sur le trottoir. Von Fridoleïn pousse un petit cri et veut reculer. Trop tard. Tous les hommes ont bondi, déjà ils le bousculent à coups de pied dans la voiture. Je n'ai pas le temps de réaliser que la traction a disparu.

Au soir tombant, mon père m'entraîne jusqu'à la chambre de von Fridoleïn. Il veut jeter un dernier coup d'œil à tous ces tapis, à toutes ces merveilles avant de les livrer. Il les palpe avec amour les uns après les autres, les respire, les cajole, les caresse. Non, jamais il ne reverra d'aussi beaux tapis de Perse. À qui von Fridoleïn a-t-il pu les voler?

Après avoir amoureusement roulé chaque tapis, les avoir rangés avec soin, mon père traîne le coffret au milieu de la pièce et essaie de l'ouvrir. Impossible. Il s'acharne sur la serrure, lui donne des coups, trifouille avec une lime à ongles, s'énerve à tel point que la lime se casse et qu'un morceau tombe avec un joli petit bruit au fond de la serrure. (Joli petit bruit qui me fait repenser à celui que fit beaucoup plus tard cette pièce d'or en tombant dans la baignoire lorsqu'elle roula jusqu'au conduit dans lequel elle disparut à jamais, à la grande confusion de mon pauvre père.)

Il m'expédie jusqu'à la maison chercher une pince à épiler pour remettre la main sur le bout de lime. Quand j'annonce à Pipa ce qui vient d'arriver, pour la première fois de ma vie, je la vois en colère. Malgré la fièvre, elle veut se lever et m'accompagner pour empêcher mon père de tout démolir. Je la supplie de ne pas bouger et lui propose de transporter le coffret ici où nous pourrons tranquillement opérer la délicate extraction. Ensuite nous le remettrons avec les tapis, ni vu ni connu.

Non sans mal, nous traînons en rasant les murs le compromettant coffret enveloppé dans de vieux journaux. Nous le déposons sur le lit, aux pieds de Pipa et, en un rien de temps, toutes les pinces à épiler sont transformées en tire-bouchons. Le bout de lime rebelle se cache toujours quelque part au fond de la serrure. Il ne reste plus qu'une solution : appeler mon grand-père. Aussitôt, il dégringole avec un véritable attirail de cambrioleur. Le voilà tout à fait à son affaire. Ma grand-mère, descendue avec lui, s'est installée dans un fauteuil. Le spectacle peut commencer. Mon grand-père étale sur le lit toute sa quincaillerie, marteaux, clefs anglaises, vilebrequins, tournevis et barres à mine, pendant que Pipa le supplie de ne rien forcer. Trop heureux de se rendre utile, il se frotte les mains, la rassure, coince son oculaire et... fonce sur le coffret. Pipa l'arrête encore une fois, lui fait jurer de ne rien abîmer et surtout de ne pas l'ouvrir, de juste retirer le bout de lime, un point c'est tout. Mon grand-père jure tout ce qu'elle veut. Il sera plus léger qu'un chirurgien. Sur ces mots il se penche et… comme malgré lui, le coffret est ouvert.

Mon père se précipite, pousse un cri d'admiration et d'un geste théâtral renverse le coffret au creux des couvertures, entre les jambes de Pipa.

Nous restons tous muets. C'est un rêve de pirate. Des pierres de toutes les couleurs, des pièces d'or, des perles, des montres ouvragées et une quantité extraordinaire de bijoux compliqués roulent en scintillant sur le lit misérable, remplissent les replis, entourent Pipa émerveillée de chatoyances extravagantes. Ce trésor fascinant et lourd, au moindre tremblement, lance une infinité de feux.

Pipa reste un long moment muette et immobile, ne sachant comment réagir. Mon père lui aussi est perplexe. Il plonge machinalement les mains dans le tas rutilant, pêche les pierres les plus spectaculaires, les admire en transparence. Ma grand-mère et mon grand-père n'ont même pas bougé de leur place, écœurés par ce butin de bandit. Ah! quelle catastrophe! Il faut tout remettre dans le coffret et le rapporter en vitesse dans la chambre, le boucler avec les tapis et les gobelins, envoyer les clefs à Violetta et s'en laver les mains. Pour ça, ils sont tous d'accord.

Pipa hoche la tête, assise sur le lit au milieu de tous ces bijoux. Je la contemple et, au travers de sa fine chemise de nuit, je devine sa poitrine qui palpite sous les transparences au-dessus de l'or et des pierres précieuses.

Chaque matin elle arrive, ne regarde personne, se perche sur un haut tabouret, ses talons accrochés à un barreau, pose sagement son carton à dessins sur ses genoux mignons et commence à dessiner. Ses dessins sont plutôt moches, mais elle est tellement jolie à regarder lorsqu'elle dessine que c'est une façon comme une autre de bien dessiner. Plusieurs fois je me suis approché d'elle, j'ai fait hum, hum, et je suis retourné m'asseoir à ma place sans trouver autre chose à lui dire. Chaque fois elle m'a souri à demi et moi je me suis renfrogné. Non, je ne saurai jamais aborder une femme. Depuis plus d'un mois que je suis revenu vivre à Montparnasse, je n'ai pas encore osé dans la rue marcher au même pas qu'une inconnue, lui parler comme je l'ai vu faire à des tas de types. Pourtant, ce n'est pas les inconnues qui manquent, elles foisonnent, toutes plus jolies les unes que les autres. Tous les matins en me réveillant, je me jure que c'est aujourd'hui le grand jour. Je descends l'immonde escalier, j'envoie un bonjour optimiste à la veille au fond de son trou (car j'ai repris mon ancienne chambre) et je m'élance dans le bel automne, heureux de vivre, heureux de cette nouvelle journée, heureux d'aller de ce pas vers l'académie Vavin peindre et rêver, heureux de tout, fou de joie au point de sautiller dans la rue et de parler tout seul. La rue de la Gaîté descend vers le paradis et la rue Delambre a des parfums de térébenthine.

Lorsque je suis revenu à l'académie Vavin, Valentine m'a pressé sur son sein et m'a appris que mon copain Grolsky avait été bêtement blessé sur une barricade pendant la Libération. Plus malchanceux que moi, il avait reçu une balle qui lui avait brisé un os du pied et maintenant, il était en convalescence quelque part à la campagne.

« Ah! Sirius, sais-tu que nous nous sommes fait bien du souci pour toi, quand tu es tombé malade? Donne-moi ta main, dis-moi, cher Sirius, dis-moi... »

Elle se tourne vers ses enfants. Dociles, ils coulent les premiers accords. Leurs mains se croisent, volettent, légères. Touchottis sur l'ivoire, petits doigts dans les tonalités extra-hautes, pédalis pour les basses. Quoi, exactement comme la première fois. Valentine sourit ravie, s'installe, cale quelques coussins, entrouvre sa robe de chambre, pose d'autorité ma main sur son sein nu et referme en riant le tissu comme un piège. Je n'ose pas bouger, pourtant je suis assis en équilibre très instable. Mes doigts s'enfoncent dans la chair fuyante, insaisissable et gélatineuse. Plusieurs fois, je tente de retirer ma main, mais Valentine la maintient fermement et fronce le sourcil. Elle respire avec force et plisse à demi les yeux. Énervé par la musique folle, je fais aller mes doigts sur toute cette masse inconsistante. Enlisé dans de fuyants remous lorsque je m'égare hors des zones sensibles, Valentine, d'un léger coup de gouvernail, me remet sur le bon chemin. Elle gît dans la pénombre, les yeux clos. Son visage bouffi de méduse me dégoûte. Elle a l'air d'une noyée. Bouche ouverte elle blublutte, emportée dans les régions floues et fleuries du plaisir. Au rythme infernal de la musique, je malaxe, je nage dans les flots de pâte fraîche, je me noie dans des tremblotis vaseux, je patauge pendant que les cadences zizillent mes nerfs. Un dernier accelerantissimo d'égoïne dingue et ça y est, nous basculons vers les finales : clinc clinc clinc, je reconnais les touches grêles. Ça y est, nous voici maintenant à la hauteur des profondes, au niveau des mammouths, Valentine palpite sur la crête de la vague. Elle se cambre. Deux, trois notes acides et terminé. Elle a pris pied sur le mirifique rivage, les yeux luisants, elle vaguebulle souriante et m'envoie du bout des lèvres un baiser d'outre-mer.

D'un unique et gracieux élan, les deux charmants enfants ont déjà pivoté. Bravo, bravo ! et, sur un geste de leur mère, ils se sauvent en riant :

« À quoi penses-tu ? mais viens là, assieds-toi mieux. »

Elle me fait place contre sa hanche et sa main comme par hasard se pose sur ma braguette. Je suis très, très mal à l'aise. Je transpire de malaise. Ah ! moi qui ne rêve que grâce, beauté et passion, me voilà coincé dans l'antre d'une vieillissante méduse. Elle me caresse en rigolant comme si tout cela n'était qu'une farce. Ses joues pendent, et je ne vois plus que les lourdes poches sous ses yeux. Malgré mon dégoût, cette brusque chaleur enveloppante me submerge, me fait vaciller sur le lit et je fonds dans une inconcevable douceur. Je l'imagine renversée en arrière parmi les cachemires, sa poitrine complètement nue. J'ai fait glisser les légères bretelles garnies de dentelles de sa transparente chemise de nuit, je balaie les pierres précieuses et les bijoux encombrants qui roulent et rebondissent avec bruit sur le sol et, posant mes lèvres sur ses seins ravissants, je les embrasse de tout mon amour… Ah! Pipa, Pipa!

« Alors, Chouchou-Sirius, c'était bon? »

Depuis ce fameux jour où Valentine-arachnéa douillettement tapie au fond de son piège de soie, la pompiérisante tarentule, m'a coincé, j'évite de me trouver en tête à tête avec elle. Lorsqu'elle passe dans les ateliers et que j'entends sa bruissante sacoche se rapprocher, je file à ras de terre et, quand elle me surprend, je lui souris bêtement. Elle arrive en ondulant et me caresse la joue avec une douceur exaspérante.

« Alors, Sirius, sais-tu que j'ai des nouvelles de Chouchou-Fedia? »

Elle cligne des deux yeux à la fois.

« … en passant, viens me voir, je te lirai sa lettre! »

Une petite tape sur la joue et elle me tourne le dos.

À l'heure de la pause, je dégringole l'escalier à une telle vitesse que c'est à peine si je touche les marches.

Aussitôt dehors, je pars en quête du grand amour. Mains dans les poches, je sillonne le quartier. Dès que je croise une femme ayant suffisamment de grâce pour faire battre mon cœur, je vire de bord et me voici aussitôt en régate. Au fil du courant, je la frôle, la dépasse, la laisse me dépasser de nouveau, de reflet en reflet, de vitrine en vitrine, côté ombre, côté soleil, selon les capricieux trottoirs, selon les caprices du vent, selon les caprices du capricieux capiteux et captivant petit corps folâtre que déjà presque j'idolâtre, émerveillé du miracle de tant de grâce et déhanchement. Mais, au bout d'un moment, elle commence à s'énerver. Zigzag, virage de bord imprévu, changement de direction à l'inspiration. Plus de bouée, plus de parcours. Une poussière, je me frotte l'œil et… puff, plus personne.

Ah! cent fois, de telles poursuites m'ont mis au désespoir. Et puis un jour, miracle. Me voici assis à côté d'un de ces êtres inapprochables, me voici assis au Luxembourg. Je fais des gestes, je respire, je ris, je la fais rire, je rayonne dans le soleil. Elle bat des cils et lève la main devant ses yeux pour les protéger de la lumière. Je raconte tout ce qui me passe par la tête. « Hi hi hi! » (c'est elle qui rit). Ce qui me permet de toucher, oh! juste une seconde, sa main. Mon épopée en prison l'attendrit, bonne occase pour retenir ses doigts mignons. Aussitôt, j'envoie le trésor de von Fridoleïn, une étreinte pour les pierres précieuses, une étreinte pour les perles, une étreinte pour les pièces d'or et ainsi de suite. Enfin, paume contre paume et doigts entrelacés, j'achève cet étincelant raccourci de ma courte vie par mon récent et définitif départ de chez mes parents.

Nous remontons vers l'académie Vavin et mon cœur bat à grands coups lorsqu'elle se perche de nouveau sur son haut tabouret. Oui oui oui! et moi, la poitrine gonflée d'heureux pressentiments, je patauge devant ma toile en pleine confusion. Tout en peignant, je me murmure son affreux et adorable prénom : « Josette. Josette. Josêêêêêêêtte… » et, tout en murmurant ce prénom acide, je louche vers elle. Quand nos regards se croisent, elle me sourit malicieusement et, lorsqu'elle sourit, deux fossettes se creusent au coin de sa bouche. Mais ce qui me frappe le plus en elle, ce sont ses genoux, de jolis genoux brillants, tellement brillants que j'ai l'impression d'y voir reflétés les grandes verrières de l'atelier, le modèle, mes voisins silencieux et moi-même. Lorsque le modèle enfin s'ébroue, je vole vers les petits genoux lumineux. Elle rit quand je lui apprends que ses genoux sont des miroirs et voilà que je m'embrouille dans les métaphores et les comparaisons approximatives. Je termine sur Alice et nous basculons derrière l'infernal miroir de Lewis Caroll. Alice? mais elle adore. Moi, pas du tout, mais motus. J'assure que je raffole, un lien de plus entre nous. Pour lui faire plaisir, j'ajoute même qu'Alice, c'est elle, avec ses boucles et ses fossettes. Du coup, le modèle est transformé en lièvre de Mars et tout le monde autour de nous, par la magie de nos rires complices, en chenilles au narguilé, reine de trèfle ou fou d'échec.

Voici donc Josette devenue Alice et Cyrus penché sur le dessin merveilleusement affreux tracé par ces mignons doigts-là. J'en profite pour faire quelques pressions bien senties.

Déjà le soir tombe lorsque nous nous retrouvons dans la rue.

« Heure délicieuse, n'est-ce pas, Alice? où les trottoirs mouillés reflètent les lumières tordues. »

Alice me regarde, étonnée de cette phrase un peu ambitieuse. Il faut dire que, dans ma tête, je tire fébrilement des plans pour la mener vers mon immonde chambre. Voilà en toute simplicité mon secret programme.

« À quoi pensez-vous, Cyrus? hi-hi-hi!

— À rien! pourquoi riez-vous, Alice?

— Pour rien, je trouve votre prénom... hi-hi-hi!... un peu comment dire?

— Désuet?

— Non, pas exactement.

— Parce que, si vous voulez j'en ai de rechange. Pourquoi riez-vous, Alice ?

— Je ne ris pas.

— Ah !... dites-moi, Alice, savez-vous à quoi je pensais ?...

— Non ! Hi-hi-hi !

— Ah !... savez-vous à quoi je pensais ? qu'on pourrait... qu'on pourrait peut-être remonter un peu la rue de la Gaîté. Qu'en pensez-vous, Alice, à cause des lumières ? d'ailleurs laissez-moi porter votre carton à dessins, si ! Aimez-vous le *Concerto pour clarinette ? Le Portrait ovale ? Le Contrat social ?* et *Zarathoustra ?* allez-vous souvent au cinéma ? et... et plus tard que voulez-vous devenir ? plus tard, Alice ? »

Je la submerge exprès de questions en vrac. Tactique. Et c'est machinalement qu'elle remonte la rue de la Gaîté. Arrivés rue Vercingétorix, elle a un terrible recul. Il faut dire que comme rue dégueulasse ! Ah ! je m'en doutais. Ah ! là ! là ! me dis-je, comment l'entraîner dans le sinistre dédale qui mène à mon innommable ? Comment la faire plonger dans ce gouffre noir ? Et elle, pendant ce temps, qui pleurniche que sa maman l'attend, et que son papa doit être furieux de l'heure si tardive déjà. Elle veut à tout prix redescendre vers la gare Montparnasse. J'insiste pour continuer un peu et, plus j'insiste, plus elle insiste pour redescendre. Ah, c'est foutu ! foutu à jamais, aucune femme jamais ne voudra venir jusqu'à ma chambre, Ah ! lalalala ! Ah lalalala !

Nous marchons en silence la main dans la main et tout à coup la voilà qui rit de son mignon rire si agaçant.

« Mais pourquoi, pourquoi riez-vous, Josette ?

— Pourquoi m'appelez-vous Josette ? Alice... hi hi hi ! me plaisait... tant ! »

Soudain, je sens ses petits doigts s'enrouler autour des miens, s'entrelacer fermement, tellement fermement autour de mes doigts qu'une chaleur intense monte et se répand dans tout mon corps. Courage mon vieux, courage, si tu ne fais pas quelque chose, c'est foutu. Si tu ne dis pas quelque chose, c'est encore pire. Parle, parle, dis n'importe quoi ou alors libère ta main et tire-toi. Alice mignarde et me demande pourquoi je me tais comme ça.

« Je pensais, Alice... je, je... »

Allez, me dis-je, tu laisses tomber cette petite connasse de bourgeoise à la con, qui pue la bienséance, mais, regarde ses boucles et sa robe. Trop sage tout ça!

« Pourquoi souriez-vous, Cyrus?

— Moi? moi? je souriais pas.

— Si!

— Ah?

— Dites-moi, Cyrus, hi hi hi, aimez-vous *Le Petit Prince* de Saint-Exupéry?

— QUOI? que dites-vous?

— Aimez-vous *Le Petit Prince*? connaissez-vous? avez-vous lu?

— JE HAIS! »

Bye bye, je me tire vers mes rues noires en me jurant bien de ne plus jamais approcher ce genre de lectrice de conte de fées. Je remonte à grands pas la rue de la Gaîté et c'est avec volupté que je m'enfonce dans le dédale visqueux qui mène à mon hôtel. Je tourne d'une rue à l'autre. Autour de moi, des ombres dérangées remuent et me frôlent. J'enjambe des corps d'ivrognes couchés en travers de la rue, je leur marche dessus, je titube, je trébuche plus ivre qu'eux. Des putains édentées m'attrapent par la manche et font des bruits de bouche, psik psik, comme si elles se curaient les dents, psik psik, pour m'attirer. Et tout en marchant, je hurle en moi-même: Ah! combien je vous respecte vieilles putes en putréfaction! ah! combien vos ventres sont généreux dans leur docilité. Vos hanches véloces, dans leurs mouvements tourbillonnaires, dessinent des huit plus émouvants que la danse des astres fous dans l'univers. Ah! vieilles édentées, pompiérisantes grands-mères, accrochées comme des moules aux portes minables de vos hôtels, vous attirez par ces bruits de succion les petits poissons, vous attirez les petits poissons perdus. Bruits dégueulasses, plus doux que chants de sirènes et, lorsque vous les gobez, c'est par pur amour pour l'Homme en perdition. Si, si, par pur amour vous dispensez la chaleur, la douceur, la transcendante humanité à la bonne hauteur, car vous savez bien que là est le nœud de toutes choses. Ah! vieilles Èves, votre générosité primitive... je ne trouve plus mes mots, et je crache et je ricane et je grince de plus en plus férocement avec la fougue de mes seize ans à peine sonnés.

Tout en marchant et déclamant ainsi, j'eus soudain la certitude qu'aucune femme gracieuse, frêle et souple ne voudrait jamais de ma tendresse explosive et de mon amour fou. Je ricanais et un flot de bile envahit ma bouche. Ah! délice! Ah! douce amertume! Puis, reprenant de plus belle ma course au ras des murs je m'enfonçai encore plus avant dans le dédale des plus torves ruelles. Dix fois, vingt fois j'hésitai devant mon hôtel sur le point de regagner ma chambre et chaque fois je rebroussai chemin pour repartir vers les noirs caniveaux. Les putains me voyant passer et repasser glapissaient de rire et m'attendaient d'un tour à l'autre. À la fin, l'une d'elles, sans doute énervée de me voir marcher à cette allure et peut-être aussi touchée par mes yeux perdus, me barre le trottoir. Très brune, très fardée avec des jambes fantastiquement poilues, tellement poilues que par le pire hiver elle devait pouvoir tranquillement se passer de bas... je disais donc, tellement fantastiquement poilues qu'il lui en ressortait jusque sous le menton de ces poils, et drus, et frisés, pas de ces poils follets, non, oh! non, pas de ces poils qu'on peut épiler à la cire, non non, ni de ceux qu'on rase au saut du lit, oh! non, les poils dont je parle, plus durs que limaille d'acier, transperçaient le tissu de sa robe, tirebouchonnaient sur ses poignets et produisaient même un bruit de lime lorsqu'elle marchait, à cause des cuisses, poils contre poils durement frottés... donc cette douce personne se jette sur moi, me barre le passage, m'ordonne plus qu'elle ne me propose de la suivre et me susurre d'un ton sucré que je peux l'enculer, lui faire tout ce que je veux, pour une somme dérisoire, l'enfiler par le nombril si ça me chante, tellement profond qu'il est, sans parler du coup du moulin à vent, de la spirale et autres divertissements très prisés en général. Je la bouscule et continue mon chemin. Mais déjà elle a jeté ses grappins et cavale près de moi sur ses escarpins avachis. Nous faisons un tour, deux tours, sans ralentir l'allure. Bras noué au mien, joue plaquée à mon épaule, elle me gladouille des mots vaseux, et moi, soûlé par cette haleine d'outre-tombe, la tête détournée, respirant à tout petits coups, plus souple qu'un rorqual, les évents coincés, je sonde et me concentre entre ciel et terre au niveau du plexus, jambes indépendantes, le front moite et glacé. Pendant qu'elle trinquebulle ainsi à mes côtés sur ses escarpins tordus, ses lèvres talapouinesques viennent se coller sur ma, joue, plus solidement fixées en un instant, qu'une millénaire bernicle. Au même moment, sa main se glisse par le col naïvement entrouvert de ma chemise et ses ongles sanglants commencent à me gratouiller la poitrine. J'ai beau secouer les épaules et me tortiller, impossible de me décrocher de cette sangsue. Il faudrait une hache, un ciseau à froid, un marteau et une scie, il faudrait au moins que je puisse sortir mes mains de mes poches, mais ce simple geste est au-dessus de mes forces. Soudaine impression de fraîcheur, la vampirisante pute vient de déboutonner ma chemise de haut en bas et je sens que déjà elle s'affaire sur les premières agrafes de mon pantalzif. Je presse le pas, ses doigts redoublent de vélocité, je sautille de droite et de gauche, elle aussi sautille à mon pas, je saute en l'air, elle saute, en l'air, je recule, elle recule, une danseuse de tango. Je rue, je m'ébroue, je zigzague, elle rue, elle s'ébroue, elle zigzague. Et toujours impossible de sortir mes mains de mes poches, curieusement elles sont soudées à mes hanches. J'envoie un coup de pied en traître vers les chevilles poilues, elle évite d'un petit saut. Maligne avec ça. Je vise mieux, vlan ! mais elle sautille la salope comme si elle avait prévu le coup. Au moment où à bout de souffle je reprends enfin respiration, elle m'envoie exprès le fumet pourri de ses caries... Pouah !... en pleine trachée. Horreur et décomposition. Et dire qu'il y a un instant encore je lyrisais sur les vieilles putes... Beuh... Josette et son écœurante pudeur me plairait presque mieux... Encore, une fois notre course folle nous ramène dans ma rue. En passant devant mon hôtel, d'une ruade désespérée je me dégage et en trois bonds me voilà bouclé dans ma chambre. Ouf ! Je me déshabille et me couche enfin.

Pendant des heures je me tourne et me retourne. Le lit grince, je glisse dans des puits sans fond et je me réveille couvert de sueur. Dans ce mauvais sommeil j'entends des bruits, des rires puis soudain des gémissements. Je tends l'oreille. Ça y est, ils font l'amour derrière le mur. Je tâte autour de moi, je m'empêtre dans mes draps et je sombre à nouveau. Mon sang bat dans mes tempes, mon sang bat dans mes tempes au rythme des coups de pied que je donne contre la porte de l'académie Vavin. Je clame avec désespoir le nom de Valentine. Enfin, très loin, il me semble entendre le bruit familier de ses mules. Elle doit descendre l'escalier complètement nue sur ses mules en cygne et ses seins doivent tressauter à chaque marche et son ventre aussi, et son cul et toutes les autres parties de son corps doivent participer au mouvement général. J'ai la gorge serrée, je respire avec peine. Le bruit menu des mules se rapproche et enfin j'entends la voix de Valentine derrière la porte. Je me nomme, elle m'ouvre aussitôt. Je me précipite et la serre fougueusement contre moi. Elle est nue comme je l'espérais. Je claque des dents et la supplie de me réchauffer entre ses bras. Elle me donne une petite tape sur la joue et, me tournant le dos, m'invite à la suivre jusqu'à son antre. Elle se trémousse et lorsqu'elle commence à monter l'escalier, je vois de très près ses fesses volumineuses vibrer à chaque marche. Elle se cambre exprès comme si une main invisible la chatouillait et me lance des regards lubriques par-dessus son épaule. Tout à coup, elle s'arrête, écarte les jambes, se penche et son visage m'apparaît à l'envers sous les poils hérissés. Elle éclate de rire. Je tombe à genoux et, me renversant sur le dos, je grimpe comme un crabe à reculons une ou deux marches. Un vrai mécano. Enfin je la vois, la fameuse fente. Si j'avais une clef anglaise sous la main, de là où je suis je pourrais la démonter jusqu'à l'os, la Valentine. Valentine s'impatiente et brusquement se baisse encore plus. Sa langue s'enfonce dans ma bouche à une profondeur extravagante. Je suffoque et veux reculer, mais ma nuque vient donner avec violence contre une marche. Cet ébranlement subit se répercute tout le long de ma moelle et du coup j'attrape Valentine au mollet. Surprise, elle pousse un cri, perd l'équilibre et dégringole sur le dos jusqu'en bas de l'escalier. Je fais ni une ni deux et hop!... sans réfléchir, un saut périlleux en arrière m'amène en plein ciel. Un brusque coup de reins, caoutchouc, boomerang... cloc! je me fiche en elle. En retombant, j'ai dû taper un peu de traviole et lui coincer un ovaire, car elle pousse un gueulement. Sa main me saisit par le manche et aussi sec me replace dans l'axe de ses trompes. Fallope en tressaille, donne un coup de cul dans sa tombe et en profite pour changer de position. Donc, dodo Fallope, après un coup comme celui-ci, tu es tranquille pour un moment. À peine suis-je à bonne profondeur que je frappe, remue plus ardent qu'une mitrailleuse en mal de mort. Je la secoue par l'intérieur lui raclant tout l'appareil comme un aveugle en colère. Je vois rouge. Je me démène avec une telle délivrance qu'à la fin Valentine qui, au début, gémissait de plaisir, commence à me supplier de revenir un peu en surface, mais je suis sourd et plus acharné qu'un fox-terrier déterrant un os, je gratte, je gratte, je gratte. De la terre jaillit entre mes pattes de derrière, houa! houa! houa! houa! houa! Valentine hurle et se défend. Les oreilles couchées en prolongement de mes tempes, les crocs luisants sous mes babines, je flaire en claquant des mâchoires, crrrr! crrrrrrrr! crrrrrrrr! et je m'enfonce toujours plus avant...

Je me retourne, le lit grince, je nage dans un bain de sueur et je retombe dans le puits sans fond. Ah!... de nouveau, elle est là, les jambes écartées. Je vois son visage à l'envers, elle me sourit. Je tombe à quatre pattes et me renversant sur le dos je grimpe à reculons comme un crabe, d'une ou deux marches: un vrai mécano. J'ai soudain l'étrange impression d'avoir déjà vécu ça dans une autre vie et je pense en moi-même: Ah! si j'avais une clef anglaise sous la main, la fameuse fente je me la démonte. Ah! que j'aimerais voir les moules cannibales! Valentine s'impatiente et me trouve à la fin trop rêveur. Elle se baisse. Hi! J'ai un brusque recul et heurte violemment une marche de ma nuque. Ce coup déclenche par tout mon corps un tel flot d'ondes vibratiles que, catapulté, je la flappe au mollet et la trémouille en telle surprise qu'elle s'emplatulle de barche en barche et toute tressaultante encore me raboule pour l'obscurcir. Aussi sec, je cloque, flip, flap, boooom-ranguenime, résine d'hévéa, couic! en plein me fiche. Elle ne supporte pas, ne supporte pas du tout, oh! pas aimante en la douleur et préférant la dolce pastelaria. D'un éclair me la saisouït à pleine spatule et d'emblée me la darde dans ses trompes. Et elle qui pendant me murmure: Vas-y, vas-y, trémulse en mon corps, petit bandouillant bandit, forniqueur de mon queur! Malaxe, passe-moi au hachis de ton strifulantissime mixeur strafouillant! Donc plus vite petit con, plus vite petit con, plus vite petit con, plus vite petit con, plus vite, plus vite, plus bite, plus bite, pluite, pluite, puite, puite, puite, uite, uite, huit, huit, huit 8888888888888888888888888888888888 888...

J'étouffe. Je manque d'air, je me retourne, je transpire... Aaaaaaah!... et elle est encore là, légèrement au-dessus de moi, arrêtée à quatre marches, non, trois. Les jambes écartées, elle attend pliée en deux et je vois dans le V inversé de son entrejambe son visage à l'envers. La touffe de poils qui orne généreusement son puits de dérive lui pend devant la bouche comme une barbe de moule. Secoué de frissons, je tombe sur les genoux, et me retournant sur le dos je grimpe d'une marche et demie, à la façon des crabes. Oui, exactement comme un crabe, mais droit. Tiens, me dis-je, en levant les yeux au passage, heureusement pour elle que je n'ai pas ma clef anglaise, sans ça, l'esprit con de découverte me pousserait à tout démonter pour en savoir davantage. Ah! quel affreux sommeil! Je transpire tellement que je me redresse et tends le bras. Je cherche l'interrupteur. Je bondis et allume la lumière. Et Josette? Non, Josette, ce n'était pas un rêve, je l'ai laissée tomber devant la gare Montparnasse, et après? après je ne sais plus. Non, vraiment je ne sais plus. Je ricane et m'habille en vitesse. Lorsque je passe devant le trou de la vieille, je la vois, l'horrible, en train de se laver, croyant tout le monde endormi. Penchée au-dessus d'une cuvette, elle se lavouille avec des gestes prudents et ne lève même pas la tête au bruit de mes pas. Éclairées par la lumière frisante, ses vertèbres font comme une crête sur son dos nu. Une crête de saurien, du Crétacé bien sûr… du Crétacé Dégueulien, beuh!

Me voilà dans la rue et la nuit, la nuit affreuse m'enveloppe à nouveau. Quelle heure est-il? Je ne me souviens de rien. Pourtant j'étais couché dans ma chambre, il y a à peine un instant. Ai-je rêvé en marchant ou étais-je couché et rêvais-je que je marchais ou bien marchais-je et rêvais-je que j'étais couché?

Les rues sont encore plus noires et visqueuses que tout à l'heure. Je titube et mes épaules sont douloureuses à force de heurter les murs des maisons. La rue de la Gaîté est vide, plus de néons, plus de lumières. La ville est morte, la rue Delambre est morte, le Dôme est mort et le carrefour Vavin sans limites, plus flou qu'un terrain vague. Très loin vers le lion de Belfort, quelques ombres imprécises flottent entre ciel et terre, quelques brouillardeuses et impalpables présences suspendues.

D'un trottoir à l'autre, je vole, le cœur en folie. Les rues sont vides à l'infini. C'est à peine si je reconnais le boulevard Raspail, quant au boulevard Edgar-Quinet, je le traverse en trois bonds comme si un danger terrible me guettait. Au loin, j'aperçois quelques vagues lueurs vers lesquelles d'instinct je me dirige. Des soldats américains debout près d'une jeep tentent d'allumer des cigarettes. Ils vacillent tellement qu'ils ratent à tous les coups la flamme, se brûlent les sourcils et les cheveux, jettent des allumettes à demi consumées, tombent et se relèvent dans des rires soûls. Je m'approche et mendie une cigarette. L'un des soldats me lance un paquet à terre que j'envoie d'un coup de pied sous les roues de la jeep. Les soldats étonnés se dandinent, soudain silencieux. Je tends la main et rassemblant tout ce que je sais de martien je désarticule :

« Plize, give mi ouane cig'rett ? seulement ouane, suffisant… iou andestand ?… give m'en ouane, ça me suffit ! »

Un des Américains me repousse paresseusement.

« Ao… mydiddle boy… blimb'Iswing… da dou da dou… da dou boydid'I… caompriss ? »

Tiens, il ne comprend pas, mimiquent les MP.

Et ils montent dans leur jeep. Ils hurlent tous de rire pendant que la jeep démarre et disparaît en zigzaguant. Fou de rage, je descends vers la gare Montparnasse. Au moment où j'arrive sur l'aire qui s'étend devant la gare, j'entends un bruit de moteur emballé et je vois la jeep déboucher du boulevard Montparnasse. Elle fonce droit sur moi et s'arrête in extremis dans d'affreux crissements. Le conducteur sort une cigarette et me la tend. Méfiant, je recule d'un pas en secouant la tête. Soudain, la jeep redémarre et fonce à nouveau sur moi. Je fais un bond et me mets à courir dans l'immense espace découvert en obliquant vers la rue de Rennes. La jeep zigzague et me frôle. Je saute de droite et de gauche et plusieurs fois la jeep me touche à la hanche. Je change de direction et cours vers la gare. La jeep fait un immense virage et revient me couper le chemin. Je repars en arrière, elle repart, je biaise, elle biaise, sans cesse elle me bouscule dans un bruit de ferraille folle. Enfin j'atteins la rue du Départ. Je suis tellement essoufflé que je n'ai plus la force de bouger. La jeep vient se ranger tout contre moi et je vois une de ses roues s'immobiliser devant mon visage. Les Américains hurlent de rire et poussent des cris inhumains. L'un d'eux se baisse par-dessus bord et me saisissant par les cheveux me soulève et écrase brutalement sur mon visage une poignée de cigarettes. Il les réduit en miettes et s'acharne un long moment à essayer de remplir ma bouche de l'affreuse bouillie. J'ai du tabac partout, dans les yeux, dans le nez. Je suffoque, je me débats. J'envoie des coups de pied qui résonnent sur la tôle, je crache et me tortille tellement qu'à la fin je réussis à m'arracher à mon tortionnaire. Je titube et m'accroche aux murs. Une brûlure intense me dévore les yeux et, plus je frotte, plus la dévorante brûlure est intolérable.

La jeep démarre et les rires s'éloignent.

Les paupières bouffies, les narines brûlantes, après avoir bien craché, toussé, je me traîne jusqu'à un bistrot éclairé. À travers la vitrine embuée, je vois vaguement des gens qui gesticulent, des rires me parviennent et soudain un accordéon attaque un air tourbillonnant. Enhardi par la musique, j'entre. L'accordéon aussitôt s'arrête et tout le monde se tourne vers moi. Dans le café minuscule, des putains sont assises au bar. Sur un petit pliant, un jeune aveugle, sa canne blanche posée à ses pieds dans la sciure, tend l'oreille, renifle comme une bête et d'une voix geignarde s'inquiète de l'intrus. Les putains rigolent et l'une d'elles, moqueuse, lui décrit la misérable loque qui vient d'entrer. Je reste un moment debout sur le seuil à me frotter les yeux, ce qui ravive mes brûlures. Une femme se penche et posant sa main sur mon épaule me demande si je suis malade. Je raconte. On me pousse derrière le comptoir et enfin je peux plonger mon visage dans un bac d'eau glacée. Puis on m'installe au bar et le patron me sert d'office un vin blanc. Je fouille dans mes poches comme si je cherchais de l'argent, mais je sais bien que je n'ai pas un sou. Le patron d'ailleurs le sait mieux que moi, je le vois à son clin d'œil et à son sourire entendu. À peine ai-je sifflé mon verre qu'il m'en ressert un autre et d'un clin d'œil encore plus appuyé me fait signe de l'expédier. Je m'exécute, c'est le mot. Aussitôt une brûlure infernale me straffule, me racle tous les tuyaux. En un instant je prends conscience de l'incroyable complexité de la plomberie humaine. Ce vin blanc est un vrai détartrant. Un troisième verre me tombe jusqu'aux talons et au même moment l'accordéon aveugle lâche toutes les vannes de l'enfer musical. Je me raidis sur mon tabouret et deviens comme par enchantement l'axe d'acier d'un monde fuyant et agité. Une bouche sanglante descend tout près de mon œil et se met à coller et à décoller ses lèvres. Je vois des dents striées de nicotine frapper en cadence comme des couperets, et la langue visqueuse se jouant de tous les dangers pousser mot à mot dans le hachoir des phrases parfumées par une digestion inachevée. De temps en temps, une cigarette coincée entre deux immenses ongles écarlates, deux griffes plutôt, descend et vient se planter entre les lèvres fardées. La braise rougeoie, les serres se resserrent et la cigarette s'envole pendant que deux fins jets de fumée pourrie fusent vers le bas, expulsés par les narines. Puis les lèvres s'entrouvrent, la langue se débarrasse de quelques grains de tabac, fait un rapide ménage, avant que n'arrive un immense flot de fumée qui me noie dans son jaunâtre et impalpable dégueulis. De nouveau les lèvres plissées s'écartent rythmiquement sur les dents qui décapitent les mots, la langue malaxe les voyelles de pure Gomina, les incisives striées découpent les consonnes et enfin le plissé soleil rassemblant le tout l'expédie au ras du comptoir sur lequel depuis un bon moment j'ai posé ma joue.

De là où je suis, un peu sur la gauche, je vois mon verre encore une fois rempli jusqu'au bord se dresser plus ambré, plus léger, plus émouvant, plus bouleversant que... ça y est, je pleurniche, tellement je suis ému par la couleur de ce verre de vin. La bouche immense se fend, lèvres en arc accentué, commissures remontées au rasoir vers les oreilles, et toute la denture véreuse m'apparaît sans honte ni pudeur. Oui, je vois les gencives et je pense, en louchant vers le verre qui tremblote, je pense que les gencives lorsqu'elles sont trop apparentes et légèrement bleues, c'est pas ragoûtant et que… et gloup! dans un suprême effort, je m'envoie l'ambre acidulé dans le trou derrière le larynx. J'arrose l'immense charnier où pourrissent tous les morts, tous les fusillés et tous les déportés de l'ignoble empoignade. Je dis tous les morts, tous les fusillés et tous les déportés, car maintenant la bouche prononce sans arrêt ces trois mots, joue avec, les fait revenir, les entrelace, les tresse en couronne, les aspire, les relance, les reprend, les renvoie en fumée, les mâche, les remâche pendant que la langue inlassable pousse, pousse, pousse, entasse, trie, expédie, débite à une cadence impressionnante une multitude d'images absolument insupportables. De terribles ombres se dressent, tentent en vain de s'arracher à un désert d'os auxquels adhèrent encore des touffes de cheveux et de rares lambeaux de chair. Parfois un bras d'enfant verdi déjà de moisissure se lève par saccades et retombe dans l'infini charnier. Par-delà la musique endiablée de l'accordéon, très haut, à cinquante mille octaves au-dessus, il me semble entendre des râles. Les camions, les tanks, les bulldozers peuvent toujours entasser, pousser des rochers, de la terre par montagnes entières, « jamais ils n'effaceront, car jamais, jamais tu m'entends?… tu m'entends?… » une main passe sur mon front et écarte une mèche rebelle. J'entrouvre les yeux, la bouche fardée continue à dévider le cauchemardeux chapelet. Les chars manœuvrent sur l'impressionnante accumulation d'os, bruit de bois brisés, les chenilles sont poisseuses de sang. Les équipages penchés par-dessus les tourelles regardent avec horreur de vagues loques grises qui tressaillent encore « … et surtout l'odeur de putréfaction, tu m'entends?… et nuit et jour aussi cette fumée que le vent rabattait sur les baraques... » L'accordéon au clavier scintillant se déplie et se replie de plus en plus vite, l'aveugle active ses phalanges dans un infernal crescendo. Quelque part, un tout petit ressort à dû lâcher... oh, quelque part, très loin un tout petit ressort, un tout petit, petit ressort a dû casser. Après une descente infernale de toute la gamme à la repliure, l'accordéon est refermé. L'aveugle, lentement, se désharnache et pose son diabolique instrument sur une table voisine. Son visage s'éclaire lorsqu'une putain lui enfonce entre les lèvres une cigarette allumée. D'un geste rapide et étonnamment sûr, il saisit la femme au poignet et l'attire entre ses genoux. La putain rigole et se tortille pendant que les doigts agiles pianotent sur tout son corps comme sur un clavier. Ce petit intermède met tout le monde en joie et... gloup! j'expédie l'ambre lourd dans mon charnier. Aussitôt je me raidis et pars à la renverse. Mes jambes restent un moment à la verticale puis d'un coup de reins, car je suis plus souple que jus d'hévéa, je me retombe sur une banquette juste devant une petite table genre tranche de saucisson. Je mords, c'est du marbre ocellé, je tâte... oui c'est bien du marbre, et du cuivre en sertit la tranche fort joliment. Je pose mon front dans la fraîcheur et m'amuse à loucher sur les dessins de cette charcuterie minérale. Je commence à compter les amibes pétrifiées, les colibacilles, les choetognathes du genre Sagitta... En faisant glisser un peu mon œil sur le côté je vois même leurs soies masticatrices, oui les fameuses soies placées en touffes sur leurs têtes. À force de fixer, je vois aussi des diatomées, des diatomées par milliers, toute la luxuriante population des diatomées bactériastrum, venues de la mer de Banda, Pacifique occidental. Ce qui montre bien qu'occasionnellement ces algues des eaux froides ont su s'adapter à un climat tropical. Mes yeux, maintenant plus perçants que des yeux de chat, décèlent d'incroyables copépodes à l'appétit pantagruélique, et comme si un rideau s'était déchiré, m'apparaît toute une grouillance de calamus et de larves d'astéries... Comme c'est curieux, une phrase ornant une reproduction de larve d'astérie me revient, à moi qui n'ai aucune mémoire : « Cette larve d'astérie semble déployer toutes les grâces des prestes ballerines... » Ma tête roule sur le marbre et ma bouche écrasée articule tous les noms étranges et toutes les immondes leçons depuis longtemps oubliées... L'astérie appartient au plancton temporaire. Les cypèdes appelées parfois groseilles de mer, à cause des huit côtes irisées que dessinent les palettes natatoires sur le globe transparent des cténophores... Je revois le Borgne nous balancer dans une envolée lyrique une phrase bien sentie devant une planche particulièrement haute en couleur : « Ah ! que de variations sur le thème des cloches, avec ou sans pied, présentent ces squelettes de radiolaires de formes voisines, qu'un patient préparateur... (c'était lui)... a alignés sous le microscope à l'aide d'un cil de porc. » Il nous disait aussi : « Savez-vous que les diatomées, ces algues microscopiques, constituent pour le décorateur... vous entendez, Cyril Rubioza ? je dis pour le décorateur... constituent pour le futur peintre, Cyril Rubioza... ha ha ! une source i-né-pui-sa-ble d'INS-PIRATION ! Répétez : d'inspiration ! »

« Qu'est-ce que tu racontes, mon petit lapin ? »

Elle est arrivée sans que je m'en aperçoive sur le toboggan de moleskine. Elle a glissé jusqu'à moi. Je décolle ma joue de l'univers planctonique et louche vers la surface. La talapoui-nesque dorade frétille et me montre toutes ses dents. Je cherche distraitement dans quel sous-groupe la classer. Elle se tortille, ne tient plus en place, aère ses nichons, envoie des jets de fumée dans son corsage qu'elle entrouvre sans arrêt : un vrai petit volcan des Aléoutiennes.

« Qu'est-ce que tu racontais, le nez sur la table ? dis, mon lapin ? Ah ! ils t'ont bien arrangé, tes Américains ! attends, bouge pas... mais non, ferme pas l'œil, attends, tiens regarde c'que t'avais... un vrai Havane ! »

Je sens son odeur de dessous de bras et je bascule le nez contre son aisselle. Je voudrais m'enfoncer dans sa tiédeur, me forer un long canal que je tapisserais de calcaire... Ah ! être le polychète commensal, oui, être le gattyanna cirrosa qui a élu domicile tout contre Amphitrite...

« Qu'est-ce que tu racontes, mon petit lapin ? dis ? »

Je murmure, soudain ému :

« Ah ! devenir crinoïde et étendre mes dix pinnules ! Ah ! être de l'embranchement des échinodermes !

— Mais qu'est-ce que tu racontes ? calme-toi, calme-toi !

— Ah !... »

Je suis au bord des larmes, le doigt levé, je titube, à moitié dressé. Je sors un à un tous les noms les plus émouvants de la faune suspensive des abysses, j'étale sous les yeux émerveillés de l'assistance toutes les connaissances que je n'ai pas sur l'existence pélagique et benthique. Je parle des pinnipèdes et des rires infernaux me répondent. Quand je précise que les pinnipèdes n'ont pas d'oreilles externes, c'est un tel délire que je dois attendre un moment avant d'enchaîner. Je décris leurs membres antérieurs qui ne sont au fond que deux spatules ridicules, puis j'en viens aux membres postérieurs qui se confondent plus ou moins avec la queue (cris hystériques). Je compte sur mes doigts.

« Il y a… il… il y a le veau marin qui vit au Spi… Spitzberg… il y a aussi le phoque du Groenland… il… il est plutôt… confiné aux régions circumpolaires… et… et aussi le phoque à capuchon… »

Les putains rient tellement que je dois encore attendre un moment pour continuer mon énumération d'ivrogne.

« Il… il y a l'éléphant de mer. Les femelles atteignent quatre mètres (hurlements) et le mâle six mètres cinquante et pèse de deux mille à trois mille kilogrammes (hurlements). Les mâles adultes se distinguent des femelles et des jeunes mâles en ce qu'ils possèdent en avant de la bouche une trompe généralement pendante… (stridences) pendante mais qui est érectile et se gonfle, vers l'avant, quand l'animal est en colère… et aussi une crête sagittale sur le crâne. »

Sur ces mots, je me rassieds et me tais. Tout tourne tellement que j'ai la sensation affreuse d'être en train de couler à pic.

« Encore! encore! encore! »

On me secoue, on me supplie de continuer, tout le monde veut savoir la suite de mon histoire. Je me dresse et, m'appuyant péniblement sur la table, je reprends d'une voix défaillante.

« Ils vvvvivent… en… famille comme ça… et passent l'été à terre. Durant tout ce temps, ils ne se nourrissent pas, mais en revanche ils… se reproduisent… et subissent la crise annuelle de… de la mue… Ah! je ne me sens pas bien!… pas bien du tout… Les… les petits perdent rapidement la toison laineuse noire qu'ils ont à leur naissance et se couvrent en quelques semaines d'un poil noir et brillant… brillant, gris et glacé… (des larmes me viennent à cette évocation qui me paraît désespérante). La mère possède deux glandes mammaires en forme de mamelons, lui permettant, quand elle se met sur le côté, d'allaiter son petit (là, je pleure) qui, lorsqu'il a faim se met à aboyer... houa, houa, houa!... houa! houa!... et à bousculer sa mère... »

Et me voilà en sanglots en train d'aboyer comme un perdu.

« Houa! houa! houa!... houa! houa! houa!...

— Laissez-le continuer, laissez-le continuer. »

Je vacille, le front en sueur, je suis désespéré.

« Donc, donc, alors... j'sais plus où j'en étais...

— Si, si, quand ils tètent, les bébés... les petits bébés phoques.

— Deux mois après leur naissance environ, les petits sont sevrés, ils se mettent à l'écart, et commencent à prendre contact avec l'élément marin, à quatre mois ils nagent parfaitement... »

Un profond sanglot me submerge. Le patron s'avance vers moi et me sert un nouveau vin blanc.

« Bravo petit, et vive la Marine! »

La dorade au corsage en folie me serre contre elle et m'embrasse sur le front. Je murmure:

« Oh! les éléphants de mer ou les hommes, tout ça, c'est des tirlipidulades...

— Hein?

— Oh! je disais que... (gloup, je vide mon verre) que... que tout ça, c'est des tirlipidulades...

— Des quoi?

— Oh! c'est un mot à moi, des tirlipidulades, des conneries. Ils sont tous pareils... et... et ils... ils... ils... »

Je bondis et fonce vomir un flot de vitriol sur le trottoir. Lorsque je reviens sur la banquette, la frétillante dorade de nouveau m'attire contre elle et m'embrasse violemment sur la bouche. Je sens sa langue d'autorité me retrousser vivement les lèvres, écarter mes dents et plus agitée qu'un petit poisson entrer comme chez elle, repousser ma langue et, soudain prise de folie trémulsante, tourbillonner à toute vitesse, plus rapide qu'une pale de ventilateur. Je suffoque et une nouvelle nausée me fait courir revitrioler le trottoir. La volcanique dorade cette fois m'a suivi, elle me soutient, m'aide à me vider tout à fait. Elle est douce et attentive. Épuisée par l'infect déluge, je tombe assis au bord du caniveau et entourant fortement les genoux de mon Aléoutienne, je reste un long moment le visage appuyé contre sa cuisse, incapable de bouger, l'esprit liquéfié, taraudé d'acide. « Ô ambre d'enfer! Ô topaze infernale! Ô de Javel et vieil Hydromel, je vous rote contre la cuisse d'Amphitrite...

— Qu'est-ce qu'il raconte? viens, allez, viens petit lapin, viens, viens, tu vas prendre froid. Viens, tu raconteras tout ça à l'intérieur.

— Oh! non, oh non! non...

— Hi! t'es trop mignon, allez, viens! »

Elle me tire par le bras mais, comme je suis en jus d'hévéa, je me répands sur le dos et je reste là, collé à l'asphalte. Je m'accroche au rebord du caniveau. Non, je ne veux pas entrer. La porte grande ouverte du café me donne la panique.

« Non, non, non, je ne veux pas entrer. »

Collé au trottoir, je mimétise, je ne respire plus. Elle me cherche, mais je coince mes ouïes, je me fais tout plat et, grâce à mon faciès meuble pour lequel je suis spécialement adapté, je localise mes deux yeux sur la face supérieure de mon corps. Il faut dire que je suis pigmenté de telle sorte que je m'identifie parfaitement avec le fond sur lequel je repose. Une inconsistance apparente, épatante. Amphitrite se penche et je lui susurre de mon petit bec tordu :

« Ô Amphitrite, je suis limande, regarde mon petit bec de sole tout tordu, je suis limande plus fine que ton entrejambe. »

Le patron du bistrot est sorti, j'entends au-dessus de moi sa voix. Il braille dans la rue noire. J'ai peur qu'il ne se saisisse de moi et ne me transporte dans le café. Aussitôt je sonde. D'un brusque mouvement de ma caudale, je m'enfonce parmi les sombres spirales et me fraie un passage en direction des grands fonds. Mes évents fortement coincés, je plonge dans le goudron planctonique. Je descends sans retour vers les profondeurs benthoniques. J'évite souplement la mesquine tuyauterie de surface et l'entrelacs maniaque des téléphones marins. Un ondoiement apparemment paresseux de mes dorsales et je dépasse en me jouant les lignes entrecroisées de tous les métros pourris. Maintenant je peux sonder tranquillement vers les zones archibenthiques. Je laisse loin derrière moi les catacombes et les égouts entourés de leur perpétuel carnaval de plancton lumineux. Dans la pure paix des épaisses abysses, je m'enfonce à la verticale. La lumière n'arrive déjà plus à de telles profondeurs, donc je peux en toute tranquillité rétracter mes yeux azurés. Je fais fonctionner mes nerfs optiques et mes globes de groseille de mer s'inversent parfaitement dans leurs cténophores. Tous mes orifices hermétiquement collés, après des heures de descente silencieuse, j'atteins le fond des grandes fosses pacifiques et je me couche par dix mille mètres de fond. Sur la boue des oppressantes profondeurs, dans les eaux froides et calmes, sur le tapis de vase molle, dans cette éternelle obscurité, je me vautre, je me referme sur moi-même, je bulbulle sur les soyeux dépôts, dans la plus absolue solitude.

« Tiens, mon petit lapin, bois ça, ça te remontera.

— Non, non, je veux rester au fond.

— Mais si, tiens, bois! Ernest, tiens-lui la tête, là, bois.

— Attention, ce petit con avale tout de travers!

— Attention... ça y est... le petit con, regarde, il a dégueulé sur ma robe... »

J'agonise, j'agonise, des vagues me roulent et la houle me renverse sur le flanc, d'un flanc à l'autre, d'un flanc à l'autre.

Le rideau de fer s'est déroulé dans un bruit de tonnerre et toutes les lumières se sont éteintes à la fois. Des voix s'éloignent, me voilà seul, seul avec mon souffle. Les lèvres collées à l'asphalte, je suis plus seul qu'une baleine échouée sur le delta des pygmées.

>Je suis un berceau
>Qu'une main balance
>au fond d'un caveau
>Silence, silence.

Quelqu'un vient de m'enjamber, des pas rapides s'éloignent, hésitent, reviennent. Un visage hilare se penche sur moi et j'entends une voix lointaine qui m'interpelle joyeusement.

« Alors, en bordée? »

Il me remonte un tel goût d'acide que je ne peux même pas répondre. Le passant m'attrape sous les aisselles, me traîne jusqu'au mur contre lequel il m'appuie, glisse gentiment une cigarette entre mes lèvres et après m'avoir donné du feu s'en va en me criant: « Bonne chance! »

Assis, il me semble que ma respiration s'équilibre un peu, je ne ressens plus cette effroyable oppression, je suis revenu à la surface. Par moments, j'entrouvre les yeux et je vois les façades des maisons de l'autre côté de la rue et, très haut par-dessus les toits, de vagues lueurs délayées me rappellent que par-delà la brume en suspension le ciel est étoilé. Je fume en douceur, je suis en convalescence, j'aspire et j'expire longuement. Je fais aller avec lenteur d'un côté à l'autre ma tête appuyée contre le mur. Des pas à nouveau se rapprochent, deux ombres étroitement enlacées passent devant moi sans me voir. Aussitôt je repense à cette petite chichiteuse de Josette sur son exaspérant tabouret, et à ses charmants genoux lumineux. Ah! Josette, demain je te balancerai une de ces phrases... attends, attends que je la trouve... irrésistible... une phrase tout ce qu'il y a de plus... d'ici demain je te l'aurai trouvée. Je l'ai sur le bout de la langue... ah! merde,... elle est tombée, mais où?... je tâte l'asphalte, je me penche, je me soulève un peu, elle a dû rouler sous moi. Pourtant, elle n'était pas éteinte, je venais de tirer dessus, la preuve puisque j'expire un long jet de fumée. Si elle avait roulé sous moi, elle m'aurait brûlé. Je me mets à genoux. Pas de braise, donc pas de phrase, et si pas de phrase, pas de cigarette. Tant pis! je fais un geste fataliste et profite de cet élan pour m'accrocher à un rebord de fenêtre. Je me redresse et titube quelques pas. Maintenant que t'es lancé, t'as qu'à continuer à envoyer tes jambes l'une après l'autre en avant, et t'avances... Cette phrase me donne le fou rire.

Pendant des heures, je zigzague le long des rues infinies. Plus je m'enfonce dans la ville, plus je me sens étreint par son silence. À chaque nouvelle rue, j'ai le vertige, je transpire rien qu'à l'idée qu'il me faudra aller jusqu'au bout. J'évite soigneusement de marcher sur les jointures des dalles appareillées qui bordent les trottoirs. Mais surtout j'ai des problèmes aux carrefours. Les caniveaux étant dangereux, il me faut les sauter à pieds joints, mais ça encore, ça peut aller. Non, ce qui me fait déglutir de terreur, c'est le coup des sept pierres qui m'obligent à traverser les carrefours en sept bonds, pas un de plus, pas un de moins. Parfois je reste un long moment à réfléchir, à prendre des repères pour retomber juste les sept fois. Lorsque je manque le chiffre magique, le voile se déchire et je sombre dans l'effroyable confusion. Chaque fois que je trébuche, j'entends des murmures, des plaintes, des râles à ras de terre. C'est tout. Très flou, moins qu'un souffle. En bondissant par-dessus la rue de Vaugirard, je manque le pas et je roule sur le sol. Aussitôt, je me sens entouré d'une chaleur intense et surtout j'entends ces affreux cris. Heureusement je touche rapidement l'autre bord et tout rentre dans l'ordre. Encore deux fois il m'arrive de tomber, mais par une chance extraordinaire j'atteins le trottoir d'en face sans trop de mal. Lorsque je veux traverser le boulevard de Grenelle pour m'engager sous les arches du métro aérien, ayant très mal calculé mon coup, je m'étale en pleine rue. D'abord un peu sonné, je reste étendu un moment puis je porte la main à mon front car je me suis heurté assez violemment en tombant, ça poisse un peu. J'essaie de voir s'il y a du sang sur ma paume, mais il fait trop noir. Je veux me relever et prendre appui sur le sol, mais je m'enfonce. Je m'immobilise, tendu, ne respirant plus et je me dis : hallucination de vitriolé... puis reprenant appui sur le sol je me redresse. Un éblouissement d'une intensité insupportable illumine pendant une fraction de seconde le ciel et les maisons d'une cruelle lumière bleue. Et aussitôt tout retombe dans le noir. Soudain, je prends conscience avec un léger retard, je prends conscience de ce que j'ai vu. J'ai vu, pendant le bref éclair et je vois encore comme photographiés en négatif sur ma rétine, à perte de vue, des corps dépouillés. Je dis dépouillés, non pas seulement dépouillés de leurs vêtements, mais de leurs peaux. Secoué d'un terrible tremblement, je tombe à genoux et palpe à ras de terre. Je sens avec horreur un visage sous mes doigts. Je fais un bond en arrière, m'empêtre dans de molles consistances et m'étale en plein charnier. Je pousse un hurlement et ma voix résonne, froidement renvoyée de façade en façade. Je rampe en claquant des dents et finis par atteindre les arcades du métro aérien sous lesquelles palpite une lumière diffuse. Des lits de fer sont alignés à l'abri des arches, il y en a des milliers à l'infini. Des infirmières silencieuses glissent dans les travées, se penchent, se relèvent et regardent en transparence de longues seringues qu'elles remplissent tranquillement. Sur les lits, de petites formes sanguinolentes gisent, recroquevillées. Parfois un bras minuscule se lève par saccades et je vois que la peau se détache en lambeaux et pendille, laissant la chair à vif. Aussitôt une infirmière accourt et, dépliant des flots de ouate, les pose sur le lit afin que le bras ne touche pas la toile rugueuse en retombant. À ce spectacle, j'ai un recul instinctif, préférant me rejeter dans l'horreur des ténèbres, mais l'hôpital a tout envahi. Maintenant, dans les rues éclairées de vagues lueurs de veilleuses, des lits tous identiques sont soigneusement alignés. Sur chaque lit, un petit paquet de chair dépouillée se tord. Lorsqu'un bras se lève une infirmière accourt et déroule de la ouate. Tout est parfaitement rodé, chaque geste a été tant de fois répété en prévision, tant de fois étudié dans ses moindres détails que tout va comme sur des roulettes.

Un violent parfum, (parfum solidifié), m'enveloppe soudain et une voix rauque m'interroge. On me secoue, on me redresse.

« Mais qu'est-ce que tu fous là ? mais qu'est-ce que tu fous là à siffler comme ça sous la pluie ? tu vas prendre la crève ! »

Pour toute réponse, je redouble de stridents sifflements. Incapable de former un mot, je siffle sous la pluie. Plus je bouge les lèvres, plus je souffle d'air et plus les sifflements deviennent déchirants. C'est le seul moyen qui me reste pour communiquer mon horreur au monde.

Elle me prend par les épaules et m'ordonne de me lever. Je fais quelques mouvements et retombe entre les lits parmi les cotons et les pansements séchés.

« Allons, allons, calme-toi, et arrête de siffler ! t'entends, arrête de siffler ! »

J'articule très lentement :

« Je-je-je-suis-con-tre... je-suis-con-tre... »

Je reçois une gifle.

« Arrête de siffler comme ça, allez, dessoûle-toi ! »

Elle me relève un peu et me redonne toute une série de gifles. J'ouvre enfin les yeux, oh ! juste un instant, le temps de deviner son visage penché sur moi. Ses joues sont d'une blancheur cadavérique et ses lèvres très fardées semblent peintes en noir.

« Allez, lève-toi ! tu es trempé, tu vas prendre la crève. Ah ! misère, misère ! où habites-tu ?

— Je-suis-con-tre ! je-suis-con-tre ! je-je-suis-con-tre !

— D'accord, d'accord, sois contre tout ce que tu veux, mais marche. Voi… là! dou… cernent! trrrrès bien… mets ton bras là… biiiiiien! voilà! maintenant mets tes pieds l'un devant l'autre, mais non, moins vite, doucement, voi… là… le drrroit!… bien! le gauche… trrrrrrrès bien! Quelle idée d'aller se coucher comme ça en pleine rue sous la pluie. »

Mes jambes sous moi vont et viennent en tous sens. Heureusement qu'elle me tient fortement par la taille, sans ça je retomberais entre les lits. De sa voix cassée, elle me prévient gentiment lorsqu'il faut que je lève les pieds pour passer de la rue sur le trottoir. Et tout à coup je me mets à parler, parler. Elle rigole à tout ce que je lui raconte, je dois avoir le délire très marrant. Elle me pose des questions et invariablement chaque réponse la fait hurler de rire. Une pluie fine ruisselle sur mon visage et de la ouate mouillée pend devant mes yeux. Nos pas irréguliers font des bruits de ventouse.

« Alors comme ça, t'as vu plein de petits lits dans le Vél' d'Hiv? »

Et de nouveau le rire désespérant résonne dans les rues vides.

« Partout, partout, partout… des milliers, des milliers, des milliers sous les arches, partout, dans les rues, partout à l'infini… et… et… et dans les lits… AAAAAAAAh!…

— Quelle idée! des lits… et le tien de lit où qu'il est? où habites-tu? »

Je siffle que j'habite derrière la rue Vercingétorix. Elle glapit que nous sommes tout à fait voisins puisqu'elle habite rue Sauvageot. D'avance ce nom me donne un terrible frisson. Je me remets à siffler de toutes mes forces que je suis CONTRE, contre la rue Sauvageot, que je suis contre l'hôpital, total, que je suis contre la pitié, contre les infirmières penchées, que je suis contre la douceur immaculée de ces salopes en blanc, contre les faux regards et les fausses caresses et surtout, surtout con-on-on-tre la mauvaise conscience, que je hais plus, si c'est possible, que la bonne, et je siffle de tous mes poumons que je suis pour la conscience tout court. Elle est d'accord, d'accord, d'accord, parfaitement d'accord. Excellente tactique pour faire avancer une loque.

À force de siffler, peu à peu, je m'aère. L'aube lisse arrondit les maisons, et leur alignement concave resserre l'horizon. Le dédale dans lequel nous nous traînons devient glissant et les carrefours sont pavés d'une multitude de pierres qui branlent sous nos pas. Elle marche au même rythme que moi, je vois ses godasses à lanières se poser sur l'huile et ses doigts de pied aux griffes peintes taper le macadam, taper le macadam, taper le macadam. Ses orteils sont très longs et très têtus et pas propres à force de toujours traîner par-devant en éclaireur. Comme en plus ses godasses à lanières ont des talons trop hauts, ses chevilles se tordent un peu à chaque pas. Je lui en fais la remarque. Elle la trouve tellement réjouissante qu'aussitôt elle se met exprès à tortiller des pieds en se singeant. Nos reflets sur le visqueux pavé sont grotesques, et plus ils sont grotesques, plus elle en appuie chaque mouvement. La petite aube nous enveloppe de laitance de poisson et nos bras entrelacés sont mous comme nœuds de poulpes.

Enfin nous arrivons devant son hôtel. Au passage, elle prend une serviette sur une pile soigneusement rangée dans l'entrée, ainsi qu'une savonnette dans un casier à son nom. Encore quelques pas et elle me pousse dans une petite chambre, referme la porte derrière elle d'un coup de talon et allume la lumière. Une odeur de moisi me saisit à la gorge. Au même moment, je sens sa langue me fouiller. Déjà, elle m'attrape et d'un coup d'épaule m'envoie sur le lit. En un clin d'œil elle m'a débarrassé de mes chaussures, de mon pantalon, de ma chemise. Je grelotte, complètement nu pendant qu'accroupie sur un bidet vissé au sol elle se lave avec bruit tout en m'envoyant par-dessus l'épaule des baisers de ses lèvres noires. Puis, avec des gestes vifs elle dégrafe sa robe qu'elle laisse choir à ses pieds. Sous sa robe, elle porte une espèce d'ignoble combinaison de laine toute reprisée qu'elle roule autour de sa taille, dénudant ainsi son ventre jusqu'au nombril. Au même moment, un affreux renvoi de bile me déchire la gorge et je bondis, secoué de frissons, cracher dans le lavabo. Aussitôt elle se colle contre mon dos et me frotte la poitrine et le ventre pour me réchauffer. Je sens sa bouche sur mes omoplates et ses jambes s'enrouler autour des miennes. Une prise savante et je bascule sur le lit. Fou de rage, je l'empoigne et, la tirant à moi, je fourre ma main dans la fameuse fente. Je fourrage avec furie, frénésie et férocité dans les barbes de moules. Je m'empêtre dans la cannibalesque timbale de fruits de mer. Je palpe en plein dans ce désordre de chair ; je patine sur place, embourbe mes doigts d'ornières visqueuses en ornières visqueuses et je hurle en moi-même : « Enfonce, ta main, encore et encore, vas-y, touche-les ces fameuses forces obscures... »

Elle rigole et glapit :

« T'as fini de me... avec tes doigts glacés ? allez, viens ! t'entends ? baise-moi, ça nous réchauffera ! »

Elle a roulé sur le dos et me voilà aspiré dans le vertigineux glissando. Lancé au ras des courtes lames, je tape en pleine écume. Je blublute la mayonnaise millénaire, tapant, tapant, tapant dans le creux de chair crue. Je laisse très loin, très loin, flotter à la surface le poivre, la limaille et toutes les infernales ceintures de feu. Je coule dans le grand aïoli des Canaques en pleine vase et décomposition, je rame, je rame sur la mer verticale, je rame comme un perdu vers le ciel démonté. Je brasse furieusement dans l'immense volcan je force vers la Patagonie, en plein mâchefer incandescent et mon gland au rythme des baldaquins fous émerge aux antipodes, fonce sur les moules voraces, les ratiboise, tirebouchonne, estoque et occit. En pleine échine, la grue a planté son croc. Soulevé dans un prodigieux balancement, je suis retombé à côté de ses jambes grandes ouvertes. Je pantelle sur le flanc, à même l'immonde dessus-de-lit.

Encore tout vaguebullant, je reprends souffle, lorsque soudain une brève image me fait pousser un cri. Je revois mon père en train de cracher les deux balles de revolver. Aussitôt, pris de panique, je saute jusqu'au lavabo. Toutes vannes ouvertes, je me lave, pisse et vomis du fond de l'âme, le front contre le miroir.

Maintenant je ne quitte plus le coin le plus reculé de l'atelier. Avec des tabourets et des chevalets inutilisés, j'ai dressé une sorte de barricade à l'abri de laquelle je passe mes journées à peindre. Personne n'ose m'approcher car je gronde et je retrousse les babines. Je hais tout le monde. Pour gagner ma vie, je suis devenu modèle. Je pose pendant d'interminables heures. Les yeux clos, je dérive, l'esprit flottant. Parfois une voix agacée me réveille et me prie de ne pas bouger.

Chaque soir, je regagne ma chambre, je remonte en vitesse la rue de la Gaîté et je me couche comme un drogué sans même plus me déshabiller. Sans fin pendant des heures je me retourne, cherchant à retrouver une forme fuyante. Chaque nuit elle revient dans un rêve unique et invariable. Je suis accoudé sur un lit et je la regarde aller et venir dans une toute petite chambre. Elle me sourit, je lui souris. C'est tout. Elle est d'une gravité pleine de grâce, d'un calme sensuel, elle a des gestes doux et sous cette eau apparemment si tranquille le feu intérieur des grandes passions, mais en même temps elle est gaie, gambadeuse et enfantine. Avec ses cheveux fous elle va et vient et je suis parfaitement heureux rien qu'à la regarder comme ça, accoudé sur le lit, et je voudrais rester éternellement comme ça, accoudé sur le lit à la regarder. Certaines nuits, elle m'apparaissait à peine un instant, juste le temps d'entendre son rire frais et heureux, et déjà je coulais à pic. Il m'arrivait d'imaginer notre rencontre dans une réalité que je ployais à ma fantaisie. Je la projetais dans de folles aventures qui se terminaient invariablement par des déshabillages joyeux et de fougueuses étreintes. Le matin, je me levais le cœur battant, persuadé que ce même jour je la rencontrerais. Et je m'envolais vers mes espoirs et mes désespoirs. Je m'envolais vers toi que je n'ai rencontrée ni ce jour-là, ni le suivant, mais bien des années plus tard, par une suite de hasards qui nous émerveillent encore. Oui vers toi, ma Lula, dont l'image me hantait déjà.

L'hiver était cette année-là particulièrement rigoureux. Incapable de supporter plus de quelques minutes la gaieté et les lumières funèbres de Noël je traînais avec Pauline d'un réveillon à l'autre. Mourgues nous suivait avec acharnement, pressentant que le fil qui nous retenait encore, Pauline et moi, devait se briser cette même nuit. De Montmartre à Saint-Germain-des-Prés, de Saint-Germain-des-Prés à Montparnasse, entre les trois pointes de ce triangle aigu, je cherchais un peu de tiédeur amicale, ainsi je fis le tour de tous mes amis.

Je me revois enjambant des couples soûls, cherchant une place où me laisser tomber, quand soudain en me retournant je te vois, Lula. Oui, je me retourne et je te vois. Aussitôt, je me suis frayé un passage entre les corps couchés à terre, nous nous sommes souri et je me suis assis à côté de toi.

Lorsque, un peu plus tard, nous sommes ressortis, la neige avait tout recouvert, il ne restait plus trace de mon passage. Elle avait dû tomber dru car c'est à peine si on pouvait encore deviner sous les molles ondulations, les dénivellations des caniveaux.

Nous restons un petit moment sur le seuil à contempler la rue. Sur la façade qui nous fait vis-à-vis, des paquets de glace pendent d'une canalisation crevé. Le froid est tellement vif que des stalactites se forment à vue d'œil. L'eau coule et se fige presque instantanément le long des aiguilles transparentes qui s'effilent et se chevauchent. Quelques-unes, brisées par leur propre poids sont tombées comme des glaives et restent plantées dans la neige particulièrement épaisse en cet endroit. L'air glacé me saisit et je suis pris de frissons d'une telle force que Lula s'inquiète et me demande si je n'ai pas de fièvre. J'en profite pour prendre sa main et sans un mot je l'entraîne. À peine avons-nous fait quelques pas dans la neige que des rires aigus nous font sursauter : c'est Pauline et Mourgues qui viennent de se lancer à notre suite. Ils vacillent un moment en riant et vont rouler mollement au milieu de la rue. Mourgues se relève et s'emparant d'une stalactite brisée revient vers Pauline en faisant des gestes menaçants. Le morceau de glace brille et elle rit de plus en plus fort. À plusieurs reprises il poignarde sauvagement la neige, frôlant Pauline qui joue l'assassinée avec une effrayante conviction.

« Au secours ! au secou-ours, au secou-ou-ours… »

Elle rit tellement fort qu'affolé Mourgues lui met la main sur la bouche mais, elle le repousse et vient en titubant jusqu'à nous. Le montrant du doigt, elle hoquette :

« Hi hi hi hi hi ! regardez, regardez, mais regardez comme il est drôle avec sa face de croque-mort, hi hi hi ! vous savez ce qu'il m'a dit ?… »

Et la voilà qui se laisse retomber sur le sol en riant de plus belle. Mourgues vacille avec des mimiques grotesques et l'aide à se remettre debout. Dans le petit jour fade, sa face pâle se fend, il sourit effrayant et croasse vers nous :

« Alors les amoureux ? »

À ces mots, Lula a un léger recul, et veut dégager sa main, mais je la tiens ferme tout au fond de la poche de mon manteau. Je tremble tellement de froid et d'émotion que je ne peux pas ouvrir la bouche. Les mâchoires soudées, je grimace un sourire et Lula me lance un regard inquiet. Nos mains encore plus fortement se serrent au fond de la poche de mon manteau et mon cœur bat à grands coups. Lula me sourit, Pauline nous dévisage, Mourgues ricane, les maisons tanguent et, très haut par-delà les toits, le ciel teinté par la petite aube semble soudain d'une épaisseur effrayante.

Et nous partons lentement vers la Seine. Lula marche à mon pas et derrière nous Pauline et Mourgues suivent en pouffant de rire. Quelques noceurs attardés traversent la rue. Sans un regard de côté, ils zigzaguent péniblement sur le sol mou et la neige craque lorsque leurs pieds s'enfoncent dans les caniveaux invisibles. Parfois une tache rose grêle la neige et nous rappelle que nous sortons d'une terrible fête. Derrière nous, les rires de Pauline ressemblent de plus en plus à des sanglots.

La main de Lula est au fond de la poche de mon manteau et j'aimerais garder à jamais cette main, comme ça, à jamais dans la mienne. Entre deux tremblements, je lui dis que j'aimerais garder à jamais sa main, comme ça, à jamais dans la mienne, et à ces mots nos doigts se mêlent encore plus étroitement et Lula tourne vers moi ses yeux immenses et je lui dis que ses yeux, je lui dis entre deux grelottements, je lui dis que ses yeux, ses yeux sont émouvants, émouvants – elle rit –, plus émouvants que... plus émouvants... et ma phrase reste inachevée. Ma main caresse sa main blottie au fond de ma poche et, derrière nous, Pauline titube en évitant les boules de neige que lui lance Mourgues, l'effrayant Mourgues. Enfin, nous nous engageons sur le Pont-Neuf et, lorsque nous nous penchons au-dessus de la Seine, la neige se tasse avec un bruit agréable. Au moment où nous nous redressons, je fais remarquer à Lula les deux traces que nos poitrines ont laissées sur la rambarde. Des rires aigus nous font nous retourner. Mourgues vient de saisir Pauline par la taille et tente en riant de la soulever au-dessus du rebord du pont. Elle se défend et lui écrase de la neige sur la figure.

Enfin, ils roulent encore une fois sur le sol. À force d'être tombés et retombés, leurs vêtements sont couverts d'une carapace blanche qui se craquelle et leurs cheveux sont blancs aussi, ainsi que leurs cils.

Et nous repartons vers les Tuileries. Maintenant Pauline et Mourgues marchent à côté de nous, Pauline s'accroche même de temps en temps à mon bras, elle se fait exprès très lourde et, lorsque la neige est plus épaisse, elle saute en essayant de m'entraîner, mais je tiens trop à garder la main de Lula qui marche contre moi, silencieuse et calme. Pauline se penche, fait quelques pas en dévisageant Lula et elles se sourient.

Maintenant nos pas résonnent sous les lugubres arcades de la rue de Rivoli et nous avançons tous les quatre de front dans cette inquiétante perspective, Pauline légèrement penchée, Lula gracieuse et tranquille, Mourgues plus grinçant qu'un automate pendant que secoué de frissons j'essaie d'articuler quelques mots. Chaque fois que nous passons sous un des globes lumineux, je tourne la tête pour voir le visage de Lula émerger de l'ombre. Ses longs cheveux d'un roux sombre, ses yeux troublants et ses lèvres pulpeuses m'apparaissent un instant pour aussitôt être absorbés par l'ombre et j'ai une envie folle de m'arrêter dans la lumière, de prendre son visage entre mes paumes, pour la contempler, et lui dire que je la trouve belle, oui, lui dire que je la trouve émouvante et belle, mais déjà l'ombre nous a de nouveau absorbés, et il faudra faire les quelques pas qui nous mèneront sous le prochain lustre pour revoir son visage, et je n'aurai pas le temps d'ouvrir la bouche que l'ombre nous aura encore recouverts et ainsi de suite, à l'infini. Cette perspective me donne soudain une telle angoisse que j'oblique brusquement vers le milieu de la rue où nous marchons enfin seuls, Lula et moi.

Nous arrivons tous les deux place de la Concorde. Le champ de neige semble tout à coup illimité. Un vent aigre nous enveloppe et secoue les arbres qui débordent par-dessus les murs du jardin des Tuileries. Des petits paquets de neige détachés des branches volent horizontalement entre les fontaines recouvertes de glace. L'Obélisque, comme l'aiguille d'un cadran solaire, se dresse au centre de cette désolante géométrie. Des statues frangées de glaçons, figées dans un gel éternel, désignent avec des gestes emphatiques les points cardinaux. Sous le ciel noir, la neige crue, parfaitement nivelée, donne l'illusion que les statues, les fontaines et l'Obélisque sont suspendus sur le vide, et lorsque nous nous hasardons sur cet espace vierge j'ai le sentiment de flotter soudain hors du monde. Près de moi une femme qui s'appelle Lula et que je ne connais pas marche à mon pas. Ses cheveux sont d'un roux sombre et semblent d'une densité particulière, elle me regarde et elle me parle. Devant nous, l'Obélisque lance sa pointe ébréchée vers le ciel et toutes les statues symétriquement disposées nous entourent. Des naïades de pierre tendent vers nous des grappes de fruits pétrifiés et leurs yeux sont remplis de neige. Nous nous sommes arrêtés de marcher, le vent nous fait vaciller sur place, la neige poussée par les bourrasques s'accumule contre nos jambes. Lula me sourit, son petit col de fourrure mitée palpite et remue dans le vent. D'un geste gracieux, elle le ramène autour de son cou et nous repartons.

Du même auteur
(suite)

Vers les confins, Les Belles Lettres, 2014
Le Corps d'Hélène, Les Belles Lettres, 2015
Histoire masquée, Les Belles Lettres, 2018
Beauté j'écris ton nom, Les Belles Lettres, 2022

Nouvelles
La Table d'asphalte, Ramsay, 1980
Les Voluptés de la déveine, Actes Sud, 2004

Théâtre
Le Rémora, Stock, 1970
Body, Bourgois, 1970
L'immobile, Bourgois, 1970
Le Cerveau, Bourgois, 1970
La Colonie, Stock, 1971
Capitaine Schelle, capitaine Eçço, Stock, 1972
Le Camp du Drap d'or, Stock, 1972
Le Palais d'Hiver, Bourgois, 1975
La Mante polaire, Bourgois, 1977
Jusqu'à la prochaine nuit, Actes Sud, 1990
Les Faucons de la saison des amours, Actes Sud, 1990
La Glycine, Actes Sud, 1991
Décor, néant, Actes Sud, 1993
Isola Piccola, Actes Sud, 1994
Théâtre, dernier refuge de l'imprévisible poétique, Actes Sud, 2000

Essais
Divagations sentimentales dans les Maures, Chêne, 1979 ;
Actes Sud, 2001
La Femme dérobée : de l'inutilité du vêtement, Actes Sud, 2005
Le Tourbillon de ma vie, Écriture, 2016

Chansons
Chansons silencieuses, 10/18, 1975 ; Philippe Rey, 2023
J'avais un ami, Bourgois, 1987 ; 10/18, 1991
Tantôt rouge, tantôt bleu, Actes Sud, 2000

Récits
Variations sur les jours et les nuits, Seuil, 1985
Au bonheur des sphères, Actes Sud, 2006

Poèmes
Doubles stances des amants, Actes Sud, 1995

Beaux livres
Venise, Autrement, 1986
Le Roman d'une maison, Actes Sud, 2001
Venise qui bouge, Actes Sud, 2004
Amour-Humour, Philippe Rey, 2022

Mise en pages : Anne Offredo, Valravillon

Cet ouvrage a été achevé d'imprimer
en novembre 2024 dans les ateliers de
Normandie Roto Impression s.a.s.
61250 Lonrai

Dépôt légal : octobre 2024
ISBN : 978-2-38482-128-0
ISSN : 2416-6863
Numéro d'impression : 2405055
Imprimé en France